U0453076

# 摄影师眼中的长城

*The Great Wall Seen through the Eyes of a Photographer*

成大林 著

成大林长城研究论集

*A Collection of Essays on the Study of the Great Wall by Cheng Dalin*

中国社会科学出版社

## 图书在版编目（CIP）数据

摄影师眼中的长城：成大林长城研究论集 / 成大林著. -- 北京：中国社会科学出版社，2024.8. -- ISBN 978-7-5227-4334-9

Ⅰ. K928.77-53

中国国家版本馆 CIP 数据核字第 2024CC9623 号

| | | |
|---|---|---|
| 出 版 人 | 赵剑英 | |
| 选题策划 | 宋燕鹏 | |
| 责任编辑 | 王正英 | 宋燕鹏 |
| 责任校对 | 李　硕 | |
| 责任印制 | 李寡寡 | |

| | |
|---|---|
| 出　　版 | 中国社会科学出版社 |
| 社　　址 | 北京鼓楼西大街甲 158 号 |
| 邮　　编 | 100720 |
| 网　　址 | http://www.csspw.cn |
| 发 行 部 | 010-84083685 |
| 门 市 部 | 010-84029450 |
| 经　　销 | 新华书店及其他书店 |
| 印　　刷 | 北京明恒达印务有限公司 |
| 装　　订 | 廊坊市广阳区广增装订厂 |
| 版　　次 | 2024 年 8 月第 1 版 |
| 印　　次 | 2024 年 8 月第 1 次印刷 |
| 开　　本 | 710×1000　1/16 |
| 印　　张 | 22.5 |
| 字　　数 | 330 千字 |
| 定　　价 | 128.00 元 |

凡购买中国社会科学出版社图书，如有质量问题请与本社营销中心联系调换
电话：010-84083683
**版权所有　侵权必究**

# 序言　我的父亲

给自己父亲的论文集写序，对我来说是一件非常痛苦的事情，因为涉及我的两个完全不同的角色：作为学术评述者的学者，以及作为面对父亲的感情复杂的儿子。这使得我虽然有很多想写的，但将手放到键盘上的时候又无从写起，更不知道应当如何去写，而同时又意识到有些东西不写在这里的话，那么它们可能就永远消失在历史中了。

我刚出生的时候，父亲因工作需要经常出差，母亲坐完月子后又要上班，因此我满月后就被送到上海寄养在一个距离外婆家不远的老人家中。直到两岁左右，我才回到了北京，当然这些我已经没有了印象，都是父母和外婆、舅舅等告诉我的。回到北京后，我先后全托在托儿所和幼儿园；后来，同样因为家中无人照顾，我6岁的时候被送到上海上小学，直至10岁左右才回到北京上小学四年级。因此，我幼儿和童年的时候与父亲相处的时间并不多。

父亲从事长城方面的考察和研究大概就是从我开始记事时起，虽然在幼儿园全托，但周末回来也很少能看到父亲；即使能看到父亲，很多时候他也是风尘仆仆的刚结束考察和采访，一脸的黝黑。除此之外，仅有的印象就是，当时住的屋子非常小，他挑灯撰写文章时，为了不影响我们母子俩睡觉，不得不用报纸遮住台灯。总之，在当时我的心目中，他是一位非常勤奋和辛苦的人。

上小学之后和父亲相处的时间多了起来，但他还是经常出差，每次回来都晒得黑黑的，还有满脸的胡子，偶尔能带回一些"礼品"。印象中比较深的就是有一次他从西北回来，可能因为是单位开车去的，所以拉了不少西瓜。在那个经济比较困难的时候，西瓜也算是金贵东西，而这是我第一次可以敞开吃西瓜，也是第一次看到西瓜瓤居然有那么多颜色。在当时我的心目中，父亲的形象是非常高大的，记得小学三年级的时候，我以父亲为题写了一篇作文。可能因为文中对父亲事迹的介绍有亮点，被老师看上，经过修改后，还获得了海淀区小学生作文比赛的一个奖项，虽然我已经不记得写的具体内容了。

到了初中，有了历史课，父亲购买的历史书也成为我喜欢的阅读对象。吃晚饭是一天中一家人可以坐下来聊天的唯一场合，在晚饭喝酒的时候，父亲也开始和我议论一些基本的历史问题，其间少不了对他考察和研究心得的介绍，这些显然要比书本上的知识鲜活得多，也吸引了我这个男孩子的兴趣。不过就像在之后三十多年中那样，大多数的时候，他是主谈，我只能作为听众。如果时间允许，喝着酒父亲可以就他的考察和研究一口气说上两三个小时。只是再丰富的内容，随着时间的流逝，最终也只能沦为翻来覆去的"老生常谈"，对于唯一的听众而言，也会变得越来越无趣。

不过，回想起来，从父亲的言谈可以看出，他确实基于他的考察和研究归纳出一些经验性的方法，如对长城的存在与否及其具体走向的判断，不能盲从文献，而要将文献与实地考察相结合，并且要注意当地的民间传说；再如对于文献中记载的一些如皇帝等历史人物关于长城的言论不能轻信，而要"听其言，查其行"，进行综合判断。虽然对于历史研究而言，这些都是一些非常朴素的道理，但确实又被不少研究者所忽略。

由于没有受到过严格的历史学和考古学等方面的训练，再加上在某些场合受到过所谓专业人士的"指点"，要他多看文献，因此在搜集资料、对材料的选择等方面父亲下了大量力气。在我这一时期的印象中，父亲是个购书狂，当时家庭收入中的很大一部分被用来购买各类文献以及相关的研究论著，现在父母家中无处不在的藏书已经能说明这一切。

同样因为没有受到过学术训练，因此虽然撰写了大量新闻稿、通讯稿以及画册等等，在很多场合也发表过讲话，甚至还受邀做过学术讲座，在其中也对长城的历史、保护等问题结合自己的考察和对文献的整理提出了一些即使在今天看来也基本成立的独到见解，如关于楚方城、赵长城、唐长城、宋长城以及清代长城等，但父亲几乎没有就这些问题撰写过严格意义上的学术论文，这点从文集中收录的文章也能看出。

可能正是因为感觉到自己在学术训练方面受到的限制，使得他自己的研究在很长时间内不能得到学术界的认可，也使得他自己无法真正进入学术界，因此父亲从我初中开始就在晚餐的聊天中不停地"教育"我要从事历史研究。这样的"教育"开始还比较温和，父子之间还算比较平和。

转折发生在我上高中的时候，当时为了编辑文档以及为了整理资料，印象中，在1989年年底或是1990年年初，家中购置了电脑，这一点我父亲还是颇有前瞻性的。但父亲未曾想到的就是，对于高中生而言，可以编程、打游戏的电脑显然比枯燥的历史知识要有吸引力得多。我投入了大量时间学习电脑，兴趣点也逐渐转移到了计算机编程方面。说起来，至今我在计算机方面的各种能力和使用习惯也是在那个时候打下的基础。而父亲显然对此颇为不满，对我专业方向的"教育"开始转向激烈，在喝多酒之后，甚至拍桌子瞪眼睛，父子之间的关系开始紧张，他高大的形象在我心目中也逐渐消融。当然最后我还是按照他的"教育"和希望，报考了北京大学的历史学系，而且在各种机缘巧合之下，我居然还就考上了。

此后一年的枯燥乏味的军训，在当时的我看来是一种解脱，至少我精神上自由了。此后的大学生活同样是自由的，虽然对历史一直没有太大的兴趣，但我对此也不算排斥，当然我的兴趣依然是计算机。不过，毕竟是自己的专业，我这一时期与父亲关于历史的讨论还是比较多的，重点在于史料的搜集，对历史遗迹的考察等等，大致就是所谓的"考据"。父子俩也经常前往琉璃厂的中华书局和地坛等书市购书。在这段时间中，我和父亲之间很少发生争执，可能因为我回家的次数比较少吧。

1996年，我得了甲肝，父亲第一次去学校，通过班主任他才知道我在学校对历史的学习很不认真，未来保送研究生可能比较困难。于是在家养病期间，父亲一直督促我阅读史料；在我病愈后，则带着我前往赤城等地考察，尤其是骑自行车前往山西的考察，实实在在地让我体验到了考察的艰辛，印象深刻的场景很多，比如推着装满了相机和帐篷的自行车翻山越岭，在崇山峻岭中露营，在路边小旅社睡觉时在耳边跑来跑去的老鼠，山林中的宁静以及纯自然的自然风光，尤其是我体会到了人生的多样和艰辛。不过，我印象最深的就是，一天晚上在接受某乡镇政府宴请时我替他挡了酒，当我扶着喝多的他回到宿舍的时候，他偷偷地问我，是不是恨他。一言难尽！

回到北京后，他又带着我写出了我的第一篇学术论文。虽然如此，但对于我未来是保研、继续学习历史，还是从事计算机方面的工作，我和父亲之间不断爆发冲突。

也是在各种机缘巧合下，我顺利保研，由此人生被决定！回头想来，人生也许就是被注定的。不过，幸运的是大致在研究生二年级的时候，我开始对历史研究（不是历史）感兴趣，开始自主性的学习，其间也和父亲一起几次外出考察，也经常讨论一些学术问题。父子之间的关系又开始缓和。

不过随着我理论知识的增长，父亲在学术问题的讨论中越来越处于下风，简言之，他的研究在我看来属于考据，而我则越来越倾向于阐释。在很多争论中，他显然不是我的对手，他甚至有一次愤怒地说后悔让我去学习历史。更让我父亲不满意的就是，我虽然学习了历史，但一直对长城不感兴趣，虽然写过一点东西，但并未投入太多的精力。

此后，我又考上了博士，毕业后到中国社会科学院历史研究所工作，然后结婚。随着研究工作的繁忙，再加上有了自己的家庭，我回家的次数并不多。一方面确实是忙，还有北京如此之大，往返一次再加上吃饭往往需要一天的时间；另一方面，就是父子之间的紧张关系一直没有得到缓解；更为重要的就是，每次吃饭他依然滔滔不绝的谈论长城，但对于那些谈论过无数次的内容，我越发没有兴趣，长达两三个小时的时间对我来说都是折磨，而他则非常期望我能对他所谈的内容感兴趣，如果我不经意间表现出不感兴趣，他有些时候会火冒三丈。因此，不少时候，他的"学术演讲"最终会以演讲人拍桌子收场。因此，在学术研究方面，他做他的，我研究我的，很少有真正意义上的交流。

但随着年岁的增长，尤其是75岁之后，因为各种原因，父亲开始对长城研究不再那么热衷，于是不多见的吃饭时间，我开始成为谈话的主导者，当然所谈的不是学术，而是家事。

回头想来，父亲60多岁之后，我们还能谈论的以及我还有些兴趣的学术话题大都与他论文写作有关。正如前面提到的，我父亲自始至终几乎没有写过什么严格意义上的学术论文，但这并不代表他不想写。关于学术论文的写作，我和父亲谈过很多次，尤其是在他退休没有采访任务之后。那个时候，他有着大量完整的时间可以进行写作，但父亲迟迟未能动笔，一拖再拖。与我商讨的写作方案，从宏大的长城历史方面的学术著作，简化为系列的学术论文，再缩减到关注某些重点内容的专题论文，最后退缩为读史札记，但最终随着年龄的增长，所有这些依然不了了之。

今年父亲病重住院之后，我对他电脑中的文档进行了整理，发现他曾按照问题分门别类地搜集和汇总了大量材料，有些还撰写了详细的研究提纲，但基本未真正进行到写作阶段。其原因，可能很多专业研究者也可以理解，即我们史学研究中，往往过于强调研究的严谨性，希望写出让后人无法指出问题，或者至少无法指出重要问题的论文；且通常还期待自己的研究能从众多方面、运用尽可能多的史料对相关问题进行论证；简言之，最终希望彻底解决某些史学问题，让后人无话可说，把问题"作死做绝"；再加上我父亲将自身定位为"业余爱好者"，担心自己的写作会受到专业人士的批评，因此他对论文的写作更为审慎。

也正是由此，父亲对他所认知的同行以及专业人士的"不严谨"往往颇为不解。典型的就是，由于在文献资料上下足了功夫，因此他对很多前辈学者或者在他看来的所谓专业人士撰写的论著中，颇为常见的对显而易见的材料的"漠视"，对史料有选择性地使用，甚为不解，甚至有些时候对此颇为愤怒。这点也非常好理解，毕竟在他看来，那些受过严格学术训练的人，应当比他对于文献更为熟悉，对于学术研究也应更为严谨，不应该"信口雌黄"！一些他所熟知的"著名"学者，在一些学术问题上非常外行的表现，以及对自己简历进行造假等行为，更是让他经常愤愤不平。

作为专业的研究者，我显然比父亲更理解被他视为神圣的学术圈。在我看来，学者也是普通人，也有着普通人的喜怒哀乐，也有对功名利禄的追求，学术圈并不那么单纯，更不用说神圣了。但这些我都不好对父亲说起，说了，他可能也无法理解，而且我希望在他心目中为学术圈保留一些"光环"。当然，父亲为他所仰视的神圣的学术圈设定的那些标准，是在学术圈中讨饭吃的所谓学者们应当追求的，或者说至少是应当秉持的。其实，从这个角度而言，父亲实际上是更为纯粹的学者。

最后，在我看来，父亲的研究属于考证性质的，虽然在目前的历史研究中依然被认为是基础，但已经不再被认为是核心或者不再像之前那样被看重，毕竟当前的历史研究看中的是对历史的阐释，因此父亲的研究虽然有必要以及有价值，但并不那么重要。而且虽然一些长城研究者强调长城在中国历史上的重要性，甚至提出"长城是半部中国史"，但正如父亲所担忧的，目前中国长城的研究依然局限于断代和考订长城的位置和走向，因此长城虽然伟大，但在学术方面的影响力有限。因此，作为历史研究者，我认为父亲正如历史研究者中的大多数人，默默地为历史研究的某一方面做出了一些贡献，只是在当前的时代之下，这样的贡献可能并不会得到太高的评价。不过，同样在我看来，所谓学术贡献，并不能纯粹以某一时代的标准为标准，所谓"重要""杰出"都具有时代性和主观性，我们更应当看重学者的"心"；而且在强调"个人生命史"以及看重小人物的历史的今天，像父亲这样的历史研究者应当被历史所记住，这也是我希望为父亲编辑他的文集的出发点之一。

父亲长城研究方面的贡献大致有以下几点：

第一，对楚方城、赵长城、唐长城、宋长城以及清代长城的存在与否及其位置和走向，结合文本文献和实地考察提出了自己的观点，其中绝大部分已经被学界所接受，且至少在目前看来依然是成立的。

第二，在经济建设和旅游开发对长城造成严重破坏的情况下，及时向有关部门提出了自己的意见和建议，并基于多年的考察和调研，参与了"中国长城保护管理条例"的制定工作，为长城保护做出了自己的贡献。

第三，父亲多年从事长城考察，前往了众多之前和至今未曾有其他研究者前往的地段，有些人将他评价为目前世界上看过长城最多的人，应当并未言过其实。在参访和考察过程中，他拍摄了大量与长城有关的照片，大致接近1.5万幅。这些照片应当基本反映了中国历代长城的面貌，其中很多地段，很可能直至今日也极少有人踏足；在他拍摄之后，很多长城因为自然、修复、旅游等原因被破坏或者残损或者失去了原貌，因此这些照片本身已经成为历史资料。在我母亲的帮助下，这些照片目前已经做了编目并撰写了简要的说明，由于其中绝大部分为胶片，虽然其中不少在很多朋友的帮助下以及父母的努力下已经扫描为电子档，但胶片依然有其价值。期待未来这批照片能得到应有的重视和利用，这大概也是对父亲的一种纪念，而且可能比这本文集更能让后人记住他的贡献。此外，父亲还积累了大量与长城有关的书籍，未来同样希望这批书籍能被整体性地利用起来。

总之，在我看来，他并不是合格的父亲，但却是比我接触的学术圈子中很多从业者更为合格、纯粹和有理想的学者！因为在我看来，是不是学者，除了学术成果之外，还有就是要有着学者的心！

在序言的最后，对本论文集还要做三点说明。

第一，文集中的文章并不是父亲自己挑选的。他因病突然陷入昏迷，此后一直意识不清，因此这件工作只能由我来做。虽然我对父亲的研究有所了解，但一直排斥，很久都不上心，所以只能从他的一些文字和我记忆中残存的信息中提取他重要的贡献和成就。当我整理他计算机中的文档时，发现归类非常乱，而且缺乏时间标记；再加上他很多早期的文稿都是手写的，虽然后来母亲将其中一部分录入计算机中，但肯定并不全面；而且由于前文提到的那些原因，他的绝大多数研究都停留在新闻稿、札记、会议发言和资料整理的阶段，因此这一文集肯定不能代表他的成就和贡献，而只收录了那些我认为可以"成文"的部分。不过，从一些文稿中的只言片语，我相信读者也大致能了解他曾经作出的贡献。

第二，由于父亲的研究大都集中在新闻稿、札记、会议发言和资料整理的阶段，肯定不符合学术论文的"规范"，因此作为学者和儿子的我，只能操刀将其中一些修改为论文的格式，并重新核对了引文。但有很大一部分文章，其本身从学科的角度看起来论证非常不规范，如果将它们规范化，那么显然也就不再是父亲的作品，因此对这些文章我只是梳理了语句，调整了格式。而且文集的分类也不尽合理，我只是按照文章的形式、讨论的对象和发表的场合进行了归类。

第三，作为附录的父亲的简历，同样非常不完整。母亲曾写过一篇追溯我父亲早年经历的文章，但并没有完成。父亲也没有整理过自己的论著目录，只是简单的列过一些表格，简历中的论著目录正是基于这些表格整合而成的，并增加了一些我在各类数据库中可以找到的父亲写过的文章。但是作为记者，父亲写过非常多的新闻稿，这些大都没有收录进来。

行文至此，我的心情非常复杂，一方面在整理和挑选文章的时候，我想到的是一位横眉立目的霸道的父亲，另一方面我通过文字还看到了一位追求纯粹、立志要做出一些成就的学者。希望这本文集能满足父亲的心愿，也让他一生的努力不要白费，也尽量不要被人忘记，虽然回顾学术史，大部分学者注定要被遗忘。这种遗忘也是历史的本身，毕竟是时代塑造了经典和著名学者，而不是学术本身。

儿子：成一农

2023 年 12 月 12 日

# 目 录

## 一 研究论文

"楚长城"仍存在诸多未解之谜 …………………………… （3）
"滇东古长城"质疑 …………………………………………… （8）
北齐天保六年长城初探 ……………………………………… （19）
居庸关杂考 …………………………………………………… （30）
慎说金界壕不是长城 ………………………………………… （36）
大清王朝与边墙 ……………………………………………… （49）
长城学术研究的现状 ………………………………………… （81）

## 二 采访札记

发现唐长城
　　——读书、长城采访和做学问 ………………………… （129）
长城采访札记
　　——汉代烽燧发掘采访记 ………………………………… （136）
长城采访札记
　　——阳关之谜 ……………………………………………… （141）
长城采访札记
　　——寻觅北魏长城 ………………………………………… （147）
长城采访札记
　　——少数民族与长城 ……………………………………… （152）

长城采访札记
　　——天下第一关 …………………………………………（158）

## 三　考察记录和采访随记

延伸向罗布泊的长城 ………………………………………（169）
长城追踪考察记行 …………………………………………（175）
外三关考察纪行 ……………………………………………（180）
万里长城采访随记 …………………………………………（195）

## 四　关于长城保护的讲话和研究

中国长城面临的威胁 ………………………………………（203）
保护利用人文自然遗产，促进人文自然和谐 ……………（211）
在"保护利用齐长城人文自然风景带研讨会"上的讲话 …（223）
在"《河北省长城保护管理和执法情况调查研究报告》
　　座谈会"上的发言 ……………………………………（232）
关于长城修缮工作的历史回顾和思考 ……………………（236）
"长城保护、管理和研究现状调查及对策研究"
　　课题结项报告 …………………………………………（250）

## 附　录

成大林简历 …………………………………………………（289）
我的长城情结 ………………………………………………（295）
关于我拍摄长城的情况 ……………………………………（299）
我的退休生活 ………………………………………………（304）
我与成大林老师 …………………………………郭　峰（313）

# 一　研究论文

# "楚长城"仍存在诸多未解之谜

在我30多年对长城的考察中，遇到过许许多多的难题，楚长城是最难的难题之一。自1981年年初至今，经历了怀疑、否定和肯定的过程。

"楚方城"是不是长城，自古以来在史学界就有很大的争论，众说纷纭，是一个悬而未决的史学问题。

1981年麦收季节，按照《水经注》和《史记》及张维华先生的《中国长城建置考》中与楚长城有关的资料，我用60天的时间考察了河南鲁山、叶县、方城、舞阳、舞钢、宝丰、泌阳、南阳、邓县、内乡等县以及大关口和象河关等处，但没有发现长城的遗迹，由此我推断楚国没有修筑过长城，楚长城不存在。

在我考察方城县的大关口之后，南阳地区文物队的王彦芬先生也考察了大关口，并在1983年《楚文化研究论文集》上发表了《楚方城考》①一文，文中认定大关口为楚长城的组成部分。1983年2月《人民日报》在头版发表了《陕西发现楚长城遗迹》的消息。②1983年12月23日湖北省竹山县人民政府公布"秦楚长城"为县级文物保护单位。2000年，《光明日报》③等媒体报道在河南南召县周家寨发现了楚长城。

---

① 王彦芬：《楚方城考》，河南省考古学会编：《楚文化研究论文集》，中州书画社1983年版，第155页。
② 《陕西发现楚长城遗迹》，《人民日报》1983年2月2日第1版。
③ 艾林：《河南省南召县发现楚长城遗址》，《光明日报》2000年6月23日第C4版。

为了寻找楚长城不存在的证据，2007年4月，我第三次到河南考察。在叶县去闯王寨考察时，车停在一道东西连绵不断望不到头的土垅上。我沿着这道叶县与方城县交界处的土垅徒步考察了数十里，其间土垅基本没有大的间断，在舞钢市平岭村也发现了同样的遗址。这道土垅的经行路径与魏郦道元所撰《水经注》卷三十一所引用的"盛弘之云：叶东界有故城，始犨县东，至瀙水，达比阳界，南北联联数百里，号为方城，一谓之长城"①记载的楚长城的经行路径完全吻合。对这一发现，我很惊讶也很高兴，隐约感觉这条土垅的形态、保存现状，与我考察过的我国早期的齐长城、燕长城和中山国长城很相似。其实，当地群众也称"这是楚王修的边墙"。考察快结束时，我推断：这条土垅很可能是我寻找多年的楚长城。

从2008年10月开始，河南省文物考古研究所承担了豫南地区楚长城资源的调查，经过两年的艰苦工作，查出残存长城墙体30.51千米、被历代破坏而消失或掩埋于地下的墙体约25.37千米、山险200多千米，此外还发现关堡6座、寨堡105座、确认的烽燧37个、古代道路8条、长城沿线及附近的冶铁遗址7个、城址18座。在调查的同时，经国家文物局批准，还进行了一些配套的发掘工作。

这些工作证实楚国确实修筑了长城，并初步掌握了古代文献中所记述的楚长城东段的分布情况，验证了《水经注》所引用的盛弘之对这一段楚长城经行路径的描述是正确可信的；以科学考古发掘的手段摸清了楚长城墙体的结构及建造程序和所用的建筑材料；还利用考古发掘的地层关系和出土的遗物推断出楚长城东段墙体的修筑年代是在春秋末到战国早期。这在楚长城研究中是重大突破，取得了阶段性成果，具有十分重要的意义。

但是这毕竟是阶段性成果，楚长城还有许多谜团没有解开，如：

第一，通过两年多的考察，只摸清了叶县、方城县、舞钢市、驻马店市泌阳县东部及与叶县、方城两县相邻的南召、鲁山交界处的长

---

① （北魏）郦道元原注，陈桥驿注释：《水经注》卷三一《瀙水》，浙江古籍出版社2001年版，第495页。

城大体情况，对于现在被称为楚长城西段的南阳盆地西沿，即邓州、内乡等县是否有楚长城，还没有肯定的答案；近年炒得很热的湖北、陕南的"长城"是不是楚长城，也必须有个说法。

第二，楚长城始筑年代的争论由来已久。一说是坚持楚长城的修筑时间就是屈完与齐会盟的时间，也就是在公元前656年楚长城已修筑完成。另一说遵循王国良或张维华先生的意见，认为楚长城是在公元前328年至公元前263年之间修筑的。王国良在1931年所著的《中国长城沿革考》中就提出楚方城的修筑"决不在春秋时代，也不在战国初年；最早不早于战国中叶，最迟亦不致后于楚怀王三十年"[①]。1935年张维华在《楚方城》也说"故敢断言楚以方城名之北部边城，必建于怀襄之际也"[②]，与王国良的推断相近。上述两说之间的差距达300至400年。据河南省文物考古研究所对楚长城的资源调查以及基于出土材料，多数专家认为只能将楚长城的修筑时间定在"春秋末，战国早期"，还无法给争论双方一个满意的回答，研究工作还要继续，仅靠现有文献和考古资料难以解决这一难题，只能寄希望于新文献出现或新的考古发掘出土新的文物资料。

第三，古文献对楚长城的形态描述多种多样，有连堤说、岗阜说、列城说、山体说、故城说、万城说等等，近年又增加了一个山寨说。据现在已公布的官方调查资料，目前只解决了楚长城东段主体城墙的分布线路，对于已发现的长城内外的城址、望火楼（烽火台）、壕沟与主体城墙的关系，它们是不是长城防御体系的组成部分，还不能确定，因此对楚长城完整的防御体系和形态目前还只有一个朦胧的概念，不足以对以上诸说的是非和形成的原因做出说明。

第四，近年来许多楚长城研究的论文、著作中将"缯关"作为楚长城上的一座重要关隘，以及楚长城的标志性建筑。近几年，许多论著在论及楚长城、古缯国、曾姓源头时，将其列为重要的论据，但缯

---

① 王国良编：《中国长城沿革考》，商务印书馆1931年版，第15页。
② 张维华：《楚方城》，收入氏著《中国长城建置考》（上编），中华书局1979年版，第45页。

关在哪里？也是个有待解决的问题。

第五，研究楚长城绕不开的一个问题是对"方城"的研究。目前能见到的史料中，最早出现"方城"一词的是战国初的《国语》和《左传》。唐兰《西周青铜器铭文分代史征》释"中甗"的注中说"方当即方城，在今河南省方城县一带"①。东汉班固所著《汉书·地理志》中曰"叶，楚叶公邑，有长城，号曰方城"②。此时"方城"才和长城发生联系。而在楚长城研究中常引用公元前656年屈完在与齐国君臣辩论的辩词"方城以为城，汉水以为池"③，并力图证明在公元前656年楚国已完成了长城的修筑。但《国语》④《左传》⑤《管子》⑥《春秋公羊传》⑦和《春秋穀梁传》⑧五部历史名著，对僖公四年（前656）齐率联军伐楚事件的细节描述有很大差异。《管子》和

---

① 唐兰：《西周青铜器铭文分代史征》，载《唐兰全集》第7册，上海古籍出版社2015年版，第308页。

② （汉）班固：《汉书》卷二八上《地理志第八上》，中华书局1964年版，第1564页。

③ （春秋）左丘明著，蒋冀骋点校：《左传》卷五《僖公四年》，岳麓书社2006年版，第46页。

④ （吴）韦昭注：《国语》卷六《齐语》载"即位数年，东南多有淫乱者，莱、莒、徐夷、吴、越，一战帅服三十一国。遂南征伐楚，济汝，逾方城，望汶山，使贡丝于周而反"，商务印书馆1935年版，第85页。

⑤ （春秋）左丘明著，蒋冀骋点校：《左传》卷五《僖公四年》载"夏，楚子使屈完如师。师退，次于召陵。齐侯陈诸侯之师，与屈完乘而观之。齐侯曰：'岂不穀是为？先君之好是继。与不穀同好，如何？'对曰：'君惠徼福于敝邑之社稷，辱收寡君，寡君之愿也。'齐侯曰：'以此众战，谁能御之？以此攻城，何城不克？'对曰：'君若以德绥诸侯，谁敢不服？君若以力，楚国方城以为城，汉水以为池，虽众，无所用之'"，岳麓书社2006年版，第46页。

⑥ 黎翔凤：《管子校注·戒》载"遂南伐楚，门傅施城。北伐山戎，出冬葱与戎叔，布之天下，果三匡天子而九合诸侯"，中华书局2004年版，第514页。

⑦ （汉）何休解诂，（唐）徐彦疏，刁小龙整理：《春秋公羊传注疏·僖公》卷十载"遂伐楚，次于陉。其言次于陉何？据召陵侵楚不言'次'，来盟不言'陉'。［疏］注'据召'至'言次'。解云：'即定四年三月，公会刘子、晋侯'已下'于召陵，侵楚'是也。注'来盟不言陉'何。解云：即下文夏'楚屈完来盟于召陵'是也"，上海古籍出版社2013年版，第388页。

⑧ （晋）范宁集解，（唐）杨士勋疏，夏先培整理：《春秋穀梁传注疏》卷七《僖公元年至五年》载"遂伐楚，次于陉。遂，继事也。次，止也"，北京大学出版社2000年版，第131页。

《国语》二书都没有记载齐、楚两国有"盟于召陵"之事,而是直述齐攻入了方城,也没有出现屈完这个关键人物。《左传》《春秋公羊传》和《春秋穀梁传》记有齐、楚"盟于召陵"之事,同时出现了屈完这个关键人物,但在细节描述上只有《左传》一家有屈完说过"方城以为城,汉水以为池"那句壮楚国之威的著名豪言。那么我们信哪一家呢?

# "滇东古长城"质疑

2002年6月23日至7月21日,我和马自新前往云南,对轰动国内外新发现的"滇东长城"进行考察。考察得到云南省文化厅、省博物馆、文物管理处及有关各州(县)文管所、乡政府、村管会领导和武警部队的大力支持。出发前我们曾查阅了一些有关资料,认真拜读了于希贤教授和贾向云、于涌合著的《云南古长城考察记》[①]和《中国文物报》、北京和云南省各大报纸及网络上对"滇东长城"的各种不同意见。考察中对有争议的地段及于教授等认为有典型代表意义的地点(地段)进行了重点考察。

长城是在一定历史条件下,政治、军事、经济诸因素的综合产物,属于中国古代永久性的军事工程体系。"长城埂"是不是长城,首先要确定它是不是"古代永久性的军事工程体系"。因此,本文仅从军事角度对"滇东长城"进行考察与思考,认为有以下疑问值得深入探讨,并向诸学者、专家求教。

## 一 "滇东长城"怎能修进别人的辖区内?

据于希贤教授、贾向云等描述,"滇东长城"是由云南省曲靖市的马龙、陆良县,经昆明市的石林、宜良县南至红河州的泸西、弥勒

---

[①] 于希贤、贾向云、于涌:《云南古长城考察记》,云南人民出版社2001年版。

县，止于弥勒东南部的巡检司镇，大体南北走向①。中国长城学会秘书长董耀会先生认定这段长城是西汉末文齐所筑。②据《华阳国志》《后汉书》等文献记载，西汉末王莽时期（《云南各族古代史略》定在新莽地皇二年，公元21年前后）确曾任命文齐为益州郡的太守。③（两汉）益州郡治所在滇池县，今云南省晋宁县东北的晋城镇。④

据经史家考证并绘在《中国历史地图集》中的两汉时期的益州郡的地域来看，今弥勒县北部和泸西县不在益州郡的境内，而是在牂牁郡境内。《云南各族古代史略》中也有相同论证。⑤据此，于希贤、贾向云所考定的"滇东长城"行经路线中的一部分在益州郡之内，一部分在益州郡之东的牂牁郡内。如果持"滇东长城"为文齐所筑的诸位专家没有证据证明两部《中国历史地图集》中益州郡辖区的绘法和《云南各族古代史略》中的表述有误，那么试问，文齐怎么能到别人的辖地内去修筑军事工程？

## 二 "滇东长城"防谁？

"'古长城埂'的立面皆向西方，也即东部平缓，西部陡峻。东部

---

① 于希贤、贾向云、于涌：《云南古长城考察记》，云南人民出版社2001年版，第133—134页。

② 于希贤、贾向云、于涌：《云南古长城考察记》，云南人民出版社2001年版，第163页。

③ （宋）范晔撰，（唐）李贤等注：《后汉书》卷八六《南蛮西南夷列传》载"以广汉文齐为太守，造起陂池，开通溉灌，垦田二千余顷"，中华书局1965年版，第2846页；（晋）常璩著，任乃强校注：《华阳国志校补图注》卷十下《汉中士女》载"文齐，字子奇，梓潼人也。孝平帝末，以城门校尉犍为属国，迁益州太守"，上海古籍出版社1987年版，第611页。

④ 王锺翰主编：《中国民族史》（增订本），中国社会科学出版社1994年版，第249页。

⑤ 谭其骧主编：《中国历史地图集》第二册《西汉时期·益州刺史部南部》，中国地图出版社1982年版，第32页；中国历史地图集编辑组编辑：《中国历史地图集》第二册《秦·西汉·东汉时期》，中华地图学社1975年版，第28—29页；并见方国瑜《中国西南历史地理考释·两汉至南朝期西南地理考释》，中华书局1987年版，第36页。

易守,西部难攻"①;"于希贤和许主任他们向北走,看到一条高大的古长城,横躺在山的东面。贾向云和向导向山坡的西面走,看到了很密集的掩体群……"②此为《云南古长城考察记》中对"滇东古长城"描述。从这两段文字中我们可以得知,杨梅山的东西两侧都有"长城"存在。从我们实地考察中,也验证了这些描述符合实际,但"长城"的防御方向是东还是西,则使人一头雾水。

军事工程通常构筑在自己感到受威胁较大的方向或是准备进攻的方向,这是兵家之常识。"滇东长城"经行路线是在益州郡的最东部,而且大致南北走向。据军事常识,它的防御方向应该为东。但据董耀会秘书长所论,威胁益州郡之敌,当时是公孙述。史载,最初公孙述的势力范围在四川和陕南等地,至公元25年才占领与益州郡西北相邻的越巂郡。据《云南各族古代史略·云南历代建置表》中的表述,越巂郡的南端在云南境内的丽江县、永胜县、大姚县、元谋县一线③。如果文齐曾利用"滇东长城"防御过公孙述,那么此时的益州郡就已经几乎失守,这与史实不符。益州郡的东方是牂柯郡,对牂柯郡构成威胁的是位于其北的公孙述占据的犍为郡,大体在今贵州省毕节、遵义以北,也与"滇东长城"相距甚远。而且据文献记载,牂柯郡的"大姓龙、傅、尹、董氏,与郡功曹谢暹保境为汉"④,与文齐同忠于汉室,不可能是"滇东长城"的防御对象。而向西是益州郡自己的辖区,更不可能自己防自己。假如文齐在执政时期修筑了长城,那也应该把长城修筑在益州郡的北边和西北边的丽江县、永胜县、大姚县、元谋县一线;如果与牂柯郡联合拒公孙述也应把"滇东长城"向东修到贵州北部,怎么会把长城修筑在没有防御对象的地域内?难道文齐

---

① 于希贤、贾向云、于涌:《云南古长城考察记》,云南人民出版社2001年版,第134页。

② 于希贤、贾向云、于涌:《云南古长城考察记》,云南人民出版社2001年版,第108页。

③ 《云南各族古代史略》编写组编:《云南各族古代史略》,云南人民出版社1977年版,第33页。

④ (宋)范晔撰,(唐)李贤等注:《后汉书》卷八六《南蛮西南夷列传》,中华书局1965年版,第2845页。

连这点兵家之常识都不懂吗？于史于理都不通。董耀会先生断言，文齐与据蜀的公孙述相抗拒就是用的这段"滇东长城"①，不知何据。

## 三 "滇东长城"修筑和守卫的原则是什么？

《孙子兵法》曰："夫地形者，兵之助也。料敌制胜，计险隘远近，上将之道也。知此而用战者必胜，不知此而用战者必败"②；"因地形，用制险塞"③，是历代修筑长城选择地形的原则，"山地守隘口，平原守要点"这是历来布防和作战的一项基本要领，也是长城修筑和守卫的要点。

据于希贤、贾向云等学者考定的"滇东长城"，全线都距两汉时期的主要交通要道和军事重镇甚远，④没有控制战略意义的隘口和要地，如两汉时期的滇东地区的交通要道"石门道"和《明史》卷三百十三《云南土司列传》中所称"曲靖锁钥全滇，交水当黔、滇之冲，乃阨塞要地"⑤的曲靖盆地并没有为"滇东长城"所控制和扼守。

从微观战术看，猴子箐、天花、杨梅山、金子洞等山地的"滇东长城"也不是修筑在有利地形上。这些地段地势虽然很高，易于防守；但地势孤悬，中间也没有可用于军队运动的孔道，极易被分割、围歼。杨梅山的"长城"修筑在密林之中，若被火攻或发生自然火灾，必全军覆灭，乃军之大忌，近年杨梅山地域经常发生山火即是明证。

再则，丛林之中，不利于长兵器、滚木、檑石及抛石器威力的发

---

① 《中国长城学会专家赴滇考察后认为"滇东汉长城"确实存在》，《云南日报》2001年4月28日第1版。
② 吴如嵩：《孙子兵法十五讲》第十一讲《地形》，中华书局2010年版，第121页。
③ （汉）司马迁：《史记》卷八八《蒙恬列传》，中华书局1963年版，第2565页。
④ 参阅国家文物局主编，云南省文化厅编著《中国文物地图集·云南分册》，云南科技出版社2001年版，第20页。
⑤ （清）张廷玉：《明史》卷三一三《云南土司列传》，中华书局1974年版，第8086页。

挥，而利于短兵器的搏杀；密林中守军的视线受阻，利于以少胜多的突袭、偷袭战，不利于阵地防御战，这在古人兵法中早有论及。明朝修筑和守卫长城的名将戚继光在《戚少保奏议》一书中的《出塞烧荒》条议中"是月二十六日，统三屯营官兵，于喜峰口出关……且哨且行，或二三百里、四五百里举火，将林木草野焚毁殆尽，使夷马不得住牧，而边方易于守瞭也"①的论述是最好的佐证。

弥勒县西一乡猴子箐地域的地形是台地上的山地，且西高东低，弥勒至西洱的乡镇小公路从此地域中间穿过。假如两汉时期也存在这条道路的话，就局部而论，这里确实是作战防御的有利地形。然而"长城工事"却没有构筑在有利的位置上。猴子箐无名山东边数百米有两个较低山头，公路由东从低向高盘旋而上，由两山头中间宽仅容双车道的狭窄孔道中穿过。这两个较低的山头处于猴子箐台地的东侧边缘，是瞰制弥勒盆地及弥西公路的最佳位置，但这里并没有构筑"长城工事"。猴子箐无名山西北边是一个腰子型的较宽大的山头，这个山头既有高度又有容量，弥西公路随着腰子型的弯从山脚下通过，这里是既能控制公路，又能俯瞰控制修筑了"长城工事"的无名山的有利地形，是猴子箐地域稳定与否的支撑点。然而，这里也没有构筑"长城工事"。猴子箐的无名山恰恰处于这两处有利地形中间，是地形最不利的一座独立山峰，但恰恰是在这座独立的无名山峰东北面的半山腰上有一些人工分层修筑的长短不一、高低不一的"长城工事"。我们在考察中没有发现有"长城"与其他山峰相连。《云南古长城考察记》中称：这里（指无名山）是"典型的军事要地，长城修在这里是很有军事意义的"②，实在令人难以理解。实地考察中发现其附近山体上也有许多长短不一、规模不等的"石埂子"。这些石埂子上面现在仍是农田，有的是新修筑的，还有的正在修筑中。

石林县段的"滇东长城"无论是天生关的观音洞，还是磨舍祖及

---

① （明）戚祚国汇纂，李克、郝教苏点校：《戚少保年谱耆编》卷九《出塞烧荒》"隆庆四年庚午冬十月"条，中华书局2003年版，第309页。

② 于希贤、贾向云、于涌：《云南古长城考察记》，云南人民出版社2001年版，第60页。

石师公路与"长城"的交汇处,"长城"两侧的地形地势大致相同,"长城"向哪一边稍移动一下都可以利用连绵的石林进行防御,这样既省工又坚固。然而,人工修筑的低矮的"长城"却从石林中间穿过,弃有利地形而不用,这在军事工程作业史上是罕见的。

历代长城及军事防御工事(如战壕、掩体之类)大部分修筑在山脊或山坡的起伏变换线上,这样可以避免或减小死角,便于观察,发扬火力消灭敌人,控制敌人的行动,更便于保存自己。然而"滇东长城"一反常规,把"长城""战壕""鱼鳞状掩体"等军事工事,统统修筑在半山腰或等坡线上。难道文齐根本不懂军事?可是据文献记载,文齐在调任益州郡太守之前,曾任犍为属国都尉或城门校尉,"都尉"或"校尉"在两汉时期都是军事官员,不会不懂这点军事常识。

## 四 "鱼鳞状掩体"是军事工事吗?

构筑军事工事的根本目的是保护自己,消灭敌人。就杨梅山、猴子箐等地的"鱼鳞状掩体",及较长"石墙"的结构来看,"掩体内"和石墙内的容量不大,特别是山势较陡的猴子箐,"掩体"的胸墙外高1米左右,内高仅30厘米;有的胸墙外高50厘米,内高仅10—20厘米,即便是较长的石墙,有的地段外侧高1.3—1.8米,内侧也几乎与墙的上沿平齐。这样的掩体和工事,既不能起到掩护自己的作用,也不能发挥武器的威力消灭敌人。在冷兵器时代,守卫制高点的最有力的武器是弓、弩、长枪等长兵器及滚木檑石、抛石器等武器。这些武器限定防守作战的姿势只能是立姿或跪姿。从上述"掩体"及"石墙"结构、容量和当时使用的武器的情况判断,它们都不适用于那个时代的军事实践活动,很难让人相信是军事工事。

古代的作战非常讲究列阵和阵法的运用,《史记·廉颇蔺相如列传》载"秦人不意赵师至此,其来气盛,将军必厚集其阵以待之"①,

---

① (汉)司马迁:《史记》卷八一《廉颇蔺相如列传》,中华书局1963年版,第2445页。

《宋史·岳飞传》载"阵而后战,兵法之常,运用之妙,存乎一心"①,讲的都是作战要列阵,并要灵活运用阵法。"阵"是指长、短兵器,攻与守及战斗队形和序列的各种组合。"阵法"的运用与武器的性能及使用武器的人的素质有关,也与当时的地形条件、作战对象的状况有关。像杨梅山、猴子箐、金子洞等地的"鱼鳞状掩体""长城墙体"的布设随意性很大,"掩体"之间的间隔,有的近在咫尺,有的远达几十米,还有的前后、上下重叠,近者相互影响作战行动,远者又不能相互支援和掩护,也不便于士卒的运动。因而,这种"掩体"能排出什么"阵",在实战中有用吗?

## 五 "滇东长城"是军事工程体系吗?

长城是"古代永久性军事工程体系",史家、考古家和军事家已有共识。长城的主体城墙、关隘、报警系统、指挥系统及后勤保障系统是"长城军事工程体系"中不可或缺的。

《云南古长城考察记》对发现的各种设施作了描述。即使我们暂且认可他们所称"滇东长城"延绵相互连接,长达300里,但报警系统在哪里?在两汉时期,完整的报警系统,主要有燧(烽火台)和亭(古代设在边塞观察敌情的岗亭或驿站、邮亭)。烽火台的设置间隔或一里或三、五里,也有达十里乃至更远一些,是因地制宜设置的,但必须两台之间要互相能看到、听到对方发出的火、烟、旗、鼓等信号。烽火台所传信号一般有四个方向,一是沿长城横向传递;二是向各级指挥机关传递;三是由修筑在长城外的烽火台向长城传递;四是向临近的郡、县传递。长城沿线的亭,平时是往来官员居住的驿站,战时负有瞭望之责,也是传送文字书写的敌情的军事邮递站。每座烽火台或亭都要有高台及燃火、放烟的器具和设施,周围还要有守卫烽火台的官兵的生活和卫戍设施,亭还要有来往人员居住的房舍和养马的设施。我们在对"滇东汉长城"考察中,没有发现与两汉时期烽火

---

① (元)脱脱等撰:《宋史》卷三六五《岳飞列传》,中华书局1977年版,第11376页。

台、亭相同的建筑，更没有发现有一个完整的报警体系。《云南古长城考察记》中所能描述的也只有泸西、弥勒县大麦地发现的"烽火台"，但这些"烽火台"的报警方向和路线没有得到有证据的描述。在描述泸西县发现的烽火台时，《云南古长城考察记》中说：烽火台"内空，下有引火装置"①。于希贤教授称："是云南境内首次发现的较完整的烽火台。"② 于希贤教授等发表《云南古长城遗迹的地理发现》一文中也称："在弥勒县大麦地乡有烽火台遗址，乡高支书介绍，烽火台全由石块堆砌成，底宽12米×12米，顶宽10米×10米，高3.5米，内空，下有引火装置。像这样的烽火台有三个……"③ 史家和考古家历年对两汉长城的考古调查中，发现有少数烽火台在顶部建有遮风避雨的建筑，但还没有发现"空心"的烽火台。明代长城上的"空心敌楼"也只在明代中期由戚继光所创建。

《云南古长城考察记》中称"滇东长城"沿线发现许多称为"石哨所"的建筑。这种建筑，在两汉长城的文献中没有记载。"哨"和"所"是明清时期的文献才有记载的军事建置，文献中有时将"哨"和"所"所在的城池称为"哨城"或"所城"。不过这种设置为全国性的，并非为长城专设，云南境内有许多自明、清时代传下来的称为"哨"的地名，它们并不在"滇东汉长城"上，可以为证。

两汉长城上有各级指挥机关驻地，作为守卫长城、屯田的士卒和家属驻地的各种城池及储备军械、粮草的城堡，还有在重要的交通要道和隘口设置的关城等各种城池。据《云南古长城考察记》中称，在对"滇东汉长城"考察中发现了许多古城址，但没有用科学的方法指明哪些城池属于指挥系统使用的城池，哪些属于后勤保障系统使用的城池，更没有令人信服的证据证明这些城池是与"长城"在同一时代

---

① 于希贤、贾向云、于涌：《云南古长城考察记》，云南人民出版社2001年版，第136页。
② 于希贤、贾向云、于涌：《云南古长城考察记》，云南人民出版社2001年版，第127页。
③ 于希贤、贾向云、于涌：《云南古长城遗迹的地理发现——滇东崇山峻岭中的古代文明》，《云南民族学院学报（哲学社会科学版）》2001年第1期，第61页。

修筑，也没有证明它们与"长城"之间的关系。按照云南省文物考古研究所撰写的《云南滇东古长城的考察报告》和总结数十年经几代人的艰苦工作而编辑成的《中国文物地图集·云南分册》的描述，滇东至今所发现的古城址、古营盘绝大多数是元代以后所筑，虽在晋宁县或曲靖以北发现少量早于明代的古城址，但它们修筑时间的上限也没有远至东汉，且大都远离"滇东长城"，因此与"滇东长城"应当没有关系。在"长城"沿线确曾发现一些古"碉楼""碉堡"，但都已考证为明、清两朝所筑。

综上所述，我们认为，时至今日的考察成果还不足以证明滇东地区存在一个"长城军事工程体系"。

## 六 "障塞"是长城吗？

截至现在，只有董耀会从《后汉书·西南夷列传》中"淘金""淘"出有文齐修"障塞"[①]一语，并基于此就论断"障塞"即长城。确实在两汉时期，许多文献中使用"障塞"作为长城的代名词，但并不是所有称"障塞"的都是长城，特举几例证明：

"（邓）艾在西时，修治障塞，筑起城坞。"[②]
"又代骠骑大将军杜茂缮治障塞，自西河至渭桥，河上至安邑，太原至井陉，中山至邺，皆筑保壁，起烽燧，十里一候。"[③]
"自日南障塞、徐闻、合浦船行可五月……"[④]

---

[①] （宋）范晔撰，（唐）李贤等注：《后汉书》卷八六《南蛮西南夷列传》"率厉兵马，修障塞，降集群夷，甚得其和"，中华书局1965年版，第2846页。
[②] （晋）陈寿撰，陈乃乾校点：《三国志》卷二八《魏书二十八·王毌丘诸葛邓钟列传》，中华书局1959年版，第783页。
[③] （宋）范晔撰，（唐）李贤等注：《后汉书》卷二二《朱景王杜马刘傅坚马列传》，中华书局1965年版，第779页。
[④] （汉）班固撰：《汉书》卷二八下《地理志第八下》，中华书局1962年版，第1671页。

至今没有发现三国时邓艾和东汉的杜茂修筑的障塞是长城。张维华先生在《中国长城建置考》一书中也称："终东汉一代，或因军事之缓急，而于边塞有所缮补，然不闻有起塞之说。"①

第三条中的"日南"在两汉时是一个郡的名字，属交州刺史部，在今越南的南部。据此不能论断西汉时期曾在今越南南部修筑过长城。如果最终真的在今越南南部发现中国西汉时期修筑的长城，那才是"惊天大发现"。不仅"障塞"不能都视为长城，而且有些被称为"长城"的地方也未必都是长城或有长城。如《读史方舆纪要》中记载：嵩明州"大历初阁罗凤置长城郡"②，嵩明州即今昆明东北的嵩明县，于教授等在考察中并没有在该处发现长城；另《新唐书·地理志》中还记载，唐朝湖州郡也曾设置长城县，在今浙江省太湖西南的长兴县，但也还没有见到该地发现长城的报道。况且文齐在益州筑"障塞"一事，在《资治通鉴》和《华阳国志·南中志》的相关记载中，并没有记他曾修"障塞"，是两书有脱文，还是《后汉书》中有衍文？本身就值得进一步考证。

总之，考察后我们认为在云南省马龙、陆良、石林、泸西、弥勒的田地、山林和喀斯特地貌中的一些石堆、长短不一的石埂子是人为所筑，但不是长城。是什么？待察。不是本文所讨论的题目。

贾向云同志发表了题为《滇东古长城是客观存在，否定不了》的长篇文章，文中举了许多专家的言论，以图证明"滇东古长城"的存在是否定不了的事实。就此，我们多次请教了罗哲文先生，罗先生再三肯定地说他对"滇东古长城"并没有结论性的意见，应以他签名的《滇东古长城埂课题论证意见》为准。徐苹芳和俞伟超先生没有给他们提供考古地层关系，仅对提供几张图片和地面采集的一些文物发表的即席谈话，不能成为正式的鉴定意见，只能供我们在研究时参考，这是任何一个严肃的文史、考古工作者都明了

---

① 张维华：《汉边塞》，收入氏著《中国长城建置考》（上编），中华书局1979年版，第158页。

② （清）顾祖禹撰，贺次君、施和金点校：《读史方舆纪要》卷一一四《云南二》，中华书局2005年版，第5073—5074页。

的常识。对董耀会先生所做的肯定性结论,在本文中我们已作考辨。

(与马自新合著)

# 北齐天保六年长城初探

《北齐书》卷四《帝纪第四》曰：天保六年（555）"是年，发夫一百八十万筑长城，自幽州北夏口至恒州九百余里"①；郦道元在《水经注·湿余水》中记："湿余水出上谷居庸关东。关在沮阳城东南六十里居庸界，故关名矣。更始使者入上谷，耿况迎之于居庸关，即是关也。其水导源关山，南流历故关下。溪之东岸有石室三层，其户牖扇扉，悉石也，盖故关之侯台矣。南则绝谷，累石为关垣。崇墉峻壁，非轻功可举，山岫层深，侧道褊狭，林障邃险，路才容轨。晓禽暮兽，寒鸣相和，羁官游子，聆之者莫不伤思矣。其水历山南径军都县界，又谓之军都关。"②

据此，后人多视今昌平县南口镇北通居庸关、现称南口的山口为北齐天保六年修长城的东端起点"幽州北夏口"，并与《水经注》中的"下口"等同起来；同时也把北魏时与北齐时的恒州等同起来。在描述北齐天保六年所修长城的起止点时，就解释为这道长城东起北京市昌平区南口镇以北的南口，西止山西省的大同。

为了目睹这道长城的风采，笔者曾多次到南口调查这道长城，除在南口两侧山崖上发现明代烽火台遗址外，没有找到任何早期长城的遗迹。访问当地群众，也没有关于这里曾有古长城的信息和传闻。近年有关部门对北京地区的长城做了遥感，遥感图上也没有显示自南口

---

① （唐）李百药：《北齐书》卷四《文宣帝本纪》，中华书局1972年版，第61页。
② （北魏）郦道元原注，陈桥驿注释：《水经注》卷十四《湿余水》，浙江古籍出版社2001年版，第219页。

有一道通往山西的古长城。有关北齐天保六年自幽州北夏口至山西恒州修筑长城的文献记载就成了难解之谜。

为解开此谜，必须考证"夏口""下口""居庸下口"和北齐"恒州"之所在，并找到与其相应的长城遗迹。

## 一　夏口

查《水经注》中地名为"夏口"者多处，如沔水有夏口、夏水有夏口、江水也有夏口，① 但均与北齐修筑长城之地无关。与北齐修长城有关的"夏口"，《北齐书》中已明示在"幽州北"②。《新唐书》称："昌平。望。北十五里有军都陉。西北三十五里有纳款关，即居庸故关，亦谓之军都关。其北有防御军，古夏阳川也。"③ 宋代欧阳忞撰的《舆地广记》卷十二中也有近似的表述，④ 都称居庸关、军都关之北有"古夏阳川"，这对北齐"幽州北夏口"的方位是个指示。

## 二　下口

《水经注》中记载的地名称"下口"者有五、六处之多，如黄河龙门有下口。⑤ 其他古籍，也记载诸多"下口"，如《明会典》卷一

---

① （北魏）郦道元原注，陈桥驿注释：《水经注》卷二八《沔水》"扬水又北注于沔，谓之扬口，中夏口也。曹太祖之追刘备于当阳也，张飞按矛于长坂，备得与数骑斜趋汉津，遂济夏口是也"，浙江古籍出版社2001年版，第454页；（北魏）郦道元原注，陈桥驿注释：《水经注》卷三二《夏水》"江津豫章口东有中夏口，是夏水之首，江之祀也"，第509页；（北魏）郦道元原注，陈桥驿注释：《水经注》卷三五《江水》"黄鹄山东北对夏口城，魏黄初二年孙权所筑也。依山傍江，开势明远，凭墉藉阻，高观枕流，上则游目流川，下则激浪崎岖，实舟人之所艰也。对岸则入沔津，故城以夏口为名，亦沙羡县治也"，第1447页。

② （唐）李百药：《北齐书》卷四《文宣帝本纪》，中华书局1972年版，第61页。

③ （宋）欧阳修：《新唐书》卷三九《地理志三》，中华书局1975年版，第1020页。

④ （宋）欧阳忞：《舆地广记》，商务印书馆1939年版，第135页。

⑤ （北魏）郦道元原注，陈桥驿注释：《水经注》卷四《河水》"《穆天子传》曰：北登孟门，九河之陧。孟门，即龙门之上口也……其水尚崩浪万寻，悬流千丈，浑洪赑怒，鼓若山腾，浚波颓叠，迄于下口"，浙江古籍出版社2001年版，第50页。

百十三："平山县十八盘下口村巡检司"①；明朝谢肇淛撰的《北河纪》卷四《河防纪》云："由东光县东岸北至南皮县境有浅铺四，曰下口、曰李家、曰任家、曰狼拾；西岸北至交河县境有浅铺五，曰古堤、曰大龙、曰桑园、曰油房、曰白家。而二县之界有沈阳卫地焉。由南皮县东岸北至天津右卫境有浅铺五，曰北下口……"②但这些"下口"都与北齐修长城无关，不再一一列举。与本文讨论有关的"下口"有三：

1.《水经注》北京昌平南口镇下口。今北京市昌平区南口镇的南口，《水经注》称"下口"，前已引原文，不再重复。

2. 居庸下口。《魏书》卷八十二《常景传》曰："杜洛周反于燕州，仍以景兼尚书行台，与幽州都督、平北将军元谭以御之……都督元谭据居庸下口。俄而安州石离、冗城、斛盐三戍兵反，结洛周，有众二万余落，自松岍赴贼。（元）谭勒别将崔仲哲等截军都关以待之。仲哲战没，洛周又自外应之，腹背受敌，谭遂大败，诸军夜散。诏以景所部别将李琚为都督，代谭征下口。"③《钦定日下旧闻考》卷一百五十四《边障》云："原《汉志》有军都、居庸两县，盖县各有关。按苏林注，但言居庸有关而军都则否，盖北魏时曾分置两关尔"④，这段文字表明在汉时居庸和军都各为一县，而且各有关隘，至唐朝苏林做注时居庸关与军都关已合为一关。又《太平寰宇记》卷六十九《河北道十八》云"'军都县属燕国'。后魏移军都县于今县东北二十里，即故城在其南也，更于今县郭城置东燕州及平昌郡昌平县，后郡废而县隶幽州"⑤，此言北魏时军都县在今北京市昌平县境。《魏书》

---

① 《明会典》卷一一三《兵部八》，文渊阁《四库全书》，台湾商务印书馆1986年版，第618册，第88页。
② （明）谢肇淛：《北河纪》卷四《河防纪》，文渊阁《四库全书》，第576册，第626页。
③ （北齐）魏收撰：《魏书》卷八二《常景传》，中华书局1974年版，第1804—1805页。
④ （清）于敏中等编纂：《钦定日下旧闻考》卷一五四《边障三》，文渊阁《四库全书》，第499册，第369页。
⑤ （宋）乐史撰，王文楚等点校：《太平寰宇记》卷六九《河北道十八·幽州》，中华书局2007年版，第1403页。

中所述元谭所据的下口，明指在"居庸"，而不是在"军都"。而且，此处称"居庸下口"，并未明指是居庸县的下口还是居庸关的下口。胡三省《资治通鉴》北齐天保六年修长城的注中称："幽州夏口，盖即居庸下口也。幽州军都县西北有居庸关。湿余水出上谷沮阳县之东，南流出关，谓之下口。'夏'当作'下'。"① 通过实地考察，及对文献记载的查阅，发现并无发源于沮阳东南，越大山，经居庸关，南流出关之水。《水经注》说经居庸关的湿余水是发源于关山（现此水发源于青龙桥附近），而不是发源于沮阳县之东。胡注此处有误，不可为据。

侯仁之先生指导的由北京市测绘院编的《北京历史地图集》② 中也将军都与居庸绘为两县并各有关，幽州与燕州的分界线在居庸关北的今八达岭一线。

胡三省在《通鉴释文辨误》卷七载："魏安州治广阳郡之方城县，唐檀州是也"③，安州当在今密云县境地。以此观之，三戍反，兵自南攻军都，洛周自北攻"居庸下口"的"居庸下口"当在军都县以北的居庸县境内，即今延庆县南境的八达岭口。

以上资料表明，无论是居庸关的下口，还是居庸县的下口、幽州北夏口，都不能与郦道元在《水经注》中所描述的今昌平区南口乡北的湿余水南出的"下口"的山口相等同。

## 三 "飞狐口下口"

《资治通鉴》卷一百五十二《梁纪八》："荣复上书，以为贼势虽衰，官军屡败，人情危怯，恐实难用。若不更思方略，无以万全。臣愚以为蠕蠕主阿那瓌荷国厚恩，未应忘报，宜遣发兵东趣下口以蹑其

---

① （宋）司马光编著，（元）胡三省音注：《资治通鉴》卷一六六《梁纪二十二·敬皇帝》"绍泰元年乙亥六月庚戌朔"条，中华书局1956年版，第5130页。
② 侯仁之主编：《北京历史地图集·政区城市卷》，文津出版社2013年版，第30页。
③ （元）胡三省：《通鉴释文辨误》卷七《通鉴一百五十一》，载《资治通鉴》附录，中华书局1956年版，第5130页。

背",对此胡三省注云:"下口盖指飞狐口"①。飞狐口本是一要隘,《元和郡县图志》云:"《晋咸宁元年句注碑》曰:'盖北方之险,有卢龙、飞狐、句注为之首,天下之阻,所以分别内外也。'"②

飞狐道自古是山西北部和河北西北部进入华北平原或经太行山东麓南进河南的交通要道,由于其地形险要,是历代兵家必争之地。西汉时,这条路自今河北省蔚县南,沿一条两崖峭立,一线微通,迤逦百余里的山谷南行至今涞源县,再南经倒马关可至今河北曲阳、唐县一带,自此东行即进入今华北平原的保定地区。如从涞源东行经现紫荆关,通过今易县境,可进入华北地区的北部。由于早期的古道过于艰险,后世多不再走西汉时的飞狐道和飞狐口,由此一般都把自山西省广灵县东行沿壶流河谷(古称泒夷河)进入河北省涿鹿县的河谷道路,称之为"飞狐道"。如《后汉书·王霸列传》建武十三年,"诏霸将弛刑徒六千人,与杜茂治飞狐道,堆石布土,筑起亭障,自代至平城三百余里"③。一些较重要的与之相通的南行道路也称之为飞狐道。如《魏书》卷七上《高祖本纪第七》北魏太和六年(482)"秋七月,发州郡五万人治灵丘道"④。《元和郡县图志》则曰:"飞狐道,自县北入妫州怀戎县界,即古飞狐口也"⑤,此处的"县"指的是唐代的飞狐县,即今涞源县北。唐人将北魏开的灵丘道及其经蔚县至怀戎县的道路合称为飞狐道和飞狐口。明朝嘉靖年间所编的《西关志》载:"梁乾德二年(964),晋主李存勖大举伐伪燕,刘守光命周德威出蜚狐,与诸将会于易水。蜚狐(即飞狐),即今浮图峪也"⑥,并称

---

① (宋)司马光编著,(元)胡三省音注:《资治通鉴》卷一五二《梁纪八·高祖武皇帝八》"大通三年辛亥二月"条,中华书局1956年版,第4738页。
② (唐)李吉甫撰,贺次君点校:《元和郡县图志》卷十四《河东道三·代州》,中华书局1983年版,第402页。
③ (宋)范晔撰,(唐)李贤等注:《后汉书》卷二十《铫期王霸祭遵列传》,中华书局1965年版,第737页。
④ (北齐)魏收撰:《魏书》卷七上《高祖本纪第七上》,中华书局1974年版,第151页。
⑤ (唐)李吉甫撰,贺次君点校:《元和郡县图志》卷十四《河东道三·蔚州》,中华书局1983年版,第406页。
⑥ (明)王士翘:《西关志·紫荆关》卷一《沿革》,北京古籍出版社1990年版,第277页。

"蜚狐口东至关六十五里"①，此道至今仍是自涞源北经涿鹿县，北至张家口地区，西至山西省北部的一条重要交通线。南北朝和唐朝也都利用过这条道路。据《魏书》卷三《太宗本纪第三》云："泰常七年（422）冬十月壬辰，车驾南巡，出自天门关（在今涿鹿县谢家堡西灵山东麓，一道古长城在此通过），逾恒岭。四方蕃附大人各率所部从者五万余人。"②明朝时也把这条通道视为军事防务要地，设有多道长城和关隘，这些设施至今犹存，大部分保存尚好。

  实地考察，确有明以前的古长城在飞狐古道穿过，封闭了飞狐古道通向山南的各隘口。考之文献，早至战国代、赵，继之东汉、北魏、东魏、北齐、北周、隋各朝都或多或少在这一带筑鄣塞或修筑长城。

  从北魏形势考之，自正光四年（523），怀荒镇民向镇将武卫将军于景请求赈济，于景不给，激起民愤，遂杀于景。正光五年（524）三月，沃野镇民破六韩拔陵聚众起义，诸边镇汉夷各族响应。破六韩拔陵破武川镇、攻怀朔镇。五月，魏军失白道；七月，退守云中，北魏北方六镇大乱。孝昌元年（525）六月，破六韩拔陵起义失败。八月，杜洛周又起义于上谷（今北京市延庆县、河北省怀来县境），南围燕州。常景率部守居庸关和军都关。孝昌二年（526）春，居庸关和居庸下口均告失守。五月，魏燕州（今河北省蔚县、涿鹿县、北京延庆县境）失守；六月，北魏前国都恒州（今山西大同）失守。此时，恒、代以北尽为丘墟。至年底，河北的平州（今河北卢龙县地）和范阳（今河北涿州）也被杜洛周占领，尚书兼行台常景也作了俘虏。至公元528年，太行山以东地区已呈现各种势力割据状态。此时，尔朱荣上书提出作战方略云："贼势虽衰，官军屡败，人情危怯，恐实难用。若不更思方略，无以万全。臣愚以为蠕蠕主阿那环荷国厚恩，未应忘报，宜遣发兵东趣下口以蹑其背，北海之军严加警备以当

---

① （明）刘天佑：《过蜚狐口怀李广将军》，载阎周全编著《飞狐诗集》第二卷《明》"紫荆句：蜚狐口位于紫荆关西六十五里处，为广昌县地方，为外口紧要"，团结出版社2014年版，第93页。

② （北齐）魏收撰：《魏书》卷三《太宗本纪》，中华书局1974年版，第62页。

其前。臣麾下虽少，辄尽力命自井陉以北，滏口以西，分据险要，攻其肘腋，葛荣虽并洛周，威恩未著，人类差异，形势可分。"①

尔朱荣所提战略是，由北海王所率军队正面防守北魏相州，相州治所在今邺县西南的邺镇，辖区约当今河北省邢台、广宗以南，河南林县、汤阴、清丰、范县以北，山东武城、莘县以西地区；由尔朱荣防守太行东麓滏口、井陉邓隘口及太行山以西地区，并进攻敌人之侧翼；并建议请蠕蠕主阿那环从"下口"方向进攻其背后。尔朱荣上书，据《资治通鉴》所记，发生在公元528年2月。此时，居庸关、军都关及山后之居庸县和山南之军都县为乱军葛荣及杜洛周余部所占。在此之前的一月，北魏行台杨津固守定州城已经三年，杜洛周起义军围之，而政府军不能救，于是"津遣其子遹突围出，诣柔然头兵可汗（即蠕蠕主阿那环）求救。遹日夜泣请，头兵遣其从祖吐豆发帅精骑一尤万南出；前锋至广昌（今河北省涞源县北），贼塞隘口，柔然遂还"②。胡三省对此条注曰："广昌县自汉以来属代郡。自广昌东南山南出倒马关，至中山上曲阳县，关山险隘，实为深峭，石磴逶迤，沿途九曲。"③从地理位置及形势分析，这条行军路线非飞狐道莫属。他将尔朱荣上书中的"下口"注为"下口盖指飞狐口也"，当有所据。顾炎武在《日知录》卷二十七中记"梁武帝大通二年，魏尔朱荣欲讨山东群盗，请敕蠕蠕王阿那环发兵，东趋下口，以蹑其背。注云'下口盖指飞狐口非也，此即居庸下口'"④，认为此"下口"为"居庸下口"，有失考之嫌。

---

① （宋）司马光编著，（元）胡三省音注：《资治通鉴》卷一五二《梁纪八·高祖武皇帝八》"大通三年辛亥二月"条，中华书局1956年版，第4738页。
② （宋）司马光编著，（元）胡三省音注：《资治通鉴》卷一五二《梁纪八·高祖武皇帝八》"大通三年辛亥"条，中华书局1956年版，第4734页。
③ （宋）司马光编著，（元）胡三省音注：《资治通鉴》卷一五二《梁纪八·高祖武皇帝八》"大通三年辛亥"条，中华书局1956年版，第4734页。
④ （清）顾炎武：《日知录》卷二七《通鉴注》，商务印书馆1933年版，第54页。

## 四　恒州

恒州是北齐天保六年修筑长城的西端，今人多认为在山西省大同附近；而史籍中，与南北朝时期修长城相关的称恒州的地名有二处：一是北魏太和十七年（493）迁都洛阳，原司州改置恒州，治所在平城（今山西大同市东北古城）；二是东魏天平二年（535）复置，侨置在肆州秀容的恒州。

《太平寰宇记》卷四十九云："孝文迁都洛邑，改置恒州"①，据此文，北魏太和十七迁都洛阳之后，原司州改为恒州，治所在今大同；另据清代徐文范的《东晋南北朝舆地表》载：恒州，治平城。所辖有代郡、吐军、平齐、朔方合八镇、怀朔、怀荒、沃野、武川、抚冥、柔元、御夷、薄骨律。②恒州的管辖范围约相当于北达今内蒙古阴山南北；东达河北省丰宁县、赤城县和蔚县；西达宁夏、陕北；南至恒山山脉，非常辽阔。

至孝昌二年（526）六月，恒州陷没；正如后文所引《太平寰宇记》所描述的，恒代以北尽为丘墟。直至东魏太平二年（535）在肆州秀容郡城侨置了有建置但无管辖实地的恒州，其初治在今山西省忻州市西北五十里，后废，又移治至今忻州市原平县西南的楼板寨。《太平寰宇记》卷四十九"孝文迁都洛邑，改置恒州。孝昌之际，乱离尤甚，恒、代之北，尽为丘墟。高齐文宣天保七年置恒安镇，徙豪杰三千家以实之，今名东州城；其年废镇，又置恒州。周武帝平齐，州郡并废，又于其所置恒安镇"③。查诸史籍，《太平寰宇记》此处称"又置恒州"有误，少一"北"字，当为"又置北恒州"。《北齐书》

---

① （宋）乐史撰，王文楚等点校：《太平寰宇记》卷四九《河东道十·云州》，中华书局2007年版，第1031页。
② （清）徐文范：《东晋南北朝舆地表》卷六《魏孝文帝》，《丛书集成初编》第3067册，中华书局1985年版，第261页。
③ （宋）乐史撰，王文楚等点校：《太平寰宇记》卷四九《河东道十·云州》，中华书局2007年版，第1031页。

卷十三《赵郡王琛列传》载"八年，征睿赴邺，仍除北朔州刺史，都督北燕、北蔚、北恒州三州，及库推以西黄河以东长城诸镇诸军事"①，可以证明恒安镇在天保七年废镇改置为北恒州。从以上文献可知北齐天保六年修筑长城时，恒州仍侨治在秀容郡，而且尚未置北恒州。

## 五　关于这道长城的经行路线

明朝《西关志·紫荆关·山川》载在紫荆关东北约二百里的黄石崖"上有古长城一道，在关东北黄石崖口"②；孙承泽撰的《春明梦余录》卷六十八云："旁睨北山矗矗，一阴一阳，闪倏孤日，含濡云彩，山之上平衍，西五里有岭焉，是曰长城。苍黯高竦，下视前坂，其巅瓦砾纵横，微有雉堞，剥蚀沉莽，是曰秦皇之址。有泉出焉，是曰马跑，苞稂覆之，将罾矣。又西二里，有台焉，是曰了思，衡可二亩，高可数仞，莎苹匝之，楸、檀、柏、栢之木，宛宛相构。登之，可望四方，斗绝有足怀者"③；（光绪）《昌平州志·土地记三上》曰"旧志，在州城西长城岭一带，雉堞甚古，疑北齐天保六年所筑"④；在同书《山川记第四》中曰："《蓟邱集》：北山上平衍，西五里有岭曰长城。微有古堞剥蚀，传是秦皇之址。有泉出焉，曰马跑。又西二里有了思台，下台而西又十里皆峻岭也。"⑤

在修筑这一道长城的前一年，即天保五年（554），《北齐书》卷四《文宣帝本纪》云："十二月庚申，帝北巡至达速岭，览山川险

---

①（唐）李百药：《北齐书》卷十三《赵郡王琛传》，中华书局1972年版，第171页。
②（明）王士翘：《西关志·紫荆关》卷一《山川》，北京古籍出版社1990年版，第281页。
③（清）孙承泽著，王剑英点校：《春明梦余录》卷六八《岩麓·驻跸山》，北京古籍出版社1992年版，第1320页。
④（清）缪荃孙纂：（光绪）《昌平州志·土地记三上》，成文出版社1968年版，第103页。
⑤（清）缪荃孙纂：（光绪）《昌平州志·山川记第四》，成文出版社1968年版，第283页。

要,将起长城。"① 《山西通志》引《神池县志》云:"黄华岭,在县南十三里,一名摩天岭,高齐之世所谓达速岭也。中峰高四十丈,周蟠七十余里,上有长城旧迹云。其东南界宁武,西北蹲乎神池者,过三十里焉。南距宁武六十三里。"②

根据以上文献,笔者对这一带进行了考察,在北京市昌平区的最西端与门头沟区交界处的禾子涧、了思台,门头沟区的大村、马家套村一带确实发现了一道长城,这道长城自北京市门头沟区的马家套村、大村向东,经北京市昌平区高崖口乡的了思台斜向东北,经禾子涧村向东北行与明长城相接,再向东延伸与八达岭长城相通。

笔者1994年骑自行车自北京市至山西应县,对这一长城进行了追踪考察。1998年、1999年又考察了东起山西省广灵县,经浑源县、应县、代县、山阴县、宁武县、岢岚县,西至山西省兴县黄河岸边的长城。考察中发现一条明以前的古长城自山西省岢岚县阳坪乡松井村沿岚漪河东行,至岢岚县王家岔乡折向东北,沿山脊向北进入宁武县管岑山的荷叶坪,沿管岑山北行,至宁武县与神池县北部交界处,在当地人称之为摩天岭(即达速岭)的高山折向东,经宁武县盘道梁乡(盘道梁乡段与明长城重叠),沿原平市牛食尧乡最北端的山脊,经山西省山阴县、代县、应县、浑源县、广灵县、河北省蔚县南山的北麓,再向东沿涿鹿县的西灵山北麓东行,至涿鹿县谢家堡乡的孔涧村东北的山梁,再向东北进入北京市门头沟境内的东灵山,然后与大村的古长城相接(中间黄草梁、沿河城一带为明长城所利用)。它并没有走向现北京市昌平区南口镇北的郦道元在《水经注》中所称的"下口"。

经以上对文献的分析和实地验证,笔者认为天保六年所筑长城的西端起点"恒州"当是侨置在秀容的恒州所辖的今山西省宁武县与神池县交界处的摩天岭,而不是北魏时的恒州(今山西大同);其东端

---

① (唐)李百药:《北齐书》卷四《文宣帝本纪》,中华书局1972年版,第59页。
② (清)觉罗石麟修,(清)储大文纂:(雍正)《山西通志》卷十三《关隘五》,文渊阁《四库全书》,台湾商务印书馆1986年版,第542册,第439页。

止点"幽州夏口"当是今北京市延庆县八达岭口。修筑这道长城时利用了前朝东汉所筑鄣塞、北魏所筑畿上塞围,而后齐天保七年又有所增修。此后又被北周、东魏、隋朝所利用和延长,少数地段也曾被明朝所利用。"夏口"即是"夏阳川"之"夏口"或"居庸下口"。由于后人误改或理解有误,使得北齐天保六年所修长城成为难解之谜。

2002 年 2 月 23 日改前误于北京马连道寓所

# 居庸关杂考

## 一 "天下第一雄关"匾额考

明代长城上有两座关城曾经挂过"天下第一雄关"的匾额,一处是嘉峪关,另一处则是居庸关。

居庸关和嘉峪关悬挂"天下第一雄关"匾额的最早时间都已不可考。但早在清朝康熙二十七年(1688)五月初三日,有一位叫钱良择的旅行家随军前往蒙古,写了《塞外纪略》一书,记述了这次旅行的途中见闻。他途经居庸关时记述道:"初三日甲戌,天晴无风,山行竟日。石路崎岖,时蹶马足。两峰壁立,中为通衢。愈登愈高,不知其所止极。十五里至居庸关城。城门额曰'天下第一雄关',盖京师北面之极冲。"① 由此居庸关城门上有"天下第一雄关"门额为钱良择目睹,当不为虚。

嘉峪关关城西门外现在矗立着刻有清朝嘉庆十四年(1809)肃镇总兵李廷臣书写的"天下雄关"四个大字的石碑。据文献记载,嘉峪关西门城楼上也曾悬挂过"天下第一雄关"的匾额。清道光二十二年(1842),林则徐遣戍伊犁,沿途每日记述所行里程、经由的山川道里、官员酬酢往还等见闻。后来他将西安至伊犁途中记录的日记删削整理为《荷戈纪程》一书。书中记述九月初八日出嘉峪关:"今晨起

---

① 刘操南、平慧善选注:《古代游记选注》,上海古籍出版社1982年版,第88页。

行，余策马出嘉峪关，先入关城。城内有游击、巡检驻扎。城楼三座，皆三层，巍然拱峙。关内设有号房，登记出入人数。一出关外，见西面楼上有额曰'天下第一雄关'。"① 这是目前所知有人目睹嘉峪关悬挂此匾额的最早记载。据《左文襄公在西北》一书记载，清同治五年（1866），左宗棠出任陕甘总督，当其在同治十二年（1873）初次驻节肃州时，发现嘉峪关失修已久，边墙四处坍塌，已是有关等于无关。于是左公下令一律整修，并亲题"天下第一雄关"横额，安置于关头，字大于斗。有人写诗赞美左公所写这幅匾额曰："左侯昔日受降归，酾酒临关对落晖。额书六字神飞动，想见如椽大笔挥。"② 由此可知林则徐所见的匾额，此时已经不存，左宗棠又重写了一幅。左公所写匾额亦有人目睹，公元1905年（光绪三十一年），温文英因组织救国运动赴京请愿，被发配新疆，他在《昆仑旅行日记》中云："余与折君登沙坡上，见关外三面皆高山环抱，一面则雄关屹峙，真有'一夫当关，万夫莫敌'之概，诚险要也。回望关上，城楼三层，额书'天下第一雄关'。"③ 以后，由于战火，嘉峪关西城楼焚毁，左宗棠所书匾额也失所在。

山海关东门城楼上明朝中叶书写的"天下第一关"匾额举世闻名。其实，明朝中叶也称居庸关为"天下第一关"。现居庸关南门外马神庙东南的山坡草野中有一通明朝嘉靖二年（1523）立的"重修隆庆卫儒学碑记"，碑记中称居庸关为"东连古北、辽海，西接上谷、云中，南通京师，北枕永宁，为京师之北门，乃天下第一关也"，此碑文被收录在《西关志》卷十中。④ 现在八达岭关城西门门额上的"北门锁钥"，正与居庸关的"京师北门"呼应。如果当时由某位书

---

① 即《壬寅日记》（道光二十二年），收录于林则徐全集编辑委员会编《林则徐全集》第9册，海峡文艺出版社2002年版，第4673页。
② （清）何方望：《午阴清舍诗草》卷七，清光绪三十一年兰州官书局刊本。
③ （清）温世霖原著，高成鸢编注：《昆仑旅行日记》，天津古籍出版社2005年版，第114页。
④ （明）王士翘：《西关志》卷十《艺文》之《重修隆庆卫儒学记》，北京古籍出版社1990年版，第255页。

家墨客、文臣武将将这两句溢美之词镌刻成碑，涂写成匾，也有可能居庸关就被誉为"京师北门"或"天下第一关"了。

长城上关隘的称谓在漫漫历史中不断变迁，常常更换，如紫荆关历史上曾称五原关、五阮关、子庄关、金坡关、紫金关。而且关隘的名称还有正式名称和誉称的区别，居庸关、山海关、嘉峪关、娘子关、紫荆关、雁门关都是有史籍记载的正式名称。这些名称有的是以关隘所处地理名称命名，如嘉峪关因处嘉峪原上而得名；雁门关因位于雁门山而得名；有的以其所处的地理形势得名，如山海关因倚山面海而得名，紫荆关则以其地盛产紫荆而得名；娘子关则是因传说唐朝的平阳公主曾率领娘子军驻守此关而得名。同时也有许多文人墨客、俗俚乡人为长城上的名关险隘起了誉美之称，如山海关为"天下第一关"，嘉峪关为"天下雄关"，娘子关为"天下第九关"等等。这些誉称并非官方命名，也无需官方认可，官方文件中也多不列入，只是口耳流传或刻在石碑上或写在匾额楹联之上、方志艺文之中。时间久了，许多广传于世的誉称既不知其作者，也不知其书者，如著名的山海关"天下第一关"匾额，即不知是谁做出这赞誉之词，对书法作者也众说纷纭，有的说为明朝中期严嵩所书，现在多数学者认为是明朝成化八年（1472）进士、山海关书法家萧显所书。

山海关、嘉峪关在清朝仍被视为军事重地，多次维修并驻兵防守，为人们所重视。关城内的碑、匾较好地保存下来，文人墨客也经常光顾，使它们的誉称得到持久地流传。尤其近些年来，随着旅游事业的发展，它们的名声更加显赫，这些誉称几乎无人不知无人不晓。而居庸关自清朝统一中国以后，战略地位日益下降，关城破败无人维修，匾额丢失也无人问津。中华人民共和国成立后对八达岭长城进行了维修，并正式命名为"八达岭长城"，逐步成为举世闻名的旅游景点，而居庸关几乎被人们忘却，它的誉称已少有人知晓。最近居庸关修复，经专家论证，才又挂起了"天下第一雄关"的匾额。

## 二 居庸关和军都关考

居庸关，一般书刊介绍说因秦始皇曾迁徙"庸徙"居住于此而得名。其实，早在公元前247年吕不韦主持编撰的《吕氏春秋·有始览》中已称"何谓九塞？大汾、冥阨、荆阮、方城、殽、井陉、令疵、句注、居庸"①，可见居庸之名早在战国时期已有之，与秦始皇无涉。

《吕氏春秋》中称居庸为塞，《汉书·地理志》中才曰"居庸，有关"②，对军都只表示其是上谷郡所辖的县，并未指明其县有关。《续汉书·郡国志》中居庸仍属上谷郡，军都已属广阳郡，此时两县分属两郡，都没有说其有关。③《后汉书·寇恂传》中曰："王莽败，更始立，使使者徇郡国，曰'先降者复爵位'。恂从耿况迎使者于界上"④，也没有涉及有居庸关之语，但《水经注》在论及此事时曰："耿况迎之于居庸关"⑤，杨守敬在《水经注疏》此条下按语云："《后汉书·寇恂传》：更始使使者徇诸国，恂从耿况迎于界上。亦不言居庸关，此（指《水经注》所言）盖本它家《后汉书》。"⑥近年，考古工作者在内蒙古和林格尔东汉墓中发现了耿况迎使者于居庸界上的壁画。壁画上画有一关，关形似桥，车马队伍通行其上，关下书有"居庸关"三字。这证实了杨守敬对《水经注》所言另有所据的推测，也证实在东汉时居庸县界上确有居庸关，而今本《后汉书》确有

---

① （汉）高诱注，（清）毕沅校正：《吕氏春秋》卷十三《有始览》，上海古籍出版社1996年版，第189页。
② （东汉）班固：《汉书》卷二八下《地理志第八下》，中华书局1962年版，第1623页。
③ 钱林书编著：《续汉书郡国志汇释》，安徽教育出版社2007年版，第399、404页。
④ （宋）范晔：《后汉书》卷十六《寇恂列传》，中华书局1965年版，第620页。
⑤ （北魏）郦道元原注，陈桥驿注释：《水经注》卷十四《湿余水》，浙江古籍出版社2000年版，第219页。
⑥ （北魏）郦道元注，（民国）杨守敬、熊会贞疏：《水经注疏》卷十四《湿余水》，江苏古籍出版社1989年版，第1204页。

疏漏之处。

军都关与居庸关在南北朝以前为两关，至唐朝以后才视为一关，或称军都关，或称居庸关等。军都县两汉时已有之，军都山也见之于东汉典籍。查诸史籍，军都关之称，最早见于东汉末期的高诱，其在为《淮南子·地形篇》天下九塞句作注时谓："居庸在上谷沮阳之东，通浑都关是也"①，其所称浑都关，我以为即以后所称之军都关。目前所见正史中首言有军都关者为《晋书·地理志》，曰："军都，有关。"②

郦道元在《水经注》中称（沮阳城）："东南六十里居庸界，故关名矣。更始使者入上谷。耿况迎之于居庸关，即是关也。其水导源关山，南流历故关下。溪之东岸有石室三层，其户牖扇扉，悉石也，盖古关之候台矣。南则绝谷，累石为关垣，崇墉峻壁，非轻功可举。山岫层深，侧道褊狭，林鄣邃险，路才容轨，晓禽暮兽，寒鸣相和，羁官游子，聆之者莫不伤思矣。其水历山南迳军都县界，又谓之军都关。"③此所言与上文所言为同一东汉时事也。郦氏在《水经注》中明言居庸关是一座故关，在居庸县界；山南为军都县界，有一关隘"又谓之军都关"。

《魏书·地形志》也云："军都，前汉属上谷，后汉属广阳，晋属。有观石山、军都关、昌平城。"④《资治通鉴》卷一百五十《梁纪六》武帝普通六年（525）记："八月，魏柔玄镇民杜洛周聚众反于上谷……洛周围魏燕州刺史博陆崔秉。九月，丙辰，魏以幽州刺史常景兼尚书为行台，与幽州都督元谭讨之。景，爽之孙也。自卢龙塞至军都关，皆置兵守险，谭屯居庸关。"⑤《资治通鉴》卷一百五十一

---

① （汉）刘安等编著，（汉）高诱注：《淮南子》，上海古籍出版社1989年版，第40页。
② （唐）房玄龄等：《晋书》卷十四《地理志上》，中华书局1974年版，第425页。
③ （北魏）郦道元原注，陈桥驿注释：《水经注》卷十四《湿余水》，浙江古籍出版社2000年版，第219页。
④ （北齐）魏收：《魏书》卷一〇六上《地形志上》，中华书局1974年版，第2476页。
⑤ （北宋）司马光：《资治通鉴》卷一五〇《梁纪六》"普通六年八月、普通六年九月丙辰"条，中华书局1956年版，第4706页。

《梁记七》武帝普通七年（526）云"行台常景使别将崔仲哲屯军都关以邀之，仲哲战没，元谭军夜溃"①。

从以上文献，可以印证在北魏以前，居庸关、军都关为两关。胡三省在作资治通鉴注时也明示云："考之《汉志》，上谷郡有军都、居庸两县，盖县各有关。凡此屯守，皆以防杜洛周。《水经注》，居庸关在上谷沮阳城东南六十里，军都关在居庸山南。"②

将居庸关和军都关称为一关，始自唐。《新唐书》卷三十九《地理志三》云："昌平。望。北十五里有军都陉。西北三十五里有纳款关，即居庸故关，亦谓之军都关。"③虽此文中云，军都陉在昌平北十五里，居庸关在昌平西北三十五里，居庸关和军都陉不在同一方向，而且军都关不在军都陉内有些令人不解，但以后各朝之著作仍多沿用此说，致使今人以为自古至今军都关即为居庸关。熊会贞在《水经注疏》按语中对这一变化过程综述曰："《通鉴》胡注云：《汉志》有'军都'、'居庸'两县，各有关。然郦氏言居庸关在居庸界，又谓之'军都关'。《新唐志》以为军都关即居庸关。顾氏《昌平山水记》从之。而《寰宇记》亦云：军都山又名居庸山，在昌平县西北十里。盖古因山置关，南北相距数十里，在居庸界曰'居庸关'，在军都界曰'军都关'。分之则二，合之则一。故居庸关亦可曰'军都关'，居庸山亦可曰'军都山'也。"④

---

① （北宋）司马光：《资治通鉴》卷一五一《梁纪七》"普通七年正月壬子"条，中华书局1956年版，第4710页。
② （北宋）司马光：《资治通鉴》卷一五〇《梁纪六》"普通六年九月丙辰"条，中华书局1956年版，第4706页。
③ （宋）欧阳修、宋祁：《新唐书》卷三九《地理志三》，中华书局1975年版，第1020页。
④ （北魏）郦道元注，（民国）杨守敬、熊会贞疏：《水经注疏》卷十四《湿余水》，江苏古籍出版社1989年版，第1205页。

# 慎说金界壕不是长城

近年来，中国政府和社会非常关注长城的保护，中国政府正在制定《长城保护条例》，行政主管部门也正在制订《长城保护规划》，启动"长城保护工程"。同时，一个难题也摆在了政府和专家学者的面前——什么是长城？如何给长城下一个定义，这是长期没有解决的问题。一些专家尝试着给长城下定义，有一些学者明确地将某一朝或某一段可能是"长城"的军事工程划出"长城"之外，由此引起了热烈的讨论和争论。我认为这是好事，真理越辩越明，这种讨论和争论有利于长城研究和保护工作。

长城是全世界修筑规模最大、时间最长的古代永备型的军事工程建筑体系。从始建至修建的终止，它的建筑形态、地域、使用的材料和内涵、外延都处在动态变化之中。因此，从古至今，不同社会阶层从不同视角审视长城，对长城有着不同的理解和看法，乃属必然。笔者不揣陋识，就金代长城等与长城相关的一些问题谈几点看法，不当之处，敬请指正。

2004年月1月30日和4月2日《中国文物报》的"长城研究与保护"专栏先后发表了景爱先生的文章《走出长城的误区》[①]和《再说金边壕不是长城》[②]。两篇文章从不同角度阐述了他的基本观点——金界壕不是长城。其实，这是景爱先生一贯的观点，早在1999年在

---

① 景爱：《走出长城的误区》，《中国文物报》2004年1月30日第8版。
② 景爱：《再说金边壕不是长城》，《中国文物报》2004年4月2日第8版。该文还被收入孙文政、王永成主编《金长城研究论集》（上）（吉林文史出版社2008年版）一书。

他的著作《沙漠考古通论》文中就曰："有的学者取蒙古人的说法，将边壕误称作长城，这是不对的。"①

## 一 现代长城研究学界的主流观点
## ——金界壕是长城

景爱先生在《再说金界壕不是长城》（下文简称《再说》）一文中开明宗义地指出"金边壕不是长城，这是考古学界早已解决了的问题"②。

学者必须根据史料、考古资料和实地勘察来研究历史或文物。同样，在进行学术争鸣和学术批评时，也要首先搞清事实，依据事实进行批评和争辩。据我所见资料，景爱先生的这个结论与事实不符。新中国成立后，有关长城的修筑沿革史的著作不多，在有数的长城专著或文集中，绝大多数都将金界壕列入"长城"的范畴。2004年出版的《中华文物古迹旅游》中说"少数民族的女真贵族建立金王朝、灭了辽和北宋王朝后，为了防御契丹、蒙古等北方游牧民族的进犯，曾经大修长城"③；1980年罗哲文先生为笔者摄影的我国第一部《长城》画册的撰文中也称"而兄弟民族统治的朝代修筑长城的则有北魏、北齐、北周、辽、金等五个朝代"④；1981年出版的《中国长城遗址调查报告集》编入了2篇有关金界壕的调查报告，贾洲杰先生的题目为《金代的长城》⑤，而庞志国先生在《金东北路、临潢路吉林省段界壕边堡调查》中虽然没有直接称"金界壕"为长城，但文中

---

① 景爱：《沙漠考古通论》，紫禁城出版社1999年版。
② 景爱：《再说金边壕不是长城》，载孙文政、王永成主编《金长城研究论集》（上），吉林文史出版社2008年版，第553页。
③ 朱耀廷主编：《中华文物古迹旅游》，北京大学出版社2004年版，第129页。
④ 成大林摄影：《长城》（画册），文物出版社1980年版。
⑤ 贾洲杰：《金代的长城》，载文物编辑委员会编《中国长城遗迹调查报告集》，文物出版社1981年版，第77—83页。

也认为"这宏伟的工程如同一道万里长城，显得雄伟壮观"①；1984年由香港《南华早报》出版的笔者所著 *The Great Wall of China* 中有专文介绍"金长城"②；1985年冯永谦和何浦滢合著的《辽宁古长城》的前言曰："高句丽、辽、金也都筑有长城"③；1986年陆思贤先生著的《长城话古》曰："后来金王朝在蒙古高原上也修筑'堑壕'，即金长城"④；1988年华夏子著的《明长城考实》中也专列有"金长城"一节⑤；1991年高旺先生出版的《长城访古万里行》和《博览长城风采》也都将"金界壕"称为"金代长城"⑥；同年王玲也撰写了一本介绍长城的小册子《北京的长城》，书中曰"所以只有金曾修建长城防御蒙古，称为金源边堡和金内长城"⑦；1994年罗哲文先生主编的《长城百科全书》中也列有"金长城"词条⑧；1994年9月在北京举办了长城国际研讨会，在提交的论文中也有以"金长城"为题的论文，其中冯恩学先生的《金代长城的战争观》被收入1995年出版的《长城国际研讨会论文集》⑨；1996年出版的张量《战争与和平的纽带——古代长城》一书曰："近些年黑龙江、内蒙古、吉林的文物考古工作者曾先后调查了金代各路界壕边堡，基本明确了金长城的分布和走向"⑩；2004年出版的董耀会先生著的《瓦合集——长城研究论文集》，在《明以前历代长城考略》一章中也有一节"金长城"⑪。在我能查到包含长城沿革史的专著或文集中只有刘金柱先生

---

① 庞志国：《金东北路、临潢路吉林省段界壕边堡调查》，载文物编辑委员会编《中国长城遗迹调查报告集》，文物出版社1981年版，第84页。
② Cheng Dalin（成大林），*The Great Wall of China*，（香港）南华早报出版社1984年版。
③ 冯永谦、何浦滢：《辽宁古长城·前言》，辽宁人民出版社1986年版，第3页。
④ 陆思贤：《长城话古》，内蒙古人民出版社1986年版，第127页。
⑤ 华夏子：《明长城考实》，档案出版社1988年版，第26—28页。
⑥ 高旺：《博览长城风采》，中国广播电视出版社1991年版，第116页；高旺：《长城访古万里行》，中国广播电视出版社1991年版，第73页。
⑦ 王玲：《北京的长城》，北京燕山出版社1991年版，第12页。
⑧ 中国长城学会编：《长城百科全书》，吉林人民出版社1994年版，第84页。
⑨ 中国长城学会编：《长城国际学术研讨会论文集》，吉林人民出版社1995年版，第154—158页。
⑩ 张量：《战争与和平的纽带——古代长城》，辽宁师范大学出版社1996年版，第57页。
⑪ 董耀会：《瓦合集——长城研究论文集》，科学出版社2004年版，第112页。

著的《万里长城》[1]一书中没有讨论金代修过长城，也没有任何"金界壕"内容，从行文上看刘金柱先生可能不认为"金界壕"是长城。

《再说》一文建议研究金代边壕的人去看一看中国社会科学院考古研究所主编的、具有权威性且被学术界所公认的《新中国的考古发现和研究》和《中国大百科全书·考古学卷》。《再说》的作者认为这两部文献中，"都有关于边壕的条目，说得非常明确"[2]。

《中国大百科全书·考古学卷》的"金界壕"条是已故李逸友先生执笔所写。文中概括地描述了"金界壕"的历史、分布和形制，并没有涉及"界壕"是不是长城的问题。2001年，李逸友先生在《内蒙古文物考古》第1期上发表的《中国北方长城考述》一文中明确地将"金界壕"划在长城的范畴之内[3]。《新中国的考古发现和研究》中关于"金代的北边界壕"只是徐苹芳先生执笔的《辽金城址的调查和发掘》一节中的一部分[4]。此节中，有关金界壕的内容不足1000字，主要描述的是金界壕的分布，对它是否为长城则只字没有涉及。此外，1999年军事科学出版社出版了由40多位军事史研究专家、学者经过10年精心研究、撰写的《中国军事通史》的第十三卷《南宋金军事史》，其中也称"从壕堑底部到主堤顶部，高达10——13米，形成一道近似城墙功能的防御墙，故有'金长城'之称"[5]。

我查阅了我能收集到的新中国成立以后发表的有关金界壕的调查报告和论文数十篇，除景爱先生的文内明确指出"金界壕不是长城"以外，还没有发现其他文博考古专业人员有这样的结论。

以上列举的著作或文集的作者都是资深的文史考古工作者，或是长期从事长城研究的、在长城学术界有一定影响的人士的作品。其中

---

[1] 刘金柱：《万里长城》，黑龙江科学技术出版社1985年版。
[2] 景爱：《再说金边壕不是长城》，载孙文政、王永成主编《金长城研究论集》（上），吉林文史出版社2008年版，第556页。
[3] 李逸友：《中国北方长城考述》，《内蒙古文物考古》2001年第1期，第15页。
[4] 徐苹芳：《辽金城址的调查和发掘》，载中国社会科学院考古研究所编著《新中国的考古发现和研究》，方志出版社2007年版，第592—593页。
[5] 韩志远：《南宋金军事史》，收入《中国军事通史》第十三卷，军事科学出版社1998年版，第333页。

有些作者有多部著作或论文，我只选了其中的一部较有影响的代表作。由以上论著来看，"金界壕"是"长城"的观点是当前文物考古和长城学术界的主流。

## 二　尊重历史，古人的长城观

现代人心目中的长城，最形象的标本是明代长城。是不是长城，往往拿明代长城作为度量和判断的标尺。长城是古人修的，"长城"一词也是古人最先使用的。我们现代人在讨论什么是"长城"的时候，应该先回顾一下长城起源的历史，了解古人心目中的长城。因此，我们首先回顾"长城"一词出现前后的一些历史片断。

《左传》襄公十八年云："冬十月，会于鲁济，寻溴梁之言，同伐齐。齐侯御诸平阴，堑防门而守之，广里。"①《水经注》卷八济水注云："平阴城南有长城，东至海，西至济，河道所由，名防门，去平阴三里。齐侯堑防门，即此也。"② 襄公十八年是公元前555年，"堑防门"之"防门"即今山东省济南市长清区广里村齐长城遗址所在之处。"防门"本是齐国在古济水建的防水工程，齐国所"堑防门"是何意？注曰："其城南有防，防有门，于门外作堑，横行广一里。"③ 也就是说，当时只是在已有的防水工程以外又挖了一道广为一里的壕沟，引济水入沟以作军事防御工程。这座军事防御工程在建成之初，并没有被称为长城。后世对它是不是长城也有不同看法。如《五礼通考》卷二百八云："案此即齐筑长城之始。战国时七国皆有长城，齐城即托始于此"④；《春秋大事表·附录》云："堑防门而守

---

① （春秋）左丘明著，蒋冀骋点校：《左传》卷九《襄公》，岳麓书社2006年版，第183页。

② （北魏）郦道元原注，陈桥驿注释：《水经注》卷八《济水二》，浙江古籍出版社2001年版，第128页。

③ （清）沈炳巽：《水经注集释订讹》卷八《济水二》，文渊阁《四库全书》，第574册，第164页。

④ （清）秦蕙田撰，方向东、王锷点校：《五礼通考》卷二〇八《嘉礼八十一·体国经野》，第16册，中华书局2022年版，第9901页。

之，广里。是于防门外作堑横行广一里，非筑城也。筑长城系战国田齐时事"①，两者的认知是不同的。

自齐"堑防门"作为军事防御工程之后，公元前461年（秦厉共公十六年）秦厉共公"堑河旁"②；公元前417年（秦灵公八年）"城堑河濒"③，《大事记解题》云"《解题》曰：以备晋也"④。公元前409年秦简公"堑洛，城重泉"⑤，《太平寰宇记》卷二十八云"堑洛，《史记》简公二年堑洛，故云'自郑滨洛'，今沙苑长城是也。又按《三秦记》云：'在蒲城东五十里，秦筑长城，即是堑洛也'"⑥。史念海先生也曾对"堑洛"遗址进行过调查，他在《论西北地区诸长城的分布及其历史军事地理》一文中说："为什么称为'堑洛'？有的人就字义作了解释，说是铲削洛河岸边的山崖。但这并不等于说就没有在洛河岸旁另外建筑过城墙。近年我在蒲城县东洛河右岸发现一段长城遗迹，其长虽仅有324米，遗址中的残砖瓦已足以证明这是秦国的旧建筑。"⑦近年陕西文物工作者，在长城调查时在陕西渭南市蒲城县洛河西岸发现了这道长城的遗址约50千米，"沿线发现夯土墙一段，堑山遗迹数处，以及峰燧、陶窑等遗址"⑧。

1928年在洛阳城东太仓古墓出土的韩器《骉羌钟》的铭文中有"会于平阴""入长城"的记载，据考证此钟作于公元前404年（周威烈王二十二年），作者是韩氏家臣，铭文简要记述了作者跟随韩君

---

① （清）顾栋高辑，吴树平、李解民点校：《春秋大事表》，中华书局1993年版，第2748页。
② （汉）司马迁：《史记》卷五《秦本纪第五》，中华书局1963年版，第199页。
③ （汉）司马迁：《史记》卷十五《六国年表》，中华书局1963年版，第705页。
④ 《大事记解题》卷一，收入黄灵庚、吴战垒主编《吕祖谦全集》第八册《大事记》，浙江古籍出版社2008年版，第263页。
⑤ （汉）司马迁：《史记》卷五《秦本纪第五》，中华书局1963年版，第200页。
⑥ （宋）乐史撰，王文楚等点校：《太平寰宇记》卷二八《关西道四·同州》，中华书局2007年版，第604页。
⑦ 史念海：《论西北地区诸长城的分布及其历史军事地理》（上），《中国历史地理论丛》1994年第2辑，第4页。
⑧ 国家文物局主编：《中国文物地图集·陕西分册》下册，西安地图出版社1998年版，第520页。

伐秦征齐的经过和事后受赏的情况，这是我国已知古代文献中第一次出现"长城"一词。《水经注》引《竹书纪年》也云"《竹书》又云晋烈公十二年，王命韩景子、赵烈子、翟员伐齐，入长城"①，晋烈公十二年为公元前404年，《竹书纪年》所记与《骉羌钟》所记应是同一事件。"入长城"的地点即是"堑防门"之处。自"堑防门"至"长城"一词见诸史籍，前后相距151年。由于史籍有缺少，这150多年间发生了什么？我们无从知晓，但在公元前404年以前这里已有长城是可以肯定的。从韩非子云："臣敢言之，往者齐南破荆，东破宋，西服秦，北破燕，中使韩、魏，土地广而兵强，战克攻取，诏令天下。齐之清济浊河，足以为限；长城巨防，足以为塞。齐五战之国也"②；燕王曰："吾闻齐有清济、浊河，可以为固，长城、巨防足以为塞，诚有之乎"③，我们可以想见150多年间，齐国障水的堤坝演变成一道规模巨大的长城。这道长城，给各诸侯国造成巨大的心理影响。从这些描述中我们可以判断，"巨防"是由"河"和"墙"或"堤坝"构成的军事工程体系。事隔800多年后，郦道元在《水经注》中仍曰"其水引济，故渎尚存"④。笔者1980年曾到此考察，所见220国道西侧的长城最高处可达4米，国道东侧丘陵上的长城多已掩埋在耕地之下，从剖面察看，夯层清晰，残高仍有2米左右。长城之南为广阔的洼地，是否即古"引济故渎"，由于没有经过考古调查，难以确定。2006年6月，我再次到此处调查，220国道西侧的长城残高已仅约1米，国道东侧正在修济（济南市）菏（菏泽）高速公路。为了保护古长城，高速公路采用高架桥的方式跨越长城，同时为了跨越长城南的洼地，高架桥的长度有300—400米（目测）。

根据以上文献和现有的考古资料及实地考察，溯本求源，长城修

---

① （北魏）郦道元原注，陈桥驿注释：《水经注》卷二六《汶水》，中华书局1963年版，第426页。
② （战国）韩非：《韩非子》卷一《初见秦第一》，上海古籍出版社1996年版，第2页。
③ （汉）司马迁：《史记》卷六九《苏秦列传》，中华书局1963年版，第2267页。
④ （北魏）郦道元原注，陈桥驿注释：《水经注》卷八《济水》，中华书局1963年版，第128页。

筑之始就是利用天然河道及人工壕堑与堤防或城垣，共同构成的军事防御工程体系。

## 三 战国以后历代长城的修筑原则和实践

战国是秦统一前的七雄征战时期，也是一个大混乱时期，是个战火纷飞的年代，据《中国军事史》统计，战国250多年间，发生的重要战事达230次①。这一时期，社会生产力和生产关系的发展给军队提供了新的武器装备，大批的奴隶走上战场。步兵、骑兵逐渐成为战争的主力，战争从堡垒战转为野战，堡垒防御已不适应新的战争形势。秦、赵、魏、燕、中山等各诸侯国纷纷修筑起长城。至秦统一中国时，已经总结出比较成熟的修筑长城的经验和原则，为后世历代修筑长城所遵循。

公元前221年秦统一中国，公元前214年派蒙恬筑长城。筑城的原则为"因地形，用险制塞"②；"因边山险堑溪谷可缮者治之"③；"北筑长城以备胡越，堑山填谷，西起临洮，东至辽东"④。对此，《汉书》载大行王恢云："及后蒙恬为秦侵胡，辟数千里，以河为竟，累石为城，树榆为塞"⑤；《史记》载主父偃上书汉武帝曰："遂使蒙恬将兵攻胡，辟地千里，以河为境。地固泽咸卤，不生五谷。"⑥纵观以上文献，我们可以比较清晰地勾勒出秦始皇长城的构成形式，其在修筑过程中充分体现了"因地形，用制险塞""边山险，堑溪谷，可缮者治之"和"因地制宜，就地取材"的原则，因而秦长城并不是

---

① 《中国军事史》编写组编：《中国军事史》附卷《历代战争年表》解放军出版社1985年版，第236—300页。
② （汉）司马迁：《史记》卷八八《蒙恬列传》，中华书局1963年版，第2565页。
③ （汉）司马迁：《史记》卷一一〇《匈奴列传》，中华书局1963年版，第2886页。
④ （汉）班固：《汉书》卷二七下之上《五行志七下之上》，中华书局1964年版，第1472页。
⑤ （汉）班固：《汉书》卷五二《韩安国列传》，中华书局1964年版，第2401页。
⑥ （汉）司马迁：《史记》卷一一二《平津侯主父列传》，中华书局1963年版，第2954页。

一道绵延万里连贯的城墙,而是"因边山险""堑山填谷""累石为城,树榆为塞"和"以河为境"等等形式多样。

当代对秦长城考古学勘查也证实,秦长城确有利用山川河流、戈壁沙漠替代墙体的地段。李逸友先生在《中国北方长城考述》一文中曰:"有人理解'因河为塞'为黄河沿岸兴筑长城,简单地将'塞'等同于长城,实际上'因河为塞'乃是沿河筑城形成边防工事,实地调查在阴山南的黄河沿岸并无长城。"[1]我认为这不是没有长城,而是秦朝将黄河河道这样的天然险阻视为长城的组成部分;李先生在总结秦汉长城的考察时说"综上所述,秦汉长城自呼和浩特市北郊的坡根底村以东,直至兴和县高庙子乡南山顶之间,仅可见有局部长城遗迹,主要是多在东西横亘的大山区,都可因山制险,不必兴筑墙体,仅在一些山势较缓地带筑有墙体"[2]。笔者也多次到河北北部,陕西榆林,内蒙古的武川、包头、呼和浩特等地考察秦长城,完全认同李先生的总结。

汉朝是我国历史上修筑长城规模最大的朝代,修建的原则继承了秦代。《汉书》载汉元帝竟宁元年(前33)侯应语:"起塞以来百有余年,非皆以土垣也,或因山岩石,木柴僵落,溪谷水门,稍稍平之,卒徒筑治"[3],师古注曰"僵落,谓山上树木摧折或立死枯僵堕落者。僵音姜"[4],这一资料说明汉朝修长城继承了秦代修长城的原则,高度概括了汉朝长城构筑形式——"因地制宜"的多样化。

笔者对汉代长城的许多段落进行过踏查。1979年,我考察了汉武帝时在内蒙古蜈蚣坝上兴筑的长城。这道长城只有一道烽燧线沿大青山南坡向东延伸,大都"因山险阻"而不曾兴筑墙体或掘壕。1981年,我到承德地区滦平县考察,有一道烽燧线,烽燧间并无城墙壕堑。据县文物管理所所长苗济田先生告知,这道烽燧线自丰宁县延伸过来,经滦平县、承德县、隆化县进入内蒙古,并伸入宁城县境内。

---

[1] 李逸友:《中国北方长城考述》,《内蒙古文物考古》2001年第1期,第7页。
[2] 李逸友:《中国北方长城考述》,《内蒙古文物考古》2001年第1期,第14页。
[3] (汉)班固:《汉书》卷九四下《匈奴列传》,中华书局1964年版,第3804页。
[4] (汉)班固:《汉书》卷九四下《匈奴列传》,中华书局1964年版,第3805页。

有人认为这道长城是东汉或西晋所修，也有人认为是西汉所修，我个人倾向于是汉武帝元朔二年（前127）在放弃造阳之后所筑的一道防线。1984年，笔者考察了甘肃张掖、武威地区的汉长城。这一带的汉长城凡经过平川戈壁的地段，一般都由壕沟、壕墙、烽燧与亭障相连而构成。如山丹境内长约100千米的一段建于西汉元鼎六年（前111）的汉长城全线以壕沟代替墙垣，由壕沟、自然河、烽燧、列障构成，至今仍明晰可见。由于它与明代长城并列，形成一道亮丽的风景线，近年已被开发为旅游区。在张掖界内，由东山寺至临泽县有约45千米长的一段长城，主要是"因地形，用险制塞"，只是在沿线山口险要处修城障、筑烽燧，既无挖壕，亦未筑墙。

自汉朝以后，南北朝、隋、唐、宋、辽、金都规模不等地修筑过长城，基本沿用秦、汉修筑长城的原则。

明朝是冷兵器和火器交替的时期，引起了攻防战略战术和设施的大变革。明朝前期，这种影响在长城还没有明显地显示出来，依然在挖沟，修建土、石城墙、烽火台。成化六年（1470）余子俊上疏言"况今旧界石所在，多高山陡崖。依山形，随地势，或铲削，或垒筑，或挑堑，绵引相接，以成边墙，于计为便"[1]。弘治十八年（1505）至正德二年（1507）杨一清在总制三边军务时上的《为经理要害边防保固疆场事》奏疏中曰："惟是，宁塞营迤西至定边营止，中间空阔一百八十余里，俱未筑打边墙，止是挑有窄浅壕堑一道。"[2] 嘉靖四年（1525）督陕西三边军务的王宪《为建言边情严设备以安地方事》中载"西宁道副使李淮呈称：自兰州至甘凉，诸处沿边一带，虽有墩台，缘坍塌不修，或窵远不守，或设立不系紧要，或紧要未曾添设，虽间有挑挖壕堑，而未必尽挑，有筑堵贼冲，而未必尽筑，有斩截岩崖，而未必尽斩"[3]。《陕西通志》卷十六载嘉靖十五年（1538）

---

[1] （清）张廷玉：《明史》卷一七八《余子俊传》，中华书局1974年版，第4736页。
[2] （明）杨一清：《关中奏议》卷七《总制类·为经理要害边防保固疆场事》，文渊阁《四库全书》，第428册，第197页。
[3] （明）黄训：《名臣经济录》卷四一《兵部·为建言边情严设备以安地方事》，文渊阁《四库全书》，第444册，第248页。

"总兵梁震奏于干沟要路大加铲削,干沟之中挑挖濠堑,皆要策也"①。嘉靖二十三年总督宣大山西保定军务翁万达修"宣府西路西阳河,洗马林、张家口诸处为墙六十四里,敌台十。斩崖削坡五十里"②。以上资料足以说明,明朝隆庆以前所修筑长城的原则和形式、用材与秦、汉的长城无异,筑土石墙,斩崖、削坡,挑挖濠堑,绝不是我们现在所见的明长城。

张居正当国,从抗倭前线调来谭纶和戚继光以后,长城的建设发生了划时代的变化。谭纶在蓟辽与戚继光协力修边备,戚继光精于火器,初到北方曾任神机营副将,隆庆二年(1568)五月,命以都督同知总理蓟州昌平保定三镇练兵事。他在蓟镇16年,练边兵、建车营、修边墙、创建空心敌楼,长城的工程技术有了很大的改进,结构更加坚固,城墙加高加厚,砌石的砌石,包砖的包砖,蓟镇边垣精坚雄壮二千里,声势连接,边防焕然一新,故《明史·戚继光传》曰"在镇十六年,边备修饬,蓟门宴然。继之者,踵其成法,数十年得无事"③。隆庆五年"隆庆议和"成,宣大以西烽火沉寂近50年,给长城的修筑创造了环境。戚继光在万历十一年凄然离去后"继之者踵其成法",继续修筑长城,直至明朝灭亡。这就我们现在所见的长城,在今日向世界展示着中国长城的宏伟风貌与中国长城防御工程技术发展的最高水平。

综上所述,我国长城的修筑,从它的始建至修建的终止,其建筑结构、形态、地域、使用材料和内涵、外延都处在动态变化之中。每朝、每段长城都显示着强烈的时代、地域和民族特征。如果我们现在给长城下定义时,以某朝或某段长城为标准去界定我国所有的长城,必定有许多说不通的现象。这是目前下一个能囊括中国历代长城的内涵和外延的定义困难所在。

---

① (清)沈清崖编纂:《陕西通志》卷一六《关梁一》,文渊阁《四库全书》,第551册,第864页。
② (清)张廷玉:《明史》卷一九八《翁万达传》,中华书局1974年版,第5245页。
③ (清)张廷玉:《明史》卷二一二《戚继光传》,中华书局1974年版,第5616页。

## 四　结论：慎言金界壕不是长城

我们现在不能下一个可以概括我国古代所有长城本质特征的定义，其原因我认为主要是现在我们对长城研究不够。至今我们对我国古代长城的长度、分布、结构还很不了解，断代工作做的更少，也就是我们常说的"家底不清"；至今没有一个人敢说，他见过我国所有的长城；我国也还没有一个专门的长城研究机构，更没有对它从历史、地理、军事、经济、文化、考古等诸方面进行综合深入的研究，所以至今没有能揭示长城本质特征的内涵，摸不着它外延的边界。长城在我们心目中，仍处于朦胧状态。在这种情况下，轻易地将某一朝或某一段可能是"长城"的军事工程划出"长城"之外，使它得不到应有的保护和研究，我认为是不合适的，也是危险的，因为它不能再生。

就金界壕来说，内蒙古和东北的文博工作者做了大量的工作，取得了大量的第一手资料。我也曾到内蒙古和河北一些金界壕进行过一些踏查，许多情况并不像《再说》一文中表述的那样。《再说》认为"长城属于地面建筑"，而"边壕是在地下挖掘的深沟"①，这是断定界壕不是长城的理由之一；理由之二是"后世将边壕称作长城，其实就是对壕壁而言。不过壕壁和长城的墙体在做法上完全不同。长城的墙体如以土或土石为原料，必须夯筑，因为只有夯筑才能保证墙体有一定的高度，而且十分坚实，可以防止敌人破坏。边壕的壕壁则不同，它不是夯筑的，而是随便堆放的结果"②。我在内蒙古四子王旗考察金界壕时，在一个断面亲眼看到高出地表2米多的内墙上有明显的夯层，说明它不仅仅是用挖出的土堆砌的，而且还包括一道用土夯筑的高出地面的墙；且经过900多年雨浸和风沙掩埋，还能有近2米的高度，修筑时的高度是可以想象的。李逸友先生在《中国北方长城

---

① 景爱：《再说金边壕不是长城》，载孙文政、王永成主编《金长城研究论集》（上），吉林文史出版社2008年版，第553页。
② 景爱：《再说金边壕不是长城》，载孙文政、王永成主编《金长城研究论集》（上），吉林文史出版社2008年版，第554页。

考述》中引《张家口地区文物普查资料》记述:"康保县大青沟村东南二千米处,因修水渠将界壕切开近二百米,从剖面上看到夯层,每层厚20厘米。因其年久,现残存一路基状大土埂。在界壕的外侧还附有马面。在平川险要处,每三、五十米一个,现均倾塌成圆形土堆。"①《再说》否定金界壕是长城还有一条理由"金代边壕没有烽燧",并说"然而在边壕的内外两侧,都没有发现烽燧。现在有人提出边壕线上有烽候,这倒是令人关心的重大发现"②。其实在《再说》作者认为"具有权威性"的1986年出版的《中国大百科全书·考古学卷》中明确地描述"在主墙上加筑有马面和烽台……烽台有的筑在主墙上,有的筑在堑壕附近,残高5—6米,各烽台间距离500—2500米左右,多建在山顶和谷口,以便于瞭望和传递信息"③。我想《再说》的作者之所以做出"金边壕不是长城"的结论,可能正是由于如他在文中所说"我两次实地考察呼伦贝尔边壕",而没有考察过全部金界壕所导致的。

所以我认为,慎言金界壕不是长城!

---

① 中国大百科全书总编辑委员会《考古学》编辑委员会、中国大百科全书出版社编辑部编:《中国大百科全书·考古卷》,中国大百科全书出版社1992年版,第234页。

② 景爱:《再说金边壕不是长城》,载孙文政、王永成主编《金长城研究论集》(上),吉林文史出版社2008年版,第555页。

③ 中国大百科全书总编辑委员会《考古学》编辑委员会、中国大百科全书出版社编辑部编:《中国大百科全书·考古学卷》,中国大百科全书出版社1986年版,第234页。

# 大清王朝与边墙

1978年秋,我开始了长城专题采访,采访第一站就是著名的山海关。我向山海关文物管理所所长郭述祖先生请教中国历史上有多少朝代修筑过长城。郭所长告诉我,长城始修于春秋战国,止于明朝。郭所长破例将文物管理所珍藏的乾隆《临榆县志》借给我。夜读时,在卷六《边防》一节中我发现有这样一段记载:"康熙七年,永平道佥事钱世清、管关通判陈天植、山海路都司孙枝茂、游击陈名远、山海卫守备陈廷漠重修边墙,计工一千八百二十六度"①,一度约为今5尺,因此这次重修的长城合今约2800多米。第二天我指着这一段文字问郭所长,清代不也修了长城吗?郭所长答曰"这是重修,不是新筑",而且还引用康熙皇帝在康熙二十一年(1682)东巡时写的一首题为《蒙恬所筑长城》的诗为证,说明清朝不新筑长城。这首诗就是"万里经营到海涯,纷纷调发逐浮夸,当时用尽生民力,天下何曾属尔家"②,也就是嘲笑秦始皇修筑万里长城,也没有保住江山。郭所长还举康熙、乾隆修避暑山庄、建外八庙,实行"怀柔"政策来证明清朝是不修长城的。他还说,当时人们称"一座喇嘛庙,胜敌十万兵"。但是,不管郭所长怎么说,我也认为山海关长城已不是明朝的原貌,重修长城算不算修长城?秦、南北朝及明朝长城的许多段落不都是在早期长城的基础上重修的吗?清朝到底修没修过长城,清王朝

---

① (清)钟和梅纂修:(乾隆)《临榆县志》卷六《边海·边防·山海关志》,清乾隆二十一年(1756)刻本。

② 武斌编:《清帝东巡御制诗文集》,沈阳出版社2012年版,第42页。

特别是康熙皇帝，当真为长城修筑史划上了一个大句号吗？这在我心中留下了一个大大的问号。

从此，我开始关注清朝是否修过长城的问题。研究清史的专家、学者很多，有很大的成就，但研究清朝"边墙"的还没有，没有现成的成果可以学习、参考。一切需要从头做起，我开始注意收集有关清朝与长城关系的资料，至今已有30多年，最近把收集的资料梳理一下，已经可以看出一些眉目，为进一步研究打下了基础。这当中许多资料背景复杂，叙来也难得有头绪可循，不是一两个小时可以说清楚的。我只好将收集的资料选了一部分按编年体提供给大家，希望能引起社会的关注，也许对大家的研究有一些帮助，如果能达到这个目的，我也就很满足了，没有白辛苦。每一次修"边墙"的背后，必定有其背景，有故事情节。在这个短文中，不可能一一交代，只在每节开始部分做一个提示，如要详细了解可去查阅原文。

## 努尔哈赤

早在清朝开国鼻祖努尔哈赤及皇太极时期就开始修边关和边墙。据《清太祖实录》卷二载，乙卯年（公元1615年，万历四十三年），女真族叶赫部在明朝的支持下，竟然将努尔哈赤已聘之女，改嫁给喀尔喀蒙古的台吉。后来努尔哈赤发布的"七大恨"中的"老女"即指此事。为此，诸王臣"反复谏之，必欲兴兵"，劝其对明兴兵。努尔哈赤怕叶赫部和蒙古各部从背后攻击他，拒绝了诸王的劝谏，提出"及是时先治其国，固疆圉，修边关，务农事，裕积贮"，遂不动兵①。

当时，条件还不成熟，努尔哈赤还没有打进长城、问鼎中原的野心，能雄踞东北，裂土为王，他也就满足了。天命六年（明熹宗天启元年，1621年）三月，辽阳落入努尔哈赤之手，辽河东岸七十个城

---

① 《大清太祖承天广运圣德神功肇纪立极仁孝武皇帝实录》卷二"乙卯年六月"条，《续修四库全书》，上海古籍出版社2002年版，第368册，第236页。

堡，都降了金。明廷任命孙承宗为兵部尚书，主持辽东防务。在他主持下，在山海关东二百里处增筑了宁远城（原为宁远卫的卫所城），成为山海关外的一个重镇。此时，金国势力占据了辽河以东的大片土地，并自耀州［今辽宁营口市（大石桥镇北岳州村）］向北沿辽河岸筑边城，设堡、台，防御明和蒙古。这种对峙持续了四年之久。至今营口辽河（太子河）南岸还有些村名叫"二道边""老墙头""北边墙子""后墙缝""高墙子"，不知是否与努尔哈赤和皇太极修边关和边墙有关，待考。

## 皇太极

清太宗皇太极天聪八年（1634）正月十六日，众汉官赴户部衙门，向主管贝勒德格类诉苦，说他们负担的差徭繁重，太宗马上派龙什、希福调查差役重科的情况。经查，证明这些汉官所述与事实不符；于是，萨哈廉奉命召集这些汉官，传达了太宗的长篇谕旨，其中曰："且满洲之偏苦于汉人者……每牛录又出妇人三口。又耀州烧盐，猎取禽兽，供应朝鲜使臣驿马，修筑边境四城，出征行猎后巡视边墙。"① 此后，还有一些相关记载，如"太宗即位之初，尝谕群臣云：'城郭边墙事关守御，劳民力役事非得已。今修葺已竣，嗣后不复兴筑，用恤民力，专勤南亩，以重本务'"②；至顺治二年春正月，"撤修边民壮八千余人"③，至此，山海关外的边墙修筑才停止。

上述资料可证明努尔哈赤和皇太极确实修过边墙，至于修筑的规模和位置，还待考证、调查。不过还要说明的是，努尔哈赤和皇太极修筑的边墙绝不是柳条边。柳条边始修于顺治五年，此时还没有。

---

① 《钦定皇朝文献通考》卷二一《职役考一》，文渊阁《四库全书》，第632册，第442页。
② 《钦定皇朝文献通考》卷二一《职役考一》，文渊阁《四库全书》，第632册，第443页。
③ 《世祖章皇帝实录》卷十三"顺治二年乙酉正月癸丑"条，见《清实录》第3册，中华书局2008年版，第1616页。

## 顺治朝

进关以后，清廷对于能否在中原站住脚，还有疑虑，如顺治元年八月朝鲜国王李倧与从清朝回去的使臣的一段对话就展现了这点，"又问：'八王（即阿济格）则不欲留北京云然耶？'对曰：'八王言于九王（当时朝鲜人称多尔衮为"九王"）曰：初得辽东，不行杀戮，故清人多为辽民所杀。今宜乘此兵威，大肆杀戮，留置诸王以镇燕都，而大兵则或还守沈阳，或退保山海，可无后患。'九王以为先皇帝曾言，若得北京，当即徙都，以图进取。况今人心未定，不可弃而东还。两王论议不合，因有嫌隙云"①，这反映了清朝内部的这种情绪。清朝统治者把关外作为他们的后退之地，顺治五年（1648）开始修筑柳条边以固后方。

顺治九年（1652），李定国统领的西南瑶、苗、僮、彝各族人民组成的军队向清军发动了大规模的反攻。他东出广西，下桂林，除掉了叛明降清并为清军充当急先锋的定南王孔有德，反攻湖南，衡阳一战，击毙了清敬谨亲王尼堪，收复了两广失地，取得了著名的"两蹶名王，天下震动"的大捷。农民军另一将领刘文秀出兵四川，大败平西王吴三桂，克复了川南各州县。亲王受首，清廷沮丧。面临这种严峻形势，驻防京畿之八旗兵，在宣大至山海关沿明边墙开始布防。

顺治初先后设立顺义、昌平、三河、良乡、宝坻、固安、采育、东安、玉田等处守卫；设张家口、山海关、喜峰口、古北口、独石口各守御；命外藩蒙古各部俱于边口贸易；喀尔喀部来市马者，令驻口外，申报户部，听候谕旨②。

顺治四年十二月庚寅，"户部、兵部奏差理事官科奎、钟固，自张家口起西至黄河止，察得张家口关门迤西、黄河迤东共一千四十五

---

① 吴晗辑：《朝鲜李朝实录中的中国史料（上编）》卷五八《仁祖大王实录七》，中华书局1980年版，第3735页。

② 史松、林铁钧编：《清史编年》第一卷《顺治朝》"顺治二年乙酉正月初四日戊子"条，中国人民大学出版社2000年版，第57页。

里。其间险峻处，约六、七里一台，平坦处约四里一台，共应留台二百四十四座。每台设军丁三名，共军丁七百三十二名。其余台一千三十二座，应不用。故明时得胜堡一口，系察哈尔国讨赏出入之路；河保营系鄂尔多斯部落茶盐交易之处，以上二口俱已堵塞。又差理事官满都户等自张家口起东至山海关止，察得张家口迤东、山海关迤西，共二千四百四里。其间险峻处约六、七里一台，平坦处约四里一台，共应留台四百一十七座。每台设军丁三名，共军丁一千二百五十一名。其余台二千四百五十座，应不用。洪山口、龙井关口、西常峪正关口、潘家口、冷口，俱系捕鱼网户耕种往来之路，密云迤后石塘岭正关口系民间运木之路，昔户部于此按板抽税，以上应留关口共六处。外如常峪口、独石口、龙门所口、墙子岭口、黄崖口、罗文峪、董家口、刘家口、桃林口、界岭口、一片石口，以上十一关口俱已堵塞。墩台兵丁应照城守例，月给米一斛、银一两。得旨，河保营既为鄂尔多斯部落交易盐茶之地，与董家口俱准开。余如议"①。

姜瓖之乱以后，形势十分紧张，大臣陈协给皇上写了《大同边备疏》，疏中曰："夫天下事防于已然，不如防于未然，则虽有修葺迁运之劳，形势屹然，边民知警。若待已然，则烦费又当何如。臣愚以为沿边设险，莫如大同"，"以边务重大，不宜轻忽故也，其他属在宣云，如口北等处，皆当严加修备，以待不虞"②。

此外，《钦定大清会典则例》载顺治十五年（1658）又题准修完边墙五十丈至百丈者，纪录一次。③

## 康熙朝

康熙元年（1662），吴、尚、耿成为割据一方的藩王，世称"三

---

① 《世祖章皇帝实录》卷三五"顺治四年丁亥十二月庚寅"条，见《清实录》第三册，中华书局2008年版，第1781页。
② （清）贺长龄：《皇朝经世文编》卷八十《兵政十一·塞防上·大同边备疏》，载沈云龙主编《近代中国史料丛刊》第74辑，文海出版社1996年版，第2852页。
③ 《钦定大清会典则例》卷一二七《工部营缮清吏司·城垣》，文渊阁《四库全书》，第624册，第35页。

藩"。康熙帝得知吴三桂企图勾结青海多尔济为援时，预做准备，命张勇屯甘州防御，在康熙六年（1667）"臣节准二镇臣咨称前由，再四筹画，唯有照明季旧址，修筑边墙，审度形势大小，酌量安兵，勤加守望之，为得策也。然修筑可可迤西，至白石崖后所口等处，及重整扁都口至嘉峪关各隘，中间垒砌墙闸，需用砖石、铁柱以及匠作、夫役、工料等项，约估银三万余两。业经臣行令镇道地方文武各官会议修筑去后，但查边隘地寒早冻，必须来年五、六月间，天气和暖，层冰消解，方可兴工。俟到彼时，提镇随带官兵道臣，督率夫匠分头修筑，悬垛固守，整立烽燧"①。这段长城的重修和整治，既割断了多尔济与吴三桂的联系，又使青海和硕特各部回归故地，维持了青海地区的安定。吴三桂煽动蒙古叛乱，威胁北京的阴谋彻底破产。此后修筑边墙的记载还有，如：

"山海关东罗城，在东关外，国朝康熙四年移关时，通判陈天植、都司孙枝茂、守备王御春同修完固，塞南北二门，即以东门作关门。"②

"山海关钟鼓楼，国朝康熙五年，管关通判陈天植率士民重修。"③

康熙七年（1668）"诏发帑金修边城"④。

康熙七年"永平道佥事钱世清、管关通判陈天植、山海路都司孙枝茂、游击陈名远、山海卫守备陈廷漠重修边墙，计工一千八百二十六庹"⑤。

康熙七年（1668）"关城为向化首区，且其地东通奉天，西连畿

---

① （清）张勇：《张襄壮奏疏》卷二，文渊阁《四库全书》，第430册，第330页。
② （清）佘一元纂修：（康熙）《山海关志》卷三《建置志·城池》，载《秦皇岛历代志书校注》，中国审计出版社2001年版，第14页。
③ （清）佘一元纂修：（康熙）《山海关志》卷三《建置志·城池》，载《秦皇岛历代志书校注》，中国审计出版社2001年版，第13页。
④ （清）游智开修，（清）史梦兰纂：（光绪）《永平府志》卷三一《封域志十三·纪事下》，载《秦皇岛历代志书校注》，中国审计出版社2001年版，第1186页。
⑤ （清）钟和梅纂修：（乾隆）《临榆县志》卷六《边海·边防·山海关志》，清乾隆二十一年（1756）刻本。

辅，屹然称中腹重镇。因设章京为城守计，用专讥察，向来越边者出入靡禁，当事者患之，遂谋修葺边墙。今上龙飞改元之七年，诏下大司农议发内府金钱二万五千有奇，修筑坍垣"①。

"山海关老龙头澄海楼，国朝康熙九年，通判陈天植、游击陈名远、守备陈廷谟见在募修。"②

康熙九年（1670）"诏修独石口边垣……至十二年始竣工"③。

康熙十二年（1673）"起直隶口北道参议。时宣镇未设府县，但置同知分防。元珙和调将士，严斥堠，增亭障，葺城郭，修学舍，边境晏然"④。

康熙十四年（1675），漠南蒙古林丹汗之孙布尔尼亲王及罗卜藏、阿杂里喇嘛、僧额浑津喇嘛、喀尔喀公垂扎布、都统晋津、副都统布达里乘三藩之乱举兵反清，率领数千人，直奔张家口，准备与调驻宣府的察哈尔左翼四旗的散秩大臣禅尔济、一等侍卫阿达、参领舒什兰会师。但是，这三人不敢与清朝廷对抗。而察哈尔左翼四旗官兵，不顾散秩大臣禅尔济的阻拦，在宣府哗变，毁长城边墙去投布尔尼亲王的队伍。农历三月二十七日，布尔尼亲王的队伍到达张家口以北的鄂西奚，夺取御马厂和清朝大臣马厂的马群挺进张家口，但最终"布尔尼之变"不到两个月就以失败告终。此后，文献中存在众多修筑直隶及其附近边墙的记载，如：

康熙二十年（1681）："工部差官查估边工。时以边垣坍毁者多，且越边盗马者屡经告发故也。"⑤

康熙二十九年（1690）十月癸亥"著于陕西各营步兵内，选素习

---

① （清）钟和梅纂修：（乾隆）《临榆县志》卷十三《艺文志中·记·重修澄海楼记》，清乾隆二十一年（1756）刻本。
② （清）佘一元纂修：（康熙）《山海关志》卷三《建置志·城池》，载《秦皇岛历代志书校注》，中国审计出版社2001年版，第13页。
③ （清）李鸿章修，（清）黄彭年等纂：（光绪）《畿辅通志》卷七十《舆地略·关隘四》，清光绪十二年（1886）刻本。
④ 赵尔巽：《清史稿》卷二六六《徐元珙列传》，中华书局1977年版，第9948页。
⑤ （清）李鸿章修，（清）黄彭年等纂：（光绪）《畿辅通志》卷七十《舆地略·关隘四》，清光绪十二年（1886）刻本。

征战、人材壮健、善于步行、能用大刀、连节棍者二千人，戍守大同、宣府，以备明春有事时调遣"①。

不过，"康熙三十年辛未五月丙午，工部等衙门议覆古北口总兵官蔡元疏言，古北口一带边墙倾塌甚多，请行修筑，应如所请。上谕大学士等曰：蔡元所奏，未谙事宜。帝王治天下，自有本原，不专恃险阻。秦筑长城以来，汉、唐、宋亦常修理，其时岂无边患？明末，我太祖统大兵，长驱直入，诸路瓦解，皆莫敢当。可见守国之道，惟在修德安民。民心悦，则邦本得，而边境自固，所谓众志成城者是也。如古北喜峰口一带，朕皆巡阅，概多损坏，今欲修之，兴工劳役，岂能无害百姓？且长城延袤数千里，养兵几何方能分守？蔡元见未及此，其言甚属无益。谕九卿知之"②；康熙三十年八月"乙未，上巡幸塞外，驻跸乌喇岱。谕扈从诸臣曰：昔秦兴土石之工，修筑长城。我朝施恩于喀尔喀，使之防备朔方，较长城更为坚固也"③，似乎清朝，特别是康熙皇帝，当真为长城修筑史划了一个大句号。

但是，康熙三十三年（1694）春正月，四川陕西总督上疏请求修陕西三边长城，九卿似乎忘了皇帝三年前的圣训，九卿议覆："四川陕西总督佛伦疏言，臣奉旨查阅三边，查陕西自肃镇嘉峪关北边，以至宁夏贺兰山起处，俱系土筑边墙。自贺兰山之胜金关起，至贺兰山尽之平罗营，原无边墙，以山为界。自平罗营以至延绥汛地之黄甫川，亦系土筑边墙。至于甘肃凉、庄一带南山，原无边墙，俱系铲山掘壕为陡岸作界，其间陡岸、壕堑，甚多残缺。又肃、甘、凉等处南山，及宁夏之贺兰山隘口，原有石垒、木榨堵塞，年久倒废，人可越度。又西宁镇汛之西石硖、镇海、西川一带，原有边墙，其南山直抵河州，北山直抵庄浪，原无边墙，皆系铲山为界，亦有年久颓倒可以

---

① 《圣祖仁皇帝实录》卷一四九"康熙二十九年十月癸亥"条，见《清实录》第5册，中华书局2008年版，第4509页。
② 《圣祖仁皇帝圣训》卷七《圣治》"康熙三十年辛未五月丙午"条，文渊阁《四库全书》，第411册，第228页。
③ 《圣祖仁皇帝圣训》卷七《圣治》"康熙三十年辛未八月乙未"条，文渊阁《四库全书》，第411册，第228页。

越度者，或平坦无迹者。三边墙垣，历年久远，坍坏已多。若不亟为修理，必致倒废。但三边延长辽远，不能刻期修理，勒限完工，请于每年渐次修补。今提镇及专城之副将、参将、游击等量给步战守兵工食，督其修理各隘口，应堵石垒、木榨之处，亦令提镇等酌量堵塞。其倒坏边墙，沙淤壕堑，应令兵丁修挖，俱应如所请。从之。"①

同年，也就是康熙三十三年"应总督佛伦题请，丈量应修（甘肃西宁县永安堡）边墙一万二百八十四丈"②。

为了使修边墙制度化，还修改了法律，并得到了皇帝的批准，如：

"康熙三十三年，定修理边墙捐纳赎罪例。先是部定西安等处捐纳事例，有流犯纳银赎罪给照还籍之条，至是川陕督臣佛伦奏修理秦省三边墙垣，请照西安纳赎办公例。凡各省已遣流犯除死罪减等之犯外，其已流三千里者，纳银五百四十两；流二千五百里者，纳银四百五十两；流二千里者，纳银三百六十两，给照还籍。其已遣徒罪五年者，纳银五十两；五年以下，按年递减银数，免其配驿。部议应如所请。从之。至三十九年十一月，部议停止，定因赃审拟，流徒赃银全完，方准捐赎之例。"③

"（康熙）三十三年，覆准提镇及专城副将、参游，每年量捐工食给与步战守兵修理边墙至二百丈者，纪录一次，八百丈者加一级，多者照数递加。各将弁量捐银数，修理丈尺，每年造册，具报兵部察核，具题照例议叙。"④

修理边墙成为沿边官员的法定任务，修理的数量直接影响到他们升迁，大大调动了他们修理边墙的积极性。

---

① 《圣祖仁皇帝实录》卷一六二"康熙三十三年甲戌正月乙丑"条，见《清实录》第五册，中华书局2008年版，第4636页。

② （道光）《兰州府志》卷一《地理志·形胜》，载《中国方志丛书·华北地方》第564号，据道光十三年刊本影印，成文出版社1976年版，第95—96页。

③ 《皇朝文献通考》卷二〇九《刑考十五·赎刑》，文渊阁《四库全书》，第636册，第791—792页。

④ 《钦定大清会典则例》卷一二七《工部营缮清吏司·城垣》，文渊阁《四库全书》，第624册，第36页。

## 雍正朝

雍正元年（1723），青海和硕特部蒙古贵族罗卜藏丹津胁迫青海蒙古各部，发动武装割据叛乱。雍正二年（1724）三月，抚远大将军年羹尧、奋威将军岳钟琪兵分三路，进讨叛军。年羹尧先率兵至西宁，受命后，分兵甘肃永昌、布隆吉尔，防叛军内犯；南守巴堰、里塘、黄胜关，扼其入藏之路；又请敕富宁安等屯吐鲁番、噶斯口，截其通准噶尔之路。罗卜藏丹津大败后，易妇人服率少数骑兵北逃投准噶尔部，叛乱被平息。"尔后总理事务王大臣等据年羹尧奏定青海善后事宜：青海各部头目分别赏功罚罪。各部游牧地划分地界，按扎萨克制……贡期自明年始，分三班进京请安进贡，三年一次，九年一周。四季贸易应在指定地点，擅进边墙者惩治。"① 年羹尧以边墙切断青海蒙古各部与准噶尔蒙古的联络和保护军事通道——河西走廊。而且从文献来看，这一时期及其之后，这一带的边墙得到了持续的修筑，如雍正二年（1724），年羹尧条上青海善后诸事曰："西宁北川边外筑边墙，建城堡"②；"雍正二年……请于西宁北川边外上下白塔处，自巴尔托海至扁都口一带创筑边墙，悉建城堡"③；"雍正三年……昨岁复令封疆大臣察修边墙，增边兵，严烽堠，然则险要阨塞所在，守土诸吏可无知乎"④；"雍正四年十二月二十七日，陕西肃州总兵官臣杨长泰……今臣查看所属地方，凡边墙倾圮者，即报明督臣，

---

① 李文海主编：《清史编年》第四卷"雍正二年甲辰三月癸未"条，中国人民大学出版社2000年版，第65页；李文海主编：《清史编年》第四卷"雍正二年甲辰五月戊辰"条，中国人民大学出版社2000年版，第79—80页；《世宗宪皇帝实录》卷二十"雍正二年甲辰五月戊辰"条，见《清实录》第七册，中华书局2008年版，第6185页；（清）祁韵士：《皇朝藩部要略》卷一一，载《中国边疆丛书》第一辑，文海出版社1965年版，第572页。

② 赵尔巽：《清史稿》卷二九五《年羹尧传》，中华书局1977年版，第10363页。

③ （清）傅恒：《平定准噶尔方略前编》卷十四《命详议青海善后事宜及禁约等事》"雍正二年甲辰五月壬戌"条，文渊阁《四库全书》，第357册，第226页。

④ （清）唐执玉、李卫等修，（清）田易等纂：（雍正）《畿辅通志》卷四十《关津》，文渊阁《四库全书》，第504册，第879页。

明春开冻后照例补葺。其兵马营汛，饬令严加操防，务期地方宁谧，军民安堵，以仰副皇上慎重边疆之至意"①。

雍正五年（1727）为了加强对蒙、汉、苗等民族的控制，严禁汉满、汉苗、汉蒙通婚和汉人进入苗、蒙，甚至台湾高山族聚居区也严禁汉人进入，而长城也成为维护这种"隔绝"的手段，如：

雍正五年二月二十三日"时直隶、山西等省人民出长城外种地者颇多，雍正帝以为如不互相对阅查明，则将来俱为蒙古矣。本日，命古北口、张家口、归化城三处新设同知，按所管地方，将寄居民人与种地民人查明姓名、籍贯，造册，咨查其本籍，命各该省州县官将出口种地民人记档，以备查对。嗣后再有出口种地之民俱一面安插，一面移咨本籍查无过犯逃遁等情，准其居住耕种，年终造册报部"②。

"雍正七年六月……奏为请招无管生苗以安三省边境事。窃照贵州铜仁一府，地处黔省极边，逼近红苗夷界，向因路远，苗强不能管辖，仅于近府之乌罗等司地方薄筑土墙，以分内外。继而楚苗通同作祟，虽经用兵剿抚，设官防范，而日久废弛，凶顽如故，流官不敢轻出边墙，苗人转复侵扰内境。"③

由此，边墙（长城）也就不断得到修筑，如：

雍正"八年覆准，晋省坍塌边墙，该地方文武各官不时修筑，果能坚固如式，百丈以上者，该抚提勘确，年终题请议叙，准予纪录一次，多者以次计算，不及百丈者，该抚提酌量奖励。倘捏报修筑，照妄冒军功例治罪"④。

雍正九年"秋九月，上谕大学士等曰：沿边一带地方最紧要，向来额设之兵太少，古北口、宣化、大同三处应召募兵丁，添入防汛，

---

① 《世宗宪皇帝朱批谕旨》卷九五，文渊阁《四库全书》，第419册，第667页。
② 史松主编：《清史编年》第四卷"雍正五年丁未二月二十三日庚辰"条，中国人民大学出版社2000年版，第249页。
③ 《世宗宪皇帝朱批谕旨》卷一二五之十一，文渊阁《四库全书》，第420册，第624—625页。
④ 《钦定大清会典则例》卷一二七《工部营缮清吏司·城垣》，文渊阁《四库全书》，第624册，第36—37页。

以实营伍。独石口以东至山海关,皆属内地,各处营汛仍照旧规。其独石口以西至杀虎口一带,中间紧要隘口,必须查勘明白,以定添兵多寡之数。至于边墙年久倒塌,而地当紧要者,亦应酌量修筑,以肃边境"①。

"臣又与提臣商酌,边墙最关紧要。虽因需费浩繁不能一劳永逸,是以奉旨无庸修理……今臣于雍正十年三月内,檄行沿边官弁陆续修理,去后于五月内据该将等禀称,近边百姓俱各欣跃,急公于耕种之暇即来修边,俱已修筑齐全。臣随亲往查看,新旧画一……但修理边墙,盘查匪类、逃盗,若不令附近副参管辖,则及时修边垣,急切拏匪类,必至呼应不灵。"②

"雍正十年六月,奏修西宁镇边墙。"③

## 乾隆朝

乾隆时期修筑边墙的记载依然众多,如:

乾隆三年(1738)"戊午,二月,命修筑山海关边墙城垣"④。

乾隆六年(1741)"辛酉,六月,工部议覆直隶总督孙嘉淦奏称:直隶关口要隘边墙旧迹颇多倾圮。京东一带边墙之外,皆系崇山峻岭,山口多有封闭。惟山海关为蓟辽锁钥;喜峰口当八沟通衢;古北口乃潮河要路,实属冲要之地。京西一带边墙之外,多系平原旷野,四通八达,边口皆宜慎防。而张家口、独石口尤为极冲之所,二口之路皆归并于居庸,故居庸一关乃中外之咽喉,岔道城当居庸之北口,昌平城当居庸之南口,此数处工程皆当先行修理,应如所请,查

---

① (清)傅恒:《平定准噶尔方略前编》卷二六《命增边隘驻防兵并筑边墙》"雍正九年辛亥冬十月壬子"条,文渊阁《四库全书》,第357册,第387页。
② 《世宗宪皇帝朱批谕旨》卷一六一,文渊阁《四库全书》,第4222册,第703—705页。
③ 《钦定八旗通志》卷一九二《人物志七十二·范时捷》,文渊阁《四库全书》,第667册,第519页。
④ 《高宗纯皇帝实录》卷六二"乾隆三年戊午二月壬辰"条,见《清实录》第十册,中华书局2008年版,第8948页。

勘兴工。从之"①。

"乾隆八年，知县张楷重修山海关钟鼓楼。"②

乾隆十年（1745）"乙丑，正月，军机大臣议覆甘肃巡抚黄廷桂奏请修葺通省城堡边墙一折：查城垣为地方保障，应如所请。仿照豫省之例，凡工程在一千两以内者，令各州县动支额设公费银，分限五年修竣。在一千两以外者，无论新坍、旧坍，俱确估造册，取结存案，俟水旱不齐之年，以工代赈。自一万两至十万有余者，难一时并举，应酌地形缓急，次第兴修。至边墙大堡，亦应一体修葺。但各项工程，必须遣大员确勘，方可核计无浮。得旨，著派户部侍郎三和驰驿去，巡抚黄廷桂亦著前赴应行查勘处所等候，会同查勘估计具奏。余依议"③。

乾隆十年"乙丑，三月，工部议覆：川陕总督公庆复等奏称……驰勘甘肃一带城堡边墙，应令就近会同该省督抚，详查确勘，分别缓急具奏……庆复等奏称，一千两以内之工程，令州县合力捐修，督抚司道等共勷其事等语。部议准行。朕思大小各官，所领养廉，原以资其用度，未必有余可以帮修工作。倘名为帮助，而实派之百姓，其弊更大，转不若名正言顺，以民力襄事之为公也。此议不准行……朕再四思维，凡有修建重大工程，小民力不能办者，国家自不惜帑金，为之经理。至于些小城工，补葺培护，使之不至残缺倾圮，则小民农隙之所能为，而有司之所当善为董率者也。余依议"④。

乾隆十年（1746）"应琚率同知张渡于残缺处复捐俸葺理，虽垣

---

① 《高宗纯皇帝实录》卷一四五"乾隆六年辛酉六月乙卯"条，见《清实录》第十册，中华书局2008年版，第10008—10009页。
② （清）钟和梅纂修：（乾隆）《临榆县志》卷三《城池》，乾隆二十一年（1756）刻本。
③ 《高宗纯皇帝实录》卷二三二"乾隆十年乙丑正月甲午"条，见《清实录》第十二册，中华书局2008年版，第11191页。
④ 《高宗纯皇帝实录》卷二三六"乾隆十年乙丑三月己卯"条，见《清实录》第十二册，中华书局2008年版，第11220—11221页。

堑时有损益，而规模仍旧"①。

（乾隆）"十三年……又议准，陕省边墙在河套内者二千里，在河西者三千里，套内之地，沙浮无土而轻扬，墙当浮沙之上，坍塌者多。河西之沙兼土而实，坍塌者少。套内旧建十有二堡，见在居人。八百十有九寨，七十八小墩，十有五大墩，尚有坚完可观者。其墙虽傅浮沙，亦可为中外之限。一切砖石自不应听其倒塌，为闲人取去。若河西之墙，则尤不可使之渐坏。令陕西督抚，将见在边墙，饬令该管官弁加意保护，其有坍塌砖石收贮备用，毋许听人窃取。如漫不经心，即将该管官弁照例指参。凡有边墙各省均照此例办理"②。

"乾隆十九年，知县钟和梅，重修山海关钟鼓楼。"③

乾隆二十一年（1756）"丙子，八月，山西巡抚明德奏准兵部咨军机大臣议覆达松阿等奏，将山西省边墙坍塌之处，令地方官兵，以土石筑砌等因。查晋省边墙，向日原系边民、边军、营兵，合力修筑，但未经奏明办理，且无大员督查，不免日久废弛。应请嗣后令文武各官，照旧例督率修筑，并交与大同镇臣暨雁平道每年秋后会查一次。臣于巡查营伍之时，亲往查验。如不修整，将该管官弁参处。报闻"④。

从上文所列文献来看，康熙三年、康熙三十三年、雍正八年、乾隆二十一年，都重申了修边墙的奖惩制度和"质保期"、资金来源，并将其作为官员升迁的依据。这种奖惩制度实行到如何程度，没有专门的记载。从各种方志及传记的散落记录中，可以发现明长城沿线的官吏确实修了不少长城（边墙）。

乾隆二十六年（1761）"辛巳。二月，甘肃巡抚明德奏，巴里坤

---

① （清）杨应琚纂修：（乾隆）《西宁府新志》卷十三《建置志·塞垣》，乾隆二十七年（1762）刻本。

② 《钦定大清会典则例》卷一二七《工部营缮清吏司·城垣》，文渊阁《四库全书》，第624册，第38页。

③ （清）钟和梅纂修：（乾隆）《临榆县志》卷三《城池》，乾隆二十一年（1756）刻本。

④ 《高宗纯皇帝实录》卷五一九"乾隆二十一年丙子八月乙丑"条，见《清实录》第十五册，中华书局2008年版，第15160页。

等处遣犯，遇有脱逃，地方官自应上紧查拿。无如甘省幅员辽阔，稽查稍疏，即难免其透漏。惟嘉峪关为内外往来咽喉，盘诘最易。但两旁土筑边墙，年久残缺，请动项粘补完固，撙节办理。嗣后再有逃犯，审系由关度越者，将嘉峪关游击，严加议处。得旨，所见甚是，如所议行"①。

乾隆三十六年（1771）"辛卯。七月，又谕，去年潮河暴涨，冲及古北口边墙，致有倾颓，因特发帑金……重加修筑，以复旧观……本年七月初雨后，河涨复盛，新修之墙，仍然摧塌。兹跸路经临，亲行阅视，见城垣圮处，适当来水之冲，荡击在所不免。原不当与水争地，况自古建立边墙，本为守险控远而设……所有经水冲损之墙，竟无庸复行补筑，止须就其形势，于外层稍加鳌茸，因啮址量置炮台，俾存规制而示观瞻"②。

乾隆五十四年"己酉，秋七月，丙戌，谕军机大臣等，据德成等奏，查勘嘉峪关一带边墙情形……至嘉峪关，为外藩朝贺必经之地，该侍郎等因旧有城楼等项，规模狭小，年久未免糟朽闪裂，请另行修筑。估需工价，不过五万余两，为数无多。著即如所请办理，以昭整肃而壮观瞻。将此谕令知之"③。

纵观历史，中国的"边患"几乎无例外地起自"三北（西北、华北、东北）"，历史证明，"三北"安，国家亦安；"三北"乱，则国无宁日。在满族建立清朝统一中国后，"三北"能否安宁？蒙古人能否长久地同清朝保持一致？是关乎清朝的统治能否巩固，能否长久的大事，清朝丝毫不敢忽视"三北"，时刻关注，加强防范。自努尔哈赤起至乾隆末已基本完成"三北"地区对明代旧边墙的修缮和新边墙的修筑。

---

① 《高宗纯皇帝实录》卷六三一"乾隆二十六年辛巳二月己亥"条，见《清实录》第十七册，中华书局2008年版，第16798页。

② 《高宗纯皇帝实录》卷八八九"乾隆三十六年辛卯七月庚申"条，见《清实录》第十九册，中华书局2008年版，第19983页。

③ 《高宗纯皇帝实录》卷一三三四"乾隆五十四年己酉七月丙戌"条，见《清实录》第二十五册，中华书局2008年版，第26730页。

所谓的"康乾盛世",指的是清朝康熙、雍正、乾隆三代的文治武功。所谓"文治",就是经历了明末清初的战乱和王朝更迭后,经济得到了恢复和发展;所谓"武功",是指平定了准噶尔、回疆、西南苗瑶及大小金川战役。经过平定这些反抗、叛乱,以及巩固清朝统治和统一的战争,蒙古、青海、西藏、新疆尽收入版图。此外,清廷还在云南、贵州、广东和川西北"改土归流",加强了中央政府对这些边鄙地区的统治。

乾隆在位六十年,太上皇三年(在嘉庆四年正月去世),打了不少仗,并未次次打胜,而其性好虚荣,自夸"十全武功",自诩为"十全老人",并作《御制十全记》,令写满、汉、蒙、藏四种文体,建碑勒文。在这里,我们不得不说一下承德避暑山庄和外八庙。

康熙二十年(1681)十月,吴世璠在昆明城服毒自杀,云贵悉平。平定"三藩"叛乱战争至此结束。同年,采取一次重大举措,在蒙古翁牛特、敖汉、喀喇沁几个部落献给皇家的牧场上,修建皇家的禁苑,称"木兰围场"。皇帝亲自统率八旗王公贵族及将士,每年秋季举行一次"狩猎大典"。狩猎活动,实际是一场大规模的军事实践训练,也是对蒙古各部炫耀武力和心理震慑。此时的康熙皇帝十分得意,在康熙二十年东巡至山海关时写下一首题为《蒙恬所筑长城》的诗,诗曰"万里经营到海涯,纷纷调发逐浮夸;当时用尽生民力,天下何曾属尔家",嘲笑秦始皇修筑万里长城,也没有保住江山。

但是,好景不长,康熙二十八年(1689)准噶尔部噶尔丹发动叛乱,西北遂成为叛乱多发地区。此地区不安定,闹得清朝不得安宁,使得康熙帝对蒙古问题加倍关注。康熙三十年(1691),康熙与喀尔喀蒙古三部王公贵族在木兰围场西北五十多千米的多伦诺尔以"赐宴"的形式举行会盟。康熙四十二年(1703),选定在京师与木兰围场之间的热河兴建避暑山庄。避暑山庄原叫热河行宫,是清帝在口外所建的二十个行宫之一,自康熙四十二年始建,至康熙五十年(1711)宫殿区初步完成以后,就把热河行宫改名避暑山庄。康熙五十二年(1713),蒙古诸部王公为庆祝康熙皇帝六十寿辰，请旨营建了溥仁寺和溥善寺（已毁）。此时，康熙年事已高，1722年去世，终年69岁。避暑山庄是其晚年休身养性之所，整合游牧民族的功能并不明显。

1722年，雍正帝即位，他在位只有13年，他既没有去过山庄，也停止了"秋狩大典"。史料中没有发现雍正皇帝修避暑山庄的纪录。

至乾隆朝时，才在原有的基础上，对山庄进行大规模改造和扩建，到乾隆五十五年（1790），主要工程才最后完成，至此，已历时89年。在这个时期避暑山庄笼络游牧民族的功能才充分发挥。乾隆为了利用宗教，并把它转变为一种政治上的势力，构成团结力量的因素，加强对青藏和蒙古各部的控制，因此，乾隆极力推崇藏传佛教，在避暑山庄隆重接待了三世、四世哲布尊丹巴和六世班禅，巩固了清王朝在西藏和外蒙古的宗教统治。据有的学者统计，乾隆帝一生去山庄达52次。

乾隆之后，清朝已走下坡路，呈衰落之势，国是日非，形势发生了很大的变化。民变和西方列强的入侵成为大清朝的主要问题。嘉庆、道光、咸丰皇帝，虽然遵循祖制，坚持巡幸山庄、木兰秋狩，山庄仍是蒙、藏等民族上层领袖人物聚会的中心，外国使臣也曾来到山庄，但山庄盛况已不在。国内各族反清起义风起云涌；清朝皇帝在这里被迫与英、法、俄等列强签订不平等条约。同治以后，皇帝不再来山庄，这里日渐荒废，再也见不到昔日各族首领云集山庄对清朝皇帝的顶礼朝拜了。

自清朝康熙皇帝对历代修筑长城做出完全否定，特别是康、乾修筑承德避暑山庄以后，对康、乾的"文治""武功"和避暑山庄、外八庙的历史功绩，当时以及后代的史家和文人、政治家的赞颂不绝于口，不绝于笔。康熙二十年（1682）东巡至山海关写的诗《蒙恬所筑长城》及康熙三十年（1691）对大学士等的"圣训"被作为清朝不修长城的铁证，广为引用，甚至称"从万里长城到避暑山庄标志着游牧与农耕民族由长期的分裂走向重新统一，是中国民族关系史上的重大转折点"①，还有"一座喇嘛庙，胜抵十万兵"之说。

但实际的景观是，诗尽管写，"圣训"尽管训，庙尽管造，但边墙还在不断地修。嘉峪关、山海关已是旧貌换新颜，更加雄伟、壮丽，"夷人畏服"。从上文中所罗列的创修、修缮长城的史实，我想读者会有自己的判断。

## 嘉庆朝

嘉庆元年（1796），首先在湖北、四川、陕西三省爆发了白莲教起义。嘉庆四年（1799 年）初，嘉庆帝亲政，任勒保为经略大臣，统一指挥川、陕、楚、豫、甘五省军队，大力推行乡勇、团练和保甲制度，筑堡寨，坚壁清野，修筑边墙，对起义军进行堵剿。至嘉庆九年（1804）九月，历时 9 年的白莲教大起义以失败结束。

嘉庆四年（1799），经略大臣额勒登保在《疏陈军事疏》中曰："……从前湖北教匪多，胁从少；四川教匪少，胁从多。今楚贼尽逼入川，其与川东巫山、大宁接壤者，有界岭可扼，是湖北重在堵而不在剿。川、陕交界，自广元至太平，千余里随处可通，陕攻急则入川，川攻急则入陕，是汉江南北剿、堵并重。川东、川北有嘉陵江以限其西南，余皆崇山峻岭，居民近皆扼险筑寨，团练守御；而川北形势更便于川东，若能驱各路之贼逼川北，必可聚而歼旃，是四川重在剿而不在堵。但使所至堡寨罗布，兵随其后，遇贼迎截夹击，以堵为剿，事半功倍，此则三省所同。臣已行知陕、楚，晓谕修筑，并定赏格，以期兵民同心蹙贼……"② 也就通过修筑堡寨的形式对起义军加以围堵。

据嘉庆六年（1801）《白河县志·志序》中收录的严一清《选亭氏谨序》所记，在嘉庆五年（1800）六月间，陕西省署白河县事、

---

① 易华：《从万里长城到避暑山庄——中央王朝与游牧民族关系模式的转换》，载罗贤佑主编《历史与民族——中国边疆的政治、社会和文化》，社会科学文献出版社 2005 年版，第 541 页。

② 赵尔巽：《清史稿》卷三四四《额勒登保传》，中华书局 1977 年版，第 11149 页。

候补通判严一清接到抚宪札饬"令增修寨堡,并将与川楚交界地方挖壕筑垒等因",他"因与众绅士、乡总、堡总悉心筹议,东至黄龙洞,西至紫木树垭,中间一百五六十里,俱与竹山交界,有界岭一道。自白河紫木树垭以北,历洵阳水磨河、金河脑、五条岭至歇马厂,直出展园至汉江口,中间一百余里亦有界岭一道。自白河黄龙洞以东,历郧县葛藤垭、大坪、木瓜沟,至汉江之口一百余里亦有界岭一道。以上界岭虽分三道,然系一脉相通,山势亦互为联络。计拟于此三百余里之地,尽筑边墙一面,依持山险,一面隔断汉江,河山带砺,可以永远固守。予随劝谕居民兴工修筑,黄龙洞至紫木树垭一带界岭,业于前四月兴工,已修分十之七八;其水磨沟以北一带界岭,洵阳居民,恐碍禾苗,迟至七、八月方行兴筑,约行十之五六;其黄龙洞以东俱系郧县地,予又派白河居民帮助工作,亦约修十之五六。时届隆冬,雪重冰凝,未竟其事"①,在该志中对所修边墙作了详细的描述:"其修筑之法垒石为堵,无石之处始用土筑。俱上为堵堞,下削城身。高或丈余或七、八尺不等。其有通大路之处,俱修筑城门,以通出入,小路、僻径概行挖断。惟冀筑成之后,当可同心固守,以保无虞。"②

笔者于2007年和2009年两次先后对陕西白河县段、湖北竹溪县段边墙进行了实地考察,发现其地理位置和建筑形制与《白河县志》的记载相同。这段边墙在1982年首次被陕西的文物工作者发现,新华社发了消息,1982年2月22日《人民日报》头版报道《陕西发现楚长城遗迹》,说楚长城北起旬阳境内的石长城,南至平利境内关垭,长200多里,并在主要的关隘中"散存南北朝时代青瓷陶片",结论竟然是发现了"楚长城"③。查诸资料,2000年湖北文物工作者又对

---

① (清)严一青纂修:(嘉庆)《白河县志·志序》,载《中国方志丛书·华北地方》第543号,据清嘉庆六年(1801)刊本影印,成文出版社1976年版,第33—35页。
② (清)严一青纂修:(嘉庆)《白河县志》卷七《寨堡志·边墙》,载《中国方志丛书·华北地方》第543号,据清嘉庆六年(1801)刊本影印,成文出版社1976年版,第187页。
③ 《陕西发现楚长城遗迹》,《人民日报》1982年2月22日第1版。

此进行了调查。最近，据媒体报道说：据专家考证，秦楚古长城绵延460多千米，由北向南经过陕西白河、旬阳、湖北竹山、陕西平利等地。虽然有许多文史工作者发表文章，引用大量的史料和实地调查结果，明确指出这段边墙是清朝所修，非"楚长城"，但当地政府在所立的保护标志中仍称其为"楚长城"，在国内外媒体进行的宣传中，在当地的地图上，也都称其为"楚长城"。近年，当地政府对湖北省竹溪县与陕西白河县交界处的"关垭"用钢筋水泥进行了复建，据媒体报道2007年元月"迎得海内外12.6万人游览了竹溪县境内的秦楚古长城"，令人啼笑皆非。

就在为镇压白莲教起义在湖北与陕南交界处修"边墙"时，在湖南和贵州也为镇压苗民起义大筑边墙，现在称为"南疆长城"。

乾隆六十年（1795）贵州松桃厅的石柳邓、永绥厅黄瓜寨人石三保、乾州厅平陇人吴八月发动起义。起义军击毙同知宋如椿，歼灭总兵明安图、永绥厅副将、同知及所部清军、乡勇1500余人。起义队伍迅速扩大到30余万人，连克湘、川、黔交界的许多州县，吴八月被推为吴王，声势大震。清政府调集云、贵、湘、粤等7省10余万兵力，围攻起义军。起义军余部退入山中继续战斗，直到嘉庆十一年（1806）才被镇压下去，史称此次苗民起义为"乾嘉苗民起义"。

这一带苗民起义的历史由来已久，早在明朝万历四十三年（1615）就为防苗修筑了亭子关至镇溪的320里的"边墙"。天启年间，筑镇溪至保靖喜鹊营边墙60余里。自康熙时期，湖南、贵州就不断爆发苗民起义。康熙五十年（1711），总督颚海"奉命同提督、巡抚会勘"，计划"依旧址，大筑镇筸边墙"，但由于沿边墙百余寨苗民"先后诣武昌归诚""愿编为民，输粮供役""边墙之议遂寝"①。

雍正七年（1729）六月朱批谕旨中记"奏为请招无管生苗以安三省边境事。窃照贵州铜仁一府地处黔省极边，逼近红苗夷界，向因路远苗强不能管辖，仅于近府之乌罗等司地方薄筑土墙以分内外。继而

---

① （清）黄应培修，（清）孙均铨、（清）黄元复纂：（道光）《凤凰厅志》卷十二《苗防二》，载《中国地方志集成·湖南府县志辑2》，江苏古籍出版社2002年版，第217页。

楚苗通同作祟，虽经用兵剿抚，设官防范，而日久废弛，凶顽如故，流官不敢轻出边墙，苗人转复侵扰内境"①，其中谈到了对苗疆边墙的修筑。

乾嘉苗民起义被镇压后，朝廷重修边墙。嘉庆二年（1797）"丁巳。夏，四月，定苗疆善后事宜。谕内阁毕沅等奏，苗疆添设营汛官兵及修城筑堡、酌给新设苗弁饷银各折。此等善后章程，既经毕沅等分折具奏，自应核议施行……查乾州凤凰厅，旧有边墙一道，自喜鹊营至亭子关，绵亘三百余里，为苗民之限……前此和琳条奏善后事宜，请于厅城紧要隘口，设卡驻兵，并于岩门高村等处，添筑城堡，奏蒙允准在案。今该督等奏，查照奏案，设卡驻兵，已足以树屏障而资捍卫，应如所奏办理。至筑堡所以安兵，现据查明，目下留防官兵安营处所，濠沟壁垒，具有规模。自应将旧有基址，酌量增修，毋庸另行添建，其余应行筑城修堡处所，俱应如所奏查明办理"②。

具体承办者为嘉庆元年授凤凰厅同知的傅鼐，他认为对苗民"愈抚愈骄"，于是他"招流亡，团丁壮，于要害筑碉堡，防苗出没。苗以死力来攻，且战且修，阅三年而碉堡成。有哨台以守望，炮台以御敌，边墙相接百余里。每警，哨台举铳角，妇女、牲畜立归堡，环数十里皆戒严"③。傅鼐于嘉庆八年（1803）在黔东南苗区"南起铜仁的伙哨营，经松桃厅的东部，北与永绥的茶洞相接，计修碉卡一百几十座"，完成了"周围千里，内环苗地二千余寨的封锁线"④。

此时的清朝不仅有内忧，外患也日益严重。为了打开中国的大门，各国列强对中国施行炮舰政策，实行武力进攻，企图占领中国领土，强迫清政府签订不平等条约。至嘉庆时期中英之间经常发生冲突，列强的军舰游弋中国海疆。此时的长城重镇山海关、锦州开始担

---

① 《世宗宪皇帝朱批谕旨》卷一二五之十一，文渊阁《四库全书》，第 420 册，第 624—625 页。
② 《仁宗睿皇帝实录》卷一六"嘉庆二年丁巳四月壬申"条，见《清实录》第二十八册，中华书局 2008 年版，第 19314、19316 页。
③ 赵尔巽：《清史稿》卷三六一《傅鼐传》，中华书局 1977 年版，第 11387 页。
④ 赵尔巽：《清史稿》卷三六一《傅鼐传》，中华书局 1977 年版，第 11387 页。

承"保国"的重任。

## 道光朝

"（道光）二十一年海疆戒严，诏赴天津、山海关勘筑炮台，复偕御前大臣僧格林沁查阅海口。"①

"东门建楼，高三丈，凡二层。上层广五丈，下广六丈，深各半之。有额曰'天下第一关'……道光二十二年知府彭玉雯、知县陆为棣重修。"②

"西门楼与东门楼同制，乾隆九年御书赐额曰'祥霭榑桑'……道光二十二年知府彭玉雯、知县陆为棣重修。"③

"南门楼制同东西……道光二十二年知府彭玉雯、知县陆为棣重修。"④

## 咸丰朝

咸丰元年（1851）至同治七年（1868）在黄河、淮河流域爆发了捻军起义，在豫、鲁、苏、鄂交界地区，形成十余支相对独立的队伍。咸丰七年（1857）春，捻军渡淮南下，与北上的太平军陈玉成、李秀成部会师，接受太平天国领导，与太平军联合作战，在淮河两岸抗击清军的围攻，并一度攻入湖北。咸丰八年（1858），捻军主力回到淮北，一面以圩寨战抗击清军，一面以快速的流动作战方式出击豫、鲁、苏，歼灭大量清军，并与太平军配合进行了多次重要作战。

---

① 赵尔巽：《清史稿》卷三九二《赛尚阿传》，中华书局1977年版，第11745页。
② （清）赵允祐修，（清）高锡畴纂：（光绪）《临榆县志》卷十《建置编上·城池》，光绪四年（1878）刻本。
③ （清）赵允祐修，（清）高锡畴纂：（光绪）《临榆县志》卷十《建置编上·城池》，光绪四年（1878）刻本。
④ （清）赵允祐修，（清）高锡畴纂：（光绪）《临榆县志》卷十《建置编上·城池》，光绪四年（1878）刻本。

咸丰十年（1860）冬，清廷调僧格林沁全权督办攻捻战事。同治二年（1863），捻军皖北根据地丧失，突围而出的张宗禹等部，继续坚持斗争。同治三年（1864）夏，太平天国都城天京（今南京）失陷，捻军与太平军余部在鄂、豫边界会师，改编组成新捻军，以复兴太平天国为目标，运用新的流动战术，并逐渐易步为骑，使捻军变为一支十余万人的骑兵武装。同治四年（1865）5月，于山东菏泽高楼寨取得阵毙僧格林沁、全歼僧格林沁马队7000余人的重大胜利，使同治皇帝"震悼、缀朝三日""京师惊疑"。同年秋，捻军在河南许州（今许昌）分为东、西两部。赖文光率东捻军留守中原地区。西捻军西进陕西，与陕甘回民军相互配合，取得灞桥伏击战、进军陕北等作战的胜利，后闻东捻军被围，转兵东进救援。同治六年（1867）12月，西捻军张禹爵率领突击队，乘夜由陕西宜川壶口，踏黄河冰桥而渡，击败了山西巡抚赵长龄和河防守将陈湜的守军，迅速占领山西吉州，经乡宁、临汾和垣曲等地，越太行山、王屋山从小路入豫北济源，再由怀庆、新乡等地入冀南，复沿河北中部连夜北上。这支大军极其神速地经顺德、保定和易州，一直到达北京近郊的卢沟桥，继太平军北伐之后，清王朝又一次陷入了兵临城下的危境。同年6月，东捻军由湖北，经河南，越贾鲁河和黄河而入山东，直指烟台。这时，李鸿章已在构筑胶莱河工事，准备把东捻军围歼在滨海区。赖文光闻讯，遂立即撤军，8日突破胶莱河防线，进入鲁中地区。当东捻军拟突破运河防线，再入河南时，清军在运河西岸构筑的长墙工事已经完成，加以大雨连绵，黄河水位突然上升，东捻军被围困于北有黄河，南有六塘河，西有运河，东有胶莱河的四方形地区中，无力突围而出。1868年1月，东捻军最终败灭于江苏扬州地区。同年8月16日的山东茌平南镇之役，是捻军史上的最后一战，这一次西捻军全部被击溃。历时18年的捻军起义，以失败告终。此外，这一时期还存在回民起义。在镇压起义军的过程中，清军同样以修筑墙和堡寨的形式对起义军加以围堵，如：

咸丰三年（1853）"……疏言：'贼匪滋事以来，屡谕各省办团练，筑寨浚壕，仿嘉庆年间坚壁清野之法，行无实效，贼窜突靡定，各州县毫无豫备，贼至即溃。请严饬督抚，责成贤能有司，会绅速办；有怠玩从事，反滋扰累者，予参处。'从之"①。

咸丰五年（1855）"捻匪入境，于济宁牛头河滨筑战墙，北岸六千三百丈，南岸八千六百丈，赖以守御"②。

咸丰五年"……又奏：'山西前明逼近三边郡县，率民筑堡自卫。一县十余堡至百数十堡，星罗棋布。今惟云中、代、朔，堡寨相连，省南各属，则多残缺，当令缮完。定社规，立义学，化导少壮惰游，合祭赛以联其情，相守望以齐其力。有事则聚守，无事则散居，于无形中寓坚壁清野之法。'"③

咸丰七年（1857）"回匪入河套，近边震动。敦谨移驻宁武督防，别遣兵守榆林、保德下游各隘。增募炮勇，补葺河曲边墙。回匪窥包头镇，沿河堵御，会绥远城将军定安遣队迎剿，总兵张曜自河曲截击，破走之"④。

笔者于1981年到山东省考察战国齐长城时，自章邱县至青岛间发现许多段石筑长城保存极好，使人难以置信它们是2000多年前的遗存。仔细搜寻遗物时，在章邱县与莱芜县交界处鲁地北山一段保存极好的长城北侧墙脚下发现一通石刻，上书曰："章邱城南三□□重修，向西三百尺余，甘泉庄向东六十尺余，咸丰辛酉年五月二十九日申□兴工，□月初九日告竣"，此为施工碑记。由此碑可以确定，这段长城非战国齐长城，乃是清朝咸丰十一年（1861）为防捻军所修。距此不远即为青石关，据当地年长者说，清咸丰年间曾国藩曾亲临青石关，组织抵抗捻军北进，其当年住所仍在，但原有"曾王所栖处"碑已不见了。此说也可以佐证此段石墙乃为防捻而筑。当年我把这通碑刻拍了照片，并在1984年发表。近年我到山东考察，文物部门告知，此碑已不知去向。

---

① 赵尔巽：《清史稿》卷三九〇《周祖培传》，中华书局1977年版，第11731页。
② 赵尔巽：《清史稿》卷四二三《宗稷辰传》，中华书局1977年版，第12201页。
③ 赵尔巽：《清史稿》卷四二六《王庆云传》，中华书局1977年版，第12239页。
④ 赵尔巽：《清史稿》卷四二一《郑敦谨传》，中华书局1977年版，第12166页。

## 同治朝

同治皇帝即位时，面临着西北陕、甘、宁、青广大地区活跃着许多支回民军和进入陕西西征的太平军、西捻军的窘境。清政府在陕、甘的统治一度陷于岌岌可危的境地。同治七年（1868），东、西捻军相继为清军镇压。同治十年（1871）后左宗棠相继打败了回民军马化龙部、甘肃南部回民军和青海回民军马文义部，占领了青海西宁。同治十二年（1873），甘肃西部回民首领马文禄向清军投降后被杀，清军占领肃州，坚持十二年之久的西北回民军失败。在此期间，"边墙"同样被作为围堵起义军的有效手段，如：

同治三年（1864）"甲子，三月，谕议政王军机大臣等，昨据御史蒋彬蔚奏，马贼横行，请饬各将军总督府尹查拿等语。著玉明、宝珣、德椿督饬所属严密查访，如有此等匪徒，即行调派兵勇会合兜剿，毋任漏网。其边墙颓坏处所，并著赶紧修整，以防窜逸。原片著钞给阅看。将此各谕令知之"①。从此条资料判断，捻军骑兵已经常出没于京畿一带，北京附近的长城又严密设防并维修。

同治三年春"……又奏：然督师年余，捻驰如故。将士皆谓不苦战而苦奔逐，乃起张秋抵清江筑长墙，凭运河御之。未成，而捻窜襄、邓间，因移而西，修沙河、贾鲁河，开壕置守。分地甫定，而捻冲河南汛地，复突而东……"②

同治四年（1865）"上又命军机大臣传谕……即著王榕吉严饬在防文武各员，就现有兵力加意筹防，并将雁门关及边墙倒塌处所设法重修，以固北路锁钥"③。

同治四年"乙丑，八月丙申，又谕，长善奏，大股马贼窜出铁门

---

① 《穆宗毅皇帝实录》卷九七"同治三年甲子三月壬子"条，见《清实录》第四十七册，中华书局2008年版，第50330页。
② 赵尔巽：《清史稿》卷四〇五《曾国藩列传》，中华书局1977年版，第11915页。
③ 《穆宗毅皇帝实录》卷一五七"同治四年乙丑十月丙午"条，见《清实录》第四十八册，中华书局2008年版，第51637页。

关，官兵追击接仗情形一折。据称贼众从滦阳窜至三岔口，由东北奔出铁门关，官兵追出关外，迎头抄击，至桃树岭地方该匪伤亡十数人，现已远窜……马贼虽窜出铁门关，难保不去而复来。长善务当督率弁兵，严防关隘，并于附近一带地方，多设侦探，遇贼即击。所有边墙倒塌地方各小口，著刘长佑、麒庆、长善派员查勘，设法堵御，为一劳永逸之计……"①

"同治四年八月丁酉，谕军机大臣等，文祥奏，督同马步各队，驰抵隆福寺大概情形一折。此次马贼由边口窜入，该管官业已疏防于前，迨该匪回窜，并不拨兵严密堵御，任令窜出铁门关，抢去炮位抬枪，营务废弛已极……即著饬令荣禄等带队回京，至所称蓟东一带酌留兵队，沿边各口添兵守御，使该匪不敢再来窥伺，所筹甚合机宜。本日据麒庆奏，查明马贼入口情形，现派佐领穆济楞带兵赴喜峰口扼截。已严饬该都统督率各营，认真堵剿，并令刘长佑添派官兵，将边墙一带各隘口严密设防矣……又谕……将边墙一带各关口，如遵化之鲇鱼池、冷水岭、山查峪、沙宝峪、马头峪、罗文峪，迁安之喜峰口、铁门关等处，以及不甚著名歧出边口，择要堵扼，严加备豫。"②

"同治四年，以直隶北境沿边关口五十余处，兵数甚单，调拨京师火器营、威远队、提标马步队，分驻喜峰口、铁门关、滦阳、洒河桥、遵化、罗文峪迄东迄西等处。"③

同治四年"乙丑，十月，又谕，王榕吉奏，续查口内边要情形，并会商筹防磴口等处……晋省北镇官兵，前已移置南镇，以防直豫边境。宁武一带各营，存兵无多，现在东南防务紧要，未便再行更调。即著王榕吉严饬在防文武各员，就现有兵力，加意筹防，并将雁门关及边墙倒塌处所，设法重修，以固北路锁钥。前因甘省逆匪有北窜磴口之信，当经谕令德勒克多尔济等督饬在防兵弁，设险固守……即著

---

① 《穆宗毅皇帝实录》卷一五〇"同治四年乙丑八月丙申"条，见《清实录》第四十八册，中华书局2008年版，第51486—51487页。
② 《穆宗毅皇帝实录》卷一五〇"同治四年乙丑八月丁酉"条，见《清实录》第四十八册，中华书局2008年版，第51490—51491页。
③ 赵尔巽：《清史稿》卷一三七《兵志八》，中华书局1977年版，第4079页。

桂成统带所部官军，严防磴口，毋稍松懈。磴口、石嘴子均与蒙古接壤，并著德勒克多尔济饬令阿拉善蒙兵，协力防守，以资得力。傥军情紧要，即著王榕吉将存城大同官兵添调，择要严防。并飞调察哈尔马队，以备策应"①。

同治五年"肃州贼沿南山西窜，景廉遣总兵张玉春败之黄花营。贼扰安西州，又大败之。景廉以安西玉门为新疆门户，巴里坤虽天险可守，然力单不足恃，疏请驻安西，布置防务挽运，得旨报可。贼扑敦煌，景廉阳令副将蒋富山邀击南干沟，而伏劲旅桥湾三水梁。贼果取道三水梁南戈壁，伏起，追击败之。捷闻，得旨嘉奖。贼复扑安西，景廉戒守将坚壁毋浪战，伺其懈击之，而设伏要其归路，贼大创，遁。景廉谓敦煌重镇，当守以重兵，因移镇敦煌，留兵安西、玉门相犄角。建坚壁清野之计，完城浚壕，择要区筑空心敦台，守具毕备……"②

同治七年（1868）"二十六日（庚午）郑敦谨奏言：八月初二日，探闻榆绥境内贼匪肆扰。当飞咨大同镇总兵马升，挑选精兵一千名豫备调遣。并飞饬保德、河曲在防文武，严密侦探。旋据禀报，榆绥等处贼匪已经西窜，河防尚属稳固。臣于十二日，驰抵保德，该州沿河境内，有副将呼延霖一军，分札于东关渡等处，往来梭巡。而隘口以天桥为最要，拟俟河壖水退，由呼延霖督率勇丁修筑卡垒，以凭堵御。惟下游隘口八处，地势绵长，拟令添募劈山炮勇两哨，往来应援，以期严密。由天桥而北，两岸石山陡削，贼匪窥伺，尚易堵截。惟河曲县冰路最长，开冻最晚，现派已革总兵阎文忠等管带各营在彼防守，其沿河边境共九十余里，旧有边墙已多坍塌，今拟补葺并挑壕、筑垒，修建垛卡堵御，较为得力。当饬该州县等，劝督民团分段承修，务于冬月以前竣事。现查榆绥近河一带，业已肃清，惟土回各匪出没靡常，仍严饬在防文武，实力防守，不得以贼踪已远稍形疏

---

① 《穆宗毅皇帝实录》卷一五七"同治四年乙丑十月丙午"条，见《清实录》第四十八册，中华书局2008年版，第51637页。

② 赵尔巽：《清史稿》卷四三九《景廉传》，中华书局1977年版，第12394页。

懈……上命军机大臣传谕左宗棠、库克、泰定安、郑敦谨、李鹤年、刘典、桂成曰：晋省保德、河曲一带河岸绵长，冬令冰桥凝结，贼骑处处可行。该署抚拟于保德之天桥修筑石卡石垒，并于下游各隘口分派官兵驻扎，添募炮勇，为上下应援。其河曲旧有边墙亦拟补葺，挑壕、筑垒、修建垛卡以资凭守，所筹尚属周妥，著即照所拟办理，务于黄河未冻之前，速行布置完密，不可延缓贻误。归绥所属萨清托等处，地势平衍，无险可扼。总兵马升现虽驻守包头，惟隆冬河冰坚冻，贼匪若自蒙古地面乘冰纷窜而下，路径歧出，处处可通。著郑敦谨，饬令马升俟入冬后，再于包头以内相度地势，将沿河一带可以乘冰偷越之处，添兵助防，并著定安、桂成添派驻防旗兵协同堵扼，以重边防……"①

同治七年（1868）二十九日，左宗棠奏言："窃臣钦奉谕旨，令将给事中陈廷经所奏各条，统筹全局具奏。臣查山西河防，自河曲保德以南，夹岸山谷，迤逦有险可据。前据陈湜缄称，已一律修砌垒卡，设险增防，该处尚可无虞。"②

20世纪80年代初，山西省临汾地区文化局和吉县文物工作站的同志，发现同治七年陈湜沿黄河东岸修筑的防捻工事，并对南起乡宁，经吉县、大宁县和永和县，黄河沿岸计334华里地段现存遗迹做了调查。在吉县东城乡小船窝村东石碣下发现一块同治七年山西布政使、提督陈湜撰写的《修长墙碑记》。1999年6月笔者对这长墙进行了全程考察，也见到了《修长墙碑记》。据碑文记载，这段长墙自六月初六日动工，十一月十五日告成，修墙100多丈，墙高1丈4尺，厚1丈2尺，还修了3座烽火台，挖了1丈宽的壕沟，长墙上设有关隘、炮台等设施，沿线还筑有石寨，是沿河各村村民受官府之命对捻

---

① （清）奕䜣等：《钦定平定七省方略》之四《钦定平定陕甘新疆回（匪）方略》卷一八二，载《中国方略丛书》第16册，据光绪二十二年（1896）刊本影印，成文出版社1986年版，第8919—8925页。

② （清）奕䜣等：《钦定平定七省方略》之四《钦定平定陕甘新疆回（匪）方略》卷一八四，载《中国方略丛书》第16册，据光绪二十二年（1896）刊本影印，成文出版社1968年版，第9016页。

军实行"坚壁清野"所筑之民防建筑。

同治九年（1870）"山西巡抚何璟又奏言，臣于闰十月二十日，行抵河曲县，周视营垒边墙，即循河北行。二十三日，抵保德州，逐一屡斟。窃维河保情形以河曲为最要，上自马连日起至石梯隘止，计八十里，中结冰桥约六十里，两岸沙滩平衍，径路纷歧，边墙坍塌处所虽经随时修补……"①

同治九年（1870）十二月十五日（丙子）"同日何璟奏言：晋省河防北自偏关县起，南至永济之风陵渡止，皆与陕境接壤。河岸袤长，其间以河、保、吉乡为最要。河曲冰桥最长，地势平衍，现有高占彪所统精锐四营驻扎该处，惟兵力尚单。幸有宋庆一军留扎河西，足为声援；吉乡两处仅驻陆师十营，赖有旧筑卡垒、长墙，经张树声、李庆翔酌量增修，得以凭墙扼守，藉可稍省兵力……又准蒋志章咨称，调派总兵王名滔新募略武四营由韩城赴宜川力扼龙王辿要津，现在皆未到防，臣当就现有兵力严密布置，不敢稍涉疏懈，均奏入"②。

## 光绪朝

清军收复新疆之战发生在1876年至1878年间。1864年，新疆地区的回族、维吾尔族人民，在陕甘地区回民影响下，在天山南北起兵反清。但是，反清的武装暴动，一开始就被少数反动封建主窃取了领导权，成为他们进行割据分裂活动的工具。喀什噶尔的封建主金相印为了兼并汉城（今疏勒），向中亚的浩罕汗国求援。浩罕汗国派遣阿古柏率大军于1865年侵入南疆，并于1867年年底以喀什噶尔为中

---

① （清）奕䜣等：《钦定平定七省方略》之四《钦定平定陕甘新疆回（匪）方略》卷二三一，载《中国方略丛书》第21册，据光绪二十二年（1896）刊本影印，成文出版社1986年版，第11334—11335页。

② （清）奕䜣等：《钦定平定七省方略》之四《钦定平定陕甘新疆回（匪）方略》卷二三五，载《中国方略丛书》第21册，据光绪二十二年（1896）刊本影印，成文出版社1986年版，第11525—11527页。

心，成立所谓的"哲德沙尔"伪政权。到1870年，阿古柏控制了整个南疆和北疆的部分地区。阿古柏侵占新疆期间，对外投靠沙俄、英国和土耳其。

沙俄以帮助清政府安定边境秩序为借口，于1871年6、7月间，强占中国伊犁地区，于1872年承认阿古柏为"哲德沙尔汗国君主"；英国也于1874年承认阿古柏窃踞的地区为"合法的独立王国"，阿古柏就成了沙俄和英国分裂中国领土的傀儡。新疆面临着被肢解吞并的危险。

光绪元年（1875）王月，左宗棠被任命为钦差大臣，督办新疆军务，左宗棠花了近两年时间，完成了收复新疆的作战准备。光绪二年（1876）十一月，清军收复了天山以北的全部阿古柏军占领之地。光绪三年（1877）十二月中下旬先后收复喀什噶尔、叶尔羌、英吉沙尔、和阗。至此，除伊犁外，新疆全境被收复，粉碎了英国、沙俄肢解和侵吞新疆的企图，捍卫了清朝领土的完整。光绪六年（1881），中俄通过谈判，中国收回伊犁的主权。

在收复全南疆后，光绪四年（1878）"上命军机大臣传谕左宗棠、金顺、刘典曰……著左宗棠等妥为分别办理，仍著随时稽察勿任再行勾结为患。喀什噶尔城形势险要，该大臣等所称南自英吉沙尔，北至布鲁特界，按照卡伦地址，改筑边墙，于冲要处间以碉堡，形势益臻完固。著照所议妥为筹办"①。

光绪四年（1878）二月初二，左宗棠在他写的《西四城流寓各部落种人分别遣留并议筑边墙片》奏疏中曰："若南自英吉沙尔，北至布鲁特界，按照卡伦地址，改筑边墙，于冲要处间以碉堡，则长城屹立，形势完固，界画分明，尤为百世之利。"②左宗棠明确称其所筑"边墙"为"长城"。

---

① （清）奕訢等：《钦定平定七省方略》之四《钦定平定陕甘新疆回（匪）方略》卷三○七，载《中国方略丛书》第29册，据清光绪二十二年刊本影印，成文出版社1986年版，第15220—15221页。

② （清）左宗棠：《左宗棠全集·奏稿七》"光绪四年四月初二"，岳麓书社1996年版，第54—55页。

最后想谈谈在整理这些资料时的几点认识：

一、清朝300年中，持续利用了前朝的边墙和长城，特别是明朝的边墙。

二、清朝对明朝的边墙进行了全面的修缮，也有改建和重建。现在我们所见的明长城相当多的地段已不是明朝的原貌。

三、清朝也新建过不少"边墙"，还有不少我们没有发现，现在已知的至少已有千里之上。

四、清代"边墙"的功能是多样性的，但不外乎"安内攘外"。明朝何尝不如此，明朝嘉靖年间兵部尚书王宪在奏疏中曰："于双伯、羊川择地建立卫城以御北兵，及欲行山西三关宣大、四川等处一体设险固守一节为照，设险御敌乃安内攘外要务"①；隆庆元年至四年，兵部右侍郎进左侍郎兼右佥都御史的谭纶，在总督蓟辽保定军务时上疏曰："况蓟镇与敌仅隔一墙，保固蓟镇，即以拱护京师，蓟镇诚急，朝廷尚当别行遣将发兵，以为声援，以张天讨。京师，则堂奥也；蓟镇，则门户也。征列省之兵以实京营，诚得居重驭轻之法；出京营之兵以守门户，亦为攘外安内之图。"②所谓"内外"是相对而言，是动态的。没有列入版图之内的则为外，列入版图之内则为内。但也可能相互转换，明朝推翻了元朝，不过没有消灭元政权，北元政权存在了很长时间，实际上是为裂土分治，互为内外。过去我们只关注"边墙"或长城的"攘外"功能，很少提及它的"安内"功能。清朝的"边墙"，即有防外族的，也有镇压农民起义和分裂国土的反叛的。就民族而言，从满族的视角看，满族以外的都是外族；从政权的角度看，凡是反政府和分裂国土的都是反叛，无论是哪个民族的。

五、任何一个朝代的政策都是随着形势的变化而调整改变的，有的政策实行的时限很短，还有的政策制定了并没有实行，清朝也是如此。在历史评价时，不能将一个朝代某个时间段的政策解释为贯彻这

---

① （明）黄训：《名臣经济录》卷四一《兵部·为建言边情严设备以安地方事》，文渊阁《四库全书》，第444册，第248页。

② （明）谭纶：《谭襄敏奏议》卷十《营务初更条陈未尽事宜以饬戎政以裨安攘疏》，文渊阁《四库全书》，第575册，第804页。

个朝代全过程的政策，以偏概全，以局部概全局；更不能将某个领袖人物一时激情而发的表述，作为整个时代的政策，并对其无限地放大。现在是历史地研究长城，历史是过去时，是不可改变的。研究时，要尽量全面地收集历史事实，对这些资料加以分析，辨其真伪，以定取舍；如果有条件、有可能，就要亲自进行实地考察，取得实物证据，也可利用其他途径得来的调查资料，以求更加接近历史真相。以史实说话，而不能从概念到概念、从理论到理论地进行推理、衍义，更不能为了某种需要选择性地收集、取舍史实，更不能让历史成为宣传或辩护及谋取不当利益的工具，失去了学术的独立性。如由于对唐朝李世民的民族政策的推崇，多年来史家对多种文献记载的唐朝修过长城的史实，视而不见，听而不闻，则是这一现象的明证。

六、清朝新修或重筑的"边墙"是不是长城？目前在学界有很大的争议，以至于没有将它列入本次的长城资源调查之中。只有一处例外，就是把青海的长城列入明朝长城的调查范围。从文献记载论之，青海现存长城应为清朝重筑或新筑。我认为清朝所筑"边墙"是明朝长城的延续，应是我国长城的重要组成部分。否则，从历史或逻辑都讲不通。

七、建议国家文物主管部门，关注清朝"边墙"的问题，把对它的研究和调查提上日程。如果清朝边墙的问题不解决，对明代长城的调查和研究，以及保护的科学性、真实性会产生很大的影响。

2009 年 7 月 23 日

# 长城学术研究的现状

## 一 长城研究的兴起及其发展阶段

虽然中国最早的长城出现于春秋时期，此后历朝历代都有所修建，但对长城本身的研究在近代以前基本上没有受到学者的重视。除了明代许论的《九边图论》、孙应元和霍冀的《九边图说》、王士翘的《西关志》等少量记述明代长城的文献之外，对长城的记载和考证大都集中在学者对地理志的注释之中，很少有独立的文献和著作。

直到近代，长城研究才逐步兴起。在当时探索中国的热潮中，一些外国学者最早对长城进行了考察，并撰写了一批介绍性的书籍，其中最有影响力的是 William Edgar Geil 的 *The Great Wall of China*[①]，该书附有百余幅长城的照片，可以说是现存最早的一批长城照片，非常珍贵，现在仍被很多学者和著作大量引用。随着内忧外患的加剧，长城的学术研究逐渐得到中国学者的重视。1933 年长城抗战之后，对长城的研究进入了第一个高潮，很多学者汇入长城的研究之中，不过发表的论著主要是以普及长城知识为主，真正的研究性学术著作并不是很多。这一时期主要的研究成果大都集中在两本以"经世致用"为指导思想的历史地理学的杂志——《史地学报》和《禹贡》中。其中张维华先生先后在《禹贡》发表了一系列的研究论文，后来这些论文汇集成《中国长城建置考》一书。除了张维华先生的论著外，这一时

---

① William Edgar Geil, *The Great Wall of China*, New York：Sturgis & Walton Company, 1909.

期较有影响的论著有寿鹏飞的《历代长城考》、王国良的《中国长城沿革考》以及王国维的《金界壕考》，这些论著至今仍是长城研究者的必读之作。除了这些专门以长城为对象的研究之外，在当时的西北考察热潮中，一批学者对西北地区的长城进行了调查和研究，如黄文弼先生1930年在罗布泊发现了汉代烽火台，并出土了70多枚汉简；夏鼐、向达等也都先后考察了汉代长城，重点考察了通向西域的门户玉门关、阳关遗址，夏鼐先生在敦煌汉代长城遗址中发现了40多枚汉简，撰写了《新获之敦煌汉简》一文，向达先生写出了《西征小记》《两关杂考》以及大量有关中西文化和艺术交流的研究论文，这些论文都收在他的论文集《唐代长安与西域文明》中。需要注意的是，这一时期有一批日本学者带着不同目的对中国的长城进行了研究，代表著作有松井等的《秦长城东部的位置》①、桥本增吉的《关于中国古代的长城》②等。

新中国成立之后直至1979年，长城研究的热潮逐渐减弱，除了一些零散的考察报告之外，基本上没有重要的研究论著问世。1979年由文化部文物局召开了中国第一次"长城保护和研究工作座谈会"，中国多学科的专家、学者出席了会议。这次会议之后，长城的研究进入了第二个高潮。自1978—1984年，国家文物局对长城考察和研究十分重视，组织有长城的省市对长城进行了大规模的普查，对群众性的长城调查和研究给予大力支持。由于国家文物局的重视，各级政府和文物主管、研究单位也都给予重视及经费方面的支持，许多文研单位也把长城研究和调查作为自己的工作任务，组织人员进行研究和考察，或派员对群众学术团体的工作进行指导，考古、军事、经济、历史、地理、文化等各学科的学者也被吸引参加了这方面的调查和研究工作。形成了在国家文物局的领导下，专业人员与群众社团相结合，吸引多学科参加长城研究的局面。当时，凡是有长城的省、市、自治区的文物工作队，都组织力量对长城进行普查，对现存的长城遗址进

---

① ［日］松井等：《秦长城东部的位置》，《历史地理》13：3，1909年。
② ［日］桥本增吉：《关于中国古代的长城》，《史学》5：2、6：1，1925—1926年。

行了测量绘图，对它们的历史沿革也进行了考证，并在重点地区进行了发掘和清理。长城沿线各省的文物部门都提出了调查报告，文物出版社出版了《中国长城遗址调查报告集》①，张维华先生的长城研究论文也汇编为《中国长城建置考》出版，很多学者如史念海、陈守忠、李文信、项春松、郑绍宗和贾洲杰等都发表了研究论文和调查报告。《光明日报》展开了"边塞诗"的讨论，《民间文学》举办了"孟姜女传说"讨论会，罗哲文出版了《长城》一书②，成大林出版了《长城》画册等著作③。长城研究显示出一派繁荣的景象。

1984年，邓小平同志提出"爱我中华，修我长城"的口号之后，中国出现了空前的长城热。不仅是研究者，很多民间的长城爱好者也加入研究行列，河北、北京、辽宁、天津、山西、甘肃许多退休干部、青年工人和学生自费徒步对长城进行考察，各地成立了长城博物馆和各种民间研究组织。这一时期，除发表了大量的调查报告、发掘报告、学术论文和有关长城的科普书籍之外，最重要的就是出版了《长城百科全书》④，这本书涵盖范围很广，是至今唯一一部全面介绍长城的著作。这一时期还拍摄了大型文献纪录片《望长城》、创办了《长城学刊》，在山海关、嘉峪关、呼和浩特等地召开了多次学术讨论会，1994年还举办了"长城国际学术研讨会"。

但是，自1996年以后，长城的学术研究逐渐冷寂。其原因是国家对长城研究的重视程度大大降低，对各省的长城调查不再强调，拨款也逐渐减少，甚至停止了。各级文物单位也不再把长城调查和研究列为重要的工作。大批热衷于长城研究的文物考古专家被派做其他项目的研究，许多当年的考察研究资料逐渐流散或流失了。但不能否定的是，这一时期仍然有一批学者继续从事长城的研究，发表了许多有价值的论文。

---

① 文物编辑委员会编：《中国长城遗迹调查报告集》，文物出版社1981年版。
② 罗哲文：《长城》，北京出版社1982年版。
③ 成大林：《长城》，文物出版社1980年版。
④ 中国长城学会编：《长城百科全书》，吉林人民出版社1994年版。

## 二 长城研究综述

### (一)"长城"的定义

现在长城研究中对于"长城"的定义还存在不同认识,较早对长城下定义的是侯仁之和罗哲文先生。侯先生认为:"鉴于长城首先是中国古代巨大的军事防御设施,不妨从军事工程体系的角度来定义。长城是针对相对固定的作战对象,按照统一的战略,以人工筑城方式加强与改造既定战场,而形成的一种绵亘万里,点阵结合,纵深梯次的巨型坚固设防体系。"侯先生还认为长城包括:城墙、障塞、烽燧、道路、后方补给设施[1]。罗哲文先生认为:"长城与城市城墙不同:其一是城市的城墙不管其形状如何、大小如何都是交圈封闭的,而长城则不封闭;其次长城的长度较之一般城市的城墙要长得多,少者数百里,多者数千里,上万里,所以称之为长城或长垣;此外长城除城墙之外,还有各种不同等级、大小不同的关隘、城堡、军营和烽火台(亦称烽燧、烟墩)等通讯联络系统。"[2] 这两位先生的定义,大体上得到了学界的认同,而且也基本上涵盖了学术界一般所认为的长城,不过也还存在一些值得探讨之处:首先,罗先生和侯先生都不同程度地强调了长度,"少者数百里,多者数千里,上万里""绵亘万里",不过在历史上确实也存在史料明确称之为长城,但长度仅几十千米的长城,如战国魏长城。而且如果以长度为标准,那么具体多长才算长城,这两位先生也没有给出明确的数字,因此用长度作为断定是不是长城的标准值得商榷;其次,墙体是不是长城必需的建筑形式,比如汉代罗布泊以西的烽燧线是不是长城,现在学界依然存在争论;最后,现在国外发现了很多类似中国长城的古代军事工事,那么这些建

---

[1] 侯仁之:《在长城国际学术研讨会上的总结发言》,载中国长城学会编《长城国际学术研讨会论文集》,吉林人民出版社1995年版,第334页。
[2] 罗哲文:《中华悠久历史的丰碑、世界古代工程的奇迹——论长城的历史地位、现实意义、国际影响和保护措施》,载中国长城学会编《长城国际学术研讨会论文集》,吉林人民出版社1995年版,第10页。

筑是否也能算是长城,这种军事工事与中国的长城是否存在区别,上述两种定义对此也没有明确说明。

不过由于以上两种定义基本上涵盖了通常所认为的长城,因此学界对长城定义的讨论并不很多,但是随着2004年1月30日《中国文物报》第八版刊登了中国文物研究所景爱同志的《走出长城的误区》①一文,学者们围绕"长城"的定义展开了讨论。景爱先生在该文中提出了一个不同以往的观点,即"金界壕"不属于长城;此后2月13日,景爱先生又在《中国文物报》上发表了《长城定义五要素》②一文,提出"长城是以土、石、砖垒筑的连续性高城墙,系古代边境御敌的军事工程。也可以将语序作些颠倒,变作:长城是古代边境御敌的军事工程,系以土、石、砖垒筑的连续性高城墙"。在文中景爱先生还对这五要素进行了详细的解释,该文可以说是对其的第一篇论文的理论阐释。作为回应,2月20日,吉人先生在《中国文物报》上发表了《是不同认识还是"走入误区"——兼谈金界壕是不是长城》③,反驳了景爱先生的观点,提出金界壕是有墙的,而且由于金界壕存在大量的附属防御设施,"是典型的壕墙相结合的军事防御体系",因此可以称为长城。不久景爱先生又发表了《再说金界壕不是长城》一文④,认为金代的文献从来没有将界壕视同长城,所谓的墙体也十分低矮,没有经过夯筑,是随意堆放的完全不同于长城的墙体,在界壕附近也没有烽燧,因此金界壕绝不能称为长城。不仅如此,在这几篇论文中景爱先生还把山险墙排除在长城之外,认为"长城,不论其结构如何简单,都是人工建筑;而天险不管其如何险要复杂,却属于自然的实体。长城与天险有根本的区别,属性完全不同"。针对这一观点,河北省博物馆李建丽同志于2004年3月5日在

---

① 景爱:《走出长城的误区》,《中国文物报》2004年1月30日第8版。
② 景爱:《长城定义五要素》,《中国文物报》2004年2月13日第8版。
③ 吉人:《是不同认识还是"走入误区"——兼谈金界壕是不是长城》,《中国文物报》2004年2月20日第8版。
④ 景爱:《再说金界壕不是长城》,《中国文物报》2004年4月2日第8版。

《中国文物报》发表了《山险墙也是长城的组成部分》一文①，从长城的建筑形式、古人对于山险墙的认同等方面反驳了景爱先生的观点。目前看来这一争论还将持续下去，值得一提的是，在长城研究中这种针对某一学术问题进行公开研讨的情况是极少的，这种争论非常有利于学术的发展，很值得提倡。

此外，2004年3月12日，吉人先生在《中国文物报》发表了《长城界定之我见》②一文，以侯仁之先生的观点为基础，进一步提出，"长城是在冷兵器和冷兵器与火器并用时代，为了实施统治区域整体的安全防卫需要，针对相对固定的作战对象，按照统一的战略，预先以人工筑城方式，利用有利和险要地形，加强与改造既定的战场，而形成的一种长墙与险关要堡相连，绵亘数百里、数千里甚至上万里，点阵结合、纵深梯次配备的巨型坚固的永备设防体系"。虽然景爱和吉人先生对长城的定义作了新的探讨，但以往定义存在的不足依然没有解决。

除了以上定义之外，成大林还曾提出过一个较为模糊的长城的概念，他认为长城在中国历史上已经形成了特定的形式和内涵，它是几乎伴随整个中国封建社会不断发展、不断完善的军事防御思想的产物，对中国历史进程产生过重要影响的伟大工程，这在世界建筑史上是独一无二的；长城是一个庞大的军事工程体系，包括主体工程——城墙；报警通讯系统——烽燧、亭；驻兵营房——城、障；后勤保障系统——交通、屯田；以及长城上的军事要塞——关隘和军事指挥系统的必要设施。并不是任何军事设施都是长城。是不是长城？主要看它的功能和形式是不是长城工程体系的一部分。不能认为除了连绵不断的城墙之外的古代军事设施都不是长城，或者只要有一定长度的军事用途的墙都是长城。成大林提出的定义主要是从长城的内涵和功能入手，虽然并不完善，还需要进一步的解释和研究，但避免了以往单纯从形式上界定带来的片面性，因此今后关于"长城"定义的研究应

---

① 李建丽：《山险墙也是长城的组成部分》，《中国文物报》2004年3月5日第8版。
② 吉人：《长城界定之我见》，《中国文物报》2004年3月12日第8版。

该多从这一角度入手。

综上来看，关于"长城"的定义还有继续讨论的必要，而且正是由于现在长城的定义还不是非常清楚，因此在某些问题上引起了学术界的争论，如临海长城、国外长城、罗布泊以西汉代长城、地下长城等。

**（二）长城的空间数量**

长城"纵横十万里"也只是一种推算，并非实测，这个数据是1979年罗哲文先生在内蒙古召开的"全国长城保护工作会议"上发布的。这个数据是根据历代文献修筑长城的记载推算出来的结果。自1978年至1984年前后，根据国家文物局的布置，北方有长城的各省对长城进行了一次普查。由于种种因素的限制，这次普查并没有查完所有的长城，是一次未完成的工作，事后也没有对普查的资料进行汇总、统计，再加上当时的技术和设备水平，测量的准确性难以保证，因此最终并没有得出任何实测数据。如原对北京地区长城的估算为300多千米，而据1985年《北京地区长城航空遥感综合调查成果报告》，北京地区的长城总长度达629千米。最近，由于出版《中国文物地图集》的需要，一些省份对长城再一次调查。根据我们对山西、河北、内蒙古、北京、天津、辽宁的调查情况的了解，这次调查仍是对前次调查的复核和补充，由于财力、物力和人力及时间的限制，对长城长度的测量和长城的定位并不很精确。

此外，在中国长城修筑史上，多个朝代在同一地形上修筑长城，不同朝代之间相互叠压和相互利用的现象十分常见，在计算长城的长度时，是累计计算，还是按照实际长度计算？目前也还没有统一的规定。

由于学术研究的严重滞后和对长城的考古发掘的数量很少，目前许多文献记载的长城遗迹尚未找到，如战国魏南长城、战国楚长城、辽代长城；或只找到长城局部地段，如战国赵南长城、东汉长城、北魏长城、东魏长城、北齐长城、北周长城、隋朝长城、唐朝长城、宋朝长城、清朝长城等；或如自山西岢岚经宁武、原平、代县、应县、浑源、广灵、河北蔚县、涿鹿、北京市门头沟与明长城相接的长城，是多个朝代重叠修筑完成的，难以进行明确的断代。此外，原认为宁夏有秦、汉、隋、明多个朝代的长城，号称"长城博物馆"，但据宁夏回族自治区文物局的专家说，目前宁夏境内能认定的只有战国秦和明朝两个朝代的长城。

目前对一些墙体等建筑是不是长城还难以界定，如云南的"滇东汉长城"、陕南及湖北的石墙、吉林省的石墙、广西壮族自治区的石墙、山西省南部战国为长平之战修筑的军事工程，河南省发现的多段石墙和城寨，以及清朝为镇压农民和少数民族起义大规模增修的"长城""长墙"和"长堤"等。如前所述，最近，景爱先生对金界壕和山险墙是不是长城也提出了质疑。

总之，中国有多少个朝代的长城及其精确的总长度，现在还难以准确地表述。

**（三）长城遗址调查及相关研究**

以往对于长城本身展开的研究，重点是对长城遗址的调查和考察，与此相对应，长期以来对于长城的研究也大都局限在历代长城的修筑年代和走向等问题上，对于长城其他方面的研究并不多，以下就历年来长城的遗址调查和学术研究进行总结。

1. 全国范围的长城遗址调查及长城的综合性研究

1979 年之前，虽然有过长城遗址的调查，但数量较少，大都是各个地区或个人零散进行的，缺乏总体指导，取得的成果也不多。1979 年由文化部文物局召开了中国第一次"长城保护和研究工作座谈会"，这次会议之后，凡是有长城的省、市、自治区的文物工作队，都组织力量对长城进行普查，对现存的长城遗址进行了测量绘图，对它们的历史沿革也进行了考证，在重点地区进行了发掘和清理。如甘肃省文物工作队 1979 年年底对敦煌县境内汉代烽燧遗址进行了发掘，出土汉简 1000 多枚、文物 1000 多件；河北省文物工作队在明代长城上发现了大量的碑刻；河北省滦平县文物保管所在明代长城遗址中清理出文物 1000 多件。此外长城沿线各省的文物部门大都提呈了调查报告，根据这些调查报告，文物出版社出版了《中国长城遗迹调查报告集》①，这是第一份也是至今为止唯一一份全国范围的长城遗址调查报告。据这些调查报告提供的资料，中国历代修筑的长城总长度超过了10万华里，现存遗址分布在中国北方10多个省、市、自治区。不过这一调查报告集中收录的论文很少，涉及的朝代和地区非常有限，因此只能说是阶段性的成果。不仅如此，这一时期未收录于《中国长城遗迹调查报告集》中的调查资料此后大都没有发表，这不能不说是一个遗憾。其中单独印行发表的有许成的《宁夏古长城遗迹》②，该书在详细调查的基础上，介绍了宁夏现存战国、秦汉、隋代、明代长城和宋代堑壕的走向和保存现状，至今仍是宁夏地区长城最详细的调查资料。甘肃省文物考古研究所在1979年6月至1982年10月间曾先后三次对疏勒河下游的安西、敦煌西部的汉代烽燧进行广泛的调查，其中最为重要的就是发现了马圈湾烽燧遗址。成大林考察了历代长城的部分地段后，在1984年出版了 *The Great Wall of China* 一书，该书以15万文字和370多幅图片，较详细地介绍了长城的历史、空间分布和历史作用。值得注意的就是，书中已将战国齐长城的起点定在山东省青岛市黄岛区的于家河黄海岸边，起点在今济南市长清县孝里镇广里村；将明长城的东部终点定在辽宁省的虎山；将战国赵南长城定在河南省的林县至辉县；并提出了清代也曾修筑过长城的观点，且附有清代长城的图片和修城碑记③。

  1984年，邓小平"爱我中华、修我长城"题词发表之后，在政府的引导下，中国出现了空前的长城热。河北、北京、辽宁、天津、山西、甘肃许多退休干部、青年工人、学生自费徒步对长城进行考察。其中董耀会等人在徒步考察了明长城之后，结合自己的考察和地

---

① 文物编辑委员会编：《中国长城遗迹调查报告集》，文物出版社1981年版。
② 许成：《宁夏古长城遗迹》，宁夏回族自治区文物普查领导小组办公室编印，1984年。
③ Cheng Dalin, *The Great Wall of China*, New China News Ltd., New China Pictures Co. and South China Morning Post Ltd., 1984.

方上提供的资料，撰写了《长城万里行》①和《明长城考实》②，这两本书可以说是这一时期长城热下，长城爱好者考察、研究长城的代表作。在邓小平的号召下，很多学者也加入长城研究中来，其中最为著名的就是史念海先生，经过长期调查研究，他发表了一系列的论文，如《论西北地区诸长城的分布》③等。对长城进行过调查研究的还有陈守忠先生，他曾经对甘肃境内的长城作过调查，相关论文收录在其论文集《河陇史地考述》中④。此外，刘谦从山海关东北锥子山起，北至义县，东至黑山，转向开原、昌图，东南至鸭绿江边，行经23个县市，全部历程1000余千米，对辽东长城作了全面的实地考察，其考察成果结集成《明辽东镇长城及防御考》一书出版⑤。高旺多年来徒步踏察长城，先后出版了《内蒙古长城史话》⑥和《长城访古万里行》⑦等书。在以往工作的基础上，甘肃省文物局于1994年至1996年间由岳邦湖、钟圣祖带队对疏勒河地区的汉代烽燧和长城进行了极为详细的调查，出版了《疏勒河流域汉代长城考察报告》⑧一书。

1984年，地质矿产部地质遥感中心对北京地区长城进行了航空遥感调查，1990—1992年又对宁夏境内长城现状作了全面调查，取得丰硕的成果，发表了《宁夏长城航空遥感调查研究》⑨和《北京地区长城航空遥感调查》⑩，对两地长城现状有了较准确的资料，取得了

---

① 董耀会：《长城万里行》，河南科学技术出版社1988年版。
② 华夏子：《明长城考实》，档案出版社1988年版。
③ 史念海：《论西北地区诸长城的分布》，载中国长城学会编《长城国际学术研讨会论文集》，吉林人民出版社1995年版，第168页。
④ 陈守忠：《河陇史地考述》，兰州大学出版社1993年版。
⑤ 刘谦著：《明辽东镇长城及防御考》，文物出版社1989年版。
⑥ 高旺：《内蒙古长城史话》，内蒙古人民出版社1991年版。
⑦ 高旺：《长城访古万里行》，中国广播电视出版社1991年版。
⑧ 岳邦湖、钟圣祖著，甘肃省文物局编：《疏勒河流域汉代长城考察报告》，文物出版社2001年版。
⑨ 黎风、顾巍、曹灿霞：《宁夏长城航空遥感调查研究》，载中国长城学会编《长城国际学术研讨会论文集》，吉林人民出版社1995年版。
⑩ 曾朝铭、顾巍：《北京地区长城航空遥感调查》，《文物》1987年第7期。

利用遥感技术对长城进行调查的经验。

与长城遗址调查取得的丰硕成果相比，对长城进行学术研究的论著则较少，其中综述性研究著作，更可以说是凤毛麟角，而且这些著作也大都局限在考证长城的修筑时间和走向上，其中最具影响力的就是张维华的《中国长城建置考》，该书是张维华先生发表在《禹贡》等杂志上的一系列长城研究论文的汇编，可惜只完成了半部，没有涉及汉代以后的长城，而且由于作者仅仅从文献入手，没有实地调查，因此书中也存在很多错误。此外，还有寿鹏飞的《历代长城考》[1]、王国良的《中国长城沿革考》[2]，但除了张维华先生的著作外，这些论著流传不广，今天已经很难找到。需要注意的是，除了这些著作外，民国时期张鸿翔曾搜集过长城沿线关堡的情况，汇成《长城关堡录》[3]，虽然资料只是局限于河北一省，但这本著作可以说是开了整理长城资料的先河，可惜的是这本书也没有广泛流传。此外，罗哲文的《长城史话》[4]和《长城》[5]、吴相湘的《长城》[6]等著作在前人研究的基础上，也取得了一定的成果。

除了这些长城研究专著之外，还有一些半研究性质的著作，如成大林的《长城万里行》[7]和高旺的《长城访古万里行》[8]等。

随着长城研究的加深，其集大成者《长城百科全书》于1994年出版，该书是当时所有长城研究者努力的成果，不过对一些有争议的学术问题大都只采用了当时较为流行观点，而且在某些观点上没有吸收当时长城调查研究的最新成果，因此并不能代表当时长城研究的最高水平，而且该书出版至今已10年，随着近年来长城研究的不断深化和新观点的提出，作为百科全书，该书已经有重新修订的需要。

---

[1] 寿鹏飞：《历代长城考》，得天庐存稿之二，1941年。
[2] 王国良：《中国长城沿革考》，商务印书馆1935年版。
[3] 张鸿翔：《长城关堡录》，《地学杂志》1936年第1期。
[4] 罗哲文：《长城史话》，中华书局1963年版。
[5] 罗哲文：《长城》，北京出版社1982年版。
[6] 吴相湘：《长城》，正中书局1957年版。
[7] 成大林：《长城万里行》，商务印书馆香港分馆1987年版。
[8] 高旺：《长城访古万里行》，中国广播电视出版社1991年版。

此外，李文龙的《中国古代长城的四个历史发展阶段》① 一文，论述了中国古代长城的四个发展阶段，虽然其提出的四个分期，即西周及其之前的原始型、春秋战国时期的初级型、秦汉至隋唐时期的基本型、金明时期的完备型，还存在诸多值得商榷的地方，特别是原始型更是与现在普遍的观点相左，但这种从整体上研究长城的方法还是值得推崇的。

2. 不同时代长城遗址的调查及研究

以往对于长城本身展开的研究，重点是对长城遗址的调查和考察，与此相对应，长期以来对长城的研究也大都局限在考订历代长城的修筑年代和走向等问题上，对于长城其他方面的研究并不多。下面就对历代长城的遗址调查和学术研究进行总结。

（1）春秋战国长城的遗址调查和研究

春秋战国时期的长城是中国古代长城中存在疑点最多的长城，其原因一方面是文献资料记载简略，另一方面是时间久远，许多长城的遗迹已经消失或者难以辨认。这些都对这一时期的长城研究工作带来了困难，下面对此作简单回顾。

①楚方城

其有无至今仍存在争论，具体情况请见后文"近期学术争论焦点问题"部分的叙述。

②齐长城

如果不算楚长城的话，齐长城是中国修建年代最早的长城。与春秋战国时期其他诸侯国修建的长城相比，它的疑问较少。特别是1996 年至1997 年路宗元等同志历时一年多对齐长城进行了徒步考察并撰写了《齐长城》一书之后，很多关于其走向方面的疑问已经一一得以澄清，这次考察不仅勘察清楚了齐长城东、西两端的具体位置、道里行经和准确长度，而且还查清了其建筑材料与结构特点。

以往研究中关于齐长城的争论主要集中在其起点和终点上。关于齐长城西端的起点，由于这一地区的建置沿革经常发生变化，因此得

---

① 李文龙：《中国古代长城的四个历史发展阶段》，《文物春秋》2001 年第 2 期。

出的结论十分模糊。如张维华先生从文献推论，认为其在今肥城县西北六十余里古防门以西之地，这一观点曾长期在学界占据主流地位，后经成大林的实地考察纠正为在今济南市长清县孝里镇广里村①，这一观点得到了学术界的认同，特别是经过1996年至1997年的实地考察后，进一步确定其位置是在东经116°34.5′，北纬36°21.6′。关于齐长城东端的终点，张维华引用《胶州志》的记载认为在胶州小朱山东徐山之北；罗哲文先生则认为在胶县南的大朱山东入海②；董耀会等认为在大朱山与小朱山之间入海③。但是，成大林经过实地考察，结合文献，提出了齐长城在山东省青岛市黄岛区于家河黄海岸边入海的观点④，1996年路宗元等同志的实地考察也证实了这一观点，地理位置为东经120°11′，北纬35°59′5″。此外，齐长城的具体走向方面，1996年的考察发现了齐长城的三条复线，即在西段长清、肥城境，中段莱芜、博山境和东段临朐、沂水、安丘境，各有南北两条，纠正了史书记载的谬误。

诸文献对于齐长城修筑时间的记载多有不同，张维华先生已经注意到了这一问题，并在《中国长城建置考》中做了考证，认为"齐城西南之一段始因于防，其后因军事上之重要，故首先筑为长城。其南界之长城，当建筑于齐威王之时，有《竹书》为证。至于其东南境长城之建筑，似在楚人灭莒之后，然究在此后若干年，是否与南界长城同建于威王之时，则尚未敢定"⑤。这一观点，基本被学界所认同，但张维华先生并没有对首先筑为长城的西南段定出具体的修建时间，后来的学者围绕这一问题展开了一系列的讨论，如王献唐认为在鲁襄公十八年时早已建成⑥；罗勋章认为其下限不过公元前555年，其上

---

① Cheng Dalin, *The Great Wall of China*, New China News Ltd., New China Pictures Co. and South China Morning Post Ltd., 1984.
② 罗哲文：《长城》，北京出版社1982年版，第14页。
③ 华夏子：《明长城考实》，档案出版社1988年版，第6页。
④ Cheng Dalin, *The Great Wall of China*, New China News Ltd., New China Pictures Co. and South China Morning Post Ltd., 1984.
⑤ 张维华：《中国长城建置考》（上编），中华书局1979年版，第29页。
⑥ 王献唐：《山东周代的齐长城》，《社会科学战线》1979年第4期，第199页。

限当在齐桓公去世后,即公元前642年①;蒋至静、路宗元认为在春秋中叶②;张光明、王延恕认为在春秋中叶以前③;张广坪认为上限在公元前588年之后,下限在公元前555年④。最近任相宏在发表的《齐长城源头建置考》一文中,对这一问题进行了回顾,对这些学者用于断定西段长城修筑下限所依据的骉羌编钟的研究进行了回顾,认为当前学界的主流观点即认为其所载之役发生在周威烈王十八年(前408)的观点是成立的,因此以往将时间下限定为前555年是错误的;另外,以往用于确定齐长城修筑时间上限的《管子》一书,正如张维华在《中国长城建置考》中所说"《管子》一书,驳杂不纯,其中所论,或为异时所追述,或为后人所假托,非尽管子之言。至于《轻重篇》之伪作,尤为后人所常称说"⑤,也难以为据。最后,根据齐长城西端周围的考古遗迹,任相宏认为"齐长城源头建筑年代上限不会越过春秋中期,只能是卡在春秋晚期并且是偏晚阶段"⑥。

此外,国光红《齐长城肇建原因再探》一文,提出齐长城的修建并不是出于军事防御的目的,而是为了防止盐的走私,这一观点与前人观点大相径庭,但似乎没有考虑到齐长城各段修筑时间的不同,因此其结论颇有值得商榷之处⑦。

③燕长城

燕长城有南北两道,其中燕南长城,是新中国成立后原河北省文化局文物工作队在徐水县解村、遂城村一带发现的。4年之后,保定

---

① 罗勋章:《齐长城考略》,《海岱考古》(第四辑),科学出版社2011年版,第524页。
② 蒋至静:《先秦长城简考》,载军事科学院战略部、后勤学院学术部历史室编《先秦军事研究》,金盾出版社1990年版,第324页;路宗元:《齐长城考察概述》,载路宗元主编《齐长城》,山东友谊出版社1999年版,第16页。
③ 张光明、王延恕:《齐长城考——兼述淄博地段齐长城遗址踏查》,载刘武军、张光明主编《文物考古与齐文化研究》,山东大学出版社1996年版,第340页。
④ 张广坪:《齐长城西段修建年代之考证》,载路宗元主编《齐长城》,山东友谊出版社1999年版,第236页。
⑤ 张维华:《中国长城建置考》(上编),中华书局1979年版,第15页。
⑥ 任相宏:《齐长城源头建置考》,载山东大学东方考古研究中心编《东方考古》第1集,科学出版社2004年版,第272页。
⑦ 国光红:《齐长城肇建原因再探》,《历史研究》2000年第1期,第184页。

地区在文物普查中，于易县曲城村一带也发现了长城遗迹，并认为这两段长城遗迹当为燕南长城的一部分。现在，燕南长城的具体走向已经大致清楚，廊坊市文物管理处《廊坊市战国燕南长城调查报告》①、徐浩生《燕国南长城调查报告》② 等报告有详细叙述。燕北长城，是1942年经佟柱里先生调查并发现的。这道长城经过多次调查，走向大致已经清楚，参见李殿福《东北境内燕秦长城考》③、阎忠《燕北长城考》④ 和刘志一《战国燕北长城调查》⑤。此外，认为秦始皇长城利用了燕北长城的传统观点已经遭到了批驳，具体请参见后文秦代长城部分。关于燕长城的修筑年代，即燕北长城修建于燕昭王之后，燕南长城修筑于燕易王之后的观点已成定论。但是，阎忠在《燕北长城考》中提出燕北长城有两道，也就是在传统认为的燕北长城之外，还有一道长城。阎忠认为这道长城修筑于燕成王时期，并且对这道长城的走向进行了调查考证。另外，以往认为燕长城没有修到朝鲜境内的观点最近也受到挑战，有些学者认为朝鲜境内发现的大宁江长城就是燕长城的遗迹⑥。

④赵长城

据史料记载，战国时期赵国先后筑有两道长城：一是赵武灵王所筑的位于内蒙古云中、雁门、代郡一带的长城，因位于赵境的北部，史称"赵北长城"；二是赵肃侯于公元前333年所筑长城，因位于南

---

① 廊坊市文物管理处：《廊坊市战国燕南长城调查报告》，《文物春秋》2001年第2期，第28页。
② 徐浩生：《燕国南长城调查报告》，载河北省文物研究所编《环渤海考古国际学术讨论会论文集》，知识出版社1996年版，第259—263页。
③ 李殿福：《东北境内燕秦长城考》，载李健才等主编《东北地区燕秦汉长城和郡县城的调查研究》，吉林文史出版社1997年版，第258—264页。
④ 阎忠：《燕北长城考》，载王永平主编《东北古史与地理考》第1卷，吉林文史出版社2007年版，第264—176页。
⑤ 刘志一：《战国燕北长城调查》，《内蒙古文物考古》1994年第1期。
⑥ 参见李殿福《东北境内燕秦长城考》，载李健才等主编《东北地区燕秦汉长城和郡县城的调查研究》，吉林文史出版社1997年版，第258—264页；阎忠《燕北长城考》，载王永平主编《东北古史与地理考》第1卷，吉林文史出版社2007年版，第264—176页；郑君雷《大宁江长城的相关问题》，《史学集刊》1997年第1期。

部，史称为"赵南长城"。其中赵北长城争论较少，具体走向可参见李兴盛和郝利平《乌盟卓资县战国赵长城调查》①、盖山林和陆思贤《阴山南麓的赵长城》② 等论文。但是关于"赵南长城"学界争论颇多，成大林经实地考察后，在1984年香港出版的 *The Great Wall of China* 中提出河南省林县、辉县、卫辉境内的城墙遗址即为赵南长城的观点③。近年，虽然不断有发现赵南长城遗址的新闻报道，但一直没有正式的调查报告发表，甚至有人提出所发现的是日本侵华时期修筑的军事工事，因此这一问题还需要更深入地研究。

⑤魏长城

魏长城有两条，一条是河右长城，另一条是卷长城，对于这两条长城较早进行全面分析的是张维华先生，下面以张维华先生的观点为基础对以往的研究进行总结。

关于河右长城，张维华先生认为其修筑于魏惠王十年（前360），就具体走向而言，其根据《水经注》的记载，认为"华县境内之长城，自当为魏筑长城的主干，魏城自渭水而北，经沙苑而入大荔县境，自沙阜北行，经大荔县治之西，约当今县西东长城村、西长城村之地，而达西北高原后之长城村；魏城又自大荔县西北，北经今澄城县境，再经洛川、富县，北达甘泉南北"④。虽然张先生认为其"究止于何地，终不可考见……甘泉南北当有魏筑之长城。至于甘泉以北，以当时兵争之情势论，大而言之，当不能北出绥德，小而言之，或北出肤施未远"⑤，但也否定了魏长城北至固阳的传统说法，因为这里"盖非魏疆域所能及矣"。此外，罗哲文在《长城》一书中认为魏长城"即是南自华山，西北行又沿黄河西岸北行，长达一千余里。

---

① 李兴盛、郝利平：《乌盟卓资县战国赵长城调查》，《内蒙古文物考古》1994年第2期。
② 盖山林、陆思贤：《阴山南麓的赵长城》，载文物编辑委员会编《中国长城遗迹调查报告集》，文物出版社1981年版，第21—24页。
③ Cheng Dalin, *The Great Wall of China*, New China News Ltd., New China Pictures Co. and South China Morning Post Ltd., 1984.
④ 张维华：《中国长城建置考》（上编），中华书局1979年版，第63、64页。
⑤ 张维华：《中国长城建置考》（上编），中华书局1979年版，第67页。

现在这道长城的遗址在陕西省境内的华阴、韩城、延安、绥德等地尚有保存"①，基本同意了张维华先生的观点，但彭曦《战国秦长城考察与研究》一书认为魏长城"即从今之华县沿洛河东岸至韩城黄河"②。张耀民在《战国魏长城暨在甘肃庆阳遗址的考察》一文中提出，在甘肃庆阳地区也存在魏长城③。王重九在《历史地理》上发表了《关中东部秦魏诸长城遗迹的再探索》一文，对以往的观点进行了批判，认为这条魏长城分为两段：南段由今华县南山下起，在渭河以南，仅止于渭河南岸。北段自洛河以北，由党川村起，截弯取直，向北直至洛河南岸的长城村（此段魏城遗迹，保留得最多）；然后濒临洛河东岸，经澄城，直达白水县黄龙山麓；从此向北或向东是否再筑，作者认为未曾再筑。因为，魏筑这条长城，全力防秦，黄龙山北，为魏上郡所在，上郡洛河以西，时为义渠所据有，魏实无筑城到上郡之必要，若向东筑，更无道理；而且认为夹在南北两段魏城中间，亦即由渭河北岸北至党川村南许原脚下的一段，魏国并没有兴筑长城，其原因是此段正值沙苑西端，流沙大漠，不易兴工。对秦而言，易守难攻，也不须兴工，再前稍向东北，即为洛河，渡洛北上，直到党川村南，地形虽云平衍，而岸宽水大的洛河，却是一条天然防线，而且在这一段地区，也从未发现过魏长城遗迹。此外，对于惠王十九年（前351）"筑长城，塞固阳"的记载，其认为"固阳"乃"合阳"之误写④。总的来看，现在学界一般认为魏河右长城的北段没有延伸到陕西北部，而是终止于韩城或者白水县。

⑥关于卷长城

张维华先生根据《水经注》的记载："断言此段长城，北起今原武西北，经阳武及中牟圃田之西，而南达郑县之东南界，再南则不可

---

① 罗哲文：《长城》，北京出版社1982年版，第17页。
② 彭曦：《战国秦长城考察与研究》，西北大学出版社1992年版，第273页。
③ 张耀民：《战国魏长城暨在甘肃庆阳遗址的考察》，《西北史地》1997年第3期，第39页。
④ 王重九：《关中东部秦魏诸长城遗迹的再探索》，《历史地理》第五辑，上海人民出版社1987年版，第125页。

得而言矣。"① 关于这段长城的建置年代及其所属国家，张先生对以往的韩筑说、韩魏合筑说、晋知伯所筑说等进行了批判，并认为传统的长城起筑于魏说较为准确，并推测"此段长城当为魏人所筑，其用意在于界边，亦在于防守；且草草修筑，非大规模之建修，当不能与其河西之长城等齐观也"②，并认为这段长城是魏襄王之后为防秦所筑。这段长城的研究，后来的学者都尊崇张维华先生的观点，但需要注意的是至今没有发现这段长城的遗迹。

中山国长城。较早对中山国长城进行研究的是张维华先生，但他的研究仅仅是从文献入手，对长城的走向也只是"以意度之，当在今新乐县境"，他自己也没有把握。罗哲文先生在《长城》一书中，根据当时的形势，作了进一步的推测，认为"中山长城的位置应在他的西南部与赵、晋交界处。根据《汉书·地理志》、《括地志》和《读史方舆纪要》等记载，中山长城的位置在今河北、山西交界的地区，纵贯恒山，从太行山南下，经龙泉、倒马、井陉、娘子关、固关以至于邢台黄泽关以南的明水岭大岭口，全长约五百多里"③。1988年，考古工作者在唐县境内的唐河东岸发现了一道石砌中山国长城遗迹，此后又陆续在保定境内的曲阳、顺平、涞源发现了相近的长城遗迹。李文龙先生对发现于保定境内的中山国长城进行了调查，并发表了《保定境内战国中山长城调查记》一文，该文除详述了长城的具体走向外，还对以往的一些错误认识进行了纠正，是迄今为止中山国长城遗址最全面的调查报告④。

（2）秦长城的遗址调查和研究

由于秦始皇修筑的长城利用了原有战国长城的一部分，因此下面提及的调查报告，不仅包括了秦始皇时期修筑的长城，有的还涉及战国时期尤其是秦昭王时期修筑的长城：《甘肃境内秦长城考察纪略》⑤、《陇

---

① 张维华：《中国长城建置考》（上编），中华书局1979年版，第73页。
② 张维华：《中国长城建置考》（上编），中华书局1979年版，第82页。
③ 罗哲文：《长城》，北京出版社1982年版，第16页。
④ 李文龙：《保定境内战国中山长城调查记》，《文物春秋》2001年第1期。
⑤ 李并成：《甘肃境内秦长城考察纪略》，《丝绸之路》1996年第6期。

上战国秦长城调查之——陇西段》①、《陇上战国秦长城调查二——陇东段》②、《秦代长城西端遗迹的调查》③、《岷县秦长城遗址考察》④、《宁夏境内战国、秦、汉长城遗迹》⑤、《（宁夏）秦汉时期的长城》⑥、《鄂尔多斯高原东部战国时期秦长城遗迹探索记》⑦、《黄河中游战国及秦时诸长城遗迹的探索》⑧、《洛河右岸战国时期秦长城遗迹的探索》⑨、《陕原富县秦"上郡塞"长城踏察》⑩、《神木县窟野河上游秦长城考察记》⑪、《延安地区战国秦长城考察简报》⑫、《蒙恬修筑的阴山北麓秦长城考察记》、《昭乌达盟燕秦长城遗址调查报告》⑬、《内蒙古境内战国秦汉长城遗迹》⑭、《内蒙古西北部秦汉长城调查记》⑮、

---

① 陈守忠：《陇上战国秦长城调查之——陇西段》，载氏著《河陇史地考述》，兰州大学出版社1993年版，第171页。
② 陈守忠：《陇上战国秦长城调查二——陇东段》，载氏著《河陇史地考述》，兰州大学出版社1993年版，第183页。
③ 定西地区博物馆临洮县博物馆：《秦代长城西端遗迹的调查》，《考古学集刊》第13辑，中国大百科全书出版社2000年版。
④ 景生魁：《岷县秦长城遗址考察》，载氏著《西羌文化与洮岷花儿——中国古代少数民族史、地方史志研究札记》，作家出版社2008年版，第249—252页。
⑤ 宁夏回族自治区博物馆、固原县文物工作站：《宁夏境内战国、秦、汉长城遗迹》，载《中国长城遗迹调查报告集》，文物出版社1981年版，第45页。
⑥ 许成：《（宁夏）秦汉时期的长城》，载《宁夏古长城遗迹》，宁夏回族自治区文物普查领导小组办公室编印，1984年，第23页。
⑦ 史念海：《鄂尔多斯高原东部战国时期秦长城遗迹探索记》，载文物编辑委员会编《中国长城遗迹调查报告集》，文物出版社1981年版，第68页。
⑧ 史念海：《黄河中游战国及秦时诸长城遗迹的探索》，载文物编辑委员会编《中国长城遗迹调查报告集》，文物出版社1981年版，第52页。
⑨ 史念海：《洛河右岸战国时期秦长城遗迹的探索》，《文物》1985年第11期。
⑩ 姬乃军：《陕西富县秦"上郡塞"长城踏察》，《考古》1996年第3期。
⑪ 陕西省考古所陕北考古队、榆林地区文管会：《神木县窟野河上游秦长城调查记》，《考古与文物》1988年第2期，第56页。
⑫ 延安地区文化普查队：《延安地区战国秦长城考察简报》，《考古与文物》1990年第6期。
⑬ 项春松：《昭乌达盟燕秦长城遗址调查报告》，载文物编辑委员会编《中国长城遗迹调查报告集》，文物出版社1981年版，第6—20页。
⑭ 盖山林、陆思贤：《内蒙古境内战国秦汉长城遗迹》，载《中国考古学会第一次年会论文集 1979》，文物出版社1980年版，第212—224页。
⑮ 唐晓峰：《内蒙古西北部秦汉长城调查记》，《文物》1977年第5期。

《河北省战国、秦、汉时期古长城和城障遗址》①和《河北省围场县燕秦长城调查报告》②等。此外,彭曦对跨越甘、宁、陕、内四省区战国秦长城进行了全面的系统考察,于1990年出版了《战国秦长城考察与研究》一书,是当前为止唯一一部全面论述秦长城的著作③。还有李逸友的《中国北方长城考述》一文对战国、秦汉、北魏长城和金界壕进行的考述,可以说是集大成之作④。

如上所述,秦长城包括战国秦修筑的长城和秦始皇修筑的长城两部分,由于文献记载模糊,因此秦长城的走向和行经路线仍存在很多问题,学术界也展开了一系列的讨论。

首先,战国时期修筑的"堑洛"长城和"上郡塞"的问题。史念海先生推测了"堑洛"长城的行经路线,认为长城南端起于华阴县东南的小张村,东北行,越渭河,循洛河经蒲城、大荔、白水,达黄陵县;且提出"上郡塞"又称洛河中游长城,位于陕西省的富县、洛川两县间的洛河西侧⑤。但就现有的考古资料来看,尚未发现这两段长城的确凿遗迹。瓯燕和叶万松根据当时的军事形势,以及对春秋战国时期"塞"的功能的判断,认为所谓"上郡塞"是不存在的,在富县一带发现的长城其实是魏河西长城的一部分,同时作者还认为将"堑洛"定为长城,在古汉字和当时的政治形势上存在诸多矛盾,因此还需要进一步的研究和考察⑥。

其次,秦昭王长城与秦始皇长城的起点问题。一般而言,大都认为秦始皇修筑的长城与秦昭王长城有着共同的起点——临洮,但主要的分歧在于秦的临洮是今天的岷县还是临洮县。李并成《对秦长城西

---

① 郑绍宗:《河北省战国、秦、汉时期古长城和城障遗址》,载《中国长城遗迹调查报告集》,文物出版社1981年版,第34—39页。
② 布尼阿林:《河北省围场县燕秦长城调查报告》,载《中国长城遗迹调查报告集》,文物出版社1981年版,第40—44页。
③ 彭曦:《战国秦长城考察与研究》,西北大学出版社1992年版。
④ 李逸友:《中国北方长城考述》,《内蒙古文物考古》2001年第1期。
⑤ 史念海:《洛河右岸战国时期秦长城遗迹的探索》,《文物》1985年第11期。
⑥ 瓯燕、叶万松:《"上郡塞"与"堑洛"长城辨》,《考古与文物》1997年第2期,第63页。

起临洮即今甘肃岷县的再认识》①一文对以往的相关研究进行了总结，且通过对文献、当地秦文化遗迹以及考古资料的考证，认为岷县卓坪村的古城壕就是秦长城实体，散见于县内各点的秦瓦是秦国亭障的遗物。持此论者还有景生魁的《岷县秦长城遗址考察》②等。但是这一观点最大的问题是，在岷县境内迄今还没有发现典型的秦长城的遗迹。认为秦长城起于临洮县的主要有陈守忠先生，他在《甘肃境内秦长城遗迹调查及考证》一文中认为"秦长城既不起于岷县，也不经过兰州……就在今临洮三十里墩的洮河边上"③。持此论者还有王宗元和齐有科，他们经过实地考察之后，结合文献也认为秦长城西起的临洮就是今天的临洮县④。除了这两种观点之外，范学勇认为"秦长城的西端起点是位于今甘肃省卓尼县阿子滩乡玉古村东南的石崖，距其以东10千米的羊巴古城即'临洮城'"，并提出"洮州'明代边墙'的大部分也是在秦长城古址上修筑的"⑤，这一观点较为新颖，但似乎没有引起学界的重视。

再次，秦始皇长城西段的走向问题。很多学者认为秦始皇长城的西段大体沿用了秦昭王长城，对于蒙恬夺取的河南地并没有新修长城予以保护，最早提出这种观点的是张维华先生。但是史念海先生认为"秦始皇所筑的长城不在今宁夏境内东渡黄河，那就可能是由贺兰山东北趋向阴山山脉西端的"⑥，不过史念海先生的这一观点，并没有考古上的依据。

再次，秦长城与燕赵长城的关系。以往的观点往往认为秦始皇长

---

① 李并成：《对秦长城西起临洮即今甘肃岷县的再认识》，《丝绸之路》1998年第2期，第64页。
② 景生魁：《岷县秦长城遗址考察》，载氏著《西羌文化与洮岷花儿——中国古代少数民族史、地方史志研究札记》，作家出版社2008年版，第249—252页。
③ 陈守忠：《甘肃境内秦长城遗迹调查及考证》，《西北史地》1984年第2期，第15页。
④ 王宗元、齐有科：《秦长城起首地——"临洮"考》，《西北师大学报（社会科学版）》1992年第3期，第66页。
⑤ 范学勇：《秦长城西端起点临洮地望与洮州边墙考》，《西北民族学院学报（哲学社会科学版）》2003年第1期，第43页。
⑥ 史念海：《黄河中游战国及秦时诸长城遗迹的探索》，《陕西师范大学学报（哲学社会科学版）》1978年第2期，第64页。

城在北段只是将燕赵长城连接起来进行修缮而已，较有代表性的观点就是张维华先生的《中国长城建置考》一书。但是随着70年代长城遗址调查工作的展开，很多学者发现秦长城并未用燕赵长城之旧城，而是在燕赵长城之外重新修筑了一道长城，如《内蒙古西北部秦汉长城调查记》①、《河北省战国、秦、汉时期古长城和城障遗址》②和《河北省围场县燕秦长城调查报告》③ 等。还有学者认为所谓燕长城之北的秦长城其实也是燕长城，因为燕长城是复线的格局④。

最后，秦长城东端终点的问题。各种古籍对于秦始皇长城东端的记载混乱，《史记》仅言其至于辽东，而在辽东何地，则未明言；郦道元《水经注·河水注》又记载为："始皇令太子扶苏，与蒙恬筑长城，起于临洮，止于碣石"⑤，而对于"碣石"历来记载不一，因此学界对秦始皇长城的东端至今也没有统一的意见。一般而言，早期的学者主要认为其东端在今辽东地区，近年来的学者大都认为秦始皇长城东端在今朝鲜境内，即"起于朝鲜汉乐浪郡遂成县之碣石，即今日之龙岗"⑥，这段在朝鲜境内的长城也就是所谓的大宁江长城，但也有的学者认为大宁江长城是燕长城，秦长城在燕长城的外侧⑦。不管怎样，总的来看，现在认为秦始皇长城东端在今朝鲜境内的观点已经成为主流⑧。

---

① 唐晓峰：《内蒙古西北部秦汉长城调查记》，《文物》1977年第5期。
② 郑绍宗：《河北省战国、秦、汉时期古长城和城障遗址》，载文物编辑委员会编《中国长城遗迹调查报告集》，文物出版社1981年版，第34页。
③ 布尼阿林：《河北省围场县燕秦长城调查报告》，载文物编辑委员会编《中国长城遗迹调查报告集》，文物出版社1981年版，第40页。
④ 如阎忠：《燕北长城考》，《社会科学战线》1995年第2期，第181页。
⑤ （北魏）郦道元原注，陈桥驿注释：《水经注》卷三《河水》，浙江古籍出版社2001年版，第46页。
⑥ 李殿福：《东北境内燕秦长城考》，载李健才等主编《东北地区燕秦汉长城和郡县城的调查研究》，吉林文史出版社1997年版，第262页；冯永谦：《东北古长城考辨》，载张志立、王宏刚主编《东北亚历史与文化——庆祝孙进己先生六十诞辰文集》，辽沈书社1991年版，第28页。
⑦ 郑君雷：《大宁江长城的相关问题》，《史学集刊》1997年第1期，第69页。
⑧ 但朝鲜学者认为大宁江长城是高句丽时期修筑的长城，如［朝鲜］孙永钟著，南宇明译《关于大宁江长城的调查研究》，《博物馆研究》1990年第4期。

（3）汉长城的遗址调查和研究

在甘肃地区，李并成教授花费数年心血对河西走廊地区的汉代长城进行了考察，分别撰写了《河西走廊西部汉长城遗迹及其相关问题考》①、《河西走廊中部汉长城遗迹考》②、《河西走廊东部汉长城遗迹考》③、《河西走廊东部新发现的一条汉长城——汉揟次县至媪围县段长城勘察》④ 和《甘肃民勤县境内汉长城发现记》⑤ 5 篇论文。详细叙述了河西走廊境内汉代长城和烽燧线的走向，以及现存情况。《河西走廊东部新发现的一条汉长城——汉揟次县至媪围县段长城勘察》一文，揭示出汉代长城与明代长城类似，在河西走廊东段存在内外两道长城；《甘肃民勤县境内汉长城发现记》一文揭示了民勤县境内一段以往被忽视的汉长城遗址。此外，陈守忠先生在实地调查的基础上，发表了《河西的汉长城》一文，描述了河西地区汉长城的走向⑥。在其他地区，汉长城的遗址调查很多是与秦长城一起进行的。因此，可以参看上文秦长城遗址调查的部分。除此之外，还有《疏勒河流域汉代长城考察报告》⑦、《永登县汉代长城遗迹考察》⑧、《昭乌达盟汉代长城遗址调查报告》⑨、《辽宁西部汉代长城调查报告》⑩ 等。在这一系列的考察报告中，最为详备、具体和具有参考价值的就是甘肃省文物局编，岳邦湖、钟圣祖著的《疏勒河流域汉代长城考察报告》，该考察组在 1994—1996 年间，对东起玉门镇饮马农场，西至新疆罗布泊地区的

---

① 李并成：《河西走廊西部汉长城遗迹及其相关问题考》，《敦煌研究》1995 年第 2 期，第 135 页。
② 李并成：《河西走廊中部汉长城遗迹考》，《敦煌学辑刊》1994 年第 1 期，第 49 页。
③ 李并成：《河西走廊东部汉长城遗迹考》，《西北史地》1994 年第 3 期，第 14 页。
④ 李并成：《河西走廊东部新发现的一条汉长城——汉揟次县至媪围县段长城勘察》，《敦煌研究》1996 年 4 期，第 129 页。
⑤ 李并成：《甘肃民勤县境内汉长城发现记》，《丝绸之路》1994 年第 5 期。
⑥ 陈守忠：《河西的汉长城》，载氏著《河陇史地考述》，兰州大学出版社 1993 年版，第 194 页。
⑦ 岳邦湖、钟圣祖：《疏勒河流域汉代长城考察报告》，文物出版社 2001 年版。
⑧ 苏裕民、尚元正：《永登县汉代长城遗迹考察》，《文物》1990 年第 12 期。
⑨ 项春松：《昭乌达盟汉代长城遗址调查报告》，《文物》1985 年第 4 期。
⑩ 李庆发、张克举：《辽宁西部汉代长城调查报告》，《北方文物》1987 年第 2 期。

每一个城障和烽燧都做出了详细的调查记录,测绘、摄影、录像资料一应俱全,可以说是迄今为止最为详备的单一地区长城的调查报告,是今后长城调查的范本。

汉长城研究中的争论主要集中在玉门关的位置和长城的起点上。首先,关于玉门关位置的争论。汉代玉门关是否发生过迁移,前代学者多有争论,对此赵评春在《西汉玉门关、县及其长城建置时序考》中有过简单的总结:"关于汉玉门关位置,斯坦因认为:敦煌城西北八十千米的小方盘城遗址,即为汉玉门关址;沙畹、王国维等补正玉门关城是由敦煌以东向西迁至小方盘城;夏鼐、向达及陈梦家等先生否定王氏等玉门关西迁说。"① 总的来看,玉门关由敦煌以东向西迁至小方盘城的观点已经占据了主导,但是一直以来仍有学者对此表示怀疑,如赵永复的《汉代敦煌郡西境和玉门关考》一文虽然认为玉门关确实发生过迁移,但认为"玉门关在太初时有迁移之说,还不能完全予以否定,不过其迁移时间未必是太初二年"②;又如,甘肃省考古研究所1979年以来对敦煌境内的汉长城、烽燧,进行了大量的考察、发掘工作,获得不少实物证据,并提出汉代玉门关可能在千秋燧南岸的古代交通大道所经的马圈湾附近③。赵评春在对以往诸说进行分析的基础上,提出以往对于"酒泉玉门都尉简"的分析有误,认为这一文书"与玉门关由东向西迁址一案并无任何必然关系",并对认为汉代玉门关在马圈湾附近的观点提出了批评,认为汉代玉门关位于小方盘城是确凿无疑的。④ 此外,李正宇认为所谓的"新玉门关"设置于东汉永平十七年(74),是今安西县桥子乡西北15里马圈村西的古城址⑤。

---

① 赵评春:《西汉玉门关、县及其长城建置时序考》,《中国历史地理论丛》1994年第2辑,第45页。
② 赵永复:《汉代敦煌郡西境和玉门关考》,载氏著《鹤和集》,上海人民出版社2014年版,第168页。
③ 吴礽骧:《玉门关与玉门关侯》,《文物》1981年第10期,第13页。
④ 赵评春:《西汉玉门关、县及其长城建置时序考》,《中国历史地理论丛》1994年第2辑,第49页。
⑤ 李正宇:《新玉门关考》,《敦煌研究》1997年第3期,第4页。

其次，关于汉长城起点的争论。汉长城起点自来有二说，一说认为起自罗布泊，代表著作就是张维华先生的《中国长城建置考》一书，另一说认为汉长城西端起自玉门关，玉门关以西只是亭障，和"长城还是有所不同的"，代表著作是史念海先生的《论西北地区诸长城的分布》①。这一争论虽然长期存在，但学界已经大都认同汉长城西起玉门关的说法，只是2001年有报道称在新疆罗布泊发现一处汉长城遗迹之后②，这一问题又再次浮现出来。但是由于没有正式的考古报告，因此在学界引起的反响不是很大，只有杨惠福先生撰文同意"汉代确实在玉门关以西至罗布泊境内修筑过长城、亭障、烽燧"③。对于这一观点，国家文物局的孟凡人先生曾作过反驳④。

（4）北朝长城的遗址调查和研究

北朝长城遗址的调查和研究都不是很多，其中关于北魏长城，王国良在《中国长城沿革考》中论述了泰常八年（423）所筑长城的走向，但基本上是基于文献的推断，缺乏实地考察。⑤ 寿鹏飞在《历代长城考》中提出北魏长城由今河北赤城县独石口经内蒙古兴和县境而达五原县境，但他又说独石口至清水营大边墙是其东段，自相矛盾。艾冲则认为这段长城大部分利用了赵长城的旧迹，此外他还认为魏太和年间高闾提请修筑的六镇长城是对这段长城的重修⑥。成大林经过实地考察认为，泰常八年（423）长城的走向是从沽源县丰元店乡老掌沟南侧的高地上分支；向东北的一支，至赤城县的高山东猴顶终止；东南的一支走向赤城县，经青羊沟至东万口乡终止；向西南转向西的一条经张北县的桦皮岭后，又向西经河北的尚义县、山西的兴和

---

① 史念海先生：《论西北地区诸长城的分布》，载中国长城学会编《长城国际学术研讨会论文集》，吉林人民出版社1995年版，第168—182页。
② 祝捷整理：《罗布泊发现汉长城》，《北京青年报》2001年3月6日第6版。
③ 杨惠福：《西北地区汉明长城地理位置变迁探讨》，载丁新豹、董耀会主编《中国（香港）长城历史文化研讨会论文集》，长城（香港）文化出版公司2002年版，第105页。
④ 丁肇文：《汉长城西起阳关》，《北京晚报》2001年2月28日第18版"科学新闻"。
⑤ 王国良：《中国长城沿革考》，商务印书馆1929年版，第39页。
⑥ 艾冲：《北朝诸国长城新考》，载中国长城学会编《长城国际学术研讨会论文集》，吉林人民出版社1995年版，第135页。

县、内蒙古的集宁、武川、固阳再向西达河套地区五原县。但作者主要考察的是赤城县境内的长城，对于西南转向西的一支只是进行了推测。对于北魏长城的研究，当以李逸友的《中国北方长城考述》一文最为详备①，作者通过考古和实地调查，认为艾冲的推断有误，泰常八年长城"应是将赤城至五原间的秦汉长城加以修葺而成。东起自河北省赤城县独石口北的大山上，西行经崇礼与沽源之间的山岭，再经张北县南、尚义县南、怀安县西北角而入内蒙古。再经兴和县、丰镇市、察右前旗、卓资县、察右中旗、呼和浩特市郊区、武川县、固阳县等地，即从大马群山经蛮汉山东、北，再经灰腾梁山西南麓，西经大青山南麓而穿越大青山至其北麓，再西进入查石太山区"②。除此之外，作者对于太平真君七年（446）修筑的"畿上塞围"引用成大林考察的结果，认为"这条南向面敌的军事防御工程，遗迹在今北京门头沟区西面山区起始，西行经河北省涿鹿县、蔚县南部，再西经山西省灵丘县、繁峙县、代县、宁武县、岢岚县，止于黄河东岸，东西长约500余千米"③，此外作者还认为北魏在太和八年（484）确曾修筑过长城，并描述了这段长城的走向。

关于东魏、北齐长城，当以艾冲的《北朝诸国长城新考》一文最为翔实，其认为东魏曾两次修筑过长城，一次是在武定元年（543），另一次是在武定三年（545），并讨论了长城的具体走向。关于北齐长城，艾冲认为，分为内外两线。外线长城修筑于天保五年至七年（554—556），其中天保六年修筑的长城起自恒州也就是今天的大同市，具体就是其以西的达速岭，而东至夏口也就是今天密云县古北口西侧的潮河峡谷。经过增修后，这段长城起自黄河东岸的总秦戍，东至辽河。内线长城的修筑始于天保三年（552），到天统元年（565）完工，由今山西离石县西北部，循吕梁山、恒山和太行山，抵密云县古北口，同外线长城汇合，循燕山南缘东去，止于辽宁绥中县南境的

---

① 李逸友：《中国北方长城考述》，《内蒙古文物考古》2001年第1期，第1—51页。
② 李逸友：《中国北方长城考述》，《内蒙古文物考古》2001年第1期，第32页。
③ 李逸友：《中国北方长城考述》，《内蒙古文物考古》2001年第1期，第33页。

渤海边。此外，文章还对修建于河清二年（563）的轵关长城的走向进行了分析①。与艾冲的观点不同，成大林在《居庸关杂考》中认为天保六年所筑长城的西端起点"恒州"，当是侨置在秀容的恒州，具体而言就是今山西省宁武县与神池县交界处的魔天岭，而其东端的"幽州夏口"当在今河北省涿鹿县境②。此外，成大林还认为天保三年修筑的长城走向是从现山西省汾阳西北至山西省五寨县；天统元年北齐的长城已从山西北部的黄河岸边修至山海关附近的渤海边，其观点与艾冲的观点差别较大③。

（5）隋长城遗址的调查和研究

学界对于隋长城的研究不多，遗址调查则更少，其中宁夏文物考古研究所在盐池发现了一段多处叠压在明长城之下，与明长城构筑方法迥异的长城，经考古工作者分析，证实为隋代长城，并对这段隋长城的构筑方法进行了考古分析④。不过这段长城是不是隋长城还存在疑问。

寿鹏飞在《历代长城考》中分析了隋开皇三年（583）、大业三年（607）和大业四年（608）所修长城的走向。⑤ 对于隋代长城进行过较为系统研究的是袁刚，他在《隋修长城和大业初年的国防工程》一文中简述了隋朝七次修筑长城的经过和长城的大致走向，并反驳了王国良先生认为的大业四年（608）隋炀帝所修的"榆谷而东"的长城在青海境内的观点，并认为开皇五年（585）的长城是"西至黄河，东拒绥州"⑥。此外，阎希娟在《〈隋书〉中有关长城修建地点纠

---

① 艾冲：《北朝诸国长城新考》，载中国长城学会编《长城国际学术研讨会论文集》，吉林人民出版社1995年版，第137—138页。
② 成大林：《居庸关杂考》，载昌平区十三陵特区办事处编《首届明代帝王陵寝研讨会 首届居庸关长城文化研讨会论文集》，科学出版社2000年版，第239页。
③ 成大林：《长城》，文物出版社1980年版。
④ 宁夏文物考古研究所、盐池县博物馆：《宁夏盐池县古长城调查与试掘》，《长城博物馆》2000年第3期，第32页。
⑤ 寿鹏飞：《历代长城考》，得天庐存稿之二，1941年。
⑥ 袁刚：《隋修长城和大业初年的国防工程》，《常德师范学院学报（社会科学版）》1999年第6期，第29页。

谬》一文中对开皇五年"于朔方、灵武筑长城,东至黄河,西拒绥州"长城的走向列举了学界的两种不同观点,并通过分析认为《隋书》原文有误,应改为"西至黄河,东拒绥州",基本与袁刚的意见一致①。

(6)唐长城遗址的调查和研究

虽然唐代史料《通典·州郡典》和《新唐书·地理志》中记载了开元时期张说曾修筑过长城,但没有引起历代史家的重视,一直以来在关于长城的诸多论著中也没有提及唐代的长城。首次对唐代长城进行研究的是成大林,他通过文献和实地调查初步确定其位于今赤城县南部②。

修于唐代的高丽长城,由于历史文献资料较少,因此虽然进行的学术研究较多,但分歧至今依然很大。冯永谦先生曾对研究现状做过总结③:就其建筑形式而言,可以分为"山城联防线说",代表文章是王健群《高句丽千里长城》④;"山城防御群组说",代表文章是陈大为《辽宁境内高句丽遗迹》⑤、梁振晶《高句丽千里长城考》⑥、赵晓刚《高句丽千里长城上的要塞——石台子山城》⑦;"高句丽长城实有线路说",代表文章是李健才《东北地区中部的边岗和延边长城》⑧和《再论唐代高丽的扶余城和千里长城》⑨、冯永谦《东北古代长城

---

① 阎希娟:《〈隋书〉中有关长城修建地点纠谬》,《陕西师范大学学报(哲学社会科学版)》2001年第2期,第17页。

② 参见本书收录的成大林《发现唐长城——读书、长城采访和做学问》一文。

③ 冯永谦:《高句丽千里长城建置辨》,《社会科学战线》2002年第1期,第184页。

④ 王健群:《高句丽千里长城》,《博物馆研究》1987年第3期,第32页。

⑤ 陈大为:《辽宁境内高句丽遗迹》,《辽海文物学刊》1989年第1期,第136—141页。

⑥ 梁振晶:《高句丽千里长城考》,载张有福、孙仁杰、迟勇《高句丽千里长城》,吉林人民出版社2010年版,第325—328页。

⑦ 赵晓刚:《高句丽千里长城上的要塞——石台子山城》,《辽宁长城》第三辑,辽宁省长城学会,2000年。

⑧ 李健才:《东北地区中部的边岗和延边长城》,载刁书仁主编《东北史地考略·续集》,吉林文史出版社1995年版,第77—87页。

⑨ 李健才:《再论唐代高丽的扶余城和千里长城》,《北方文物》2000年第1期。

考辨》①。其中前两种观点认为高句丽长城并不存在独立的墙体，而是利用山城形成的防御体系，而后一种观点则认为高句丽长城存在独立的墙体。其中认为高句丽长城存在独立墙体的冯永谦和李健才先生分别对其走向进行了论述，特别是冯永谦先生认为"高句丽长城的中间线段，后为明代万里长城的辽东镇长城所沿用"，具有独到的见解。关于高句丽长城的走向，争论的焦点主要集中在高句丽长城的东北起点上：李健才认为高句丽的千里长城起于夫余后期王城，也就是农安古城②（后又更正为吉林市龙潭山高句丽山城③）；孟祥忠等人则认为西丰城子山山城是高句丽的扶余城，也就是高句丽万里长城的起点④；与以上两种认为高句丽长城起自"扶余城"的观点不同，冯永谦认为《旧唐书》记载高句丽长城"东北自扶余城"有误，而应以《新唐书》记载的"东北首扶余"为准，因此高句丽长城的起点就不应是扶余城，而是扶余故地，具体而言是在德惠县境内的松花江边。

（7）宋长城的遗址调查和研究

长期以来，学界一直认为宋代没有修筑长城。当然也有宋代"水长城"和地下长城的提法⑤，但学界一般不认为这两种军事工事是长城。但是，1999年，山西省岢岚县的文物工作者和成大林在岢岚县境内发现了宋朝在北齐和隋朝长城基础上修筑的长城。这条长城在宋代的《武经总要·前集》以及清代《光绪山西通志》《续修岢岚州志》中都有记载。经实地勘察，其走向大致为自山西省岢岚县城西，沿黄河支流岚漪河北岸的山峦进入至今县城北约1千米的城关乡的天

---

① 冯永谦：《东北古长城考辨》，载张志立、王宏刚主编《东北亚历史与文化——庆祝孙进己先生六十诞辰文集》，辽沈书社1991年版，第5—9页。

② 李健才：《唐代高句丽长城和扶余城》，载张志立、王宏刚主编《东北亚历史与文化——庆祝孙进己先生六十诞辰文集》，辽沈书社1991年版，第293—298页。

③ 李健才：《再论唐代高丽的扶余城和千里长城》，《北方文物》2000年第1期，第29页。

④ 孟祥忠等：《西丰城子山山城考》，《沈阳文物》1993年第2期。

⑤ 高恩泽：《北宋时期河北"水长城"考略》，《河北学刊》1983年第4期；倪根金、卢星：《中国古代的"水长城"》，《文史知识》1989年第5期；杨凤宜、陈东、刘杰：《蜿蜒曲折的"地下长城"永清发现宋代古战道》，《河北日报》1991年5月11日第1版。

涧堡，然后东行爬上青丛坡，至王家岔乡折向北行至芦芽山的主峰海拔2784米的荷叶坪，然后再折向东北进入宁武境内①。

(8) 金界壕的遗址调查和研究

金界壕的研究基本上局限在遗址调查上，较早对金界壕的修筑时间、修筑过程和具体走向进行研究的是王国维，其《金界壕考》②可以说是这方面研究的开创之作，在学术界影响甚大，直至现在依然是研究金长城必备的参考资料。但是，该文只是对文献材料的考证，难免有主观判断失之准确之处。此后金界壕的研究似乎没有得到学界的重视，新中国成立前较为重要的研究论著只有李文信先生根据他多年在内蒙古东部考古调查所获得的金代长城材料，结合文献记载撰写的《金临潢路界壕边堡》一文③。新中国成立后对于金界壕展开了一系列的调查工作，发表了大量考察报告，如黑龙江省博物馆《金东北路界壕边堡调查》④、庞志国《东北路、临潢路吉林省段界壕边堡调查》⑤、哲里木盟博物馆《内蒙古霍林河矿区金代界壕边堡发掘报告》⑥、项春松《赤峰地区金代边堡界壕考察》⑦、《巴林左旗金代临潢路边堡界壕踏查记》⑧、克什克腾旗博物馆《克什克腾旗金代界壕边堡调查》⑨、张汉英《河北丰宁境内的古长城和金界壕》⑩和《岭东金

---

① 《山西首次发现宋长城》，《澳门日报》1999年2月14日。
② 王国维：《金界壕考》，《燕京学报》1927年第1期。
③ 李文信：《金临潢路界壕边堡》，载孙文政、王永成主编《金长城研究论集》（上），吉林文史出版社2008年版，第1—28页。
④ 黑龙江省博物馆：《金东北路界壕边堡调查》，《考古》1961年第5期。
⑤ 庞志国：《东北路临潢路吉林省段界壕边堡调查》，载文物编辑委员会编《中国长城遗迹调查报告集》，文物出版社1981年版，第84—92页。
⑥ 绍清隆：《内蒙古霍林河矿区金代界壕边堡发掘报告》，《考古》1984年第2期。
⑦ 项春松：《赤峰地区金代边堡界壕考察》，载孙文政、王永成主编《金长城研究论集》（上），吉林文史出版社2008年版，第86—90页。
⑧ 项春松：《巴林左旗金代临潢路边堡界壕踏查记》，《北方文物》1987年第2期。
⑨ 克什克腾旗博物馆：《克什克腾旗金代界壕边堡调查》，《内蒙古文物考古》1991年第1期。
⑩ 张汉英：《河北丰宁境内的古长城和金代界壕》，《文物春秋》1993年第1期。

代长城调查》①等。其中影响最大的就是贾洲杰的《金代的长城》一文②，该文不仅介绍了金界壕修筑的背景、走向、现状，而且通过考古工作分析了金界壕的建筑结构和沿线设施，虽然论文不长、描述的也不尽详细，但可以说是对以往研究的总结。此外，李逸友在《中国北方长城考述》一文中，通过实地考察"弄清了金界壕南线的分布情况，特别是弄清了界壕南线 B 段情况，系起自林西县凌家营子，西南行经克什克腾旗、翁牛特旗、赤峰市松山区、围场县、丰宁县境，即西行与已知的南线 B 段相接，再西行经多伦县、正蓝旗、太仆寺旗、康保县、化德县，至商都县冯家村南与南线 A 段相会"，特别是"证实了正蓝旗黑城子至汉克拉之间不曾挖掘过界壕"③，这与贾洲杰在《金代的长城》提出的并在学界占据主流的观点不同。近年来金界壕遗址调查的另一个进展就是在包头地区发现了金界壕的遗址④。

关于金界壕的研究，学界分歧最大的就是兴安岭北的长城，学界有人认为是辽代所筑，有的称其为成吉思汗边堡，也有人认为它是金代长城。米文平和冯永谦在《岭北长城考》中对这段长城的争论进行了描述。大致而言，1852—1864 年，俄国贵族克鲁泡特金在中国边境探险时发现了这条界壕，并将其称作"成吉思汗长城"，此后这一提法在学界影响很大。寿鹏飞在《历代长城考》所附地图中于这道界壕上标注"汉光禄城"，但又括注"即成吉思汗城"。最早将这段长城定为辽代长城的是孙秀仁，他考证了这道界壕的年代，认为"这条边墙……是辽朝在特定历史时期为巩固中部区，防御属部羽厥、室韦、北阻卜等族窜犯而修筑的防御工程。修建时间及经过，《辽史》未载，似不应早于辽朝中叶"⑤。支持这一观点的还有景爱先生，他在

---

① 赵玉明：《岭东金代长城调查》，《内蒙古社会科学（文史哲版）》1993 年第 1 期。
② 贾洲杰：《金代的长城》，载文物编辑委员会编《中国长城遗迹调查报告集》，文物出版社 1981 年版，第 77—83 页。
③ 李逸友：《中国北方长城考述》，《内蒙古文物考古》2001 年第 1 期，第 35 页。
④ 郭建中、姚桂轩：《关于"天会议和"兼谈包头地区发现的金界壕》，《包头文物资料（内部刊物）》第二辑，1991 年。
⑤ 孙秀仁：《黑龙江历史考古述论》（上），《社会科学战线》1979 年第 1 期，第 224 页。

1973春和1980年夏，对这道界壕在我国境内的部分地段进行了实地考察后，认为"这是辽代为防御乌古敌烈诸部的侵扰，保护克鲁伦河、哈拉哈河、海拉尔河流域的农业经济而修建的一道军防工程"①。自此之后，基本上"成吉思汗长城"之说已被否定，但是辽长城和金长城的争论依然存在。20世纪70、80年代，米文平和冯永谦先后对这段长城进行了考察，并撰写了《岭北长城考》，详细描述了这道长城的走向，并以考古调查材料为主，结合拉施特《史集》和元佚名《圣武亲征录》与《金史》《元史》等中外历史文献的记载，在否定建于汉代或鲜卑或辽代或成吉思汗诸说后，提出其为金界壕遗址的观点②。但是，2003年徐俐力、张泰湘发表了《辽代边墙考》一文，对冯永谦的观点进行了反驳，再次论证这道长城是辽代边墙③。

（9）明长城的遗址调查和研究

明长城可以说是我国目前保存最好、长度最长的长城，因此对于明长城遗址的调查工作也最深入，在此不作过多的描述，仅就其中具有代表性的著作进行介绍。现阶段对明长城全线进行调查，并撰写了报告的是董耀会，他在和他人一起徒步考察了明长城之后，结合自己的考察和地方上提供的资料，撰写了《明长城考实》④和《长城万里行》⑤。

此外，就单一地区而言，调查工作较为深入的是唐山地区，《文物春秋》1998年第2期上，发表了一系列关于唐山地区明代长城的调查和研究论文，不仅详细叙述了唐山境内长城的走向和现状，而且对这段长城敌台的建筑形式、城墙的建筑规制、建筑构件、文字砖、碑刻资料、建造长城时的组织方式、长城上的防卫武器和生活用具等方面作了详细的分析和介绍，这种集合考古、历史等专业的众多学

---

① 景爱：《关于呼伦贝尔古边壕的时代》，《社会科学战线》1982年第1期，第194页；景爱：《关于呼伦贝尔古边壕的探索》，载孙文政、王永成主编《金长城研究论集》（上），吉林文史出版社2008年版，第344—366页。

② 米文平、冯永谦：《岭北长城考》，载孙文政、王永成主编《金长城研究论集》（下），吉林文史出版社2008年版，第298—330页。

③ 徐俐力、张泰湘：《辽代边墙考》，《北方文物》2003年第1期。

④ 华夏子：《明长城考实》，档案出版社1988年版。

⑤ 董耀会：《长城万里行》，河南科学技术出版1994年版。

者，针对某一地区的长城进行全面分析研究的方法是今后长城研究中值得借鉴的①。

现今而言，对某一地区明长城调查的最为详细的是刘谦，他从1979年10月起，从辽东镇长城西段与蓟镇长城交接的山海关东北的锥子山起，北至义县，东至黑山，转向开原、昌图，东南至鸭绿江边，行程1000余千米，对这段明长城进行了实地考察，其考察报告《明辽东镇长城及防御考》②对辽东地区明长城的各类设施，如壕堑、城墙、各级卫所城市等进行了详尽的考古学的描述，并附有大量的地图，可以作为今后长城考察的范本。

（10）清长城遗址的调查

在20世纪80年代之前，学界一般都认为中国古代长城修筑的下限是明代末年，但是20世纪80年代之后，随着一批清代长城的发现，这一观点被逐渐放弃。从历史史实和文献来看，清代中期以后，随着各地农民起义的爆发，清政府不得不采用传统的"坚壁清野""挖壕筑墙"的战法"堵剿"起义军。清政府一边继续修复利用前朝长城，一边在山东、山西、甘肃、青海甚至湖南、新疆修筑新长城；在河边筑"河墙""长墙"；在山上筑长城、边墙，或铲削墙；在平原挖深沟大壕，在险要之处修筑大量的城堡。这些长城近年来逐渐被

---

① 张殿仁：《唐山境内的明代长城》，《文物春秋》1998年第2期；孟昭永：《简述唐山境内明代长城的走向及保存现状》，《文物春秋》1998年第2期；鲁杰：《唐山境内明长城城墙的建筑规制》，《文物春秋》1998年第2期；晚学、王兴明：《浅谈明长城墙台的几种类型》，《文物春秋》1998年第2期；孟昭永：《明长城敌台建筑形制分类》，《文物春秋》1998年第2期；紫西、关真付：《唐山段长城的关隘与关城》，《文物春秋》1998年第2期；鲁杰、李子春：《长城防卫的哨所——烽火台》，《文物春秋》1998年第2期；兆勇、顾铁山：《与长城有关的遗迹调查》，《文物春秋》1998年第2期；穆远、学君：《明长城建筑构件》，《文物春秋》1998年第2期；兆勇：《明长城防卫武器及生活用具》，《文物春秋》1998年第2期；李子春：《明代班军制与"天津秋班中部造"印文长城砖初探》，《文物春秋》1998年第2期；关真付：《明代长城屯田与冀东开发》，《文物春秋》1998年第2期；顾铁山：《浅析迁西境内明代蓟镇包砖长城的修造情况》，《文物春秋》1998年第2期；张殿仁：《长城的保护与管理》，《文物春秋》1998年第2期；尹小燕：《白羊峪口长城碑刻简析》，《文物春秋》1998年第2期；王兴明、郎志远：《迁安冷口关摩崖石刻》，《文物春秋》1998年第2期；穆远、学君、陈环、李长浩：《唐山境内的长城碑刻资料》，《文物春秋》1998年第2期。

② 刘谦：《明辽东镇长城及防御考》，文物出版社1989年版。

发现，成大林在山东省发现了清代修长城的碑记，提出了清代也曾修筑过长城的观点，并附有清代长城的图片和修城碑记①。此外，就是山西黄河岸边的长城。1978年，乡宁县文化馆干部阎金柱在枣岭乡见到被当地群众称作"城墙"的石砌建筑物。第二年，他在吉县壶口东岸见到同样遗迹，并引起了重视。1984年，吉县政府为开发黄河壶口旅游业，责成该同志进行景区调查。1月29日，阎金柱于小船窝村东石碣下发现一块同治七年（1868）山西布政使、提督陈湜的《修长墙碑记》。嗣后，由已调任吉县文物工作站的阎金柱具体牵头，对南起乡宁县园子沟，北至永和县前北头黄河沿岸计334华里地段的现存遗迹做了调查，最终确定这段"城墙"，确实是清代为了镇压捻军而修筑的长城②。此外，在青海等地区也发现了清长城。

（11）对国外"长城"的介绍和研究

国外类似于"长城"的军事工事是不是长城，这涉及长城的定义问题，现在还存在争论。虽然如此，国外存在类似于中国"长城"的军事工事当是毫无疑问的，具体而言主要有古希腊和古罗马的长城（包括多瑙河和莱茵河流域的"日耳曼防线"，亦称"罗马壁垒"，以及大不列颠群岛上的"哈德里安长城"与"安敦尼长城"）、东欧诸国的"蛇墙"、日本半岛上的长城、朝鲜半岛上的长城、印度半岛上的长城③和非洲地区的长城④，以及波斯萨桑王朝修筑在高加索（加夫加斯）山脉南麓的长城。但是有人甚至认为当代的柏林墙和朝鲜在三八线附近修筑的工事也是"长城"⑤，这似乎是不妥当的。现在国内对于这些长城并没有什么深入的研究，多是一般性的介绍，唯一作过深入研究的就是李孝聪《英国境内的古罗马哈德里安长城及其维

---

① Cheng Dalin, *The Great Wall of China*, New China News Ltd., New China Pictures Co. and South China Morning Post Ltd., 1984.

② 具体情况，可参见临汾地区文化局、吉县文物工作站：《清长城——清长城的发现、确认及调查》，载《山西省考古学会论文集》（1），山西省考古学会、山西省考古研究所合编，1992年，第291—299页。

③ 刘溢海：《国外长城知多少》，《世界文化》1997年第3期。

④ 李有柱编译：《非洲也有古长城》，《世界科技译报》2001年1月3日。

⑤ 刘溢海：《国外长城知多少》，《世界文化》1997年第3期。

护》一文,该文详细介绍了哈德里安长城修筑的背景、过程、建筑形式、所处的地理环境、对当地地理景观的影响以及英国政府的保护措施等①。总的来看,虽然国外的"长城"是不是长城仍然存在争论,但对这类建筑进行研究也非常有必要,一方面可以进行中西对比,另一方面可以借鉴国外的管理方法和保护措施。

**(四) 近期学术争论的焦点问题**

1. 楚长城

楚长城是否存在?方城是否指的是楚长城?如果存在楚长城的话,其修建于什么时期?这些问题一直以来都是学界争论的焦点。其原因主要是文献资料记载的混乱,如在历代文献中对于"方城"的解释就有塞、长城、山、城邑、堤坝、万城等六说,对于楚长城方位的记载则有五说,而且自隋唐以后历代史家多主张"方城"不是长城。近人对楚方城最早进行研究的是张维华先生,他在《齐大季刊》上发表的《楚方城考》一文对楚长城的修建年代和方位进行了详细的论证②。自此以后,虽然对于楚长城的修建时间和地理位置仍然存在歧义,而且一般也认为"方城"一词在古代文献中存在多种意思,但"方城"一词中包含长城之说在学界占了主导。学者之间的争论多围绕楚长城的走向和修建时间展开,具体的观点如下。

关于楚长城的地理位置存在多种观点,如:(1)王国良在《中国长城沿革考》中认为:"窃以楚当时的长城,东起于今河南泌阳县,北到叶县,折而向西,经鲁山县,更西南,经内乡县东北而达湖北竹山县境,东西横垣八百里。"③(2)张维华先生在《中国长城建置考》中认为:"综论楚之方城其缘附之地,大抵西南自邓县之东北境起,沿今镇平县西境北行,入内乡县东北境。自此折向西北,逾湍河经郦

---

① 李孝聪:《英国境内的古罗马哈德里安长城及其维护》,载中国长城学会编《长城国际学术研讨会论文集》,吉林人民出版社1995年版,326—332页。
② 张维华:《楚方城考》,载《1900—1949年中国学术研究期刊汇编·齐大季刊3》,线装书局2009年版,第78页。
③ 王国良:《中国长城沿革考》,商务印书馆1929年版,第16页。

县故城北达翼望山。复折向东行,沿伏牛山脉经嵩山,内乡及鲁山、南召等县交会之地,而东至鲁山县之东南境。自此转向东南,入叶与方城交界之地,先经黄城,后达于东。复自于东沿舞阳、方城交会之地而南,入泌阳中部之中阳山。即瀙水发源地。自此又转向西南,约经今泌阳治之西北境,入唐河县。"①（3）罗哲文先生在其所著《长城》一书中说:"它的西头从今天湖北的竹山县,跨汉水辗转至河南的邓县,往北经内乡县,再向东北鲁山县、叶县,往南跨过沙河直达泌阳县。总长将近一千里。"②（4）陆思贤先生在《长城话古》中曰:"自泌阳西北跨沙河蜿蜒西北,到叶县方城山折而向西,在鲁山县南旁伏牛山西行,由湍河、白河间的分水岭折而向南,经内乡县东,又经邓县北,进入陕西省的旬阳县。"③（5）马非百先生在《盐铁论简注·险固篇》的释文中认为:"则当日楚方城,东起于今河南省泌阳县,北至叶县,折而西,经鲁山。更西南,经内乡东北而达湖北竹山。又西至湖北巫山,更南达湖南沅陵,规模之大,也就可想了。"④（6）陕西白水县⑤。

关于楚长城的修建时间也存在两种观点:（1）认为修建于公元前7世纪,代表著作是罗哲文先生的《长城》一书,在书中罗哲文先生推测:"最早修筑的长城是楚国,叫做'方城'。修筑的时间约在公元前七世纪前后"⑥,持这种观点的还有贺金峰《"方城"是中国历史上最早修筑的长城》⑦ 等。（2）认为修筑于楚怀王、襄王之际,持这

---

① 张维华:《楚方城》,收入氏著《中国长城建置考》(上编),中华书局1979年版,第36页。
② 罗哲文:《长城》,北京出版社1982年版,第13页。
③ 陆思贤:《长城话古》,内蒙古人民出版社1986年版,第9—10页。
④ 马非百注释:《盐铁论简注·险固第五十》,中华书局1984年版,第362页。
⑤ 具体可以参见艾文仲《并非"楚长城"——陕鄂交界地白河、竹山边墙考》,《汉中师范学院学报(社会科学版)》2000年第5期。
⑥ 罗哲文:《长城》,北京出版社1982年版,第10页。
⑦ 贺金峰:《"方城"是中国历史上最早修筑的长城》,《开封大学学报》2002年第3期,第1页。

种观点的有王国良的《中国长城沿革考》①、张维华先生的《中国长城建置考》②、刘金柱先生的《万里长城》③、《中国军事史》④以及肖华锟《中国最早的长城——南阳楚方城》⑤和《楚长城的建筑时间和形式考》⑥。

此外,成大林和成一农在实地考察和辨析文献的基础上,提出"方城"并不是"长城",楚长城并不存在的观点⑦。

就以上研究成果来看,楚长城还存在诸多疑问。首先,从考古上来讲,无论是陕西白水流域的城墙,还是近来在河南发现的山寨遗址,都没有经过考古发掘,因此不能武断地认为就是楚长城的遗迹,对此已经有学者进行了辩驳,如艾冲和艾文仲先生均认为陕鄂交界地的白河、竹山边墙是清代嘉庆时期修建用于镇压白莲教起义的军事工事,与楚长城无涉⑧。在河南境内发现的山寨遗址,由于在春秋、战国时期能动员如此多的人力在穷乡僻壤之中修筑如此规模的城寨,似乎难以让人信服;如果认定这些规模宏大的城寨是军营的话,那么其规模要远远超过汉代边防城址的规模,因此也似乎难以成立;而且最为重要的是,这些山寨遗址并没有经过考古发掘,从表面上来看具有

---

① 王国良《中国长城沿革考》推测:"总之,楚筑长城,决不在春秋时代,亦不在战国初年,最早不出战国中叶,最迟不致后于怀王三十年",商务印书馆1929年版,第15页。

② 张维华《中国长城建置考》(上编)推测曰:"总此数点,细为推敲,故敢断言楚以方城名之北部边城,必建于怀襄之际也",中华书局1979年版,第45页。

③ 刘金柱《万里长城》一书推测曰:"到战国末年,楚怀王当政时,国势日衰败,经常败于秦、韩、魏等国。因此,它便利用淏水、沘水的堤防再连接山脉和高地,扩建而成长城",黑龙江科学技术出版社1985年版,第12—13页。

④ 《中国军事史》编写组编《中国军事史》第六卷《兵垒》曰:"于楚怀王在位期间(公元前328—前299年),在与秦国的斗争中,政治上多次受骗,军事上屡遭惨败,遂使国势转弱,不断受到北方各国的进攻,估计此时才修建线式防御工程,将北方国境地区的各城堡连结起来,成为名符其实的长城",解放军出版社1991年版,第72页。

⑤ 肖华锟:《中国最早的长城——南阳楚方城》,《河南社会科学》1997年第4期。

⑥ 肖华锟、艾廷和:《楚长城的建筑时间和形式考》,《江汉考古》2003年第4期。

⑦ 成一农:《楚方城研究》,《燕园史学》第三辑,1996年。

⑧ 艾冲:《陕鄂边界古长城考实》,《陕西师范大学学报(哲学社会科学版)》2000年第2期,第103页;艾文仲:《并非"楚长城"——陕鄂交界地白河、竹山边墙考》,《汉中师范学院学报》2000年第4期,第90页。

明清山寨遗址的特征，因此这些山寨也难以认定就是楚长城。其次，关于楚长城的地理位置存在诸多分歧的原因在于文献资料记载的混乱，而且正如成一农在《楚方城研究》一文中所说，越往后的资料对于楚长城的记载越详细，这就使得我们不得不怀疑文献的真实性，而且以上诸说皆基于推测，没有任何文物考古的依据。再次，对于记载混乱的文献资料，《楚方城研究》一文作了细致分析，认为可以用于支持"方城"是长城一说的早期文献都是存在疑问的。最后，即使楚长城是存在的，那么修建时间也不可能早到公元前7世纪，这一观点的依据"方城以为城，汉水以为池"已经遭到了许多学者的批判。总的来看，就现有的考古工作和文献资料来看，楚长城的存在还有大量疑问，因此不能武断地认为"方城"就是楚长城。

2. 滇东古长城

北京大学城环系的于希贤教授、贾向云和于涌在2001年出版的《云南古长城考察记》①中提出了汉代曾在益州郡修筑过长城的观点，这一观点后来得到长城学会秘书长董耀会等人的认可②，2002年在香港召开的"中国（香港）长城历史文化研讨会"上这三位学者又撰文对滇东长城进行了论述③。这一观点引起了学术界的强烈反响，此后围绕"滇东古长城"展开了一场辩论。有些学者提出了不同意见，如《云南日报》上发表的邱宣充《"滇东古长城"何来?》一文认为于希贤等人所认定的"古长城"是将不同时代、不同性质的东西组合在一起，缺乏考古学上的根据④。2001年2月13日至3月17日，云

---

① 于希贤、贾向云、于涌：《云南古长城考察记》，云南人民出版社2001年版。此外还可以参见于希贤、贾向云、于涌《云南古长城遗迹的地理发现——滇东崇山峻岭中的古代文明》，《云南民族学院学报（哲学社会科学版）》2001年第1期，第61页。

② 王咏刚、李文静：《中国长城学会专家赴滇考察后认为"滇东汉长城"确实存在》，《云南日报》2001年4月28日第1版；王咏刚：《云南古长城可定名为"滇东汉长城"》，《云南日报·文化周刊》2001年5月8日第1版。

③ 参见于希贤《滇东汉长城及其历史地理研究》、贾向云《滇东汉长城及其军事配套设施的考察研究》、于涌《滇东汉长城及其文化遗存研究》，载丁新豹、董耀会合编《中国（香港）长城历史文化研讨会论文集》，长城（香港）文化出版公司2002年版。

④ 邱宣充：《"滇东古长城"何来?》，《云南日报·文化周刊》2001年5月15日第1版。

南省文物考古方面的唯一专门机构——省文物考古研究所派出副研究员蒋志龙,并抽调曲靖市、陆良县、石林彝族自治县、弥勒县、马龙县、泸西县等有关市县文物工作者组成联合调查组,对"滇东古长城"进行了实地勘查。通过实地踏勘、遗迹解剖、广泛走访当地群众、查阅历史文献,他们认为于希贤教授等人提出的"滇东古长城"的论点不能成立①。针对蒋志龙和邱宣充的观点,于涌发表了《滇东古长城呼唤科学研究精神》②,北京师范大学曹大为教授发表《滇东古长城之我见》③,支持于希贤教授的观点。《中国文物报》2001 年 8 月 5 日以《云南是否有长城》为题对这场争论进行了综合报道④。此后成大林和马自新合写了《质疑"滇东古长城"》一文,这篇论文在实地考察的基础上,从历史地理、历史史实、军事地理、考古等角度对于希贤等人的观点提出了全面的反驳⑤。这篇文章发表后,这场争论基本告一段落。除此之外,杨永明先生在《滇东古长城是自杞国的杰作》⑥ 一文中认为这段墙址是南宋时期自杞国为抗击蒙古进攻而修筑的,不过该文缺乏直接的文献依据,多属推测,因此很难有说服力。

3. 湘西长城的发现

近年来长城方面较为重大的发现就是,2000 年在湘西地区和贵州东部地区发现了修建于明清时期修建的长达数百里的长城,此后虽然掀起了一阵热潮,但真正的学术研究并不多,比较重要的论文有龙海清《中国"南方长城"的历史文化考察》⑦、邓文初《湘西古长城考》⑧。其中邓文初的论文详细论证了湘西古长城的修筑过程和具体

---

① 王咏刚:《"滇东古长城"之说不成立》,《云南日报·文化周刊》2001 年 5 月 15 日第 1 版。
② 于涌:《滇东古长城呼唤科学研究精神》,《中国长城博物馆》2001 年第 3 期。
③ 曹大为:《滇东古长城之我见》,《光明日报》2002 年 1 月 15 日第 B3 版。
④ 杨帆:《云南是否有长城》,《中国文物报》2001 年 8 月 5 日第 5 版。
⑤ 成大林、马自新:《滇东古长城质疑》,《云南生活新报》2002 年 11 月 30 日。
⑥ 杨永明:《滇东古长城是自杞国的杰作》,《学术探索》2002 年第 6 期,第 133 页。
⑦ 龙海清:《中国"南方长城"的历史文化考察》,《船山学刊》2000 年第 3 期。
⑧ 邓文初:《湘西古长城考》,《寻根》2000 年第 3 期。

走向，具有一定的学术价值。

**（五）以长城为背景展开的学术研究**

首先，与长城研究，特别是汉长城研究相伴随的就是对于汉简的研究。近代以来对于汉简的研究可以说与长城有着莫大的关系，一些重要的汉简大都发现于长城沿线，如1907年斯坦因在敦煌县一些汉代边塞遗址中发现七百多枚汉简；1914年又在甘肃的敦煌、安西、酒泉、鼎新等地的汉代边塞中发现一百七十多枚汉简；19301934年，黄文弼先生在罗布泊附近的汉代烽火台附近出土了七十一枚汉简；19301931年，中国、瑞典学者组成的西北考察团在甘肃和内蒙古境内的额济纳河流域和内蒙古额济纳旗黑城附近的汉代边塞中发现一万多枚汉简；1944年，夏鼐先生在汉代小方盘城以东的汉代边塞中出土了44多枚汉简，撰写了《新获之敦煌汉简》一文；20世纪70年代初期，甘肃省考古队对内蒙古西部的长城进行了考察，并在居延汉代长城遗址中，出土了两万枚汉简及大量的文物，这一考察活动和重要发现又给长城研究以新的推动力；1979年，考古工作者在马圈湾出土一千二百多枚汉简。这些汉简的发现不仅推动了对于汉代历史的研究，而且也推动了长城的研究。这些出土的汉简中很多记载了汉代烽燧的情况和管理制度，这对于了解汉代烽燧制度和边塞的情况有着莫大的助益，较为重要的研究论文有：藤枝晃《长城的防御——河西地区出土汉代木简内容概观》①、贺昌群《烽燧考》②、劳榦《释汉代之亭障与烽燧》③、永田英正《居延汉简烽燧考——特以甲渠候官为中

---

① ［日］藤枝晃：《长城的防御——河西地区出土汉代木简内容概观》，《自然与文化》别编2，1955年。
② 贺昌群：《烽燧考》，载氏著《贺昌群史学论著选》，中国社会科学出版社1985年版，第48—77页。
③ 劳榦：《释汉代之亭障与烽燧》，载《中央研究院历史语言研究所集刊》第19本，商务印书馆1948年版，第502页。

心》①、伊藤道治《居延烽隧表》②、张维华《汉置边塞考略两汉郡县属吏考》③、陈梦家《汉简所见居延边塞与防御组织》④和张春树《汉代边塞上吏卒的日常工作——汉简集论之四》⑤。

其次，由于中国古代绝大多数王朝修筑的长城都位于边境地区，是汉族与少数民族的分界线，因此长城的研究也就涉及边疆史和民族关系史等研究领域。对于长城与民族关系及其在中华民族形成过程中的作用的研究论著较多，如季羡林《长城与中华民族的民族性》⑥、李凤山《长城带民族融合的特点》⑦、《论长城带在中国民族关系发展中的地位》⑧、白音查干《长城与统一的多民族国家的形成》⑨、董耀会《明修长城的历史背景——兼论汉蒙民族关系》⑩、曹大为《凝聚中华民族的历史丰碑——评长城的历史作用》⑪、舒振邦《前汉时期长城内外的民族关系》⑫、陈江《秦汉长城的建筑与汉民族的形成》⑬

---

① ［日］永田英正：《居延汉简烽燧考——特以甲渠候官为中心》，那向芹译，载《简牍研究译丛》（第一辑），中国社会科学出版社1987年版，第260页。
② ［日］伊藤道治：《居延烽隧表》，《东洋史研究》第12卷第3号，1953年。
③ 张维华：《汉置边塞考略两汉郡县属吏考》，载齐鲁大学国学研究所等编《中国文化研究汇刊》（第2卷），哈佛燕京学社印行，1941年。
④ 陈梦家：《汉简所见居延边塞与防御组织》，《考古学报》1964年第1期。
⑤ 张春树：《汉代边塞上吏卒的日常工作——汉简集论之四》，《食货复刊》1971年第1卷第2期。
⑥ 季羡林：《长城与中华民族的民族性》，载中国长城学会编《长城国际学术研讨会论文集》，吉林人民出版社1995年版，第7—8页。
⑦ 李凤山：《长城带民族融合的特点》，《内蒙古社会科学（文史哲版）》1995年第6期。
⑧ 李凤山：《论长城带在中国民族关系发展中的地位》，载中国长城学会编《长城国际学术研讨会论文集》，吉林人民出版社1995年版，第73—85页。
⑨ 白音查干：《长城与统一的多民族国家的形成》，《内蒙古师大学报（哲学社会科学版）》1997年第6期。
⑩ 董耀会：《明修长城的历史背景——兼论汉蒙民族关系》，载丁新豹、董耀会主编《中国（香港）长城历史文化研讨会论文集》，长城（香港）文化出版公司2002年版，第54页。
⑪ 曹大为：《凝聚中华民族的历史丰碑——评长城的历史作用》，载中国长城学会编《长城国际学术研讨会论文集》，吉林人民出版社1995年版，第31—45页。
⑫ 舒振邦：《前汉时期长城内外的民族关系》，《内蒙古师大学报（哲学社会科学版）》1988年第4期。
⑬ 陈江：《秦汉长城的建筑与汉民族的形成》，《东南文化》1995年第1期。

等。但总的看来，这些论文大都是泛泛而谈，缺乏理论深度和史学的分析，因此这方面的研究在今后长城研究中值得重视。虽然长城与中国的边疆存在着莫大的关系，但是针对两者之间关系的研究并没有展开，长城似乎没有得到边疆史研究者的重视，而长城研究者也多忽视了边疆史的研究，因此这方面的研究亟待加强。

除了以上的研究之外，其他一些专业学者也围绕长城展开了一些研究，比如韩光辉和李新峰《北京地区明长城沿线聚落的形成与发展》①，从历史地理的角度分析了北京地区由于长城修建引起的居民聚落的演变，十分具有创新性，拓展了长城研究的视野。孔繁德《中国长城对生态环境的影响及其历史作用》②、《中国长城沿线生态脆弱性分析及生态保护对策》③、王子今《秦汉长城的生态史考察》④，从生态学的角度分析了长城对于生态的影响。此外，如伏俊琏《陇上长城与陇右文学》⑤、李凤山《长城带经济文化交流、影响、变迁》⑥、郑祖襄《秦长城苦役下的民间音乐——秦琵琶的起源及其发展的考证》⑦ 等就长城对文化的影响进行了研究。

---

① 韩光辉、李新峰：《北京地区明长城沿线聚落的形成与发展》，载中国长城学会编《长城国际学术研讨会论文集》，吉林人民出版社1995年版，第198—207页。
② 孔繁德：《中国长城对生态环境的影响及其历史作用》，载中国长城学会编《长城国际学术研讨会论文集》，吉林人民出版社1995年版，第311—314页。
③ 孔繁德：《中国长城沿线生态脆弱性分析及生态保护对策》，载丁新豹、董耀会主编《中国（香港）长城历史文化研讨会论文集》，长城（香港）文化出版公司2001年版，第70页。
④ 王子今：《秦汉长城的生态史考察》，载丁新豹、董耀会主编《中国（香港）长城历史文化研讨会论文集》，长城（香港）文化出版公司2001年版，第62页。
⑤ 伏俊琏：《陇上长城与陇右文学》，载丁新豹、董耀会主编《中国（香港）长城历史文化研讨会论文集》，长城（香港）文化出版公司2001年版，第90页。
⑥ 李凤山：《长城带经济文化交流、影响、变迁》，载丁新豹、董耀会主编《中国（香港）长城历史文化研讨会论文集》，长城（香港）文化出版公司2001年版，第153页。
⑦ 郑祖襄：《秦长城苦役下的民间音乐——秦琵琶的起源及其发展的考证》，载丁新豹、董耀会主编《中国（香港）长城历史文化研讨会论文集》，长城（香港）文化出版公司2002年版，第210页。

**（六）各地成立的长城研究组织和开展的活动**

近年来围绕长城举办的学术会议主要有以下几次：1990年10月6日，在河北省秦皇岛市山海关召开的"山海关中国长城学术研讨会"；1992年8月22日至24日，在嘉峪关市召开的"嘉峪关中国长城学术研讨会"；1994年9月23日至26日，在北京友谊宾馆召开的"长城国际学术研讨会"；1999年，在居庸关召开的"首届居庸关长城文化研讨会"；2000年6月5日至9日，中国文物学会、中国东方文化研究会在山东长清召开的"中国齐长城文化学术研讨会"；2001年11月28日至29日，在香港历史博物馆召开的，由中国长城学会、首都博物馆和香港历史博物馆、香港大学中文系等单位联合举办的"万里长城历史文化研讨会"。其中1994年、1999年和2001年的会议在会后都出版了论文集，即《长城国际学术研讨会论文集》①、《首届明代帝王陵寝研讨会 首届居庸关长城文化研讨会论文集》②、《中国（香港）长城历史文化研讨会论文集》③。虽然这些会议都取得了一定的成果，但后几次会议，由于国内很多长期从事长城研究和调查的学者没有出席，因此不能说代表了长城研究的最高水平。

20世纪80年代以来，各地先后成立的长城研究组织有：1984年成立了"中国山海关长城研究会"；1986年6月成立了全国性的"中国长城学会"；1986年9月成立了"中国嘉峪关长城研究会"；1994年成立了神木县长城协会；1995年成立了辽宁省长城学会；1997年成立了八达岭长城文化艺术协会；2000年成立了中国长城博物馆学术研究委员会；2001年成立了中国文物学会长城研究委员会；河南南召县楚长城旅游开发有限公司近年成立了"楚长城研究会"。此外，秦皇岛也成立了长城研究会，还有内蒙古长城学会。现在全国的长城

---

① 中国长城学会：《长城国际学术研讨会论文集》，吉林人民出版社1995年版。
② 昌平区十三陵特办区办事处编：《首届明代帝王陵寝研讨会 首届居庸关长城文化研讨会论文集》，科学出版社2000年版。
③ 丁新豹、董耀会主编：《中国（香港）长城历史文化研讨会论文集》，长城（香港）文化出版公司2002年版。

博物馆共有六座，分别是位于八达岭的中国长城博物馆、嘉峪关长城博物馆、丹东虎山长城博物馆、黄崖关长城博物馆、山丹县长城陈列馆、甘肃敦煌阳关博物馆。但是据调查，在历年成立的研究会（学会）中，除中国长城学会、中国文物学会长城研究委员会和辽宁省长城学会还在活动外，其他研究会有的已不存在，有的名存实亡。有些长城博物馆虽还进行一些学术研究活动，但这些学术研究活动大部分属于个人爱好，个人行为，并未列入博物馆或文物研究单位的业务工作之内。

**（七）长城研究存在的不足**

首先，基础研究不够。虽然各地已经先后对长城遗址进行了多次调查，但由于多是个人进行的调查活动，也取得了很多成果，但其中的某些调查成果得不到学术界的公认，且造成重复调查，更没有能真正回应原有的疑问，如对高句丽长城和岭北金界壕的讨论。另外，由于各地对于长城调查的重视程度存在差异，因此各省的调查情况差距甚大，比如甘肃省河西地区长城的走向已无多大疑问，但其他各省境内长城的走向或多或少都存在各种疑问。而且，至今在各大院校和研究机构中都没有设立长城专业，也基本没有专门从事长城研究的学者，现阶段从事长城研究的学者一般是在自己主要研究内容中对所涉及的长城进行研究，这种研究缺乏全局性和长期性，这种现状也决定了长城研究的低水平。

其次，学术研究缺乏科学性和严肃性。在缺乏科学考古证据及学术论证之前，很多学者就将某些墙体冠之以长城之名，联合媒体以"惊天大发现"为标题大加炒作，在国内外引起极大的反响和混乱。如云南的滇东长城，河南省南召县和湖北省、陕西省等地的"楚长城"，以及四川省的汶川长城等等。具体参见前文的讨论，这类事件虽然不仅仅局限于长城研究中，但从事长城研究的学者应该加强学术道德建设，对学术研究负责，对社会负责。

再次，长城研究没有专门的学术期刊。由于没有专门的学术期刊，关于长城问题的研究和争论多零散发表在不同的杂志期刊上，难以形成对某一问题的争论焦点，学者之间也没有专门的交流园地，最后，长城研究的领域需要拓宽。现阶段长城研究主要仍集中在遗址调查和对长城走向的讨论等基础问题上，对于与长城其他方面的研究展开的不多，即使有所研究，水平依然不高。所展开的长城其他方面的研究大都是其他研究专业早已涉及的领域，如民族史、边疆史、经济史等，因此长城研究者以长城为背景对这些领域的研究水平不高，而且问题是，即使以后通过努力提高研究水平之后，其研究成果也只是从长城的角度对这些领域的研究，形成不了自己独到的研究领域。那么，除了遗址调查和分析长城走向等基础研究之外，长城研究有没有自己独到的研究领域？这是长城研究者应该思考的问题，否则一旦遗址调查完毕，长城研究将面临无问题可研究的境地。因此，由于存在这种问题，一些学者提出"长城学"的概念可能为时尚早，还有很长的一段路要走。

## 二 采访札记

# 发现唐长城

## ——读书、长城采访和做学问

唐朝长城的遗迹一直没有被人们所发现，以至于近代以来的许多史家都认为唐朝没有修筑过长城。其理由有三：一，由于唐朝的民族政策正确，是历代王朝中民族矛盾最缓和的王朝之一，因此其没有修筑长城的必要；二，唐朝是武力强大的王朝，周边民族恐于这种威慑，不敢内侵，并在研究中常引唐朝诗人崔湜《大漠行》诗中的最后四句"火绝烟沈右西极，谷静山空左北平；但使将军能百战，不须天子修长城"[1]以为佐证，而《玉海》中也记载，太宗贞观二年（628）九月突厥寇边，大臣向唐太宗建议修复古长城，唐太宗李世民以"朕方扫清沙漠，安用劳民"[2]拒绝了这一建议；三，至今还没有发现过唐朝长城的遗迹。

以前对此我曾有过疑问，心想，新中国建立后，在民族政策上应是中国有史以来最英明、最有诚意、成效最好的，得到了各族人民普遍拥护，即使如此，在某个地域、某个时期，也发生过局部的问题，因此我无法相信，一个封建王朝的统治者能做的比共产党还好。清代长城问题已有先例。过去，史家和长城专家都认为清朝也是处理民族问题比较好的王朝，都以避暑山庄说事。我在山东采访时发现了清朝

---

[1] （唐）崔湜：《大漠行》，收入《全唐诗》（增订本）卷五四，中华书局1999年版，第663页。

[2] （宋）王应麟：《玉海》卷一七四，文渊阁《四库全书》，第974册，第491页。

修筑的长城,长城上的修城碑记是铁一般的实证。这块碑记的照片首次发表在我著的《长城》一书中,后为许多介绍长城的出版物所刊载,也悬挂在国内几个长城博物馆中。以后,山西省考古工作者也发现了清代修筑的长城和修城碑记。我也在各种文献中查到了清朝在山海关、山西、甘肃、青海等地修过长城的记录。只读一本《圣武记》,就会感到过去对清政府民族政策的"英明"有些过誉了。

1993年,我在研读新出版的《大明一统志》时,在卷五《万全都指挥使司·古迹·长城》条下读到"《地志》云:'望云县有古长城';又《唐志》:'怀戎县北九十里有长城,开元中张说筑。'"① 同书卷十九《山西布政司·太原府·古迹》条下也云"长城,在马岭。上自平城至鲁口,沿山屈曲长三百里,唐初所筑,遗迹犹存"②。这一发现引起我极大的兴趣,连夜查阅各种典籍。真是不查不知道,一查露真貌。几天过去,唐朝曾修筑过长城,已是诸笔一词。选用几条为证:

《新唐书·地理志》:"妫州妫川郡"条云:"本北燕州,武德七年平高开道,以幽州之怀戎置。贞观八年更名……县一。有府二,曰密云、白檀。有清夷军,垂拱中置。有淮北、白阳度、云治、广边四镇兵。有横河、柴城二戍。有阳门城。有永定、窑子二关。又有怀柔军,在妫、蔚二州之境。怀戎。上。天宝中析置妫川县,寻省。妫水贯中。北九十里有长城,开元中张说筑。东南五十里有居庸塞,东连卢龙、碣石,西属太行、常山,实天下之险。有铁门关。西有宁武军。又北有广边军,故白云城也。"③

《通典》卷一百七十八《州郡典八》"妫川郡"条云:"妫川郡:东至密云郡二百十里,南至范阳郡二百里,西至安边郡二百二十九

---

① (明) 李贤等:《大明一统志》卷五《万全都指挥使司·古迹》,三秦出版社1990年版,第106页。

② (明) 李贤等:《大明一统志》卷十九《山西布政司·太原府·古迹》,三秦出版社1990年版,第294页。

③ (宋) 欧阳修、宋祁:《新唐书》卷三九《地理志》,中华书局1975年版,第1021—1022页。

里，北至张说新筑长城九十里，东南到范阳郡一百五十里，西南到安边郡四百四十里，西北到新长城为界三百八十里，东北到长城界七十八里，去西京二千九百五十里，去东京一千九百里。户二千三百九十，口一万五百四十。"①

《文献通考》卷三百十六《舆地二》"妫州条"云："……怀戎，汉潘县地，汉上谷郡城在此，有涿泉山及蚩尤城、阪泉池及涿水，有磨笄山，赵襄子姊自杀在其地，有祠。北九十里有长城，开元中张说所筑，有居庸塞、铁门关。"②

《畿辅通志》卷一百五十八《古迹略·城址五》"古长城"条下云："古长城在县北，《魏书·明帝纪》泰常八年筑长城，自赤城西至五原，延袤二千余里。《旧志》：望云县有古长城。又《唐书·地理志》：怀戎北有长城，开元中张说筑，在今怀来县北。"③

《玉海》"唐长城"条云："《地理志》妫州怀戎县北九十里有长城，开元中张说筑。东南五十里有居庸塞，东连卢龙、碣石，西属太行、常山，实天下之险，有铁门关。《通典》：古居庸关在幽州昌平县西，《淮南子》天下九塞，居庸是其一也……太宗贞观二年九月己未，突厥寇边，或请修古长城。上曰：'朕方扫清沙漠，安用劳民。'"④

《新唐书·地理志》"太原府太原郡"条下云："太谷，畿。武德三年以太谷、祁置太州，六年州废，二县来属。东南八十里马岭上有长城，自平城至于鲁口三百里。贞观元年废。"⑤

《册府元龟》卷四二九《将帅部·守边》中云："窦静，武德中为检校并州大总管。初请太原置屯田。又以突厥频来入寇，请断石岭以为障塞。从之"⑥；又卷九九二《外臣部·备御五》云："是月辛

---

① （唐）杜佑：《通典》卷一七八《州郡八》，浙江古籍出版社1988年版，第948页。
② （元）马端临：《文献通考》卷三一六《舆地二》，中华书局1986年版，第2484页。
③ （光绪）《畿辅通志》卷一五八《古迹略·城址五》，中国国家图书馆藏光绪十年刻本。
④ （宋）王应麟：《玉海》卷一七四，文渊阁《四库全书》，第974册，第491页。
⑤ （宋）欧阳修、宋祁：《新唐书》卷三九《地理志》，中华书局1975年版，第1003页。
⑥ （宋）王钦若等编纂，周勋初等校订：《册府元龟》卷四二九《将帅部·守边》，凤凰出版社2006年版，第4863页。

酉，并州置天兵军，制曰：'太原薄伐之地，勾注出屯之所，兵戈不可以不习，亭障不可以不备"①；"又（太宗武德九年）九月丙戌，遣殿中监卢宽、将军赵绰送突厥还蕃。颉利献马三千匹、羊万口，帝不受，诏颉利所掠中国户口者，令归之。壬辰，修缘边障塞，以备胡寇。"②

　　文献资料中有唐代修筑长城的记载，但并非说唐长城的存在已是板上钉钉的事。我以前有过教训，文献记载和专家提供的资料并不都一定可靠。如无论是过去和现在的书本上和专家都众口一词地说，中国最早修筑的长城是春秋时期楚国在河南省修筑的楚长城，也称方城，并绘制有长城行经的详细的路线图。我按这些图，在这一地区跑了三个多月，行经六个县，行程1000多里，沿途查阅了大量的地方志，均无记载；向众多百姓请教，也无传说；按图索骥，爬了不少山，过了不少河，依然毫无踪迹。是否因年代久远，已经被风雨冲刷干净了呢？可是，与它修筑年代相差仅100多年的战国齐长城，至今在它经行之地，10多个县的地方志上都有清楚的记载，即使在地望上与实际有些出入，也只是在个别地方，出入也不是很大，只需在实地考察进行鉴证而已。而楚方城神秘地消失了，成为历史之谜。是否它根本不存在呢？我有此想法。因为它原始的根据只是《左传》中记载的，楚使屈完对齐桓公说的一句话：楚国"方城以为城，汉水以为池"③。对于"方城"，后人做注，众说纷纭，有的说是山、有的说是塞、有的说是城。大约在两晋之后，才逐渐将其称为"长城"。不像齐长城在汉以前的史籍中已称其为长城。再以屈完说此话时的形势而论，当时齐桓公率八国诸侯之强大兵力，已攻至楚境，楚齐的召陵之盟，乃是楚被迫定的"城下之盟"。著名的史学家童书业先生在其遗

---

①（宋）王钦若等编纂，周勋初等校订：《册府元龟》卷九九二《外臣部·备御第五》，凤凰出版社2006年版，第11488页。

②（宋）王钦若等编纂，周勋初等校订：《册府元龟》卷九九一《外臣部·备御第四》，凤凰出版社2006年版，第11475页。

③（春秋）左丘明著，蒋冀骋点校：《左传》卷五《僖公四年》，岳麓书社2006年版，第46页。

著《春秋左传研究》一书中明确指出："召陵之师已及楚境，楚人为城下之盟……然观僖四年左氏之记载，一若楚人甚强硬，齐桓竟为楚人所屈者，此文盖增饰楚史而成……此《左传》作者扬楚抑齐之证也，不得拘于僖四年之传。"① 对屈完言语的真实性提出了疑问。至今，对方城的所在地也莫衷一是，有的说它在河南，有的说它在湖北。近年有人称在河南叶县南与方城县交界处附近的大关口，找到了近1000米的楚长城遗址。此处，10年前我也考察过，这一条土岗我也见到，并照了相。但在其附近，只收集到几枚铁制箭镞，绝不是春秋之物。何况汉朝以后，在此处发生过的战事，文献中屡见不鲜。1000米的"楚长城"遗址，实难做是楚长城的定论。近期更有人说它在陕西南部的白河流域发现了楚长城，而且见于报刊和广播之中，一些名牌大学的历史系教授，将此作为新知识传授于学生。对此，我做了考证，这些遗址是明朝崇祯六年、七年总督陕西、山西、河南、湖广、四川军务的陈奇瑜和卢象升等为阻止李自成、"老回回"农民起义军自陕西入四川，而在白河流域修筑的防御工事遗迹，《明史·陈奇瑜传》及《卢象升疏牍》对此都有记载。② 何况此时楚国的地域尚未扩张至此，中间还隔一个小国"庸"，史学家张维华先生在《中国长城建置考》中对此也有论及。③ 另据湖北省博物馆的同志在长城学术讨论会期间告诉我，他们对湖北通向陕西南部的那段遗址进行过考察，发现这段墙下面压有宋代遗址，也证实此遗址绝非春秋战国的遗存。以上种种，使我对楚长城是否存在产生疑问，但由于无法取得直接否定的证据，早期只好人云亦云，现在，在我自己的著作中，也只能是回避而已。

又如，几乎所有的书中，都说战国时期的赵国南长城在漳河北

---

① 童书业遗著：《春秋左传研究》，上海人民出版社1980年版，第52—53页。
② （清）张廷玉：《明史》卷二六〇《陈奇瑜传》，中华书局1974年版，第6730页；（明）卢象升：《卢象升疏牍》卷五《总理奏议·剿荡愆期听候处分并陈贼势兵情疏》，浙江古籍出版社1985年版，第108页。
③ 张维华：《楚方城》，载氏著《中国长城建置考》（上编），中华书局1979年版，第30页。

岸，我沿漳河北岸跑了几个县，查阅了各县地方志，对当地群众进行了访问。但均未找到遗址，地方志上也均无记载，群众中也无传说。后来，我在河南省的《彰德府志》中查到一条记载，说河南省林县县城西十里有"秦、赵分界堤也"①。据此线索，我到了林县，县里的文化部门不知本县有长城。但我在县城西十里找到了"秦赵分界堤"的遗址，它高三米，宽五、六米。我寻迹追踪五十华里，它北到漳河南岸的任村，向南延伸至辉县境内，南北贯穿林县全境。它所经过的与辉县交界处的一座山岭，当地叫边墙岭，且这条堤两侧均无古河道遗迹。向当地群众打听，他们都说，据老人们传说，这是秦始皇修筑的长城。当时我拍下了这条大"堤"各段遗址照片。回到北京我翻阅了战国时期赵国的历史，分析它的疆域、政治中心的变迁以及它和相邻各国的政治、军事关系，又重读《史记》原文，对它的含义，也有了新的解释。从各个方面考证，认定这条大"堤"，就是战国赵南长城。

还有，历史文献上记载，战国齐长城的终点在山东省琅琊台，起点在山东省平阴县。而我却在济南市郊区的长清县找到它的起点，在青岛市黄岛区的海岸边拍摄到它终点的遗址。

经过上述种种磨难，使我明白一个道理，就是，不管多权威的结论，也要经过实地考证的检验。对争议较大的唐朝长城更要如此。为此，我决定进行实地采访，更想拍一些珍贵的照片。

经过对各种资料的分析，我推定这段长城在河北省怀来县的北境与赤城县的交界处，并在大比例尺的地图上标出它可能存在的位置。

1993年12月初，我出发对这段长城进行实地寻找、考察、摄影。此次采访出奇的顺利，一到预定考察范围内的赤城县后城乡、雕鹗乡，我就在公路边发现了一道建筑形式、经行路线与明朝长城不同的长城。在它的内侧还发现了一座早于明朝、各种资料没有记载的古城址，在城中采集到从汉、唐到辽金的遗物，据推测它可能是唐朝的广

---

① （明）崔铣辑：（嘉靖）《彰德府志》卷二《地理志第一之二·林县》，《天一阁藏明代方志选刊》，上海古籍书店1981年版。

边军的驻地。沿着这道长城东西追踪了约五十千米，在位于高山顶的名旺庄拍到了明朝没有利用，能反映唐代长城原貌的长城遗址。沿途还经过了唐朝龙关县故址（现赤城县龙关镇）、唐代修建的华严寺塔（龙关镇内），以及在赤城县与宣化市交界处长城上的一座称为锁阳关（它的位置极似唐代的白阳度军驻地）的隘口，当地传说唐朝女将樊梨花曾镇守此关破敌擒将，它的北侧有一个小村名为黄草梁，传说此地在唐朝时为荒地，是樊梨花镇守边关的牧场，因此其地古称"荒草梁"，现改称其为黄草梁。锁阳关的南面有两个自然村，一个叫上仓，一个叫下仓，传说是樊梨花守锁阳关时的仓库所在地。这些传说、地名和古建筑也都旁证了这道长城的时代。为进一步证明这长城的朝代，1994 年我骑自行车重访赤城县，并访问了赤城县文化局、文化馆、博物馆负责人，他们介绍在这条长城沿线出土过许多唐代文物。由这些多侧面的验证，证实了关于唐代长城的资料记载，以及我的分析、判断是正确的，在赤城县的南部存在着一条鲜为人知的唐代长城。这一发现填补了长城研究中的一项空白。我拍摄的唐朝长城照片已被收入吉林人民出版社 1994 年 9 月出版的长城专家罗哲文主编的《长城百科全书》中。

# 长城采访札记

## ——汉代烽燧发掘采访记

1979年9月，我获准可以从始至终地采访甘肃省敦煌县境内一座汉代烽燧的考古发掘。汉代长城是中国历代修筑的长城中最长的一条，全长一万千米以上。由于得天独厚的自然环境，汉代长城的西段是长城保存最完整、地下文物保存最丰富的地段，可以说是汉代文物的宝库。在19世纪初，这座宝库就吸引大批中外考古学家、冒险家到这一地区考察和发掘，都有极丰富的收获，其中在世界上影响最大的当属出土的数以万计的汉简。这些汉简为研究中国汉代史、中西交通史、中西文化交流史、民族史和汉代长城的修筑史、长城的防卫制度等提供了珍贵资料，至今为各国汉学家们视为珍宝。1972—1976年甘肃考古队在内蒙古居延地区汉代烽燧内又出土两万多枚汉简，为汉代长城考古又注入了新的推动力。

我在甘肃省敦煌县城与甘肃省文物工作队和敦煌县博物馆联合组成的发掘队会合，一起前往发掘点。发掘点在敦煌县西北，距县城95千米，由于要发掘的汉代烽燧西侧有一碱湖叫马圈湾，人们就称这座汉代烽燧为马圈湾汉代烽燧。

我们乘坐拖拉机到马圈湾时，已近傍晚，车还没停稳，我即跳下去，爬上一个高梁，四处张望，寻找要发掘的烽燧，只见远处为一个接一个的碱湖，高梁后面有几间土房，土房后面100多米远的地方，有一道用芦苇和沙叠筑的长城自东北向西南穿过，没有见到任何烽燧的影子。正在我疑惑时，敦煌县博物馆的荣恩奇同志也爬上来了，用手指着长城内侧的一个小土丘告诉我，那就是汉代烽燧。他看我似乎不相信，就解释说，这座烽燧，早就倒塌了，年长日久成了一个土堆，以前许多考古的人，都没有发现它，由此它也没有受到任何人为破坏，里面一定埋有不少好东西。我半信半疑地回到为我安排好的土房里，考古队长岳邦湖告诉我，这几间土房是为挖盐或硭硝的人修建的。周围湖里盛产盐和硭硝，县城周围村子里的农民经常来这里干话，据说干好了，一个夏天可以有数百元的收入。

一连几天，考古队员在工地上忙于测量和绘图，拉探方线，过了一周，队长才下了破土的命令，考古队员们手拿着像儿童玩具大小的发掘铲，在队长指定的地方，一点一点地剥着土。这次计划发掘的面积1900平方米，能不能挖到有价值的文物？何日能挖到？心神不安的等待使我度日如年。

一天上午，我正在房内擦相机，隐约听到从工地上传来欢呼声，突然一位考古队员气喘吁吁地闯进来，拉着我就向外走，"老成，发现宝贝了，岳队长叫你快去！"我抄起相机，就向工地冲去，到了工地上，只见人人喜笑颜开，指手画脚地议论着。一群人趴在地上观看着什么，岳队长笑嘻嘻地拉着我，帮我分开人群，指着一个小坑说："你看！这是什么？"坑内显露出横七竖八层层叠压着的汉简，我急忙拿起相机拍下了这宝贵的镜头。虽然由于阴天，照片有些灰，但并无损于它的价值。从此以后，几乎每天都有喜讯传来。由于这里没有电，缺乏照明设备，只能在自然光下拍摄，每天能工作的时间只有五个多小时，工作非常紧张，常常一天只能吃两餐饭。拍摄时，没有衬布，只好去找那些民工姑娘帮忙，把她们好看的头巾、上衣、毛衣借来衬在文物下面拍照，效果还可以。不过有时把她们的衣物弄脏了，她们总是笑嘻嘻地不在意，可我总感到非常不安，于是找机会，给她们拍张彩色照片，以表示对她们的感谢。一个多月的发掘，共出土实物337件，汉简1217枚。

这批汉简中，绝大多数为木简，竹简极少。按简上书写的年号排列，最早的简写于西汉宣帝本始三年（前71），最晚的年号为王莽始建国地皇二年（21）。这些资料为研究汉代长城的守卫制度，以及长城的规模、布局、结构、修筑方法提供了丰富的资料，这些简包括诏书、奏记、牒书、符传、簿册，还涉及医药等内容，为研究汉朝和西域的关系史、交通史、中国古代医学、天文、历法、数学等补充了新的资料。

在这批新获得的木简中，有一简正面书有"玉门千秋燧"字样，人们称它为"签"。汉朝的守卫制度规定守卫烽燧的官员必须佩带书有所守烽燧名字的木牌（即签），我们发掘的这座烽燧，可能就叫作"玉门千秋燧"。

汉代烽燧出土的337件文物，有守城器械、货币、狩猎工具、棉麻丝织品、铜器、铁器、毛笔、纸张、砚台、粮食以及服装、儿童玩具等生活和生产用品。这些东西，绝大部分是守卫烽燧的低级士吏和戍卒长期使用破损后的抛弃物，它生动地揭示了当时的屯戍生活，也反映了西汉时期的生产和工艺水平。

文物中有一件如手掌大的编制玩具衣服及一只儿童麻鞋，这证明当时烽燧内住有妇女和儿童。汉文帝时，守卫长城的士卒一年一轮班，不能带家属。由于这些士卒不安心于戍边，一有战事，往往逃跑，于是大臣晁错向汉文帝建议，延长戍卒的守边期限，允许其携带家口。这样戍卒安心于戍边，一旦有战事，他们为了保护自己的妻子儿女，就会勇敢战斗。以后各朝几乎都沿用了这一制度。明朝长城的一座烽火台往往由一家人驻守，还分给一些土地，妻子儿女种地，丈夫负责瞭望。在战事较多的时候，家属就住进离长城不远的城堡之中，一旦长城失守，她们也会受到威胁。

在这座烽燧东侧的一间房子遗址中还出土了大量报警用的苣。苣有大、中、小三种，都是用麻绳捆扎芦苇而成的，大苣长233厘米、直径5厘米，中苣长33—35厘米、直径4.5厘米左右，小苣长8.7厘米、直径3厘米。小苣可能是作引火用，大苣和中苣用以燃火报警。在其他汉代烽燧附近，我们还见到了保存十分完好的积薪（用芦苇、胡杨树枝堆的柴堆）。

警报通讯系统是长城防御体系的重要组成部分。中国早在公元前

7世纪就有了警报、通讯系统，至汉朝已经十分完善而复杂了，对于报警的方式也有了专门的规则。这些文件与现代的密码一样，被视为"绝密"文件，没有透露出来。这种文件唐朝叫作《烽式》。近些年，在内蒙古的居延、甘肃的敦煌（包括这次马圈湾）的汉代烽燧中出土了一批记载这些规定的木简，从中才得知在汉代这种文件叫《烽火品约》。从这些木简中我们还得知，汉代的报警物有六种，除了我们已见到实物的苣火、积薪以外，还有表、烟、烽、鼓。据《烽火品约》中的规定，一旦有警，白天举烽、表、烟；夜间举炬火；积薪和鼓，白天、夜间都可以用。表可能是用不同颜色的布做成的类似现在旗子一样的标志；《烽火品约》规定在烽火台上不同部位建造的"灶"中冒出来的是烟；烽是什么样的东西，目前只有种种推测，至今还没有见到实物。这些不同的报警物，在《烽火品约》中有不同的排列组合，构成了不同的报警信号，从这些信号中可以得知来犯者的人数、距长城的远近和战斗的激烈程度。烽火传递警报的速度非常快，汉代的传递速度一天约几百千米，唐朝达到每天传递1000千米以上。在放这些信号的同时，还要写成书面报告，由戍卒骑马或步行送交指挥机关。

这种报警方式，在长城上为历代所沿用，且历代都有所改进，到明朝增加了用炮报警，造烟的燃料已改用硝、硫磺等矿物，而且能加入不同燃料，造出不同颜色的烟来，已类似现代的烟火和发烟罐。

在马圈湾汉代烽燧中，还出土了一件当年取火用的"发火板"，说明当时仍用原始的钻木取火的方法取得火种。

马圈湾出土的八片纸非常引人注目，根据伴随这些纸出土的纪年木简推断，这些纸是在公元前65年至公元2年之间生产的，比公元105年蔡伦推广植物纤维造纸技术早了100多年。

到10月下旬，遗址清理工作基本结束。经过清理，烽燧遗址的面貌清晰地显露在我们面前。烽燧平面呈长方形，残高1.87米，为二层土坯夹一层芦苇叠砌，无黏结材料，烽燧四壁涂抹草泥，表面刷白粉。烽燧四壁曾多次涂泥和粉刷，泥皮多达十二层。粉刷的颜色，有土红色、浅蓝色和白色数种。烽燧东侧为一小堡，堡内建有过道和三间套房，房内有土坑和灶。堡周围有库房、厕所、水井、牲畜圈和垃圾坑等设施。

岳帮湖队长在分析会上说，根据烽燧的保存情况和对出土汉简内容的分析，马圈湾烽燧的屯戍活动，以西汉宣帝时期（前74—前48）最为兴盛，人员众多，来往频繁，建筑规模较大。以后规模日渐缩小，至王莽时（9—23），仅剩烽燧南侧一间小房。大约在公元23年以后，被全部废弃。

10月底，发掘工作全部结束，敦煌县政府派人携带慰问品来慰问我们，在庆功宴上，岳队长和我约定，他的发掘报告不发表，我也不得发表消息和图片，期限为三年，三年以后，如果他们没有发表发掘报告，我则可以自行发表。1981年，他们就发表了发掘报告，而后我也陆续发表了这次发掘时拍摄的图片。因为我遵守了和岳队长订的"君子协议"，取得了他们的信任，岳队长来信表示，今后有发掘活动，一定邀请我参加。

# 长城采访札记

## ——阳关之谜

阳关,它曾经牵动了多少诗人的心弦。唐代诗人王维创作的《渭城曲》就是一首脍炙人口的绝句:

渭城朝雨浥轻尘,客舍青青柳色新。
劝君更尽一杯酒,西出阳关无故人。

根据这首诗,音乐家创作出《阳关三叠》,那悠扬激越的琴声,更令人心驰渭水,神往阳关。

但奇怪的是,这个屡见于汉唐史籍、赫赫有名的阳关,在唐代以后竟然销声匿迹,不但名不再见于诗文,甚至在地理上了也失去了它的踪迹。阳关,竟成了一个历史之谜。

1976年,我采访北京下放到河西的"六·二六"医疗队时,曾到过阳关公社,也曾到过"古董滩"。据当地人说,在"古董滩"里随手可以捡到铜钱之类的古董。新中国成立前,每逢年节,当地人便到这里拣古钱、箭头等铜器,再用火烧,使之发出异彩以为吉祥。捡了不知多少年,仍无明显减少。这儿宝贝之多,就不难想见了。但我在古董滩仅是见到一片沙漠,道道沙梁。古董也只拾到一枚唐代"开元通宝"铜钱而已。

而如今,采访长城已成了我的任务,如果少了阳关,应是一大缺憾。在我看来，至少对阳关在何处，以及它的历史和现状应向今人或后人有个交代。因此，我下决心再下阳关，无论如何要找回一个说法。

为此，在北京先伏案埋头于故纸堆中，去寻找千年疑案的线索。经月余的努力，查得：在西汉武帝时，为抗击匈奴，联络西域，加强了对河西走廊这个战略要地的控制，在元鼎六年（前111）由酒泉郡分置敦煌郡，下辖六县，其一为龙勒县。龙勒境内有两座军事重镇，一座是玉门关，另一座便是阳关。从长安至敦煌，出玉门关，经伊吾、鄯善、龟兹、中亚到小亚细亚半岛，有一条通道，是为天山北路；而出阳关，经若羌、于阗，越葱岭、波斯到小亚细亚半岛的通道，是为天山南路。这便是世界历史上著名的"丝绸之路"。由于阳关、玉门关分扼天山南北路的咽喉，所以它们在汉代均为都尉治所，设兵驻守。

魏晋时在阳关置阳关县，唐在汉龙勒故地置寿昌县，阳关还在继续使用。唐代高僧玄奘从印度取经归来，取道天山南路，东入阳关，以及著名边塞诗人岑参的诗句"二年领公事，两度过阳关"，都是有力的证明。

在唐代，阳关几乎成了边关远屯的同义语。唐代诗人李峤诗曰"边愁离上国，春梦失阳关"，这里的阳关就是泛指边远地方；李商隐诗"红绽樱桃含白雪，断肠声里唱阳关"，这里的阳关，用语双关，可能是曲名，也可能是实指。由此也可以看出当时阳关名气之大。那么，阳关究竟在哪里呢？

据《沙州地志》残卷记载，阳关"在县西十里，今见毁坏，基趾见存。西通石口（城）、于阗等路。以在玉门关南，号曰阳关"[①]。文中的县指唐代的寿昌县治。这里，既说明了阳关名称的由来，也指出了阳关的地望。如果我们再翻检一下《史记·大宛列传》，便会发现唐张守节所作《正义》中的两段文字，一段是"玉门关在沙州寿昌

---

[①] 《沙州地志》，见郑炳林《敦煌地理文书汇辑校注》，甘肃教育出版社1989年版，第45页。

县西六里"①，另一段是"玉门关在县西北百一十八里"②。这两段文字又都引自唐初的地理著作《括地志》，显然前一段文字错把阳关写成玉门关了，《旧唐书·地理志》寿昌县条下"阳关，在西六里。玉门关，在县西北一百一十八里"③的文字可以作为旁证。《沙州地志》和《史记》《旧唐书》的说法尽管不尽相同，大体都是指现在敦煌县西南一百四十里左右的南湖公社的西隅。

1980年我再度走进南湖公社。只见公社附近杨树成行，柳树成荫，良田如画，渠水淙淙，是一片生机勃勃的绿洲。古书中说，在古代，这里原是一个大洋，汉代叫渥洼池。武帝时有一个南阳新野人，名叫暴利长，曾因犯罪充边至此。他常见一群野马来湖边饮水，其中有一匹异常雄骏，总想捉住它，而次次不能得手。于是暴利长依照自己的模样，塑造了一个泥人执绊索放在湖边。久而久之，野马见惯而不惊。后来暴利长搬去泥人自己站在那里，野马上了当，被捉住了。暴利长故弄玄虚，说这马是从湖水里跑出来被他捉到的，是天马，献给了汉武帝。武帝虽然雄才大略，但好神仙方术，信以为真，亲制了《天马歌》。歌词是："太一况，天马下，霑赤汗，沫流赭。志俶傥，精权奇，蹑浮云，晻上驰。体容与，迣万里，今安匹，龙为友。"④诗并不出色，无非以龙自喻，说上帝赐降的天马只有他才配骑，但这个典故却使阳关的地理环境，一开始就蒙上了一层神秘的色彩。到唐代，渥洼池更名为寿昌海，汉龙勒故城也易名为寿昌县，城址在寿昌海东北约十里处，元代以后为流沙吞没。

从公社所在地向东北行约半小时，就到了绿洲的边缘。举目东望是漫无边际的沙丘，堵堵残垣伸出沙丘之外，满目苍凉。我艰难的跋涉在沙丘之中，力图找到一些证物，开始只找到一些并无确证价值的"开元通宝"之类的唐代货币，在烈日与黄沙的蒸烤之下，苦不堪言。

---

① （汉）司马迁：《史记》卷一二三《大宛列传》，中华书局1959年版，第3160页。
② （汉）司马迁：《史记》卷一二三《大宛列传》，中华书局1959年版，第3172页。
③ （后晋）刘昫：《旧唐书》卷四十《地理志三》，中华书局1975年版，第1644页。
④ （汉）班固：《汉书》卷二二《礼乐志第二·日出入九》，中华书局1964年版，第1060页。

欲打退堂鼓时，突然，在我坐的残垣阴凉之处，看见几粒非常光洁好看的小石子，有黑的，也有白的。我拾起来一看，喜出望外，这是经过加工的围棋子，我记得《元和郡县图志》中说，围棋子是唐朝开元年间这一带的贡品。这一发现，使我顿时精神百倍，在残垣内翻了个遍，老天不负诚心人，天黑之前我竟找到了二十几枚，有几枚是成品，其他是半成品。这一发现不仅证明了这里有生产围棋子的作坊，是唐代寿昌县城址；而且，这些围棋子是目前我国发现的有确证年代的最早的围棋子。我回到北京后，这些围棋子的照片就在日本的体育画册上发表了。

从公社向西，走出绿洲，看到的是一望无际的茫茫流沙，数十道，高达几十米，南北走向的沙梁由东往西层层排列。沙梁间的平地布满砾石，只有骆驼刺（生于沙漠地区的一种植物），稀稀拉拉地点缀其间。这些沙梁处于不断地移动之中，一场大风过后，它们就重新布阵，原本的平地上矗立起高大的沙梁，而原来的沙梁则神出鬼没不知去向。

流沙之北为墩墩山，东北为龙首山，满山都是五色砾石和粗沙粒，红色砾石尤多。晨昏时分，在斜阳照射下，全是紫红色，两山之间为一狭窄的山口，俗名红山口。山口西侧山梁上，有一汉代墩台拔地而起，气势雄伟，数十里外即可望见，有"阳关眼目"之称，此山亦因此得名墩墩山。

墩墩山之北是南湖林场。林场西北有长城蜿蜒向西北，经头墩、二墩，穿芦草井子墩西侧至小方盘，再北向西入湖滩之中，长约130多里。这里的小方盘便是汉代玉门都尉的治所玉门关。这与诸古籍中"玉门关在县西北百一十八里"的记述是吻合的，因而更证明《史记正义》中"玉门关在沙洲寿昌县西六里"纯系误录。

我在古董滩边考察、边拍照，工作了7天，每天我都走进流沙，俯首细看。在沙梁间的平地上散布着古代陶器碎片、铜带钩、铜箭头、石磨和多种铁制生产工具。产自西域的五色料珠、琥珀珠之类的装饰品残片，以及汉代五铢钱、唐代开通元宝、货泉通宝、榆荚钱等古代货币随处可以捡到。我还看到了一块著名的阳关砖，砖呈灰黑色，质地细腻，坚实异常，扣之作金石声，据说用它可以制成名贵的砚台。

据甘肃省文物工作队提供的资料，1978年，酒泉文物普查队曾由此向西翻越了十四道沙梁，在沙梁间发现大型板筑遗址，经过试掘，房基清晰，排列有序，面积达上万平方米。普查中还发现了窑址和耕地遗址，连地埂、水渠也明显可见，分布面积达一万多平方米之阔。这些遗迹现仍可觅见，足证这里在古代曾是个人烟密集、经济繁荣的地方。阳关在此，实属可能。

阳关遗址处并无山口，在流沙侵入前本是平地，那么为何会称之为关呢？这就需要弄清它和长城的关系。从前发表过的考古报告均未记载小方盘与阳关之间有长城相连。最近，我同甘肃省考古队对玉门关再次进行考察时，发现了上文提到的那段从南湖林场经小方盘再进入湖滩的长城遗迹。这段长城很矮，残高仅十几到几十厘米，宽仅一米左右，以粗沙粒和小石子堆成，易被忽视，在距小方盘六里处，才逐渐增高，现存残高1.6米左右，改用沙土与芦草叠压筑成。有些地段不只有一道城墙，竟有两道甚至三道之多，墙间有浅沟，有的学者认为这可能就是"天田"。

此段长城南连墩墩山的大墩台，山南流沙之中当有长城，只是已被流沙所掩，不能见其真面目。不过流沙之南却留下了一些踪迹。这里有一条西头沟，沟南数里为戈壁，戈壁之南又是沙山。西头沟水流的走向是东南折向西北，就在沟东岸边，有一座汉代烽火台，向西沟南十里有一处大型古建筑，已经坍塌，分为两半，像一座阙门。向南还分布有十多座烽火台遗迹。阳关正座落在南北烽火台群之间。在流沙中发现的一万多平方米房屋遗址的附近，有断断续续的宽厚的城墙遗迹，也算是一个物证。综合地理形势、文献材料及近人的考察资料，可以断定汉唐时代的阳关就在这"古董滩"里。可以肯定，阳关同玉门一样，都是虎踞于汉代长城上的雄关。

那么，为什么阳关的关城遗址找不到了呢？我认为，一方面是因为汉代关城建置很小，从已发现的居延肩水金关、玉门关都尉治所看，都只有数百米见方，这样小的地方，长年受流沙侵袭，风化日蚀，难以保存至今；另一方面，晋魏时在阳关设县，旧有关城可能被新县代替，已无独立关城，即使稍存遗踪，也很难与其他遗迹相区别，万米遗迹中就难于分清其为汉、为晋和为唐了。

阳关隐去，并非一日之事。我在仔细观察文物的分布情况时发现，汉代文物由西向东逐渐减少，而晋魏文物则相应增多，流沙东部边缘地带甚至有唐及宋、辽遗物。这表明风沙自西南方来，逐渐向东北侵移，逼迫人们向东后撤。宋、辽之后，人们完全离开了阳关地区，阳关及寿昌县城终于被流沙吞没。

造成这种悲剧的重要原因，很可能是由于频繁的战争，大规模的开荒屯垦，破坏了这个地区的植被和水源，使生态环境逐渐遭到破坏，难以抵挡风沙的侵袭，沙进人退。千百年来，这块曾繁荣一时的地方，已是荒漠莽莽、狐兔都难以存身的地方，只是偶尔一些失意骚人墨客来此，吊古讽今而已。昔日湖水浩渺的渥洼池，今日只是一个蓄水量很小，浇水不够用，养鱼长不大的黄水坝水库。阳关隐去的历史经验教训，应该引起我们深思，引以为鉴。

# 长城采访札记

## ——寻觅北魏长城

公元386年，鲜卑族首领拓跋珪在中国北方建立了北魏王朝。此后，逐步结束了中国北方自三国以后，汉、匈奴、鲜卑、羯、羌、氐各族百余年的混战局面，统一了北方。据史料记载，当时北魏政权的北面和东面还有新兴起的蠕蠕（柔然）、库莫奚的威胁，西面受铁弗匈奴（高车）的进攻，经常威胁到国都平城（今大同市东）的安全，这迫使北魏在泰常八年（423）修筑了一条自河北赤城至内蒙古五原的长城，《魏书》卷三《太宗本纪》云："泰常八年正月，蠕蠕犯塞。二月戊辰，筑长城于长川之南，起自赤城，西至五原，延袤二千余里，备置戍卫。"[1] 事隔23年，在太平真君七年（446）又修筑了一条东起上谷西至河（黄河）的"畿上塞围"长城，《魏书》卷四下《世宗本纪下》云："太平真君七年，六月甲申，发定、冀、相三州兵二万屯长安南山诸谷，以防越逸。丙戌，发司、幽、定、冀四州十万人筑畿上塞围，起上谷，西至于河，广袤皆千里。"[2]

北魏开了中国进入封建社会之后少数民族王朝大规模修筑长城的先河。而且，它所修筑的长城起到了承前启后的作用。因为它在修筑过程中，部分利用了以前某些朝代修筑的长城；而之后的北齐、北周、隋、明各朝又部分利用了北魏所修的长城。因此，北魏长城在民

---

[1] （北齐）魏收：《魏书》卷三《太宗本纪》，中华书局1974年版，第63页。
[2] （北齐）魏收：《魏书》卷四下《世宗本纪下》，中华书局1974年版，第101页。

族史和长城史上都占有重要的地位。但由于南北朝时期的史料记载过于简略，而且多有遗散，关于北魏修长城，较明确的也只有以上两条资料，后人著作中有关北魏长城的论述，也都以此为依据。现存的史书多为后人校补而成，再加上年代久远，北魏长城多已湮没，有些地段又为后代修筑的长城所利用，所以现在对北魏的长城了解甚少，学术界也众说纷纭，且至今还没有找到可以确指是北魏时所修筑的长城的真迹。

为了使读者能见到这一历史古迹的真貌和为后人留下这一古代文化遗产的资料，我自1993年年初就开始收集有关这一长城的文史资料，经近两年的案头工作，根据收集的资料推定，北魏泰常八年所筑长城的东端，可能在现今河北省丰宁县、沽源县或者赤城县境内。

为了证实这一推定，1993年10月1日，在北京武警二总队首长的支持下，我驱车到沽源和赤城县寻觅这段长城。经过十多天的奔波，10月12日，在沽源县南端的小厂乡和丰原店乡的燕山北山和蒙古高原交界的坝头地带，发现了一段在现在民用地图、军用地图和历史地图集都未标出的长城。这道长城在明长城北约10华里。长城在山口附近为两道，有墙有壕沟，两墙之间宽约三十至五十米，烽燧即在两墙之中，墙多为土筑。高山之上，长城大部分呈壕沟状，内侧有墙的遗迹，部分墙体用石块砌筑。有部分沟内又填充了石块，有两次修筑的痕迹。烽燧则用碎石筑成。残墙高1米至1.5米左右，沟残深50厘米至1米，烽燧残高5米左右。在丰元店乡老掌沟门南侧1850多米的高地上，发现长城在这里分岔，一支向东南走去，一支向西北走去，一支向西南而后折向西北又向西蜿蜒而去。在现今独石口北约10华里的椴木梁上及其以东的一段，被明朝的长城利用过，其烽火台的形制与明朝的相同，但城墙与明长城有明显的区别。我对这些长城进行了测量和摄影。10月15日，我兴奋地带着这一发现回到北京。

为了进一步确证这一发现，我继续寻找有关资料，并进行分析、核对。在诸多资料中，我认为郦道元所著的《水经注》最为可靠。因为郦道元不仅是北魏时代的人，而且担任过北魏的军事及行政官僚。

据《魏书·郦道元传》载："肃宗以沃野、怀朔、薄骨律、武川、抚冥、柔玄、怀荒、御夷诸镇并改为州,其郡县戍名令准古城邑。诏道元持节兼黄门侍郎,与都督李崇筹宜置立,裁减去留,储兵积粟,以为边备。"① 按照这一记载,因为郦道元处理过这一长城沿线防御设置的问题,对这一带的地理形势极为熟悉,因此他对这一带的记述应最为权威。

因此,我精读并摘录《水经注》有关这一地区的记述。郦道元在《水经注·沽河》中载"沽河从塞外来。沽河出御夷镇西北九十里丹花岭下,东南流,大谷水注之,水发镇北大谷溪,西南流,迳独石北界,石孤生,不因阿而自峙。又南,九源水注之,水导北川,左右翼注,八川共成一水,故有九源之称,其水南流,至独石注大谷水。大谷水又南迳独石西,又南迳御夷镇城西,魏太和中,置以捍北狄也。又东南,尖谷水注之,水源出镇城东北尖溪,西南流迳镇城东,西南流注大谷水,乱流南注沽水。又南出峡,夹岸有二城,世谓之独固门,以其藉险凭固,易为依据,岩壁升耸,疏通若门,故得是名也"②。此文中所谓的"塞"即北魏长城,文中指出了这条长城与沽河和独石、御夷镇、独固门之间的方位关系。因此,要确认新发现的长城就是北魏长城,就必须找到这些方位参照物。为此,我在收集到的各种地图上,根据《水经注》中的表述,推测出这些参照物的可能方位。但要做出科学、准确的结论,最重要的还是到现场去考察。由于《水经注》所描述的参照物已经历1400多年沧桑变迁,河流是否改道,古城是否还有遗迹可寻?难以预料。

要做如此难度、精细的考察,坐汽车是不方便的。为此,我孤身于1994年9月初骑自行车从北京出发,历时两个半月,经河北滦平县、丰宁县、沽源县、赤城县,行程1500多千米,沿途跋山涉水,走村串巷,访问专家、乡村老人、田野农牧民、山上的打柴人,终于

---

① (北齐)魏收:《魏书》卷八九《郦道元传列传》,中华书局1974年版,第1925页。
② (北魏)郦道元原注,陈桥驿注释:《水经注》卷十四《沽河》,浙江古籍出版社2001年版,第220页。

在沽源县南部找到了沽河的发源地九龙泉。而后,完全按郦道元指示的路线,沿沽河(今白河上游)南行,在赤城县的独石口乡南一里找到了独石;在云州乡北五里觅到了古代险隘——独固门,其地望与郦道元所述完全一致。按其所述,御夷镇当在猫峪乡境内。当我找到乡政府,向乡政府领导咨询此城遗址时,得到异口同声地回答"没听说过"。但他们十分热情,安排我住下、吃饭。饭后,我仍按我的老办法行事,到村里去找老人聊天。猫峪乡村内有一座明朝修建的城堡——猫峪堡。城堡保存基本完好,呈方形,边长约一华里。城内仍住有许多人家,古井仍在使用,有的门前还竖有拴马桩、上马石,房屋多明清式建筑,门前、院内或街上摆放有许多古磨、石臼、旗杆座、柱础等古物,看来谁也没有把它们当作稀罕有用之物,要在北京它们会身价百倍地进了博物馆,不再受此风吹雨淋之苦,真乃是"生在江南则为桔,生在江北则为枳"。这里很少有外人来,我一走进城内,就受到人们的注意。他们看我的眼光中有好奇,但也有友好。当我问一位40多岁的男人,村里年岁最大的老人是谁的时候,他仔细想了好一会儿,好像是在心中把许多人进行认真地比较,看来最后他还是拿不准,就把周围10多个人都招呼过来,他大声把我的问题向大家重述了一遍。于是,他们七嘴八舌的议论起来。他们言语我听不太懂,但从表情上看,他们十分认真,有时还争执不下,约有一支烟的工夫,他们的讨论有了结果。还是由那位中年男人告诉我,年岁最大的90岁,姓张,并自告奋勇带我去找这位老人,我再三向他致谢。他三拐两拐领我走进一个土墙围着的大院,一位老人正拄着双杖颤颤巍巍地向门口移动,当他看到我们时,说他自己要去晒太阳。此时,我请中年人问问他,附近有没有古城。中年人上前对着他的耳朵,几乎是喊着向他提出了我的问题,老人呆呆地想了好久,最后,他无奈地摇摇头,好像自言自语地说"我老了,都忘了"。然后,就不再理我们,继续向门外移动,去晒他的太阳。我赶忙上去,扶着他走出大门。到门外,他推开我的手,竟自去了。我目送着老人,心中很失望。此时,中年人似乎也很不安,他主动表示,再帮我找人,我跟着他出了城堡南门。南门外不远,有一座古戏台。戏台前一字排开蹲着许多晒太阳的人，其中以老人居多。中年人带我走到他们中间，我主动向大家散发香烟，他们并不客气，接过去就抽起来。我也开门见山地向他们提出了我的问题。话音刚落，就有一位老人，老经事故地问我是不是收古物的贩子。我拿出介绍信交给他，向他解释我的目的。他拿着介绍信似乎在仔细地看，不过我发现信是倒着的。而后，他冲我一笑，幽默地说"我不识字"，随之而来的是哄堂大笑。老人的脸色严肃起来，向我说"同志，别在意，我是说玩笑"。他站起来，拉起我的手，把我领到戏台上，用手向西南一指，说"听老人说，那边就有古城。有两个，一个叫上古城，一个叫下古城，两个古城是连在一起的"。他还告诉我，他在那儿耕地时捡到过铜钱。我问他远不远，他说不远，只有一里路。真是绝处逢生，喜出望外，我高兴极了，怕天黑了，急忙向大家拱手作了个圈揖，递过两包烟，嘴上道着谢，脚已向西南迈出。不到十分钟，我已出了村。又前行约200米，就跨过一个土岗子，土岗子内是一片刚翻过的庄稼地，地边上散布着许多瓦片，有大有小。我一片片翻过来看，有明的、有清的、有辽金的，也有更早的。越向南，早期的越多，在东南角一个高台的下面，我不仅找到了具有南北朝特征的陶片，还拾到一枚唐代"开元通宝"，因此这是一座唐以前的古城已无疑问。我登上一个高台，拿出地图和《水经注》的抄件与实际地理位置核对。古城东西长约800多米，南北有700米左右，被一道墙分隔成两半，由此应当分别对应的就是传说的"上下古城"。城的西边是河，城西墙西北部已被河水冲没。这条河就是《水经注》中所说的"沽河"的一段，即"大谷水"；城的东边约二华里的有一河水向东南流，经城南约100米流入"大谷水"，此水即是《水经注》中所说的"尖谷水"。一一核对，确凿不误，这里千真万确的是北魏长城内侧的军事重镇——御夷镇。它的发现也证实了我在独石口北找到的长城是北魏长城。当时，在荒野中只有我一个人，不知该怎样表达我的心情，我静静地坐在城墙上，默默地抚摸着那些破瓦片和生满铜绿的"开元通宝"。御夷镇和北魏长城是首次发现，对此后来县文化局、博物馆和省文化局及省博物馆也加以证实。

# 长城采访札记

## ——少数民族与长城

内蒙古四子王旗草原，最近几天特别热闹。草原上搭满各种帐篷，遍野插着红红绿绿的彩旗，空气中飘荡着诱人的牛羊肉香。大道上，健马嘶鸣，人来人往。广场上，人群熙攘。你看，那些姑娘，都打扮得像朵朵鲜花，她们凑群扎堆，有说有唱，好像花坛上落满了百灵鸟；小伙子们，身穿钉满铜钉，五颜六色的"召得格"（摔跤服），足蹬牛皮短靴，正在摔跤场上扭在一起，不分胜负；头上扎着红绿方巾，身着彩色衣裤的男女儿童，跨上骏马，你追我赶，飞驰在草原上；老人们也身穿崭新的蒙古袍，有的开怀畅饮，有的围在售货棚旁，挑选喜爱的商品。

许多中外游客，也挤在人群中，东游西转，买一把镶有宝石的精致腰刀，吃一顿别具风味的手抓羊肉。你看，十几名美国记者和摄影师组成的拔河队，在此起彼伏的呐喊助威声中与蒙古族小伙子相持在拔河赛场上。"那达慕"大会，已进入高潮，到处是欢声笑语，人人喜笑颜开。

"那达慕"是蒙古语，翻译成汉语是"娱乐"或"游戏"的意思。"那达慕"大会，就是内蒙古各旗、县每年都举行的"运动、娱乐、贸易"大会，主要项目有赛马、摔跤、射箭、歌舞等以及众多贸易活动。

过去，蒙古族人民过着"逐水草而居"的游牧生活。他们对大自然无限崇拜，每年在牲畜膘满肉肥的秋季，都要云集在一起祭"敖包"。"敖包"是一种土堆，祭"敖包"就是祭天地、山川、水草之神，以感激大自然的养育之恩。祭毕，牧民们便在绿茵茵的草原上享用祭品（酒和牛羊肉等），尽情娱乐。娱乐的主要项目是赛刀、摔跤和射箭。

现在的牧民，已不再去祭天、地、鬼神了，但在每年牛羊肥壮的秋季，仍会在草原上举行"那达慕"大会，以庆祝丰收和进行贸易交流。

草原上的早晨，那么宁静、空阔；空气湿润清新。多美啊，碧绿的草原和覆盖着大地的蓝天。

我缓步走在草原上，尽情享受着良辰美景。突然，在距我不是很远的前方，有两条并行的土墙，蜿蜒于广阔的草原上，向东西张望，看不见它的尽头。

我登上长满青草的土墙，发现两条土墙，外低内高，外薄内厚，外墙厚2.5—6米，内墙厚5—15米。外墙外面有一壕沟，宽约5—6米；两墙中间也有一条壕沟，宽在10—60米之间，内墙上每隔50—80米筑有一座突出在墙外的高大土台，这种土台叫马面。

这很像史料上记载的金代长城，也称"金界壕"。在采访"那达慕"大会之际，能有此发现，使我兴奋异常。为了证实这一判断，我沿着长城仔细搜索。向西，走了二十多华里，一路上，相隔500—2500米就有一座烽火台，相隔5—10华里就有一座小型城堡。辽、金时代的瓷片，随手可拾，在一座城堡里，我还拾到一枚铸有"崇宁通宝"字样的铜币。这种铜币，为北宋所铸，金朝也通用。这一切，都证实我的判断不错，找到了金代长城。

金代长城的发现，大大丰富了这次采访的内容。这时，我才感到有些累了，也渴了，准备返回。突然，一位身着蒙古族服装的人，在我前面翻身下马，拉着马向我走来，并用流利的汉语和我打招呼。他走上前来，用双手握住我的手说："同志，你是研究历史的吧？在这儿考察这边墙。"我点点头说："是。"他十分高兴。他自我介绍说，他叫策仁·道尔吉，是中学历史教师。他说，今天遇见了同行，非常高兴,一定要去他家喝茶。盛情难却,我和他同骑一匹马,向他家走去。他家就住在金长城北侧,距长城不足 100 米,是一座四方形院子,院内有五间土房,院落的后面有两座蒙古包,院子外面的草地上有数百只羊和马。

道尔吉把我让进蒙古包说:"虽说我们是游牧民族,现在我们也有了定居的房子,蒙古包在更换牧场时才住,平时用来招待贵宾。"说着用盘子端上三杯酒,双手举给我说:"请喝酒。"我刚推辞,他就单腿向我跪下,高声唱起了敬酒歌:

>……
>盛在银碗里的马奶酒哟,
>是对尊贵客人的祝福,
>……
>盛在金碗里的马奶酒哟,
>献给远道而来的贵客……

这悠扬、纯朴的歌,不由得不令人动情,我的眼睛湿润了,急忙接过酒,干了下去。

道尔吉见我喝了酒,十分高兴。又给我端了奶茶和奶酪,才在我旁边坐下。

道尔吉告诉我,他为了调查内蒙古的历史,去过许多地方,内蒙古有汉代、明代、秦代、北魏的长城,他们家门前的这一道是金代长城,当地的牧民称他为"成吉思汗边墙",现在地图上也这样标着。老人们也说,不仅秦始皇修过长城,蒙古族的祖先成吉思汗也修过长城。说着,道尔吉自己先笑起来,他说,不管他怎样向老人们解释,这条长城是女真族怕成吉思汗去攻打他们建立的金朝而修建的,可老人怎么也不相信。为此,还几乎挨了老人的打。

中国历史上许多少数民族如鲜卑族建立的北魏、北齐、北周,女真族建的金朝,都修筑过长城。最近调查发现满族建立的清朝也曾修过长城。北魏、北齐所修长城各有 2000—3000 千米,河北、山西境内的明朝长城，就是在北齐长城基础上修建的，金朝修的最长，有5000多千米，现在蒙古国、苏联境内都存有金长城。

道吉尔问我"去过呼和浩特没有？"我说"去过"。他说"他们全家经常去，每到那里，一定去昭君墓，看望那位为长城内外各族人民友好做出过贡献的汉族姑娘"。我们聊得正高兴，蒙古包外一阵马蹄声，一位老汉掀开门帘就走进来。他一见有客，就和道尔吉用蒙古语交谈起来。而后，向我走过来，从怀里掏出一瓶酒，打开瓶盖，就向桌上的酒杯里倒，道尔吉在旁边说："这是我父亲，刚从那达慕大会回来，见你来做客，很高兴。要和你一起喝酒。他不会讲汉语，我当翻译。"

我们一起喝了几杯酒，道尔吉和他父亲用蒙古语说了些什么，见老人有时点头，有时摇头。我猜想，道尔吉是在向老人介绍我们刚才的谈话内容。过了一会儿，道尔吉对我说，他父亲说"不管这道边墙，是成吉思汗修的也好，女真族修的也好，反正长城不光是汉族修的，是大家共同修的"；他还说"他十分敬重王昭君，蒙古族历史上也有一位英雄女子，叫钟金哈屯，也叫三娘子，汉、蒙人民也为她修了三娘子庙，以纪念她对蒙汉人民友好做出的贡献"。

三娘子庙，我去年曾去参观过。庙建在呼和浩特以西的美岱召。庙四周为绿树环绕，环境秀丽，殿内有彩绘壁画。每年，都有许多蒙古族和汉族人民前往瞻仰。内蒙古自治区政府已决定修葺三娘子庙，对外开放。

三娘子是明朝中叶蒙古族杰出的政治家俺答汗的妻子，俺答汗是蒙古族最强大的部落土默特部的首领，除在中国东北部的蒙古族部落外，都受他约束。他一登上汗位，就一改前任各首领进攻明王朝的政策，寻求恢复中断了的长城内外的经济交流，停止战争。公元1541年，他主动派使者，向明朝要求恢复通贡和在长城沿线开放市场，并保证"永不相犯"，但是明朝政府顽固地拒绝了他的请求，还杀了使者。但他不灰心，一方面每年都派使者去请求开放市场，一面用武力威胁，企图迫使明王朝答应。但是明王朝的顽固派始终不答应，并且不断地修筑长城。公元1550年，俺答率兵冲进古北口，直逼北京城下，迫使明朝政府答应恢复通贡，开放马市，但规定只准用马换取中原的布帛。开市以后，俺答为了照顾贫苦牧民的利益，向明朝政府请求允许贫者用牛、羊换粮食。这一合理要求被拒绝，并以俺答"乞请无厌"为由，斩杀使者，关闭市场。长城内外又烽火连天地打了二十年，虽然明朝又增修加固了许多长城，但北方的防务仍十分吃紧，只好把戚继光、谭伦等名将从南方调到北方，大规模修筑、加固长城，现在的八达岭、慕田峪、金山岭长城就是这个时期用砖包砌起来的。

公元1567年，明朝隆庆皇帝即位，更换了大臣，首辅徐阶，阁臣张居正，极力主张利用俺答的爱孙逃入明朝这一契机，改变对俺答的态度，改善关系。明朝送回俺答的孙子，答应开放长城沿线的市场，恢复通贡，俺答则保证"永不进犯"。第二年，明朝政府封俺答为顺义王，许多蒙古贵族也被授予各种职衔。从此，明朝与蒙古族各部（除中国东北部外）没有发生过大的战争，俺答的许多部落还参加了长城守卫，当满族从东方向明朝压迫过来时，他们也曾和明朝部队联合抗击。至今长城沿线还留有许多那时贸易市场的遗址。张家口市就是在当时贸易市场的基础上发展起来的。

俺答做出与明朝建立友好关系的重大决策，是和他的妻子三娘子分不开的，明代史料上有这样一段记载"虏妇聪慧善谋，兵权在手；上佑虏王，下抚诸部，令无不行，禁无不止"①。这位"虏妇"就是三娘子，她文武双全，深孚众望，是大权在手的蒙古族女领袖，俺答的一切主张，都为她所左右。

俺答去世以后，三娘子是蒙古族与明朝政策的坚决执行和维护者，她约束各部落不许有任何进犯明朝的行为。明朝在长城沿线抓到进犯长城的蒙古族人，也都送交三娘子，由三娘子处置，三娘子往往把他们打一顿屁股，然后命他们向明朝政府缴纳一定数量的牛、羊作为惩罚。她每年向明朝进贡一定数量的牛、羊、马，明朝政府每年也向她及蒙古族贵族赏赐各种布匹、绸缎等。她深受明王朝的重视，被

---

① （明）陈子龙：《明经世文编》卷四五〇《料理驭虏疏》，中华书局1962年版，第4952页。

封为忠顺夫人。

俺答死后,她曾想率两万军队,别筑城池,以养后半生,明朝政府怕她一走,蒙古各部失去控制,再起战火,就动员她依照蒙古族的传统习俗,嫁给她的非亲生儿子。三娘子为了汉蒙人民的利益,就一代接一代地嫁给俺答四代子孙。长城沿线获得了四十多年的和平。三娘子受到了各族人民的爱戴,在她生前就建了这座庙,庙内有刻于公元1606年的石碣,上刻有:

皇图巩固
帝道咸宁
万民乐业
四海澄清

此时,三娘子还在世(她于公元1612年去世),碣上所刻,正是对她功业的赞美。

如今,她已成了历史人物,但她的历史功业,将永远为中国各族人民所怀念。

我要和道尔吉父子告别了,他们送我到长城上,沿着长城走了很久,当我再次向他们致谢、道别时,老人从怀里掏出一个小佛,交到我手里,道尔吉告诉我,这是他父亲从长城上拾到的,送给我,希望我再来,再到长城上看看,到他家做客。

# 长城采访札记

## ——天下第一关

万事都有个开头，我拍摄万里长城，就是从山海关开始的。因为，据说它是万里长城的最东头，它还很雄伟，号称"天下第一关"，还听说那儿有一座很吸引人的孟姜女庙和大海。

1978年11月底，我和小戚乘火车到达河北省秦皇岛市山海关，山海关车站的站前熙熙攘攘，人很多，非常热闹。马路两旁有许多商贩在叫卖，有烧鸡、牛肉、馒头、包子等各种小吃。我们前走不远，就闻到浓浓的鱼腥味，马路两边的地摊上摆满了黄花鱼、大对虾、海螺和许多我们叫不出名字的海鲜，那螃蟹真大，一个足有一斤多，嘴里"嘟、嘟"地吐着泡沫，挥动着像钳子一样的大爪子在拼命地挣扎。

看海，这是我来的愿望之一。据说，在南城门上看海最壮观。我们沿着海鲜市场足足走了一里路才到尽头，来到南城门。登上南城门，我点着一支烟，想稍事休息一下，小戚忽然手指南方兴奋地大声呼唤："老成，那是海，我看见大海了！"

不错，那是一片壮丽、碧蓝无际的大海，在阳光下，闪烁着耀眼的金光，极目之处，一只只渔船扬着帆，驰向那天际的尽头。

我转过身，向北望去，北边是山，是重重叠叠的山，朵朵白云像天女撒下的花瓣，从山顶缓缓落下，消失在半山之中。

我的脚下，我的眼前，是一座古城，它几乎还保留着它那古老的面貌，街道很窄，两旁的铺面，仍是明、清时代的建筑。横竖交错的小巷里，是一层层标准的中国四合院，那矗立在东门上的高大城楼，使古城显得那么壮丽，此刻此地，我才领悟到，山海关的名字起得多么确切。

山海关城建于明朝。当时，朱元璋刚推翻元朝，建立了明朝，被推翻的元朝残余势力，退到中国的东北地区和燕山以北，建立了北元政权，而且还有近百万军队，力图复辟。为了防御东北和燕山以北的北元势力，朱元璋派开国元勋、大将军徐达镇守北平（现叫北京），并沿着燕山修筑从慕田峪以东至山海关的长城。公元1381年，徐达在这里设立山海卫（明朝的一种军事单位。一个卫统兵约5600名），修筑山海关关城，此后山海关又经过多次修葺和扩建。

区政府招待所有一位姓张的管理员，年近半百，健谈、热情而且博学，自称精读《资治通鉴》已若干遍，自荐陪同我们采访。第二天，东方刚闪出一线鱼肚白，我们已来到东门城楼前。小戚高举双臂比量着说："好高哟，怕有20米高吧！"老张说："不止，今年测量过一次，城台高12米，城楼高13.7米，总高25.7米。城楼东西宽10.1米，南北长19.7米。楼为二层，底层高5.7米，上层高8米。城楼的北、东、南三面，共设68个供射箭用的箭窗。"城楼为砖木结构，圆柱漆成红色，其他木构件上都画有明式彩绘，楼脊和四周飞檐上装饰形态各异的脊兽和吻，城楼建筑精巧而气势又十分雄伟。

高悬于城楼上的巨幅"天下第一关"匾额写得笔致圆浑，气势雄阔，和城楼十分相配，可惜没有落款，不知出自何人之手。老张似乎揣摩到我的心思，主动介绍，匾上的字，是明朝成化八年（1472）一位叫萧显的进士的手笔，他是书法家和诗人。他还告诉我们，现在挂在楼上的是复制品，原匾额保存在楼内。最后，他神神秘秘的问我"你知道他是哪儿的人吗？"我遗憾地摇摇头，他用手往地下一指，提高嗓门说"就是我们此地人！"那语气，那神情，使我感到他比原来也高出了一截，敬意也增加了几分。

我们顺着马道，登上城楼，拍摄了一楼内展室的展品之后，文物管理所的同志特准我们登上二楼观览全城（为了保护地板，二楼不开放）和拍照，并向我们介绍了关城的情况。

关城呈方形，城墙高14米，厚7米，城墙中心用黄土夯筑，外包一米多厚的砖。关城有四个门，南门遥对渤海，所以叫"望洋门"；北门对着蒙古各部所以叫"威远门"；西门面对国都，叫"迎恩门"；我们所在的东城门叫"镇东门"。以前四座城门上都建有雄伟的城楼，由于年久失修和战火破坏，至今只剩下镇东门城楼了。南门的城楼毁于1933年1月日军进攻山海关的战役之中。中国军队在南城门上与侵华日军展开了浴血奋战，最后全部壮烈殉国，在这里打响了长城抗战的第一枪。

关城东墙上，除现有的这座城楼之外，以前还有四座城楼，南面有奎光楼、牧营楼；北面有临闾楼和威远堂。山海关关城四门之外，都有保护城门的瓮城。东、西两门瓮城的外面，还有保护瓮城的罗城。关城南北两侧各有一座保护关城侧翼的翼城。关城周围挖有护城河，关城东门外约一千米的地方，从南向北排列着许多古代兵营遗址和一座威远城遗址。

小戚突然问文物管理所的同志"长城在哪里呢？怎么没有看见长城？"文物管理所的同志领我们走到二楼门前的走廊上，用手向下、向南、向北来回划了一个大弧形说"这就是长城，你们就站在长城之上"。

原来，关城的东墙，就是长城，它向北一直爬上北面的角山顶，向南伸入渤海之中。山海关是由一道横跨山海之间的长城，以及关城和子城组成的要塞，构成了"一夫当关，万夫莫开"的坚固防线，古人称赞它"两京锁钥无双地！万里长城第一关"，确是名副其实。

下午，去老龙头采访。我们骑自行车，沿着长城旁的乡间土路骑了半小时，就到达海边。此时，正开始涨潮，瞧！那茫茫无边的大海上，滚滚滔滔，一浪高似一浪，撞到礁石上，"唰"地卷起几丈高的浪花，发出"叭、叭"的巨响，高达十多米的长城，就矗立海岸上，浪花溅起的水珠，不断溅落在长城上，我问老张"这是老龙头吗？"他只是点了点头，而后幽默地说"这是龙的耳朵，龙的嘴在海里呢！"我们脱下鞋，拎在手里，卷起裤腿，向水边走去，大约走了五分钟，忽见海水中出现了一片巨石堆，陪同指着它说："这才是真正的龙头！"

老龙头，是明朝中叶的著名将领戚继光所修。据记载，这段伸入海中的长城，长约 21 米，高约 10 米。古人曾把长城比做巨龙，这一段长城，伸入大海之中，好似龙头，故人们把这段长城称为老龙头。

堆砌老龙头的巨石中，有天然的礁石，也有经加工后投入的石块，石块上凿有孔，孔中还留有铸铁痕迹，这是当时为了连结石块在孔中浇入的熔化的铁汁。老龙头已经坍塌了，但它的名字仍远扬海内外，每年都有许多中外游客慕名而来。它之所以受到人们的青睐，是因为大家都把老龙头当作万里长城的起点，来之前，我看的教科书上也是这么写的。

可是，老张告诉我们，我们的先人修过许多许多的长城，有的在很远的地方，有多远，有多少个头和尾，他也说不清楚。在我们眼前的是明朝修的长城，其实，明朝长城的头，也不在老龙头，而是在千里之外的辽宁省的鸭绿江边。史书上都记载长城有九个镇，山海关外还有一个辽东镇，为什么后人都把辽东镇遗忘了呢？这是有原因的。清朝建立之前，满族曾是明朝的臣民，许多人都住在辽东镇的长城之内，清朝开国皇帝努尔哈赤还是明朝封的龙虎将军。清朝建立之后，清朝皇帝不愿承认他们曾是明朝臣民，对历史进行大量的篡改，辽东镇也就渐渐地被人忘却了。老张在说这些的时候，语气平淡，听得出来，言语之间有许多遗憾，是对学问之不足，还是对长城的头不在山海关？也许两者都有。不过，我听此一席话，还是有胜读十年书之感，仍从内心中十分佩服管理员的博学。

我们由老龙头返回海岸，岸边树林深处，是一座古城址。据文献记载，这座古城叫"宁海城"，是明朝建的兵营。宁海城上原有一座城楼，名为"澄海楼"，楼上有匾曰"雄襟万里"。澄海楼面对渤海，气候宜人，风光秀丽，每当清代皇帝回奉天（今沈阳）祭祖时，都要在此住几天，饮酒赋诗。遗憾的是，1900 年，八国联军攻占宁海城，火烧了澄海楼。《辛丑条约》之后，宁海城成为英军兵营。现在澄海楼遗址上，还架有一门带有王冠标志的英制大炮，就是那时的遗物。

古城址内的一片林荫下有块石碑，碑上刻有"天开海岳"四个大字，据说，是戚继光所书。

晚饭后，山海关文物管理所的郭述祖所长来看望我们。郭述祖所长非常热爱自己的工作，在北京时我就听说他是研究长城的"土专家"。他了解了我到山海关的意图之后，非常高兴，把轻易不外借的《临渝县志》送到招待所。他也搬到招待所住，准备与我彻夜长谈。我告诉他，我准备用一年左右的时间，沿长城走一遍，拍摄一批能反映长城雄伟姿态和记录长城现状的资料照片。他听完后把脑袋摇得像拨浪鼓一样，说："不可能，不可能。"他告诉我，万里长城不只是万里，到底有多长，他也不知道，估计至少要比万里多几倍。人们习惯上说的长城，都是指明朝修筑的长城。而且明朝的长城也不是一条直线，是由许多道长城构成的防御工程。中国历史上的许多王朝都修过长城，各朝长城并不都修筑在相同的位置上，秦始皇修筑的长城在明长城以北很远的地方，汉朝修筑的长城就更远了。郭所长还告诉我，秦始皇也并不是中国修筑长城的鼻祖，早在春秋战国时期，中国就开始了长城的修筑……

天都快亮了，郭所长还在滔滔不绝地向我介绍着，我也听呆了。他介绍的这些有关长城的情况，都是我闻所未闻的，新鲜极了，都是绝好的新闻素材，我暗自庆幸自己选了一个出新闻的好题目。我心中下定决心改变原来的计划，要把全部长城进行一次系统的采访，全面的报道。为此，我请求郭所长能更详细地介绍这些长城的现状以及它们所在的确切位置。但郭所长的回答出人意料，他告诉我，他的这些资料是从书上查出来的，实际情况他也不知道，要我回北京向长城专家罗哲文先生请教。

次日，我们又沿长城爬上了关城北十里的角山。在长城上我看到了多种多样的建筑，墙上两边都矮墙，矮墙上部有间隔的缺口，中部和下部有形状不同的孔，墙上和内外都筑有高大的台子，它们位置不同、形状各异，有两层的、有一层的，有实心的、也有空心的，有的在顶部还建有一间小房子。我一边走，一边向老张请教它们的名称和用途，此时的老张也成了闷葫芦，摇头多，说话少，顶多说三个字

"不知道"或"不清楚"。后来，我也不再难为他了，见了新鲜的只管拍照，贵姓大名和用途以后再说吧！

角山的山后是一座水库。这水库原是一条河，叫石河。1972年，在山间河口筑起大坝，拦住石河水，建成了水库，人们称它为"燕塞湖"。库水荡漾在重峦叠嶂之间，随山势迂回曲折，两岸奇峰怪石林立，山水互映，风光十分秀丽。古代石河两岸却是跃马横枪，杀尘滚滚的战场，李自成和吴三桂就曾大战于石河两岸。

这一战役发生在公元1644年4月，当年3月初农民起义军已进逼北京，明朝崇祯皇帝为了保卫北京，就封镇守山海关的总兵吴三桂为平西侯，令他回师北京。在吴三桂回京途中，农民起义军已攻破北京，崇祯皇帝也已自杀身亡。吴三桂的父亲吴襄已向农民起义军投降，而其舅父祖大寿早已投降清朝，此时，吴三桂对他何去何从还踌躇不决，就先引兵返回了山海关。李自成命吴三桂的父亲吴襄写信给吴三桂劝降，并送给吴三桂白银四万两，以慰劳他的军队。正值吴三桂准备投降率军入关的途中，他听说他最喜爱的妾陈圆圆，被农民起义军领袖之一的刘宗敏占有，十分恼怒，就决定投降清朝与农民起义军为敌。李自成亲率精兵进攻山海关，双方各二十万大军列阵于石河两岸，激战一日，不分胜负，第二天继续激战，眼看吴三桂将要败阵时，突然清军从吴三桂军队的侧翼冲出突击，农民军大败而退。据《明史》记载说"自相践踏死者无数，僵尸遍野，沟水尽赤"[①]。这场战役是李自成农民起义从成功走向失败的转折点。

我们在山海关的最后一个活动，就是采访孟姜女庙。中国许多地方为孟姜女修过庙，山海关的孟姜女庙要算保留的最好的一座了。孟姜女庙坐落在关城东13里，一个叫望夫石村的村落后面的一座小山丘上。这座小山丘，当地人称作凤凰山。一进庙门，全部建筑都已在视野之中，有钟楼、前殿、后殿、振衣亭等，庙宇不大，占地约0.1公顷。

---

① （清）张廷玉：《明史》卷三〇九《流贼列传·李自成》，中华书局1974年版，第7967页。

正殿门口挂着一副楹联，上联为"海水朝朝朝朝朝朝朝落"，下联为"浮云长长长长长长长消"，传说为南宋丞相文天祥所作。这是带有文字游戏性质的楹联，它利用中国字的一字多义和谐音的特点写成，据说有多种断读方法，最流行的断读为"海水潮，朝朝潮，朝潮朝落；浮云涨，长长涨，长涨长消"。

前殿正中，龛里为孟姜女的彩绘泥塑，她身着青衫素服，面带愁容，遥望渤海，孟姜女泥塑两旁，各有一泥塑儿童，一背包袱，一持雨伞，据说是她的两个孩子，龛上横额"万古流芳"，两旁楹联："秦皇安在哉，万里长城筑怨；姜女未亡也，千秋片石铭贞。"殿内东壁也有一幅"天下第一关"石刻，西壁上刻有清朝康熙、乾隆、嘉庆皇帝的"御笔"题诗。

后殿的后面有一块巨石，上刻有"望夫石"三个大字，还有清朝皇帝的"御笔"题诗。传说，当年孟姜女天天登上此石，遥望修长城的丈夫。在望夫石东南十华里的大海中，有几块矗立的礁石，就是传说中的孟姜女坟。近年，在礁石北面的海岸上发掘出一处规模很大的秦汉宫殿遗址，有的专家认为是秦汉时期的碣山宫，进而也认为海中的礁石就是文史学界争论已久的"碣石山"。

孟姜女哭长城的故事是我国民间传说的优秀作品，与《梁山伯与祝英台》《白蛇传》和《西游记》并列为中国四大传说。现在山海关成立了"孟姜女故事研究会"，每年都举行学术研究活动，许多国外的专家、学者也是这些研究活动的积极参加者。这个故事在中国流传了两千多年，在不同的时代、不同地域，故事内容都在演变，反映着时代和地区的特征。不过所有的故事都有一个共同的情节，就是孟姜女的丈夫，被秦始皇抓去修筑万里长城，死于艰苦的劳役之中，于是孟姜女千里寻夫，哭倒了万里长城。

数日来我都沉浸在采访的兴奋之中，白天，马不停蹄的奔波，按动快门，记笔记；夜间，"唰、唰"地翻着借来的县志，从未感到疲倦。回程的火车开动了，一股股呛人的煤烟从开着的车窗冲进来，大海的气息渐渐地淡了，消失了。此时，我似乎才又是我。我沉思着，在长城上拍的那些奇特而不知何物，不知何用的物体，在说明中如何交代，编辑的脸色是可想而知的！下一步的采访如何进行呢？一切希望都寄托在专家罗哲文先生身上了。

回到北京，我满怀希望找到了罗哲文先生，罗先生对我的计划非常赞成。他认为有关长城的报道，可以作为向人民进行爱国主义教育、传播历史知识的好教材，也可以为长城旅游事业的发展开路和提供资料，是大有作为、有开拓意义的好题目。罗先生介绍起情况来比郭所长进了一步，每讲一种情况，都能引证几种典籍为佐证。他一条一条地讲，开始我还一条一条地记，后来实在记不下来，只好专心地听。罗先生不厌其烦地讲了一下午，而我的脑袋里好像装满了浆糊。最后，我只好向罗先生重提向郭所长提出过的请求，并希望能借给一份整理好的或已出版的有关长城的文字资料。他遗憾地告诉我，长城的研究工作和实地考察尚未开展，对我提的问题如果用外交辞令说，就是"爱莫能助"。我向罗先生告辞时，罗先生向我口述了参考书目和上海科影准备拍摄《长城》纪录片的剧本。

回到家里，我看着记录有一大串书名的笔记本和电影剧本发了愁。长城有上下两千年的历史，纵横几万里的长度，真是狗咬刺猬，不知从哪儿下口呢？难啊！

# 三　考察记录和采访随记

# 延伸向罗布泊的长城

离开玉门关，我们与甘肃省考古工作队的队员会合，沿着伸向罗布泊的长城继续西行。这支队伍，包括向导，一共八人，八匹骆驼。由于多数考古队员不会骑骆驼，向导就把骆驼分成两队，每四匹一队，每队选出一匹骆驼领头，后面的骆驼，一匹接一匹的用绳子拴在前一匹骆驼的鞍子上，由头驼领着走，向导老段和我各带一队。

中午时分，我们越过了两座烽燧，走出了湖滩，又走上茫茫无际的戈壁滩。据向导说，才走了不到二十里路，这里已难以见到长城的踪迹，只是偶然在沙砾下见到筑城用的芦苇捆。此时阴云四起，天和地灰蒙蒙的融为一体。看不见太阳，也就失去了辨认方向的唯一标志，大约又走了半小时，爬上一个小沙坡，前边的队伍停了下来。向导说，他已辨认不出方向。考古队队长岳邦湖爬下驼背，在地上铺开地图，打开罗盘，测定我们所在的方位，老段从考古队队长那儿要来望远镜向四下张望，突然，他向远方一指，喊道"向那边走，二十里大墩快到了"。我们纷纷围拢过来，接过望远镜向他指的方向瞭望，我从望远镜中看到有一座烽燧矗立在戈壁之上。大家催动骆驼向烽火台进发。老段边走边对我们说："我父亲告诉我，他讲他的祖父讲，汉朝时候，有个叫张骞的人，被汉武帝派去西域，他第一次冒险走的就是这条路。他走时带了100多人，路上被匈奴抓住，劝他投降，并给他娶了匈奴女为妻。但张骞不投降，10年后他带着匈奴妻子逃跑了，历尽千辛万苦，到了葱岭（现帕米尔高原）以西，又返回来，途中又被匈奴扣留了一年多，回到长安时，只剩下他和匈奴妻子及随从三人。他向汉武帝报告了他的见闻，汉朝就沿这条路修了长城和烽火台，后人通过这里，就受到了长城的保护，沿着烽火台指引的方向走，就不会迷路。""二十里墩"高约十米，在平坦的戈壁上，如果天气晴朗，二十里之外一定能看见它，也许这就是当地人叫它二十里墩的缘由吧！当我们的骆驼队行过时，我拍下这难得的场面，作为留念，感谢这座"路标"使我们免于迷途。

越过浩瀚的戈壁，进入了罗布泊东侧的雅丹地貌区域。据向导说，冬季这一带常刮狂风，有一种"黑风"最可怕，刮这种风时，隆隆声响如雷，刹那间就天昏地暗，伸手不见五指，犹如黑夜，飞沙走石，能把人卷到天空中去，最终会在风力减小时掉下来摔死。久而久之，这里疏松的沙土被刮走，留下了不易被风蚀的坚硬黏土层，再加上夏季暴雨的冲刷，逐渐形成一座座高大的土台，一条条深沟大槽。这种地貌，被称为雅丹地貌。我们身居这些深沟高台之中，见有的土台像高楼大厦，有的像猛兽，有的像高大的烽火台。汉代的长城已被风蚀的只剩下几十厘米的残迹，烽燧也多利用这些高大土台稍加修筑而成，我们在土台之间漫游，宛如置身于古城之中，十分有趣。在高台、沟谷之中，生长着芦苇、甘草、罗布麻、红柳、骆驼刺等植物，那千姿百态的胡杨树最令人喜爱。深秋的胡杨叶子呈橙黄色，表面像涂了一层蜡，闪着亮光，它们从树冠以下到处都长满了根，这些根伸向几十米远的地方才扎入土中。老段告诉我们，胡杨树被当地人誉为"英雄树"，它们耐干旱、耐盐碱、抗风沙。胡杨树的根扎在地下可深达十米以上，为的是吸收那少得可怜的水分。而这些水中含有大量的盐碱，胡杨树能把多余的盐碱从树干排泄出来，一行行顺着树干流出来，好像是泪水，人们称它为"胡杨泪"。老段从树干上剥下一块已结晶的胡杨泪给我们看，并告诉我们用它发面比用发酵粉发的面还好。他指着一条条树根说，这些根不仅为了吸收水分，而且它们还像锁链一样把树干牢牢地固定在地上，多大的黑风也刮不倒它。听完老段的介绍，我们对胡杨树有了进一步的认识，我佩服自然造化万物之巧妙，更佩服胡杨树战黑风、抗干旱、争生存的顽强的生命力。

当我们兴致勃勃地赞叹英雄树的时候，小戚爬上了一座高大的土台,他指着远方向我们大声喊道:"前边有个村庄,还有湖。"我们纷纷爬上台顶,向他指的方向望去,果然看见前方若隐若现的有一处村庄,还有一弯湖水在闪光。我们问老段,前方到了什么地方,是什么人住在那儿,老段笑嘻嘻地说:"时间不早了,大家也玩够了,去前面那个村子住宿吧。"我们收好照相机,骑上骆驼,直奔前面的村庄。走了约莫半小时,但看着村庄和湖水离我们还像刚才看见得那么远,又走了半小时,我们和村庄的距离仍不见缩短。小戚大声问老段:"怪啊,怎么老走不到呀,到底有多远?"老段笑而不答,斜着眼看着我,我恍然大悟,便脱口说出"那是海市蜃楼"。大家一听到海市蜃楼都兴奋起来,以探问的目光看着老段和队长老岳,老岳说"确实是海市蜃楼"。接着他向大家谈起古来,他说,自从汉武帝派兵打败了匈奴,把长城延伸到新疆的罗布泊,在长城的保护下开通了通向西域的丝绸之路后,许多人都争着作为使者出使西域。这些所谓的汉朝使者大都是想借着官府的资本到西域经商谋利的商人,他们成群结队地走在我们现在走的这条大路上,一队多的时候有数百人,少的也有百余人,每年多则十几队,少则五六队,赶着数以万计的牛羊,带着数以万万计的货币,足迹遍布南亚、中亚、西亚等地方,一去就是八九年,谋取暴利后又携带着西域的特产返回汉朝。西域的使者也带着大批的货物沿着这条路来到长安,这些使者大多数也是商人冒充的,他们到达长安受到汉朝政府的热情接待。据史料记载,当时"设酒池肉林以飨回夷之客"①,当皇帝出游时,还让他们跟在后面,走到哪里生意就做到哪里。中国的丝绸、冶铁技术、打井技术、造纸术和中原文化从这条大路传向西方;西方的宗教、杂技、乐器和各种农作物、蔬菜、水果等也从这条大路流入中原,大大丰富了中国内地人民的精神生活和物质生活,这条大路为人类文化交流做出了巨大贡献,在世界上也是享有盛名的。不过,没有汉代长城的保护,这条大路的出现和保持数百年的畅通是不可能的,可以说汉代长城对人类文化交流做出的贡献不亚于丝绸之路。不过长城只能保护这些商人免于匈奴的杀

---

① (汉)班固:《汉书》卷九六下《西域列传》,中华书局1964年版,第3928页。

掠，恶劣的自然环境依然使他们付出了巨大的代价乃至生命。现在我们走的这一段是汉代丝绸之路中最可怕的地段之一，古人称这一雅丹地貌区域为"魔鬼城"。在这个区域经常可以见到"海市蜃楼"的现象，那些形态各异的土台与蒸腾的气浪掺杂在一起，也常像城市、村庄呈现在你的面前，尤其在傍晚、清晨往往引起人们的幻觉，似乎听到远处有人在呼唤你，一旦你在虚幻中离开人群，那么你就走上了死亡之路。这一带死人最多，当人们找不到烽火台做路标时，往往以人的尸骨作为路标，中国古代文献《北史》中记载了这种可怕的情景，"自敦煌向其国，多沙碛，茫然无有蹊径，欲往者，寻其人畜骸骨而去。路中或闻有歌哭声，行人寻之，多致亡失，盖魑魅魍魉也"①。

老岳的话古，让我们长了不少知识，刚才对雅丹地貌的情趣，一下子转化对它的恐惧。望望那土台上的烽燧，有的还保存得十分完好，高达八米，当年施工之艰难，守卫之困苦，令人难以想象。

当夜，我们到达一个叫马迷途的地方，是台地中的一个盆地，长满了芦苇，东部和北部的台地上都修筑有烽火台，据文献记载，汉代丝绸之路在这里分为两道，一道向西南行，与阳关道会合；一道向西北行，经过疏勒河，穿过白龙堆到楼兰。我们决定住宿在马迷途，第二天继续走北道。这里有一座用芦苇搭成的约四平方米的棚子，可能是打柴人或牧羊人在这儿住过，我们围拢在棚子里吃晚饭，饭是西瓜拌烙饼，先把西瓜在地上摔两半，然后把风干的烙饼掰碎，塞入西瓜内，待西瓜汁把干饼浸软后，与西瓜一起连吃带喝地吞下去，最后，再吃一点咸菜，这顿晚餐别有风味，大家吃得很香甜。

第二天一早，除留下人看守东西外，其余的人带上水和烙饼骑上骆驼向北考察。我们顺利地找到了七号、八号烽燧（这顺序号是英籍匈牙利人斯坦因于1906年至1908年在这一带考察时编的）。为了寻找六号烽燧，我们沿着古疏勒河道西岸行走了四个小时，到下午四点还没找到，水和食品也快吃光了，于是打算放弃找六号烽燧的计划。这时，不知谁喊了一声"前边有烽燧！"遥遥望去，疏勒河西岸好像

---

① （唐）李延寿：《北史》卷九七《西域列传》，中华书局1974年版，第3215页。

有一座烽燧矗立,我们打消了回去的念头,继续向前进。当我们走近时,大失所望,这哪是烽燧呀,原来是一个高大的土台,再向前看,不远处又像是有一座烽燧,我们又满怀希望前去观看,结果还不是,就这样一直找到天黑,仍未找到六号烽燧,想返回住地已是不可能了。老段带着我们走进一片红柳丛,在一块较为开阔平坦的地方,我们下了骆驼,卸下食品、大衣和器材。红柳生长在一座座高大的沙丘上,它们的根盘根错节地把沙丘紧紧固定起来,这大概就是这些沙子不能移动形成沙丘的原因吧。跑了一天,感到人困马乏,刚卸了物品的骆驼就迫不及待地奔向红柳,大口大口地吃起红柳枝来,我们也是又饥又渴,老段检查了我们的食品和水,只剩下半桶水(约三公斤)和一斤多烙饼,烙饼已经有点发霉,我们每人只喝了几口水,吃了一两多烙饼,余下的留作第二天返回时用。大家找一块平地,一件大衣铺在地上,一件大衣盖在身上,用鞋做枕头躺下睡觉,不到十点钟,几乎所有的人都醒了,好冷啊,气温从白天的30多摄氏度,一下降到近摄氏零度,腹内缺食,穿得又是单衣,实在抵抗不了。老段首先起来,他走上大沙丘拔红柳,见他拉住一棵直径有十公分的红柳根,只轻轻一拔,就拔起来了,我们也去拔,那长着绿叶的红柳根好像多年的朽木,不用费力就能折断。不一会儿,就拔了足有上千斤。老段用一根火柴就把柴堆点着了,火燃得旺极了,好像浇了汽油一样。开始大家围在火堆旁嘻笑着烤火,尔后便围着火堆躺下睡觉。火越烧越旺,向着火的一面烤得烫了,背对火的一面又冷得厉害,只好不停地翻身,就这么翻来覆去的折腾了一夜,大家谁也没睡好觉。天一亮,大家又起来骑着骆驼往回赶。返回的途中经过了一个土台群,我看见一座像古城堡的高大土台顶上,好像有人工建筑物,一位年轻的考古队员快步爬上台顶,举起双手向我们高喊"六号烽燧找到了!"我们高兴极了,真是踏破铁鞋无觅处,得来全不费功夫。

中午时分,离马迷途已经不远了,因为我忙着拍照片因此和前面的骆驼队拉开了约半华里的距离。突然,我看见前面的骆驼都狂跳起来,驼背上的人也纷纷摔了下来,乱作一团。我们都惊叫起来,向前赶去,当我们赶到时,骆驼已四散而去,一个人紧抱骆驼峰被带走,老段一瘸一拐地在后面追，其他两人都摔在地下，还有一个人还坐在鞍子上。我们一问才知道，当他们接近芦苇丛时，突然从芦苇丛里蹿出一头花牛，大概骆驼以为见到了什么怪物，吓得狂奔，但这些骆驼又都被拴在一起，跑不脱，就乱跳，人都摔了下来，最后骆驼挣断了绳子，才四散而去。老段把骆驼追了回来，救下了抱着驼峰的考古队员，庆幸的是没有一个队员受伤，只有一头骆驼的鼻子被拉豁了。岳队长见无多大损失，就打趣地说"大难不死，必有洪福，明天定有大收获"。果然，第二天我们在马迷途附近发现了一座过去没有被人发现过的烽燧，在烽燧中找到了当年修烽燧时用的一个托泥板和一把扫帚。由于已快水尽粮绝，我们只好往回返，大家都渴望，有朝一日一定沿着长城穿越罗布泊。

# 长城追踪考察记行

1995年7月下旬,乘儿子放暑假,我与他骑自行车进行长城考察。出发当日,妻子和朋友都来送行。一位在公司当老板的朋友,找了一辆卡车把我们送到了十渡,免了我们不少辛苦。十渡,10年前我就来过。当年这里还不是旅游区,一切都是纯自然,在秀丽的山水之中玩得那么自在,那么野性。现在这里的山水依然是那么秀丽,只是多了些商业气息。这次来十渡,本意并不在游山玩水,而是要寻找长城遗迹。我多次乘火车去太原,途经十渡至平峪车站之间时,发现有长城遗迹。根据长城的走向判断,我认为十渡附近应该有长城。我和儿子骑着自行车在十渡至六渡的山川河流之间寻找了近一周的时间,毫无长城的踪迹。无奈之下,准备离开十渡,前往涞水县继续寻找。

离开那天,天不亮我们就起程了。因为是上坡,车骑不动,只好推着走。天刚蒙蒙亮,我们路过一个小村子,恰巧有一对年轻夫妻从家里出来,我走向前向他们打听当地有无长城。男青年回答"长城没有,有边墙,我们这个村就叫墙根"。他用手向村里一指,说"那就是边墙"。顺他指的方向望去,真不敢相信,那是长城?矮的地方,墙体仅高出地面隐约可见;高的地方已是农家的院墙。如果没有人指点,谁也不会相信那是长城。无论它如何不起眼,毕竟我们还是在十渡找到了长城,不虚此行。我们正向夫妻二人道谢,突然有两只乌黑的小鸟在我们头上盘旋飞舞。我儿子惊喜不得了,把手扬起来叫"来!来!"没想到,其中一只竟然真的落在他的手臂上,还冲着他叫。我们从来没有遇到过这种稀罕事，真是乐坏了，我眼疾手快地把这个镜头拍了下来。那位女青年说"这种鸟，不怕人，跟人特别好"。据女青年说，当地人称这种鸟为"雅鸟"。《昭明太子集》中有梁太子萧统的一首名为《晚春》的五言诗，诗曰："紫兰叶初满，黄莺弄始稀。石蹲还似兽，萝长更胜衣。水曲文鱼聚，林暝雅鸟飞。渚蒲变新节，岩桐长旧围。风花落未已，山斋开夜扉。"① 诗中的雅鸟不知是否即指此种鸟。

经过三天的艰辛旅程，我们到达了北京市与河北省涞水县交界处的大龙门峡谷。峡谷山峰耸立，拒马河支流小西河穿峡而过。古人曰："则夫龙门也者，正以湍峻束狭意象如门。而又龙者，水行之物，故取象以名"②，所以称大龙门。峡谷的东口，河的南岸有一座城堡——大龙门堡，其是明长城"内边"的重要关隘。此峡谷自古就是北京通往大同、张家口和涞源、倒马关的交通要道，为兵家必争之地，被誉为"疆域咽喉"。据《四镇三关志》记载，堡城为明朝永乐八年筑③（《西关志》记载为宣德二年筑④），属真保镇紫荆关管辖，下辖关口13处，长城625丈，附墙台23座，空心敌台14座。城堡有东西二门，西门原有"镇宣威武"四字门额（已毁），东门门额"屏翰都寿"保存尚好。城堡的城墙多以条石、青砖和碎石垒砌，城堡围长约四华里。

大龙门城西北约1华里，拒马河水从峡谷中穿行东去，两侧峭壁千重，形势险要。在两峰壁立的崖口两侧，有明朝时留下的摩崖刻石数十处，包括词、绝句和题刻。刻石文字有大有小，大者有"万仞天关"，贯通石壁，气势浑厚；字体稍小的则有"龙门峡""清泉泻涧"

---

① （南朝梁）萧统著，俞绍初校注《昭明太子集校注·晚春诗》，中州古籍出版社2001年版，第225页。
② （宋）程大昌：《演繁露》卷八《龙门》，山东人民出版社2018年版，第142页。
③ （明）刘效祖撰，彭勇、崔继来校注：《四镇三关志校注》卷二《形胜考》，中州古籍出版社2018年版，第85页。
④ （明）王士翘：《西关志·紫荆图论》卷一《城池》，北京古籍出版社1990年版，第288页。

"千峰拱立"等。从峡谷再向东，题记有"金汤万仞""玉垒千寻""疆域咽喉""峭壁千重""龙行虎踞""天成形胜"，特别是"两山壁立青霄尽，一水中行白练飞"七言绝句，气势磅礴，把龙门峡谷的独特风光描绘得淋漓尽致。

西出龙门峡，沿沙东公路（沙城至东回舍）北行至一个叫李家堡的小村，又渴又饿，既无饭店，也无旅馆。正无奈之际，发现路边有一个卖油盐酱醋的小店。我们找店家想买一些饼干和啤酒充饥解渴。店家十分热情地邀请我们进家吃饭，饭间闲聊，在谈及我们此行的目的是寻找古长城时，店主出乎意料地告诉我们，他们村后面的山上就有古长城。

第二天清晨，村里派了一位向导领我们去找长城。途中，向导告诉我们，我们爬的山叫小五台山。小五台山位于张家口南部，蔚县、涿鹿交界处，其地理位置为东经114°50′至115°15′，北纬39°40′至40°10′，是恒山余脉，平均海拔2000米，其中东台最高，为2882米，为河北群山之冠。自清晨爬到中午我们才看到长城。这段长城为巨型石块修筑，已全部坍塌，石上长满了青苔和野花，其建筑形制全然与明代长城不同，且在明代的有关文献中，也没有这段长城的记载。在我的记忆中，《史记·赵世家》记载（赵肃侯）"十七年，围魏黄，不克，筑长城""正义：刘伯庄云'盖从云中以北至代'。按：赵长城从蔚州北西至岚州北，尽赵界。又疑此长城在潭水之北，赵南界"[①]。《蔚州志》"古迹"条引明朝尹耕撰的《九官私记》曰："余尝至雁门，抵崞石，见诸山多有剥削之处，迤逦而来，隐见不常。大约自雁门抵应州，至蔚东山三涧口，诸处亦然。问之父老，则曰：'古长城迹也'……及读史，显王二十六年，有赵肃侯筑长城事，乃悟。盖是时三胡并强，楼烦未斥。赵之守境，东为蔚、应，西则雁门，故赵肃侯所筑以之。则父老所谓长城者，乃肃侯之城，非始皇之

---

① （汉）司马迁：《史记》卷四三《赵世家》，中华书局1963年版，第1802页。

城也。"① 想到此,我眼前一亮,大声喊道"找到赵长城了!"真是踏破铁鞋无觅处,得来全不费工夫。下得山来,天已经黑了。回到村里,请房东炒了几个菜,请来村里的干部,痛痛快快地喝了个晕头转向。

第三天,村干部找了一台"三马子"手扶拖拉机,把人和自行车都装上车,送我们到一个叫三岔的地方。这里三面山上都有烽火台,从建筑形式看都是明朝所修。在此,路分三条,向南是我们的来路;向北去张家口;另一条则折向西,通向大同。为了继续追踪"赵长城",我们选择沿着山间公路向西走,公路两侧高山耸立,公路很窄,经常被运煤的大汽车塞得满满的,据说堵车时间可以长达20多小时。我们的自行车经常要推着在大车间穿来绕去。公路两侧山上分布着一些烽火台,几乎每座我们都要爬上去看一看。起初几座都是明朝所筑,后来发现山上有一些覆盆形的土堆,登上去仔细考察,在这些土堆周围可以采集到绳纹或灰色的瓦片。《后汉书·王霸列传》中记载"(建武)十三年(37),是时,卢芳与匈奴、乌桓连兵,寇盗尤数,缘边愁苦。诏霸将弛刑徒六千余人,与杜茂治飞狐道,堆石布土,筑起亭障,自代至平城三百余里"②。据此,可以推断,这些土堆就是烽火台或亭障。修筑的年代,大约就是在这个时期。

几上几下的考察,把人折腾得腰酸腿疼,浑身都湿透了。我和儿子到农家求口水喝,老乡都很厚道,也很健谈,问及长城之事,都说没有。我向他们解释,我们找的不是北京八达岭那样的长城,而是用石头垒的墙。老乡说他到邻家问问放羊的。不一会他回来了,还带来一位老人。我急忙递过一支烟,老人摇摇手说"我抽不惯,我有这个",说着,从腰里抽出烟袋,"吧嗒,吧嗒"地抽起来。他问我要找的墙是什么样。我又仔细地描述了要找的石墙的模样。我没说完,他就说"有"。我问他远不远?他向南山一指说,长城都在那边的山

---

① (清)庆之金,杨笃等纂修:(光绪)《蔚州志》卷五《地理志下·古迹》,载《中国方志丛书》,据光绪三年刊本影印,成文出版社1969年版,第67页。
② (宋)范晔撰,(唐)李贤等注:《后汉书》卷二十《王霸列传》,中华书局1965年版,第737页。

顶上。很远，照你们登山的本事，一天打不了来回。山上有长城得到了证实，但那么高，那么远，迫使我们放弃了登上去考察的打算。

告别老乡，又风餐露宿三天才到了蔚县县城。县领导看到我们父子的狼狈样，就安排我们父子俩先好好洗洗澡休息，并请县委宣传部的同志，帮助我们收集当地有关长城的信息。两天过后，据各乡镇反馈的信息，张家窑乡可能有我们要找的那种石头墙。我们本想还骑车前往考察，宣传部的领导一定要安排车送我们去。我们到乡政府时，乡里的全体领导都在办公室里等候。乡里本打算饭后再上山，但听说长城并不很远，我坚持考察完再回来吃饭。乡政府的干部听说本乡有长城，觉得稀罕，都想去看看，考察队伍一下子增加到10多人。登山开始，队伍还算齐整。两个小时过后，队伍就拉得很长了，3个小时我们才爬到山顶。古长城就蜿蜒在绿草茵茵、鲜花簇簇的山梁之上。长城是用薄薄的片石筑成，没有用石灰勾缝，保存地非常完好。大家都为之叫绝，赞叹，欢呼！乡长告诉我，这个山岭叫梨园岭，海拔1600米，位于小五台山西台的西麓。这道长城应与我们在涿鹿县李家堡村附近山上的长城相连接。热烈一番之后，才觉得肚子里"咕咕"叫了。一看表，已是下午1点了。大家急忙下山，回到乡政府时，已是近5点了，两顿饭并成了一顿。

当年11月，蔚县县委宣传部出了本名为《塞外名珠蔚州》的小册子，书里收录了一篇《山魂兮 国宝兮》的文章。文中说，有个被誉为"见过长城最多的人"认为，梨园岭长城是迄今发现保存最完整的战国古长城，是一大国宝。

到2002年，经过5年的研究，发现我当年对这段长城修筑年代的判断错了。这5年中，我又沿这道长城向西一直追踪到山西省兴县黄河边，向东追至山海关。根据文献记载和当地文物工作者的考证，这段长城应始修于北魏，后经东魏、北周、北齐、隋朝各朝的利用和补修，个别地段宋朝和明朝也利用过。在此期间，长城专家罗哲文先生也认同我在河南林县、辉县一带找到的长城是战国赵肃侯长城。为此，我向山西省、河北省涿鹿县、张家口市的文物部门做了专门的说明，纠正了我的错误，以免以讹传讹，贻害后人。

# 外三关考察纪行

明朝建立后，为防范元朝复辟，及鞑靼、瓦剌、女真等族的骚扰，在北方不断地修筑长城。主线长城东起辽宁省宽甸县虎山乡虎山村鸭绿江边的虎山，西至甘肃省嘉峪关市的嘉峪关。明朝称长城为"边墙"，主线长城称"大边"或"正边"；为了防御的需要，在一些地段还修筑了一道或多道复线，根据地理位置、规模和重要性，称这些复线为"次边""小边""头道边""二道边"等等。为了增强对京城和皇陵的防御能力，在今北京市、河北省、山西省修筑了两道规模宏大的长城，居于外侧的称为"外边"，亦称"外长城"，居于内侧的称为"内边"，亦即"内长城"。外长城东起北京市怀柔县长城上的"北京结"，在此与内长城分岔，经河北省宣化、张家口市、万全县、怀安县，内蒙古自治区的兴和县，山西省的天镇县、阳高县、大同市、平鲁区、右玉县，在内蒙古自治区清水河县北堡乡口子上村与内长城连接。外长城是明长城"大边"的一部分。内长城（内边）位于外长城之南，东在北京市怀柔县长城上的"北京结"与外长城分道，经居庸关、八达岭，河北省的紫荆关和倒马关，而后取道山西省的平型关，再向西行经雁门关、宁武关，又向北折，途经偏关县老营堡后抵达内蒙古自治区清水河县北堡乡口子上村，在这里同外长城再次相连。内外长城构成了北京北方和西方的多层次的纵深防御体系。在长城的险要之地设置居庸关、紫荆关、倒马关、雁门关、宁武关、偏关六座大型关隘。历史上将居庸关、紫荆关、倒马关称"内三关"；将雁门关、宁武关、偏关称"外三关"。我对"外三关"中的偏关和宁武关没有进行认真的考察。直到1999年7月，应国外一家电视台之邀参加一部长城纪录片的拍摄，我才有机会考察"外三关"。

摄制组一行10多人分乘两辆大依维柯从北京出发，一路行，一路拍，10多天我们才到雁门关。雁门关所在的山，叫勾注山，因"山形勾转，水势注流，故名"①；在山的东、西各有一条通道可以翻越勾注山，所以此山又称陉岭，自古就是军事要塞，《吕氏春秋》中又称其为"勾注塞"，列为"春秋九塞之一"②，晋咸宁二年的句注碑曰"盖北方之险，有卢龙、飞狐、句注为之首"③。陉西的通道称西陉，岭东的通道称东陉。明朝以前的雁门关设在西陉，古代称西陉关。《魏书》载："辛未，幸代，至雁门关"④，这是目前所见史料中最早称西陉关为雁门关的记载，时间是北魏泰常四年（419）。《山西通志》引宋朝的《五朝志》曰"雁门有关官，有长城，有累头山，有夏屋山"⑤。唐代诗人李贺的《雁门太守行》写出了当年雄关的气势："黑云压城城欲摧，甲光向日金鳞开。角声满天秋色里，塞山燕脂凝夜紫。半卷红旗临易水，霜重鼓寒声不起。报君黄金台上意，提携玉龙为君死"⑥，流传至今。明朝设的雁门关在陉岭的东通道上，所以又称东陉关、陉岭关。古雁门关北口为白草口，南口为太和岭口；明雁门关北口为广武口，南口为南口。

外国摄制组到雁门关附近拍电视片，按照当时的规定，由接待单位事先报告山西省有关部门。我们到达时，山西省有关单位及代县、

---

① （清）觉罗石麟修，（清）储大文纂：（雍正）《山西通志》卷二六《山川十》，文渊阁《四库全书》，第542册，第819页。

② 《吕氏春秋》："天下九塞，勾注其一。"［见（清）顾祖禹撰，贺次君、施和金点校《读史方舆纪要》卷三九《山西一》，中华书局2005年版，第1786页］

③ （北魏）郦道元：《水经注释》卷十一《补滱沱河》，文渊阁《四库全书》，第575册，第222—223页。

④ （北齐）魏收：《魏书》卷一八一《礼志四之一》，中华书局1974年版，第2737页。

⑤ （清）觉罗石麟修，（清）储大文纂：（雍正）《山西通志》卷十五《关隘七》，文渊阁《四库全书》，第542册，第483页。

⑥ （清）彭定求编，陈尚君补辑：《全唐诗》卷三〇九《李贺一·雁门太守行》，中华书局1999年版，第六册，第4408页。

山阴县的外办和旅游、文物等单位的负责人已在第一个拍摄的景点——山阴县广武汉墓群等候。

汉墓群位于山阴县新广武城北约 500 米，站在高处向南俯瞰，可以看见由北向南至山脚下从高到低、大小不一的土堆星罗棋布。《山西通志》称这些土堆为"覆米堆"，还记载"相传杨将军覆米其上"[1]。据汉墓博物馆的专家介绍，这些土堆是汉墓。整个墓群南依群山，北连朔州平川，南北长 3.5 千米，东西宽 1.5 千米，占地面积 5.25 平方千米，共有汉墓 288 座。其中最大的墓冢高达 20 米，占地达 3250 平方米。有的封土上还矗立着烽火台。这里依山傍险，雄踞勾注塞前，历代为屯兵扼守、兵家必争之地。为了抵御匈奴大军的南下，汉景帝三年（前 154）在这里设阴馆县，东汉时雁门郡治从善无县（山西右玉境）迁于此。墓群东距汉代雁门郡阴馆县城（今朔城区里仁村村南遗址犹存）仅 5 华里。

墓地出土的文物有汉武帝时期的五铢钱、西汉流行的草叶纹和星云纹铜镜；有些墓葬是多室墓，这种墓制符合东汉家族数代人合葬于一墓的习惯。据考古人员推断，此墓群始于西汉，延续至东汉，是汉代戍边将士和当地郡县官吏的墓地，其规模之大、数量之多为全国之首。频繁的战事，为这里留下了丰富的文化遗存，1988 年被列为全国重点文物保护单位。我之前曾多次到此考察，因此这次在这儿我没有多少事可做，于是一面等候摄制组拍摄，一面向当地文物、旅游单位的负责人了解雁门关近年来的变化。据代县旅游局长介绍，2001 年 6 月，雁门关被国务院公布为"全国重点文物保护单位"。雁门关正在准备开发为旅游区，制定了《雁门关旅游总体规划》，规划有明代雁门关关城、广武站隘城、白草口隘关、广武古城、太和岭口、广武汉墓群等景区。由于没有完成审批程序和资金不到位，现在规划中的景点还只是停留在图纸上。

摄制组拍摄完之后，驱车去下一拍摄点——新广武城。

---

[1] （清）觉罗石麟修，（清）储大文纂：《山西通志》卷十二《关隘四》，文渊阁《四库全书》，第 542 册，第 405 页。

新广武城，是《雁门关旅游总体规划》中的重要景区。它在汉墓群的南侧，是一座明代的军事屯兵重镇。新广武城南距明朝雁门关约10千米，是明朝雁门关的第一道防线，雁门关守备最初驻代州，嘉靖二十三年（1544）移驻广武城。新广武城位处山西省山阴县境内陉岭东陉的北口，堡城横跨两山夹制的山口，东西两侧建在半山坡，城的中心修在山川之中，古道与新国道都穿城而过。广武城，建于明洪武七年（1374），重建于明万历三年（1575），周三里有奇，当时称广武站。

远远望去，新广武城像簸箕，南关瓮城像斗一样，俗有"金斗银簸箕"之称，意即城防之坚固。城周长4华里，城高10米，墙宽4米，城墙为内土外包砖结构，坚固雄伟，左右连接长城，中置东、西两门。南面城墙石基砖墙尚好，并有一砖券拱门，门额上有一石匾，因风化字不可辨。城东、西两面墙的包砖被拆走，现存8—10米高的夯土墙，局部亦有圮坍。城北面墙大部分包砖被拆为民用，尚存夯土墙体和北门券拱门洞。北门城门楼与城门台连为一体，为砖砌。

现在的城堡已经显得非常破落。外国导演对城内居民的生活非常感兴趣，要拍我在城门洞内向当地居民询问古城的历史、破坏缘由及他们现在的生活情况。走到北门，导演前去拦住了正在过门洞的马车，请赶车的把式退回去再走一遍，还要我跟在后面。车把式配合，来回走了好几遍导演才满意。拍完后，导演给了车把式几十块人民币作为酬谢。

明长城蜿蜒在古城西侧的山脊上，离新广武城近的长城上的包砖都拆除，只剩下高大的黄土墙和残破的敌楼，显得那么荒凉。据当地群众说，在20世纪"深挖洞"的时代，各村都有挖洞任务。当时有一条公路直达山顶，社员们开着大汽车上山去拉长城砖修"地下长城"。现在只有离城较远，以及险要地段的长城的包砖保存得较为完整；此外，刻写有"天山""雄皋""控铖""阪肩"门额的四座敌楼保存完好。这段长城始修于景泰元年（1450）；嘉靖十一年（1532）都御史陈达修筑雁门关石长城，高宽都是一丈；嘉靖十九年（1540）又进行过补筑；嘉靖二十三年（1544），巡抚都御史曾铣议

"大城雁门长城,自老营丫角山至平刑关东八百余里"①;万历三十三年(1605),山西巡抚山西都御史李景元将城墙包砖。查史料,李景元是明朝万历年间的进士,是河北省大名县人,是我的同乡,他不仅修过雁门关长城,还修过太原城。据我家的老人讲,明朝时我们家与大名的豪门李家是亲戚,不知这位李景元都御史是不是我们家的亲戚。

拍完新广武城后,登车前往雁门关。明朝的雁门关始设于洪武七年(1374)。开国元勋吉安侯陆仲亨于洪武七年,自监民工筑新雁门关。景泰元年(1450)刑部右侍郎江澜也曾督修雁门关。正德八年(1513)和十一年(1516)新修了雁门关东西二楼和李牧庙。万历二十五年(1597)又复筑了关城。

汽车拐进雁门关村,路很窄,我们不得不弃车步行。摄制组拍片很认真,摄像师很少扛着摄像机拍摄,只要有条件就要铺上金属轨道,坐在摄影车上拍摄。从雁门关村到关城不是很远,但走到关城时摄像师已是浑身大汗。雁门关关城不大,周长只有2里,墙体高约2丈,基础为条石,上部为砖砌筑。关城只设东门和西门,东门上原有城楼称"雁楼";西门上原建有"杨六郎庙",内塑杨家将群像。西门外还筑有瓮城,瓮城内西侧为关帝庙。瓮城门上未设城楼,原瓮城门额石匾刻有"雁门关"三个大字,其两侧镶嵌着据传为明末清初的反清学者傅山先生所书的砖镌联语,左面是"三关冲要无双地",右面是"九塞尊崇第一关"。侵华日军把李牧庙和关楼拆毁,修了斗沟梁炮台,放火烧了民房,傅山先生所书的砖镌联语也毁于战火。

摄制组进入关城,西门门额上的石匾上刻有"埊利"二字,外国人不认得,翻译也读不出来,更不知如何翻给外国人。我告诉翻译"埊"为古"地"字,二字合起来就是"地利"。我们离开西门向东门走,快到东门时,听到背后有清脆的铃声。回头一看,一位身着袈裟,足登僧勒袜儿,一手持摇铃,佩戴念珠的僧人跟在我们后面。僧

---

① (明)严从简著,余思黎点校:《殊域周咨录》卷二一《鞑靼》,中华书局2000年版,第683页。

人40多岁，有着一副脱离凡俗的冷静面孔。我们止住脚步，见僧人不惊不慌，头略低，单手竖掌于胸前向我们施礼。导演见此情景，乐不可支。请翻译问僧人愿不愿意配合拍电视，并许愿拍完电视后，将施布施。僧人非常痛快地答应配合。导演稍加思考就在东门外布置摄像师铺轨道，他带着僧人走场。导演也给我安排了角色。我先做长城考察，然后在城楼的台阶上做出读古书的样子。

拍摄开始，我按照事先规划的路线，先考察东门门额，门额的石匾上刻有"天险"二字，门上原关楼早已毁，现在的关楼是在"爱我中华、修我长城"活动时，用海内外炎黄子孙捐献的30万元重修的，是否与原关楼相同，已不可知。关楼北侧原有一座靖边寺，是为纪念战国时赵国守边良将李牧修建的，现存寺基石阶、数株青松、明镌李牧碑石，祠前阶下有一对石狮，一副石旗杆，寺东阶下还剩下几孔空荡荡的石窑洞。

拍完我的考察活动之后，我便坐在城楼下的台阶演出读古籍的镜头。此时，导演请出僧人，请他手持摇铃绕楼而行，边行边诵，似在做功课。这一场景拍了好几遍，最后一遍，请僧人绕楼之后进入东门，摄影师在拍关楼，录音师一直录到铃声由近到远，直到听不到为止，导演才叫停，对拍的镜头非常满意。

离开雁门关准备到朔州，原路返回新广武城途中，导演兴致很高。在经过一座代县与山阴县分界处的牌楼时我多了一句嘴，说这处地名叫后腰，两侧山上有明朝以前的长城。导演立即叫停车，问我这段长城的情况。我告诉他，1980年我来此考察时，在山上发现一段石筑古长城，并在长城附近塌方的山坡断面上看见一具人的骨骸，用手拨开一层土之后，发现还有一具马的骨骸，这是人与马的合葬墓，人骨架的腰部还放有用麻绳串起来的五铢铜币。人头骨上有一破孔，好像是箭射造成的。从牙齿磨损的程度判断，此人很年轻。当时我推断，此人是战死的士卒。据史料记载，自南北朝至隋朝都在这一带修筑过长城，我推断这一道石筑城墙即是史料记载的古长城。导演听完之后决定上山去拍这段长城。

此时已近中午，天已很热。摄影师、录音师和导演脱了上衣和长裤，准备光着膀子扛着轨道和器材上山。我急忙劝止他们，告诉他们上山没有路，要穿过带刺的树丛。但他们不听我的劝告，请我立即带路上山。开始上山走的是种有庄稼的梯田埂，过山半腰后就钻入酸枣树丛，在我身后不时传来喊叫声。我心里明白，老外可惨了。我先到山顶，回过头看。三位光膀子的老外，上山前白白的皮肤现在已是红中带血，皮上还竖着深深刺入皮内的酸枣刺。到山顶后，他们一个个龇牙咧嘴，忙着拨刺。几位女士笑得前仰后合，她们用中文喊"不听老人言，吃亏在眼前"。

老外的职业精神令人很钦佩，他们稍事休息，在身上擦了防晒膏后就开始工作，一直工作到下午2点才下了山。由于这段长城是计划外的项目，错过了回朔州吃午饭时间。说吃午饭，原本也只有我的份儿。作为老板的摄制组的导演规定，摄制组除我之外都不吃午餐。今天工作时间之长和强度之大，让老板也觉得有吃饭的必要。开着车在新广武路边转了一圈也没有找到像样的饭馆，只能进了一家小餐馆。由于已过了午饭时间，餐馆只有烙饼和熘肥肠、鸡蛋汤。我们要了三斤烙饼和几盘肥肠及鸡蛋汤。翻译悄悄告诉我，这几位老外不喜欢吃下水。可是，我见几位狼吞虎咽，三下五除二，一扫而光。餐后上车，车行没几分钟，就鼾声四起，都入了梦乡。

摄制组离开雁门关，在大同休整一天，就移师偏关。

偏关县地处晋西北隅，北依长城，西临黄河，与内蒙古自治区为邻。由于偏关地处黄河入晋南流的秦晋大峡谷的转弯处，夏、秋水大流急，只能船渡过河。冬季河水结冰，大队人马可以踏冰来往于内蒙古、山西、陕西之间。曾任明朝兵部尚书的项忠的边关疏中称"偏头关最为紧要，宁武关次之，雁门又次之"①。明朝嘉靖二十二年（1543）宣大总督翟鹏在奏疏中也称"三关中为宁武、雁门在东，偏头居西，西邻黄河，逼近河套。每遇河冻，侵犯岚（今岢岚）静

---

① （明）陈子龙：《明经世文编》卷四六《项襄毅公集·疏·边关缺军防守势》，中华书局1962年版，第356页。

(今静乐县）多由偏关出没"①。偏关自古就是军防重地，有"秋防宁武、冬卫偏关"之说，明朝镇守内三关的总兵官冬季也移驻偏关。

五代至宋，在这里设立偏头寨，金时亦用此名，到元朝始设偏头关，后来人们习惯简称其为偏关。那时的关城，在今偏关县城西的玉皇梁上，现古城已毁，仅存残址。今天我们所能见到的偏关城，为明朝所修。明洪武二年（1369）设太原五卫，偏关属镇西卫。洪武二十三年（1390），镇西卫指挥使张贤在偏关置偏头关守御千户所，始筑新城。洪武三十一年（1398）设关置守备。宣德四年（1429），展拓了关城的南面，虽后经天顺、成化、弘治、嘉靖年间的几次扩建，不过当时的关城还仅是座土城，至万历七年（1579）才包砖，城上增建大小楼13座。天启三年（1623），又增南北门砖洞楼阁，由此才最后成为偏关鼎盛时期的规模。关城周围约2.5千米，高11.7米，东、西、南三面各开一门。清朝雍正三年（1725）改为偏关县。从20世纪40年代开始，偏关关城被逐渐拆毁，仅存城南门的砖砌券拱门洞，城墙仅城西侧有30余米砖墙残迹。关城城楼原为三层三檐，20世纪50年代坍塌。现关城城楼为近年重修，重修时一改原制，增设斗拱，修为二层三檐。紧挨关楼两旁，新建两栋贴着瓷砖的商厦，古城风貌尽失。摄制组的导演见此情景，紧皱眉头，请司机不要停车，直接到事先定好的宾馆。

县城距我们事先定的拍摄点老牛湾40千米。离开县城时有一段柏油小路，往后，路况越来越差，先是凹凸不平的土路，接着就是碎石路，下临深谷，令人胆战心惊。路上风景很美，湛蓝的天空、清新的空气、被大自然刻蚀成沟壑的黄土高原、被耕耘成梯田的黄土高坡，偶尔能见的小村落、远处的烽火台，有一种淳朴又苍凉的美。汽车经过一个叫柏树峁的小村后，拐了一个大弯在一个小岔道口停下来。司机看着向西的凹凸不平、布满石块的小窄路直摇头，大依维柯车是过不去了。据县文管所的刘忠信所长介绍，从我们停车的地方到

---

① （清）觉罗石麟修，（清）储大文纂：（雍正）《山西通志》卷十三《关隘五》，文渊阁《四库全书》，第542册，第429页。

老牛湾还有约 4 千米，走过去要一个多小时。大家正为摄像器材的搬运发愁，一个围观的 10 多岁的小孩提出可以用手扶拖拉机运过去。无奈之下，我们接受了他的建议。谈好价钱，小孩飞快地向村子跑去。我们大约等了一个小时，一辆带拖斗的拖拉机开了过来，驾驶员就是那个小孩。北京来的陪同对小孩开车极不放心，担心老外的安全。围观的大人都说这个小孩是村里车开得最好的。老外们倒是蛮有兴致，没等陪同发话就脱去上衣，光着膀子，用衣服包裹摄像器材爬进了拖拉机拖斗。

拖拉机突突地开走了，我和 10 多人步行，离很远还听得到老外们的笑声。大约走了一个小时，远远望见了黄河，望见了烽火台，望见了黄河岸边建在一块突起石崖之上的石头城堡，这就是老牛湾堡，就是长城与黄河握手的地方。

老牛湾堡西为一大峡谷——秦晋大峡谷。峡谷的悬崖高一百多米，站在峡谷的悬崖边俯瞰黄河，黄河水在老牛湾中显得平静婉约，在天空的映衬下，水面碧蓝如洗。城堡为石筑，三面临水，只是年久失修，乏人管理，损毁严重，但仍基本保留着当年的形制。由于交通不便、土地贫瘠，当年百余户的村子中的多数人家都移至交通和吃水方便的地方，只剩下不多的几户人家和被废弃的一座座石房，古堡显得淳朴，还有些凄凉。眼前的景色使老外们十分兴奋，摄像师在导演的指挥下，不停地移动机位进行拍摄。

我通过翻译向编辑介绍老牛湾长城的历史。老牛湾堡西临黄河，北至边墙一里，明朝崇祯九年（1636）筑，距明朝灭亡只有 8 年（1644），堡城周长一百二十丈，高三丈五尺。现存古堡周长五百六十多米，外墙用石块砌成，有城门洞和瓮城。堡北黄河边筑有空心敌楼一座，古籍中称"护水边楼"，建于明万历五年（1577），门额有阴刻"老牛湾墩"四字，墩高 22 米，上建有垛口和楼橹，墩体正面有供士兵上下的绳体和通道。老牛湾的长城属二道边，始筑于明朝成化三年（1467）。老牛湾境内长城共绵延约 8 千米，有砖砌长城、石垒长城、夯土长城和石崖长城。现在砖砌长城多已不存在，部分长城已冲毁或淹没在水中。

第二天很早我们就离开偏关县城，顺着公路向南，按预定计划从保德县过黄河前往榆林。事先约定我只陪同到榆林，而到榆林那天正是我的生日，摄制组在榆林最好的酒店摆了一桌上好的酒席，一是向我表示感谢，二是为我祝寿，三是向我告别。

第二天我与摄制组分手，我返回山西继续外三关长城的考察。首先到宁武县，与山西省文物局的专家共同考察宁武关及附近的长城。

宁武县位于山西省北部的管涔山区。县北境以内长城为边，与朔州相邻；西北与神池接壤；西南以荷叶坪、芦芽山为屏，与五寨、岢岚隔山相望；南部与静乐相衔接；东南以云中山与忻州市分界；东部与原平相通。境内山区面积达90%以上，山高坡陡、沟谷纵横，有汾河、恢河两大河流。全县平均海拔2000米，相对高差为1614米，最高海拔是2787米的主峰荷叶坪，最低海拔是1260米的阳方口河西村。

宁武县古为楼烦地；北宋置宁化军，并置宁化县；金朝为宁化州治（故址在今古宁化城）。明朝时这里无县的建置，清雍正三年（1725）置宁武县，为宁武府治所。民国元年（1912）废府留县。

宁武有"北屏大同，南扼太原，西应偏关，东援雁门"的战略作用。明朝洪武二年（1369）设宁化巡检司（故址在今县南之宁化乡），十一年（1378）改巡检司为宁化守御千户所，隶山西都司。嘉靖二十二年（1543）设三关总兵，驻宁武关，统领偏头、宁武、雁门三关边防事宜。宁武关成为历史上著名长城外"三关"之一。此三关鼎峙晋北，互为犄角，是北疆之门户，京师之屏障。古人有诗赞誉曰："雄关鼎宁雁，山连紫塞长。地控黄河北，金城巩晋强。"① 《图书编》也称："宁武处三关之中，当华夷之要冲，为东西之援。"②

关城始建于明景泰元年（1450），成化二年巡抚都御史李侃请设关置守备，于是因辽宁武军旧名立关，明弘治十一年（1498）扩城

---

① 引自华夏子《明长城考实》，档案出版社1988年版，第187页。
② （明）章潢：《图书编》卷四五《三镇形势总说》，江苏广陵古籍刻印社1988年版，第11册，第36页。

七里。万历三十四年（1606）城门砌砖，周长3567米。城东、西、南三面开门，东门称"仁胜"，西门称"人和"，南门称"迎薰"，门上皆建有关楼。今宁武关城，除残存极少的零星夯土残墙外，基本上被拆毁。位于城中心人民大街的鼓楼至今尚保存良好，成为宁武关的象征性建筑。鼓楼平面布局基本呈正方形，下座为砖砌券拱十字穿心洞，楼为三层三檐木结构歇山顶式建筑，通高30余米。

　　三百多年前，在这里曾经发生过一场大战。明朝崇祯十七年（1644），李自成率农民起义军东渡黄河攻入山西，兵分南北两路向驻晋明军发起进攻。宁武关争夺战进行得相当惨烈，李自成与明朝三关总兵周遇吉激战数日，农民军前仆后继，以死伤一万余人的代价全歼明军，为李自成进军北京推翻明王朝扫清一大障碍。是役，周遇吉率部抗击农民军的猛烈进攻，城破后继续指挥巷战，虽重伤被俘仍是骂不绝口，最后死于乱箭之下，尸体被肢解。周遇吉的妻子刘氏素来勇健，率领几十名妇女拒守公廨，登上屋顶箭射农民军，最后全体死在烈火之中。此役史称"宁武关之战"，后被编成戏曲《宁武关》《铁冠图》，又名《别母乱箭》，或《一门忠烈》，以昆曲、京剧、京韵大鼓等形式广为流传。现在宁武恢河东岸，仍有周遇吉之墓，为砖石所筑。明末清初诗人、反清志士屈大均诗曰："襟带河汾玉殿长，一朝弓剑委秋霜。将军死战哀宁武，帝子生降恨晋阳。马首关山空落日，城中歌吹罢清商。悲风处处吹松柏，谁到并州不断肠"，诗中的"将军死战哀宁武"，说的即是殉难于宁武关之战的明代山西总兵周遇吉。

　　宁武县的明代长城并不与关城相连，我和省文物工作者首先考察西北距县城约17千米的大水口长城。这道长城经由偏关、神池县延伸至宁武县。在宁武县境内经过的第一个村子就是大水口村。以前为修公路在长城上开了一个大豁口，我们的车就停在长城的豁口处。大水口长城是黄土夯筑，现保存得不错，残高约3—4米，有些地段仍保留有土筑女墙，墙的外侧有一道被水冲出的深达数十米的大沟。司机介绍，当地人很迷信，传说当年修长城死了不少人，都埋在了长城里，夜里经常听到冤魂的喊叫，村民们怀着敬畏之心，不敢动长城，才使长城得以保存。我沿着长城走了约 2 千米，发现长城内侧有一座与长城相连的小土城。我们发现小土城的东墙下部有一暗门通向长城外面，且在长城外筑有保护暗门的小城。暗门下有一地道通至长城外面，现地道已经被淤死。中国古代城防工事上多设有暗门，守城军队既可以派兵出长城巡逻或隐蔽地攻击敌人，侦察兵也可从暗门潜出深入敌营进行侦察。

离开大水口长城，东行约 5 千米就到了阳方口镇。阳方口是明代长城重要关隘，在秋防时，山西总兵官驻防于此。长城自大水口东行过恢河，河上原建有九孔石桥一座，与两侧长城衔接，每个桥孔内又有一铁牛镇守，故阳方口旧又称九牛口。后来铁牛被水冲走，桥亦坍塌，改称阳方口。阳方口堡城，东靠长方山，西傍恢河，为明嘉靖十八年（1539）巡抚陈讲所筑，万历四年（1576）增修。堡城周长 1 千米左右。顾祖禹在《读史方舆纪要》中论述阳方口堡战略地位时说："大同有事以重兵驻此，东可以卫雁门，西可以援偏、老，北可以应云、朔，盖地利得也"①。康丕扬在《三关志》中也说"阳方口，晋边第一要害地方。"② 阳方口堡城今已残毁，尚存城北砖券拱门。阳方口镇油库内有三座砖砌空心敌楼，敌楼上的砖雕也保存较好，堡城以东长城上的包砖大部分已被拆毁。

明代长城在宁武县内约 42 千米。长城自阳方口东行，经薛家㟓、盘道梁乡（现盘道梁乡已并入薛家洼乡），进入原平市牛食尧乡后折向东北，经代县白草口乡，转而东行，经旧广武城南山至南距雁门关约 10 千米的广武城。

薛家洼乡长城段，墙体外侧原为毛石包砌，多被拆毁，只留有几座用石包砌的敌楼残址。

我们沿长城由薛家洼向东考察。1983 年修筑的由宁武通往盘道梁的县级公路，基本上沿着这段长城南侧走，个别地段的公路就修在长

---

① （清）顾祖禹撰，贺次君、施和金点校：《读史方舆纪要》卷四十《山西二》，中华书局 2005 年版，第 1859 页。

② （清）康丕扬：《三关志》，见（清）觉罗石麟修，（清）储大文纂（雍正）《山西通志》卷十三《关隘五》，文渊阁《四库全书》，第 542 册，第 422 页。

城上。在一处长城豁口处，发现夯土长城内包有碎石筑墙体。我们推测包在内的长城可能是南北朝至隋朝所筑长城。墙体保存好的地段高约二至五米不等，个别地段仅留有遗迹。

盘道梁位于高山顶端，依山势平行，建有城堡，为古代兵家必争之地。宋朝时为雁门十八寨之一的土磴砦。雍熙三年（986），宋朝大举北伐，代州杨业战没。后来张齐贤接任杨业，张齐贤先伏步兵二千于土磴砦掩击并大败辽军，擒其北大王之子一人、帐前锡里一人，斩数百级，获马二千，器甲甚众，成为历史上以少胜多、以弱胜强的优秀战例。当地人现在还称盘道梁为"金汤"之城。《宁武府志》载盘道梁旧堡"宋之土磴砦也。明嘉靖三十二年筑置……万历二十三年以边高堡低难守，改建于边内"①。盘道梁堡城今虽遭严重破坏，但四面夯土墙尚有残存。

过了盘道梁，东行约6千米进入原平市牛食尧乡北端的大西沟村，公路折向南，离长城而去。正东大山耸立，山上没有长城痕迹，也无路可行。无奈，我们只好离开长城折向北，冒险沿一条地图上并无任何标志小路下山，山路很窄，弯也很多，路面都是大大小小的石块，吉普车一跳一摇地艰难行进，车上的人用手紧紧地抓住一切可以抓住的东西，神情都很紧张，都不说话。不一会儿，我的手心、头上都渗出了汗珠。现在回想起当时的情景，仍心有余悸。一路上没有村庄，没有行人，这条路似乎很久没有人走了。半个小时后，我们进入一道深且陡峭的大山谷，四周全是峻峭陡然的峭壁，形势极为险要。顺着山谷北行，山谷渐渐宽起来，中间有一条无水的古河道，又走了半小时见河道西侧有一个小山村。司机师傅到村里给车加水，我们也下车舒展舒展身体，也顺便问问路。一位抱孩子的妇女告诉我们，这个村叫油房。一位中年汉子走过来说："这条道啊，我们的牛车都上不去，只能用牲畜驮东西过山，你们开车过来，师傅好手艺，不易啊！"

---

① （清）周景柱修，（清）李维籽纂：（乾隆）《宁武府志》卷三《城池》，清咸丰七年（1857）刻本。

我们告别老乡，沿着河道继续北行，约半个小时车行至谷口，在地图上看，此口叫白草口。口的西侧山脚下矗立着一座巨大的空心敌楼，敌楼保存尚好，只是顶部垛口已坍塌，被当地农民当作储存杂物的仓库锁了起来。敌楼的后面是一座关城，关门几乎已经完全被垃圾所包围。

我们在白草口乡东侧干涸的河川内遇见一位六七十岁模样的老羊倌儿，他正赶着羊群准备回家。见到我们便主动与我们搭话，老汉肚子里典故很多，说起白草口的历史就打开了话匣子。老汉告诉我们，我们刚走过的山谷，就是西陉。我们问他西陉关在那里？老汉用手指向我们走过的山谷东侧的山上说，你们已经走过了，古雁门就在那山上一个叫铁裹门的地方，现在什么都没有了。他说，相传北宋时，潘美、杨业镇守此地。潘美让杨业到关口外驻扎，当时这里叫白草沟。潘美因为羊怕吃败草，就把这里改叫"败草口"。后来杨业遭潘美陷害，老百姓为纪念杨业，因羊喜吃白草，便将"败草口"改为"白草口"。老汉指着沟口说，口外有两座古城，一座在口外的山脚下，叫旧广武城，是辽代时筑；一座在山坡山，叫六郎寨，传说是杨六郎所筑。

据《资治通鉴》载：在后晋天福元年（936）石敬瑭求救于契丹，给契丹主上表"称臣于契丹主，且请以父礼事之，约事捷之日，割卢龙一道及雁门关以北诸州与之"①。契丹立石敬瑭为晋帝，石敬瑭即皇帝位，割幽、蓟、瀛、莫、涿、檀、顺、新、妫、儒、武、云、应、寰、朔、蔚十六州以与契丹，仍许岁输帛三十万。史载，北宋雍熙年间，宋太宗为收复燕云十六州，分三路出兵大举攻辽。眼看胜利在望时，由于曹彬一路轻敌冒进作战失利，宋军最终反胜为败，被迫全线撤退，所收州县得而复失。从此，这里成为雁门关南北交兵，辽宋相峙的古战场。

我们在老汉的指引下，走向谷口，一出谷口就看见两座古城。我

---

① （宋）司马光编著，（元）胡三省音注：《资治通鉴》卷二八〇《后晋纪一》"天福元年丙申六月丁未"条，中华书局1956年版，第9146页。

们登上山半腰的六郎寨，山巅之上孤零零地矗立着一座烽火台，古城的残墙断壁，无言地诉说着昔日金戈铁马的历史和豪杰之士马革裹尸、壮志未酬的悲哀，使人感到无限的苍凉和悲壮。俯瞰山下是一片平原，一座古城尽收眼底，这就是老汉所说的旧广武城。古城保存完好，四周的城墙很完整。

我们步行约 1 华里时，走进了古城。刚要顺着马道登上西城门，一位中年人就走过来问我们的身份。原来他是古城的文物保护员，我拿出记者证，省文物局的同志拿出工作证给他。他看得很仔细，验明正身之后说，近年来经常有旅游的人来，有个别人拆城墙砖，破坏了古城，所以他每天都围着城墙巡视两次。据管理人员介绍，旧广武城属山阴县，现在城内居住着 1400 多人。古城始建的确切年代，史料上没有记载，根据有关文献和现存建筑特征推测，古城始建于辽代，当时为黄土夯筑。明朝洪武七年（1374）包砖，清代曾作过维修和补葺。1984 年、1991 年分别对城墙、西北角马面、南城墙马面进行过维修。现存城墙除外观具有明代特点外，其主体规制和构造基本为辽代故物，城内街道建筑布局基本保留原制。城池周长 1652 米，总占地 16296 平方米，平面呈长方形；城墙总高 8.3 米，下宽 5 米，顶宽 3.4 米，外表全部砖砌，石条作基；整个城墙共有马面 16 座，城墙东、南、西三面设有城门，没有北门，城门上原有门楼，在新中国成立前和"文化大革命"中遭到破坏。

我站在旧广武东门城台上眺望，古城一览无遗，旧广武城与新广武相比保存得好得多，是山西保存最为完整的古城之一，因此，民间说"新广武不新，旧广武不旧"。向北俯瞰，发现由南向北布满了封土堆，这就是我随摄制组刚考察完的广武汉墓群。至此，我已实现了考察"外三关"的夙愿。

# 万里长城采访随记

## 一 新闻采访，不能踩着别人的脚印走

对于采访长城会遇到的困难，我曾有过思想准备，风餐露宿、翻山越岭、生病受伤，连最坏的意外也想到了，可万万没有想到，最大的困难并不是这些皮肉之苦，而是由于缺乏资料，情况不明，采访一开始就似乎钻进了死胡同，欲进不能，想退又不忍。为此，我苦闷了许久。有一天，我突然开了窍，悟出了一个道理，新闻采访，就是要在大千世界中寻访以前不为人知或鲜为人知的新鲜事物。长城是世界古代人类文明的奇迹，早已为人们熟知，决不会没有人曾经想过它是新闻报道的好题目，大概只是因为采访它太难，所以才把这个好题目留给我。否则，我的采访就是咬别人已嚼烂的馒头，多没滋味，老踩别人脚印采访的记者，是没有出息的记者。于是我下定决心，在万里长城上踩出一条路。

通往成功的路，没有捷径。怎么办？老老实实，一切从头开始。根据罗哲文先生提供的书目，一本一本的读书，做笔记，抄录要点；在山野中对长城一段一段地进行考察、拍摄和研究。

几年中，我翻阅了二十五史以及与长城有关的历史、历史地理、军事、民族、交通、经济、法律、文学艺术、宗教、地方志、考古学等方面的书籍和刊物。数量我没有准确地统计，大约在千册以上吧。

读书对我来说，有许多困难。我没有上过正规的高中，大学也没有学过古文。现在要读的书，大部分是古文，我只能靠我学中医时学

的那点医古文知识，再加上翻阅各种字典、辞典，硬着头皮读。读书没有整时间，需要又很急，可以说是现囤现卖，只好挤时间读，采访哪个朝代，哪个地域的长城，就带上与此长城相关的书籍、资料，途中在车上看，夜里在招待所看，露宿野外就在手电光下看，在家里为了不影响家人休息，晚上就撑起伞来看，对各地长城进行历史和历史地理方面的考证。

依据从文献中查出的资料和专家的指导，几年中，我沿长城走了几万千米，拍摄了大量长城照片。这些照片中有人们已熟悉的山海关、嘉峪关和八达岭长城，有鲜为人知而风光秀丽、气势雄伟的金山岭、慕田峪、黄花城、乌龙沟长城；有已难寻踪迹，成为历史遗址的战国、秦、汉、金各朝修筑的长城。这些照片展示了不同朝代，不同地域长城的不同风采和建筑特色，我还拍摄了沿途的风景名胜、少数民族、风俗民情和出土文物的图片。

而且，我发现文献记载和专家提供的资料并不都可靠。书上确信无疑地记载某地有某朝修筑的长城，但我跑断腿也未见踪迹；相反，在有些山野中我见到了长城，但翻遍典籍，也未见有任何记载。几年中这种情况我遇到甚多，每次新发现，我不得不自己运用考古学知识进行考证，综合各个时期的历史、政治、军事、历史地理变迁等背景资料对所见现象予以论证。如所有的书中都记载战国时期的赵国南长城在漳河北岸，我沿漳河北岸跑了几个县，查阅了各县地方志，对当地群众进行了访问，但在各县均未找到遗址，地方志中也是均无记载，群众中也无传说。后来，我在河南省的《彰德府志》中查到一条记载，记载河南省林县有一条秦赵分界堤。据此线索，我到了林县，县里的文化部门不知本县有长城，我在县城西十里找到了"秦赵分界堤"的遗址，它高还有三米，宽有五六米，我寻迹追踪五十华里，它北到漳河南岸，向南延伸至辉县境内。它所经过的一个山岭，叫边墙岭，这条堤两侧均无古河道遗迹。向当地群众打听，他们都说，据老人们传说，这是秦始皇修筑的长城。当时，我拍下了这条大"堤"各段的遗址照片。回到北京后，我翻阅了战国时期赵国的历史，分析了它的疆域、政治中心的变迁以及它和相邻各国的政治、军事关系，从各个方面论证了这条大"堤"就是赵南长城,这一发现纠正了历史文献中记载的错误。还有就是历史文献上记载,战国齐长城的终点在山东省琅琊台,起点在山东省平阴县,我却在济南市郊区的长清县找到它的起点,在青岛市黄岛区的海岸边拍摄到它的遗址;此外,专家们一致认为清王朝没有修筑过长城,但我在山东省莱芜县的长城上找到了清代修筑长城的碑记。

采访过程中我拍摄的照片已陆续为书刊采用,但书刊的编辑向我反映,读者不仅仅想看高山上的长城雄姿,荒漠中的长城遗址,他们还想知道那些残垣断壁,修于何时?为什么而修?是什么人修筑的?是什么人守卫的?是怎样修筑的?在长城上发生过什么事?它在中国历史上的历史地位,长城是功大还是过大等等。

我刚刚找到了寻找、考证长城的钥匙,读者又向我提出了新要求。我不是照相馆的摄影师,而是新闻摄影记者,我不仅仅要拍好照片,写好"这是八达岭""这是金山岭长城"这样的简单说明,告诉读者照片拍摄的是什么,而且我还要向他们介绍照片所摄内容的背景材料,它们的价值,只说它有重要的历史价值,读者是不会满足的。文物报道尤其是这样,如出土的汉朝的坛坛罐罐,不介绍它们的背景材料,它们在人们心目中的价值,还不如一只普通塑料桶,价值万金的钧瓷碗,农民可以拿去给小孩接尿;我拍摄的秦长城遗址,已是残垣断壁,在照片上也不那么激动人心,但当我在说明中介绍这段长城为秦始皇时代所修,且简要介绍一下历史背景后,专家们会如获至宝,一般读者也会细细观看。背景材料可以说是这些新闻照片的生命。当然,记者要写出这些材料并非易事。长城又是世界上最庞大的文物,要对我拍摄的每个段落、局部写出它们的历史、特点等人们都感兴趣的背景材料,就更非一件易事。金山岭长城、慕田峪长城、阳关遗址、八达岭、嘉峪关等我都写了文章,图文并茂地向读者进行了介绍。读者们的要求,不仅使我的采访更深入,而且使我的思路更开阔,把长城的报道横向展开。为此,我着手进行了一些专题研究,如长城的烽火体系、长城的守卫制度、屯田制度,长城内外的民族关系,长城对我国北方经济发展的影响等等,同时还到各博物馆和文物单位拍摄了与这些内容有关的文物,如反映长城烽火制度的《烽火品约》汉简,反映守卫制度的令牌、腰牌、虎符、兵器,反映施工组织的碑记等,还在长城内外寻找古代的屯田、贸易市场、丝绸之路等遗址,大大丰富了长城采访的内容。

  几年中,我拍摄的照片,得到刊物的广泛采用,出版了幻灯片、明信片、小册子,还先后在内地、香港、美国出版了个人或与别人合编的画册。我的采访在国内外引起较大的反响,国内许多年青人、学者在我之后也纷纷进行长城考察,他们在出发前或途中都来找我或写信给我,希望我能向他们提供资料。自 1980 年我提出长城研究是一门专门的学问——"长城学"之后,这个提法逐渐为人们接受,现在已成立了山海关、嘉峪关长城研究会,全国性的长城学会也在筹建之中,关心长城、研究长城的人越来越多,形成了一股长城热,人们纷纷捐款要求修复长城,邓小平同志为此也写了"爱我中华,修我长城"的题词,与此同时,长城的旅游业也得到了发展,从刊物发表的我新报道出来的长城风景点中,旅游部门选择了慕田峪、金山岭长城予以修复。慕田峪长城已经开放,金山岭长城也在修复之中。当然,这些成绩并不是我一个人的工作取得的,但无疑我在宣传工作上先行了一步,起到了促进作用,收到了良好的社会效益,采访是成功的。

## 二　长城采访是有争议的

  我对长城所进行的采访,是不是属于新闻采访?多年来一直有不同的看法,有各种各样的议论。有一种看法认为,采访长城不属于新闻采访,甚至激烈地指责我这方面的工作是不务正业。虽然也有许多领导和同志热情地支持我、鼓励我,给我创造各种工作条件,可是从初次听到这种指责时,我就很苦恼,一直苦恼了很久。为了验证我的工作是否像一些同志指责的那样不务正业,我开始学习新闻理论,希望从中得出答案。我看了一些书之后,精神上轻松了很多,对这样那样的议论也不再感到不可理解。因为从各种书上我得知,关于新闻的定义也有争论,而且已争论已多年,对于什么是新闻,各有各的看法，至今没有统一，对我进行的长城采访，有各种评价也就不足为怪了。

虽然我不再为此而苦恼，但什么是新闻毕竟是需要考虑的问题。现在关于新闻的定义已有许多，除去西方资产阶级的新闻定义，我国自己下的定义也不少。例如：

1. 新闻是对新近发生的事实的报道；

2. 新闻是报道或评述最新的重要事实以影响舆论的特殊手段；

3. 只要是能鼓舞群众，能推动工作，能产生极大精神力量的新情况、新事物、新思想、新人物、新动向、新问题、新成绩都是新闻；

4. 新闻是报社、通讯社、广播电台、电视台等新闻机构对当前政治事件或社会事件所作的报道等等。

我认为这些定义不那么科学，不那么准确。如例3犯有"直接循环定义"的逻辑错误，而例4中使用的"最新的""当前""重要"等词语，都具有相对性、不确定性，用这些词语为新闻下定义，使新闻这个概念也具有了相对性和不确定性。

给新闻这个概念下定义，就是要揭示新闻这个概念所反映的对象的特有属性，明确新闻这个事物和其他事物的本质区别。以上举的几个例子，有一个共同的缺点，就是只揭示了新闻这个概念包含的一种或几种具体新闻的属性，没有揭示出新闻这个概念所包含的全部具体新闻共同所具有的特有属性，因而这些对新闻的定义都具有片面性。比如：例1只限定"新近发生的事实报道"是新闻，把对不是最近发生的事实的报道排除在外。例4就把没有经过通讯机构报道和不是当前政治事件或社会事件的事件排除于新闻之外。例3就把不能鼓舞群众，不能推动工作，没有产生极大的精神力量和不是新发生、新出现的事件都排除在新闻之外。

新闻事实，是一种客观存在。它的特有属性也是一种客观存在，并不会依人们的主观意识而改变，而以上这些定义，都是为了达到一个主观目的而各取所需，具有很大的随意性。

这些定义不仅从理论上讲有缺陷，而且在现实工作中人们也感到了它们的局限性。

天地之大，无奇不有，天在变，地在变，人也在变，世界万物每时每刻都在变，都在运动，每时每刻都有旧的在死亡，新的在诞生，这就是新闻的源泉。这个源泉是无限的，有限的是我们的认识能力。现在的新闻定义，又给我们套上了一把枷锁。

我认为，人们第一次知道的事情都是新闻，不论是人们通过什么途径知道的，也许是听到的，也许是看到的，也许是从广播里听到的、报纸上看到的或是别人告诉的，而不论这个事实是不是现在发生的，它是否重要，能否影响舆论，只要是人们第一次知道的事情都是新闻。

新闻是一种客观存在，它本身并没有阶级性和能动性。它的这些"性"都是传播过程中由传播者赋予它的，所以我们说新闻工作或新闻报道有阶级性、党性等。任何新闻机构或个人都不会有闻必录，有闻必传，都会有所选择，在传播时也会显示出不同的立场和观点。由于有了这种选择和附加，新闻报道才有了阶级性、能动性，去影响舆论，影响人们的精神活动，起到传播者所希望它起到的作用。

基于我对新闻定义的这种认识，我才认为我的长城采访是新闻采访，我所拍摄的大部分照片是新闻照片。只是由于种种原因，如暂存下来准备编画册的，或编辑认为有些新发现没有经专家、权威部门的认可等等，而没有及时予以报道而已。

# 四 关于长城保护的讲话和研究

# 中国长城面临的威胁

长城是人类历史上最伟大的建筑之一，不仅是中华民族的珍贵文化财富，也是世界文化遗产，全人类的共同财富。

目前中国长城保护、管理和研究的现状引起国内外各界的极大关注，社会舆论不断报道有关长城受到自然及人为破坏的消息，公众和专家也强烈要求加强长城的保护和研究，对目前长城的管理现状极为不满，甚至一些国际组织和外国人士提出了严厉的批评。2001年，挪威海德鲁公司在北京举办了"长城遗产保护研讨会"，在会议上联合国教科文组织北京办事处文化项目专员埃德蒙·木卡拉先生在发言中说："文物保护在中国碰到一个庞大的怪物，使我们很难驾驭。"

确实，中国政府在长城保护上遇到了难题。长城实在是太大了，不能搬进博物馆中保护。时至今日，在全世界、在中国还没有一个人走遍中国的全部长城。中国的专家们称长城长度是"纵横十万里"，这只是根据古代文献记载的推测。据文献记载，中国的长城分布在北京、河北、天津、辽宁、吉林、黑龙江、内蒙古、山西、宁夏、陕西、甘肃、青海、新疆、河南、山东、湖南、湖北、贵州18个省、市、自治区；累计总长度约50000千米。在不同时期，用不同手段对长城进行测量，得出的数据差异很大。如1985年曾对北京地区长城进行遥感调查，测出北京地区长城全长为629千米，比1980年人工测量得出的北京市长城全长183千米的结论，多出446千米；1990—1992年对宁夏回族自治区境内长城进行了遥感调查，测出宁夏境内可见长城墙体506千米，与遥感工作者原先推测的宁夏境内有长城

1507千米和宁夏文物工作者80年代初测量得出的宁夏境内有历代长城1500多千米的数据相差甚远。中国长城的准确长度，至今还是个未知数。

长城修建的历史也非常长，从已发现的长城遗址和可靠的文献记载来看，中国长城修筑的历史已经超过2000年。这一结论，得到了中国学术界的公认。但中国修筑长城的具体起始和终止时间及最早修建的长城是哪一道，在中国学术界也存在严重的分歧。

埃德蒙·木卡拉先生在那次研讨会上还说："1987年，当时一些专家来中国考察长城时，被长城惊呆了，没有来得及收集更多的资料，给它下一个科学的定义。因此，关于长城没有严格的定义。"现在19年过去了，不仅联合国教科文组织没有能给长城下一个科学的定义，而且中国的学者还在为"长城是什么"争论不休。

长城，是全世界体量最大，延续修筑历史最长的古代军事工程。它是由中国多个民族、政治实体，相互承继认同的军事工程。它在中国历史上已经形成了特定的形式和内涵。它的修筑，几乎伴随了中国封建社会发展的全部历程，对中国历史进程产生过重要的影响，这在世界建筑史上是独一无二的；它的建筑形式、功能、文化，即有承继性，又有从产生到完善，至最后失去功能的发展历程，呈现出时代、地域、民族的差异性和多样性。现在专家们提出的定义都不能描述出长城历史的发展过程，不能涵盖长城的全部特征。这一争论还将持续下去，这种争论有利于长城学术研究的发展。

也许正是由于以上问题的存在，长城在人们心目中显得那么神圣、神秘，也许这正是它的魅力所在。

近年来中国长城的焦点问题之一，就是长城的保存和管理。目前，中国对长城的保存现状还没有清晰、精确的资料。据1980年部分省、市的普查，对长城保存状态的评估为：河北省境内40%保存较好，50%破坏严重，10%荡然无存。内蒙古、陕西、甘肃等省、市、自治区，估计保存较好的约10%。北京市有50%左右保护较好，但据此后1985年的遥感调查，具体数据则为10.65%保存最好、8.90%保存好、18.14%保存中、15.11%保存坏、46.90%保存最坏。据1990年至1992年宁夏回族自治区进行的长城遥感调查，墙体39.53%保存好、49%保存一般、11.5%保存差。1992年以后，没有再对长城的保存状况进行过专项的全面系统的调查。对明朝以前的长城保存状态，从来没有做过专项调查，没有公布任何具有统计意义的数据。现在专家或媒体对长城保存现状的评估，都是根据一些局部调查和个人感受进行的推测。虽然这些数据没有统计学意义，评估的标准也没有可比性，但根据以上推测和笔者2004年对4500千米长城的实地调查，还是可以得出长城遭到了严重破坏的结论。

据我们2004年的调查，破坏长城的因素分为自然因素和人为因素两大类。人为破坏因素有旅游开发性破坏、建设性破坏、修缮性破坏、生活生产性破坏等；自然因素有地震、水患、风沙侵蚀、雷击、酸雨等。

在破坏长城的诸因素中，传统看法认为生活生产性破坏居于第一位，但我们的调查显示，现在旅游开发性破坏上升为第一位，以下依次为建设性破坏、修缮性破坏、自然因素破坏和生活生产性等破坏。

中国改革开放20多年，经济发展取得了举世瞩目的成就，旅游业也得到了快速的发展。长城沿线的各级政府和群众对开发长城旅游的热情空前高涨，长城已成为世界上最大的旅游热线和支柱性旅游资源。2004年，我们对有长城的18个省、市、自治区进行了调查，发现有10个左右的省、市、自治区存在已开发或准备开发及被旅行社、各级政府列为旅游景点的长城段，总数达230余处。其中以河北、北京市最多，有景点130余处。绝大部分景区是由旅游部门、各种公司、村民甚至由个人投资开发经营的，由文化文物部门开发管理的不足10%。

河北省近年来提出"全面保护长城文物、统一开发旅游资源、带动地方经济发展"的目标，并专门修建了一条全长1754千米的长城旅游公路，连接长城及附近景点40多处。在沿线村庄，经常可见"以发展长城旅游为龙头，带动旅游事业发展"的大幅标语。几年的实践证明，长城旅游公路的开通，方便了深山区群众的生产和生活，但据河北省文物局反映，长城旅游公路沿线的各级政府在没有经过审批，又没有相应配套保护规划和制定规范的管理措施及技术指导的情况下，个人、集体、旅游部门一起开发长城旅游，形成了对长城的无序开发和缺乏有效管理的混乱局面。不仅当地群众和政府没有收到预期的经济效益，长城也受到严重地破坏。

很多由旅游主管单位及公司、个人开发的长城旅游景点经常打着开发长城旅游是为"保护长城"筹集资金的旗号，但这些基本上只是经营者喊的口号，在实践中才显示出它的真正目的。北京市开发的长城旅游景区多由公司经营，但门票收入并没有按照规定全部用于长城的保护。据北京市的官方统计，北京世界文化遗产收入的80%来自门票。在各世界遗产单位依靠门票收入还不足以对遗产进行文物保护的前提下，还要向上级单位上缴门票收入。八达岭长城收入的40%要上缴延庆县政府；居庸关所在的十三陵特区收入的20%要上缴昌平区政府。

长城沿线各级政府，最希望的就是利用长城这块"金字招牌"，招揽来自五湖四海的宾客，为长城所在地带来大把大把的钞票，来者当然多多益善。争取最大的经济利益才是当地政府和经营者的真正目的，这直接导致了对世界遗产公益性质的漠视。为了吸引游客，经营者在长城上或在长城保护区和建设控制地带内大量修建旅游服务设施，如八达岭、山海关、金山岭、司马台修建了索道，有的还建有滑道、卡通车、射箭场等游乐场所和商业网点、宾馆、别墅等。自八达岭10年前开发了夜长城旅游项目之后，嘉峪关、金山岭也都实施了"长城亮起来工程"，在长城上安装了大量的照明灯。这些行为严重破坏了长城所在环境的原真性。为了增加门票收入，在长城上举办大型体育、文化活动更是常见之事，甚至将"派对"、宴席办到长城上，长城的安全受到严重威胁。阿根廷《民族报》在报道中称，长城变成了"东方的迪斯尼乐园"。

随着经济的发展，经济建设速度的加快，生产建设活动对长城的破坏日益严重。

交通建设在陕西、宁夏对长城的破坏十分严重。虽然国家重点交通项目多数都经过审批，对长城采取了保护措施，最大限度地减少了对长城的破坏，但是一些省、县、乡镇，特别是一些地方性的工业园区、私营企业自建道路时无视国家关于长城保护的法律和文物主管部门的制止，强行将长城拆除修建公路。如2003年某省某县为了改善本县的交通状况，从高速公路修建了3条连接乡镇的引线公路，施工单位不顾文物单位的制止，强行从明长城遗址"穿城而过"，将长城"撕"开3个30至40米宽的大豁口。据不完全统计，陕西境内的长城，因修路被挖开的豁口至少有三四十处。某区中某市工业园区中的纸业股份有限公司，未经审批就挖断长城，修建园区道路，还在长城上搞建筑、通排污管道，使长达数里的长城受到严重破坏。

电力、通讯、天然气管道的建设，农业灌溉、矿业开采，以及林业部门和经济开发区、工业园区在长城上乱建设施和挖断长城，在长城上种树绿化、开渠破坏长城的事情，也经常发生。这些情况在河北北部和西北地区特别突出。如某县某牧场，在长城上开水渠，毁长城10多千米；林业部门在平毁长城修林业公路，在长城上挖坑植树；某县私人矿主为使采矿输水管道通入矿区，指派矿工用铲车将长城拆毁60米；此外在长城上竖立电线杆，架设高压线和各种通讯设施及树立各种地质、水文标志的现象更是随处可见。在许多长城隘口修筑了水库，长城被淹没，如河北省的潘家口水库，淹没了著名的喜峰口和潘家口关城。

自然力是破坏长城的杀手。中国明代以前的长城，在平原地区大都是用黄土夯筑的，在山区是用碎石垒筑的。用砖包砌城墙，用巨型条石构筑城基那是明朝中期以后的事了，而且也只有在守卫国都北京及皇家陵园的长城中大量采用，其他地段只是在重要关隘、关城采用，大部分长城仍是用最容易取得和施工的黄土修筑的。根据文献分析，明朝对于长城基本上年年都要维修，5年至10年都要大修甚至重修，也就是说明朝的长城在自然力的破坏下，只能完好地保存5年左右。在诸自然力中，对长城破坏力最大的是水患、地震和风沙，其次是雷击和植物根系。据文献记载，公元1482年，北京昌平县发生大水，居庸关所辖49座关口的排水水门和长城上的敌楼、墩台被冲坏。另外对土筑长城的破坏最为严重的就是长期雨水冲刷造成的水土流失，这往往导致长城的塌毁，这一现象在山西、陕西、宁夏、甘肃四省（区）表现得特别突出。酸雨，被称为"空中死神"，是目前人类遇到的全球性灾难之一。现在中国已是世界第三大酸雨区，近年许多人发现长城砖上的文字和碑刻上的文字变得模糊以致消失，酸雨浸融是重要的原因。

中国是个多地震国家，北方长城多修建在地震带上，因此地震往往对长城造成很大的危害。如记载，公元1609年，甘肃省酒泉县发生大地震，压死军民八百四十余人，毁坏边墩八百七十里；公元1627年，宁夏各卫营屯堡，自正月至二月地震百余次，城垣、房屋、边墙、墩台倒塌多处。至今，宁夏石嘴山市红果子沟口，还遗留有由于地震引起的石筑长城错位的痕迹。

我们在陕西、宁夏考察时看到，大段长城被流沙掩没和侵蚀。至于被沙掩埋的长城是受到了保护还是受到破坏，目前还没有进行过专门研究，难以定论。亲眼看见风蚀对长城确有很强大的破坏力。特别是风力与水侵相合在一起时候，其破坏更加强大，那些处于雅丹地貌中的汉长城及其烽燧是最好的证物。

生活生产性破坏是长期以来一直存在的对长城的破坏形式。生活在长城两侧的居民为了生存和生活而破坏长城。在调查中，村民反映在中华人民共和国成立之前，由于日本的侵华战争和长期的内战，一些长城和为守卫长城修建的城池在战火中被夷为平地或被拆除。为躲避战乱，许多难民逃至边远的长城沿线，在长城上挖窑洞或拆长城砖石等建筑材料建造房屋居住，在长城内外开垦土地，甚至将土筑长城夷为平地进行耕作。

中华人民共和国成立后，长城沿线的群众生活仍较为贫困，拆长城砖建房、修院、盖牲畜圈和在土筑长城上挖窑洞、菜窖，取土、挖药材卖钱等破坏长城的生活生产活动也还在继续。中国政府为了发展经济，发动了大规模地经济建设活动，长城沿线的群众，为了改善农业生产条件，大规模的进行农田基本建设，许多长城砖和石料被拆去修梯田、水渠、水库。一些土筑长城也被平整为土地或被当作肥料，长城遭到严重破坏。

历次政治运动中，在"破四旧""古为今用""废物利用"的口号声中，大量的长城及其附属建筑被拆毁。著名的北京市古北口卧虎山长城就是在这种政治运动中被大规模拆毁的，长城砖用来建造房屋，只是由于在施工中造成人员伤亡，并受到的媒体的批评这一行动才得到制止。现在这段长城的遗迹已被开发为长城观赏景区，供人们参观。

不过，我们调查中发现，随着中国经济的发展，这种大规模的破坏现象已大大减少。群众普遍反映，随着农村一些年轻人进城工作和生活水平的提高，农村现在多用新砖、新瓦建房，很多新房还贴了瓷砖，一些旧房也已拆旧建新或废弃，已经基本上不再用长城砖修建住房。住在长城上挖的窑洞中的许多居民已经搬出了窑洞，多数窑洞已废弃，对于这些被废弃的长城窑洞如何处理，则成了长城保护的新难题。现在生活生产对长城破坏严重的是农业耕作。许多长城穿过农民耕地，还有一些烽燧、城址处在耕地之中，因此农民在犁地时经常会蚕食长城，在长城脚下开挖水渠时也会拆毁长城，修建便于耕作的田间小路往往也对长城起着破坏作用。

总体看来，近年来中国基础建设和旅游业的高速发展，使长城付出了高昂的代价，给了我们一个非常沉痛的教训。中国的专家、百姓和中央政府开始检讨长城的保护工作，并采取措施给予纠正和制止。

2002年新修订的《中华人民共和国文物保护法》确立了"保护为主、抢救第一、合理利用、加强管理"的文物工作方针。同时明确规定"国有不可移动文物不得转让、抵押。建立博物馆、保管所或者辟为参观游览场所的国有文物保护单位，不得作为企业资产经营"。2003年4月文化部、国家文物局、建设部等7部委联合发出《关于进一步加强长城保护管理工作的通知》要求"进一步明确文物行政部门的主管职能，不得将长城交由企业管理或作为企业资产经营。已经交由企业管理或作为企业资产经营的，要限期整改"。北京、陕西、内蒙古自治区也制定了长城保护的专项地方法规；河北省、甘肃省、北京市等一些省市还在长城沿线聘请了长城保护员，定期对长城进行巡视，制止破坏长城的行为；许多社会团体、志愿者、国际友人也参加了长城的保护工作。各种媒体也对长城保护的情况进行监督，对破坏长城的事件公开揭露、批评。通过这些工作使更多的人能够认识到文化遗产的价值，分享文化遗产带给人类的好处，参与保护文化遗产的行动。

但是，将开辟的长城旅游景点或景区管理权、经营权、受益权转让和将长城作为企业资产经营的行为还没有从根本上得到遏止和改正，经济建设和生产生活中对长城破坏的现象还时有发生。

为此，中国社会各界强烈呼吁中国政府更加重视长城的保护工作，对长城保护制定专项法律，建全长城的管理机构，强化主管部门的权威，增加资金和人力的投入。这些呼吁已经引起国务院的高度重视，国务院已开始起草长城保护管理的专项条例。国家文物局也在启动长城保护工程，制订长城保护规划，还对长城保护进行专项执法督查，并已将长城保护列为近年的重点工作。

我深信，只要中国政府重视，吸取国际上文物保护的宝贵经验，正视长城保护遇到的挑战，中国人经过不懈的努力，一定会把祖宗留给我们的长城流传下去，要后人能记住我们，不能让后人视我们为败家子。

# 保护利用人文自然遗产，
# 促进人文自然和谐

各位领导、专家、先生们、女士们：

我很荣幸能有机会参加"2006山东（国际）文化产业博览会"，更荣幸我能有机会登台学习，为此，我对大会表示深深的感谢。今天我讲的题目是《保护利用人文自然遗产，促进人文自然和谐》。

我并不是专业的文博工作者。我的本职工作是新闻摄影记者，对于文博事业只是一个爱好者，特别痴迷于长城的研究和保护工作。我为长城的保护和研究已经奔波了近30年。近年来，由于主持了国家文物局"长城保护、管理和研究现状调查及对策研究"的课题和参与了正在制定的《长城保护条例》和《长城保护工程》的一些工作，因此对我国遗产保护的现状、存在的问题有些了解，也做了一些思考。现报告如下。

## 一 近年国家已将遗产保护提到重要议事日程

1982年我国颁布了《文物保护法》，并于2002年重新修订。2003年国务院颁布实施了《文物保护法实施条例》，1985年6月7日国务院发布了《风景名胜区管理暂行条例》；1994年国务发布了《中华人民共和国自然保护区条例》；2004年，国务院发布了由文化部、建设部、文物局、发展改革委、财政部、国土资源部、林业局、旅游局、宗教局制定的《关于加强我国世界文化遗产保护管理工作的意见》;《非物质文化遗产保护法》已经列入2007年立法计划;最近我国提出保护工业遗产的《无锡建议》;2006年5月26日国家文物局下发了《关于加强工业遗产保护的通知》;国家有关部门和地方政府也颁布了一些行业性和地方性的遗产保护法规。此外,我国还加入了《保护世界文化和自然遗产公约》《世界遗产公约》《保护非物质文化遗产公约》等与文化遗产保护有关的国际公约。2005年12月,国务院下发了《关于加强文化遗产保护的通知》,专门成立了由15个部委组成的、国务委员陈至立同志任组长的全国文化遗产保护的领导小组。2006年的6月10日就是我们国家的第一个主题为"保护文化遗产,守护精神家园"的"文化遗产日"。文化遗产保护工作开始进入政府和社会关注的视野。

## 二 山东省委、省政府和各地、市政府、社会团体为保护文化遗产作了大量的工作

山东是中华文明的重要发祥地之一,人文自然遗产极其丰富。根据1996年公布的数据,共有各类遗迹16000余处,其中国家重点文物保护单位27处、省级文物保护单位379处;馆藏文物60余万件;国家级历史文化名城6座、省级历史文化名城9座;国家级风景名胜区3处、省级风景名胜区14处;国家级自然保护区3处、省级自然保护区4处;国家级公园22处、省级公园24处;齐长城、泰山以及孔庙、孔林、孔府已被联合国教科文组织列入《世界遗产名录》。人文自然遗产的数量和质量均居全国前列。这个数字距今已有10年,可能已经发生了很大的变化。

1. 1996年12月山东省第八届人民代表大会常务委员会第19次会议审议通过了《山东省1996~2010年人文自然遗产保护与开发规划纲要》。

2. 2001年12月7日山东省人民代表大会常务委员会公布了《山东省风景名胜区管理条例》。山东省还先后制定和启动了《山东省野生动物及自然保护区总体规划》《山东湿地保护行动计划》和《山东

省沿海湿地保护和恢复规划》。完成了山东湿地资源调查、山东生物多样性研究、黄河三角洲鸻形目鸟类研究等，都取得了许多有价值的科技成果。

3. 山东省1995年成立了"山东省人文自然遗产保护与开发促进会"。该会十余年做了大量有益于人文自然遗产的保护工作，如配合省人大教科文卫委员会，编制了《山东省1996年——2010年人文自然遗产保护与开发规划纲要》；两次组织召开了运河文化研讨会，组织编写了《中国运河文化史》；2005年组织了"山东省人文自然遗产保护与开发交流团"，赴台进行了为期10天的考察交流活动；2005年10月在淄博市组织召开了《保护利用齐长城人文自然风景带研讨会》。

4. 2005年11月，潍坊市也成立人文自然遗产保护与开发促进会。

5. 山东省还成立了泰山世界自然文化遗产研究委员会、山东齐长城研究会、泰安市泰山文化研究促进会、济宁市运河文化促进会、枣庄运河文化促进会等专题遗产研究保护社团组织。他们组织对齐长城进行全面的考察和对运河文化的研究都取得了丰硕的成果。

这些工作都对山东省人文自然遗产的保护起了很大的作用。

## 三 人文自然遗产保护现状

虽然近年来人文自然遗产保护取得一些成绩，特别是各级政府的保护意识有了很大的提高，采取了一些行政或法律的手段对人文自然遗产进行了保护，但是不容讳言，遗产保护的现状不容乐观。除长城外，我对其他遗产没有做过深入细致的调查。长城是最大的遗产，在它的保护工作中存在的问题有一定的共性和代表性，所以，我本报告所涉及的主要是不可移动文物，基本以长城为例，涉及其他遗产的资料，多是取自其他专家的研究成果和各种媒体的报道。

随着经济全球化趋势和现代化进程的加快，我国的自然遗产、文化生态保护的环境正在发生巨大的变化，人文自然和文化遗产保护的形势不容乐观。

中华人民共和国建立前的战乱时期,人文遗产和自然遗产遭到严重人为破坏。这方面的内容,与现实的距离较远,不做深入的讨论。

新中国成立初期,对人文和自然遗产的破坏主要是自然力和人为破坏。自然力的破坏,如水灾、旱灾、火灾、风沙、雷电、地震、酸雨等;人为的破坏有群众和政府的生产生活性破坏和政治性破坏。其中群众和政府的生产生活性破坏,如贫困的群众在长城挖窑洞居住、拆长城砖盖房、挖长城土垫圈;许多古建筑被用于政府机构的办公场所、军队营房、学校、仓库、领导人和名人的住所等等。在"大跃进""学大寨""大炼钢铁"等群众性生产运动中喊着"古为今用""废物利用,就地取材"的口号,将许多人文遗产拆去修大寨田、水库、炼钢铁。一些自然遗产,也在围湖造地、围海造田、毁林造田、退牧改农、超载放牧等农田基本建设中遭到破坏,环境逐步恶化。政治性破坏则包括解放初期,在"破除迷信"的群众运动中,大量的寺庙遭到毁灭性拆毁;在"文化大革命"的"破四旧"的群众运动中,大量的不可移动和可移动文物又一次遭到灭顶之灾。

这个时期从政府到群众关注的焦点是国计民生,是政治斗争,以及政权的稳定和解决温饱问题,是"砸碎旧社会,建设新社会",是"与天斗、与地斗、与人斗",是"不破不立""大破大立""斗私批修"的斗争时代;是"超英赶美",快步进入共产主义,解放全人类的时代。在这个时期,几乎一切"旧"的东西都是"封、资、修"。在这种形势下谁还敢去保护"封、资、修"?少数被保护且被开辟为参观场所的人文遗产如故宫、天坛、十三陵等,也是用来批判旧社会,揭露剥削阶级罪恶的实物证据和教材。在"与天斗、与地斗"的斗争中,自然遗产也是被"斗"的对象,在人类以暴力手段向自然索取的时候,自然遗产遭受的是一场劫难。

在20世纪70年代末、80年代初,这一切发生了翻天覆地的变化。经济建设高速发展,老百姓生活改善了,头脑也从"批"和"斗"的禁锢中解放出来。他们发现大千世界是那么美,那么丰富多彩,他们渴望享受这一切。党中央和中央政府为满足人民群众日益增长的精神文化需求，适时地提出了发展旅游事业的决策，我也是在此种形势下在1978年年底开始了文物考古的采访工作。开始，工作的目的很明确，即为了配合旅游业的发展。

经过20多年，旅游业得到了长足的发展。现在全国有40万处登记在册的不可移动文物；全国重点文物保护单位、省级文物保护单位和市县级文物保护单位加在一起将近70000处；国家级文物保护单位达到2379处、省级文物保护单位9300处、地市级或市县级的文物保护单位58000余处；2006年全国博物馆总数已达2300多个，藏品总量超过2000万件（套）；列入《世界遗产名录》的自然文化遗产31个；我国第一批公布的非物质文化遗产名录518项。至2005年，全国已建立各类森林公园1771处，其中，国家级森林公园总数达565处，面积为1058.67万公顷。全国森林公园的分布范围扩大，除台、港、澳以外的31个省、自治区和直辖市，已有11处森林公园被联合国列入世界自然文化遗产保护名录，7处森林公园被列入世界地质公园。2005年国家地质公园总数达到105个，已经有8个国家地质公园被评为世界地质公园。至2004年，中国已经建立风景名胜区677个，其中国家重点风景名胜区177个、省级风景名胜区452个、市县级风景名胜区48个。2005年我国的国家级自然保护区已达243个，自然保护区总数已达到1757个（有的资料说截至2004年年底，我国自然保护区数量已经达到2194个）。中国已实现从旅游资源大国向世界旅游大国的历史性跨越。根据《2005中国旅游景区发展报告》的统计，我国的旅游景区已达2万家左右。县级以上的自然、人文和人造景区约1.5万家，旅游景区在旅游资源里占了一大半，旅游景区给地方带来了日益丰厚的经济效益。国家旅游局对2004年全国468家A级景区的抽样分析显示，我国旅游景区平均年营业旅游收入达到1744.79万元，其中门票收入809.36万元，实现利润118.76万元。人均创收6.82万元，人均创利0.74万元。旅游景区平均年收入利润率为6.81％。另据统计，2004年国内旅游收入达到4711亿元。银河证券的专家预计，2006年，国际旅游收入将达到336亿美元，增长16％；国内旅游收入达到5830亿元，增长10％；旅游业总收入将达到8550

亿元，增长12%。

在这些数据的背后，不难发现中国旅游市场蕴藏的巨大商机，现代旅游业已逐步成为一些地区培育社会、经济发展的重要产业或支柱产业。特别是人们发现了人文自然遗产有其现实和潜在经济价值后，引起各级政府、公司、个人的关注，掀起了一波又一波的开发热，可谓风起云涌。"生态游""自然旅游""观光游""科普游""科学考察""探险游""休闲游""民俗游"等等，旅游品种五花八门，逐步向多样化方向发展，涉及旅游资源的方方面面，而古建筑、古文化遗存、风景名胜区和自然保护区是旅游开发的重点。据2001年对全国100个省级以上自然保护区的调查结果显示，已有82个保护区正式开办旅游，年旅游人次在10万人以上的保护区已达12个。自然人文遗产成为"聚宝盆""摇钱树"已是不争的事实。

据我们2003年至2004年对长城的调查，在长城人为破坏诸因素中新增加了旅游开发性破坏，并且成为破坏诸因素中的第一位。

目前长城已成为世界最大的旅游热线和支柱性旅游资源。我们对有长城的18个省、市、自治区进行了摸底调查，有10个左右的省、市、自治区存在已开发或准备开发，及被旅行社、各级政府列为旅游点的长城段，总数230余处。个人、集体、公司、旅游部门一起上，开发长城旅游，但其中只有极少数经过审批，由此形成了对长城的无序开发、开放和管理的混乱局面。其中以河北、北京市最多，两省、市约有景点（段、区）130余处。许多地段在开发中没有经过科学的考察、论证和设计，改变了长城的原貌，使人们所见的长城成为地地道道的假古董，损失了它所携带的文化信息和科学价值。在长城上修索道、盖商亭、滥造人造景观，在与长城近在咫尺的地方建大楼、盖宾馆、修高速公路，还要修轻轨铁路；城墙上安装大量的灯泡（大都安装的是明线，在城墙上钉了大量的钉子），搞什么"夜长城"，有一些媒体还大肆报道什么"让长城亮起来"工程；还有人在长城上骑摩托车、自行车飞跃，火了一把，长城成了杂技场；长城上举行音乐会已是常事，最近还有人声言要在长城上进行体育比赛，长城还能干什么？搞这些活动目的只有一个，最大限度地增加长城上的客流！还有的地方把本属于全民共享的遗产地，租赁甚至卖给垄断性的国有或合资、个人企业（公司）管理和经营，把社会公益事业变成为以获取最大经济利益为目的的纯商业行为。多数风景区人工化、商业化、城市化程度加深，导致景区自然度、美感度、灵感度严重下降，自然生态系统遭到空前破坏。这种现象不仅涉及长城，而且带有普遍性，能举出几十、几百个例子。自然保护区建设管理者急功近利、重开发轻保护、重晋级轻管理，为评上4A级旅游景区，修建了索道、旱地滑道等旅游设施，对山体的草本植被造成了一定的破坏，也影响了保护区的自然景观，受到国家环保总局的通报批评。

我并不反对把人文自然遗产开辟为参观旅游区。因为满足广大公民文化享受的需要是保护人文自然遗产基本目的之一，《关于加强我国世界文化遗产保护管理工作的意见》中明确指出"世界文化遗产保护管理属于社会公益性事业"。但我不赞成把人文自然遗产改造成普通的商品，并市场化。如果把人文自然遗产改造成现代娱乐场、商业区，没有了自己的文化，没有自己的传承，破坏了它的真实性、完整性和唯一性，人文自然遗产本身也就不复存在。这可能是最后一次最彻底的破坏，因为遗产是不可能再生的，毁一处就少一处，"先开发，后保护""在利用中保护"的口号是有害的，是不可取的。"保护第一""生态优先"的方针必须坚决、不打折扣地贯彻。开发利用必须有科学的态度，政府或领导人的决策，不能代替科学决策，不能再有拍脑门项目。开发方案要经过认真的研究、科学地论证，成熟一处，开发一处，要做到万无一失。

遗产不可再生，是它养育了我们的先人和当代人，它还要养育我们的子孙，我们对待它要"孝敬"。对它要像对待母亲一样的呵护，尽可能地改善它生存的质量，延续它的寿命，感受它身体的温暖，倾听它讲述过去的故事。前几年，联合国教科文组织中国办事处的杜晓帆先生对中国一些世界遗产的处境打了个让人心酸的比喻——"就像一位风烛残年的老人，被逼着乔装打扮出去赚钱"。

2004年，国务院发布了由文化部、建设部、文物局等九部委制定的《关于加强我国世界文化遗产保护管理工作的意见》。《意见》要求"不能以牺牲和破坏世界文化遗产为代价无限度地开发利用，换取一时的经济利益"。"地方各级人民政府必须加强领导，统筹规划，统一管理，落实责任，把世界文化遗产保护管理作为一项重要工作坚持不懈地抓下去，逐步解决工作中存在的种种问题，确保世界文化遗产保护管理工作健康有序地进行。"意见中指出："保护管理的形势仍十分严峻，一是一些地方世界文化遗产保护意识淡薄，重申报、重开发，轻保护、轻管理的现象比较普遍；二是少数地方对世界文化遗产进行超负荷利用和破坏性开发，存在商业化、人工化和城镇化倾向，使世界文化遗产的真实性、完整性受到损害。"旅游业的存在是以旅游资源为依存的，没有旅游资源就没有旅游业，"皮之不存，毛将焉附"。

遗产是什么？它是自然、历史、文化与艺术相融合的最高统一体，是人类物质文明和精神文明的最和谐的结合。

我们为什么要保护人文自然遗产？我认为进一步加强对人文自然遗产的保护，对我们当代人来说，它可以满足广大公民文化享受的需要，造就一个人类生活、生产活动与自然"天人合一"完美和谐融合的生存环境，是造就可持续发展的必备条件；它还可以弘扬优秀的民族传统文化和爱国主义精神，建设先进文化。遗产应发挥传承和永续的作用，它能让后人感受到自然和社会发展的进程，从中总结出经验和教训；并在前人和当代人留下的遗产的基础上建设和发展他们新的社会，获得利用自然遗产和享受先人留下的人文遗产的机会。2006年5月25日，文化部部长孙家正介绍中国文化遗产保护状况及第一个"文化遗产日"相关活动等方面情况时说的一段话很深刻，值得我们认真思考，他说："关于文化遗产的保护问题，它不仅关系到我们民族悠久的历史，而且关系到我们民族如何走向未来。这项工作不仅关系到各级政府，也关系到我们所有的国民。"

我也不反对利用人文自然遗产，给遗产保护筹集资金和给属地带来经济效益，带动属地的经济发展。只是反对以牺牲和破坏人文自然遗产为代价取得短期的所谓"经济效益"。不可否认，当前国家投入遗产的资金还很少，许多国家级保护单位的资金投入基本上是零，许多单位主要是依靠旅游收入来养护保护区和文物保护单位。全国也大致如此。国家今后需加大对遗产保护区的资金投入，特别是对经济条件相对较弱、地处偏远的地区，通过适度科学的利用，既满足广大公民文化享受的需要，也筹集部分资金作为保护经费的补充，是可以的，也是法律允许的。《事业单位登记管理暂行条例》《事业单位登记管理暂行条例实施细则》都有相应的规定，《中华人民共和国文物法》第十条"国有博物馆、纪念馆、文物保护单位等的事业性收入，专门用于文物保护，任何单位或者个人不得侵占、挪用"。我对从互联网收集到的近年以长城为主题及内含有长城的景区的60条开发招商信息，进行了分类、统计，结果如表1所示：

表1　近年来以长城为主题及内含有长城的景区的开发招商信息表

| 招商单位 | 招商信息数量（条） | 百分比 |
| --- | --- | --- |
| 乡镇政府 | 5 | 8% |
| 各种公司 | 13 | 21.6% |
| 市、县旅游局 | 20 | 33% |
| 个人 | 1 | 1.6% |
| 以个人署名，主体不详 | 5 | 8% |
| 街道办事处 | 1 | 1.6% |
| 县政府招商局 | 2 | 3.3% |
| 市办事处 | 1 | 1.6% |
| 县对外开放办公室 | 1 | 1.6% |
| 县政府 | 1 | 1.6% |
| 园林、林业局、林场、森林公园 | 4 | 6.6% |
| 文化局、文物（文化、外事）旅游局、县文物管理局，长城管理处 | 6 | 10% |

从表1可以看出：长城（包括含长城）的景区的招商活动，是以旅游局和各类公司为主，两项合计占54%，文化、文物包括与旅游合署办公的单位只占10%。

招商广告中列出的引资方式有：合资、合作、独资、租赁、贷款、出售、卖断。将景区、景点的经营、管理权出售、卖断的有 8 处，占 13%；可以独资经营的有 28 处，占 46.6%，两种合计为 59.6%。

以上统计虽然仅是对在互联网上采集的招商广告的统计，但已经反映出长城景区经营、开发活动的总趋势。长城的开发利用工作 90% 以上脱离了文化、文物部门的管理和监督。国务院、建设部、国家文物局相继发文指出：国有不可移动文物不得转让、抵押；建立博物馆、保管所或者辟为参观游览场所的国有文物保护单位，不得作为企业资产经营。《中华人民共和国文物保护法》（2002 年修订）以法律的形式规定"国有不可移动文物不得转让、抵押。建立博物馆、保管所或者辟为参观游览场所的国有文物保护单位，不得作为企业资产经营"；2003 年 4 月文化部、国家文物局、建设部等 7 部委联合发出《关于进一步加强长城保护管理工作的通知》要求"进一步明确文物行政部门的主管职能，不得将长城交由企业管理或作为企业资产经营。已经交由企业管理或作为企业资产经营的，要限期整改"。但是，时至今日，将开辟的长城旅游景点或景区的管理权、经营权、受益权转让和将长城作为企业资产经营的行为还没有从根本上得到遏止和改正。

由旅游单位和各种公司承办，以营利为目的经营，其中真正不打折扣执行《中华人民共和国文物保护法》"国有博物馆、纪念馆、文物保护单位等的事业性收入，专门用于文物保护，任何单位或者个人不得侵占、挪用"规定的几乎为零。

在人文自然遗产保护和利用的过程中，有没有属地的利益？当然有。

山西省政协委员刘景雯先生在 2006 年 1 月 8 日召开的山西省政协九届四次会议上提供的一组世界旅游组织统计的数字可以给我们有所启发，它揭示了属地的利益所在。他提供的世界旅游组织的统计资料显示："旅游业直接收入每增加一元，商业、饮食、交通等第三产业产值就增加四点三元；旅游业直接收入每增加一美元，利用外资额就相应增加五至九美元；旅游业直接就业者每增加一人，全社会的就业机会就增加三至五个"；另据《中国审计报》2006年3月29日报道："据研究，我国旅游业的发展不仅有利于消化吸纳大批下岗、失业劳动力，促进社会发展，它的食、住、行、游、购、娱六大要素还波及金融、保险、通讯、安全、卫生、医疗、海关等服务部门，影响国民经济一、二、三产业中的七十多个相关经济部门。据统计2005年，中国旅游直接从业人员达到了749万人，间接从业人员达到了3700万人，从业人员总数占全国就业人口总数的5.2%。"由此得出的结论是"旅游业发展一小步，国民经济增长一大步"。这就是人文自然遗产的"利用"给属地带来的经济和社会效益。人文自然遗产保护的越好，它的价值越高，寿命越长，就会取得"天时、地利、人和""保护和利用""经济效益与社会效益"双赢的和谐发展局面。

今天，我以《山西晚报》5月31日最新报道的例子结束我的讲演。作为世界五大佛教圣地之一、中国四大佛教名山之首、国务院公布的首批国家级风景名胜区、首批国家级示范森林公园、我国对外推出的35张旅游王牌之一、国家AAAA级风景旅游区、全国文明风景旅游区示范点、中华十大名山之一的山西省旅游发展龙头的山西省五台山，早在1999年就喊出了申遗的口号。今年初，在建设部公布的首批《中国国家自然遗产、国家自然与文化双遗产预备名录》中，五台山风景名胜区位居前列。5月13日，国家文物局童明康副局长一行四人又赶赴五台，对这里的申遗工作进行了考察。

这里的旅游业已飞速发展了20多年。在改革开放之初，五台山台怀镇只有寺庙和为数不多的村民住宅。此后，随着旅游的日益兴旺，宾馆、酒店等商业设施纷纷建成。据有关部门不完全统计，这里共有宾馆700多家，饭店1000多家，大小商铺不计其数。酒店越建越多、越建越大，目前仅星级以上酒店就有14家，同时马路也越修越宽。这一切，给当地带来了巨大的经济效益。仅今年五一黄金周期间，就有超过50万名游客涌入五台山，为当地带来2.5亿多元的旅游收入。

在申遗的过程中，人们开始面对现实，回顾过去。景区内的乱象，商业化、城镇化、人工化现象开始并未引起相关方面的足够重视，反而愈演愈烈。只考虑了游客来此出行时的方便舒适，忽视了由此造成的大量尾气、噪声污染；个体摊点经营混乱、噪声喧嚣；固定及临时性建筑物、电杆电线、广告招牌严重遮挡了寺庙景观；听任游人上台参拜，造成大量草皮植被被严重毁损，这一切与佛门圣地清净氛围格格不入。五台山"因佛教圣地而得名，但名气越来越大、游客越来越多的结果却是，一些原始的、最珍贵的东西反而逐渐丧失"。据五台山风景区城建局的一名负责人说，"现在，我们得为历史的欠账埋单"。五台山管理局党委副书记闫玉章说："需要几十个亿的资金投入，相当于这些年来风景区从整个旅游经济中得到的全部收益，甚至更多。但只有这样，才能让景区走上健康的发展道路。"

五台山风景区管理局局长罗荣华明确表示，五台山加入世界遗产组织的动机非常简单，就是为了进一步加强遗产保护，"五台山的旅游经济已经非常火爆了，不需要往脸上贴金。保护才是第一重要的，这是我们的共识"。不过，这一"共识"的取得，五台山当地政府用了20年的时间，付出的代价太高了。经济崛起的中国，在21世纪是否有意识、有信心和有能力传续自身的文明，打造利于国家发展的软实力，关键在于中国能否产生健康的文化遗产保护意识。

以上报告是我个人的一孔之见，是一个志愿者的业余之见，定有许多谬误，请在座的各位领导、专家批评指正。

谢谢！

# 在"保护利用齐长城人文自然风景带研讨会"上的讲话

（根据录音整理）

今天开了一个很好的会，在文物保护和利用方面有一定的创新。它的创新在于"保护利用齐长城人文自然风景带"这个命题上，它把文物、人文、自然结合在一起，这样就使原来单纯的保护文物，发展到从文物所处的环境本身到人文和历史文化一起来保护，一起来利用，我觉得这个跨越是一个创新。这个会我觉得开得很好，这个题目也很好。这是我第一点感想。

第二点我想讲一下，我们长城的保护管理和利用的现状。前年我承担了国家文物局2003年的重点课题"长城保护、管理、研究现状调查及对策研究"。这个课题的展开是为了配合两项工作：一是国家文物局要启动"长城工程"，对长城进行总体研究保护；再一个是国务院一直在考虑制定"中国长城保护管理条例"，要求拿出事实依据。而且要回答两个问题，即一是有没有必要保护，二是现在存在什么问题以及对策是什么？我们承担了这一课题，并且做了半年的调研工作。为了这事，前年来过山东，去年来是为了济菏高速公路要穿过一段齐长城；而早在1997年我从长清一直走到青岛考察过一次齐长城，对齐长城应该讲还比较熟悉，也有所了解。

现在，我首先介绍一下全国长城保护利用的现状，应该说形势很严峻。第一个是定义不明，到现在为止，我们搞了这么多年的长城调查研究，也申请了世界文化遗产，但什么叫"长城"？我们自己还说不明白。原联合国教科文组织的代表埃德蒙·木卡拉先生在一次会议上很不客气地对我说，当初批准长城作为世界文化遗产，是因为外国人更不了解长城，他们到八达岭一看，觉得这就是世界文化遗产，到现在他才明白中国人自己也没有明白什么叫长城。前几年，报纸上登过关于什么叫长城的争论，后来也讨论不下去了。有人说金代修的那个金界壕不是长城，只有像八达岭那样，有了城墙，有了烽火台、敌楼，有了城堡，完整的才叫长城，由此早期的长城基本上都被划到外面去了。公元前300至前400年，在陕西、山西那一带，筑的是堑（就是挖沟），在洛水旁边挖一个沟，筑一个堤，不能算长城。晚了也不是，早了也不是，只卡在明代那段，因为真正完整到那种程度的只有明代的长城。到现在为止，到底什么叫长城还搞不清。还有，前年说云南也有长城了，楚长城也发现了，浙江临海也叫长城了，到处都有长城了。历史学家有历史学家的说法，考古学家有考古学家的说法，环境生态学家有环境生态学家的说法。如搞牧业的说"长城是农、牧业的分界线"，那么反过来问一下，长城以外（现在长城已到外蒙古了），蒙古高原上的游牧民族怎么办呢？而且，游牧和牧业是两回事，游牧是在草原上没有定居的，而牧可能是定居。那么，南北朝时我国的牧业一直发展到雁门关一线，而这是从地理位置上来讲。从建筑形式上来讲，明代长城已达到了最高峰，它设有城墙、城堡，有着完整的军事防御系统、完整的警报系统、完整的指挥系统、完整的后勤系统，但之前很多时期是不完整的。如隋朝几次修的长城，都因地制宜，动员100多万人，10多天就修完了，是一个非常仓促的工程。南北朝时期也是如此，大多数长城是在战争时期、动荡时期、不稳定时期，仓促上马，倾尽国力完成的，它不像明代长城这么完整。所以，目前很难界定什么样的是长城，什么样的不是长城。现在各种说法出现在报纸和文件上，给我们的长城保护工作出了很大的难题。长城是什么搞不清，你保护谁，怎么保？

再一个是家底不明。我们国家到底有多少长城？我们总说有10万里，那是推算出来的，不是测量出来的，是利用历史文献资料，在地图上测量，相互加起来，形成的这么一个结果，很不准确。如北京市，在1982年做了一次长城普查，查的结果是183千米；1984—1985年又对长城做过一次遥感，遥感的结果是629千米。宁夏号称有1500多千米的长城，但遥感的结果是500多千米。

哪些朝代修过长城？我们也搞不清楚。长期以来我们认为唐代、宋代、辽代、清代是不修长城的。最近，陆陆续续发现，清代修了长城，山东有、山西也有，甚至文献记载在新疆也修了；当然对于这些叫不叫长城，大家有争议。《新唐书·地理志》明确记载唐朝开元年间也修了长城，现在找到了它的遗迹。《武经总要》和欧阳修的奏疏里都提到宋代修过长城，目前我们只找到一小段，还有一段宋长城没有找到。很多人说辽代修过长城，到现在还没有找到学术界都认可的辽代修的长城。就是说，书上有记载的我们找不到，而书上没有记载的，或者记载不明确的，现在又发现了一些类似长城的建筑。比如说在吉林发现一些石墙，它的结构与长城非常相近，叫不叫长城？所以说，到现在为止，我们的长城家底不清。

再一个是长城的保护情况。过去，我当记者的时候，曾采访报道老百姓拆城墙盖了猪圈，挖地窖毁了长城。随着经济的发展，人们生活的发展，老百姓利用长城的砖盖房子的现象大幅度地减少了。在长城挖窑洞住的许多人都搬了出来。现在的问题是，他们搬出的窑洞没有人住了，窑洞要塌，怎么办？所以，随着生活水平的提高，群众生活损毁长城的事在减少。自然灾害对长城的损害，属于另外一个问题，我们很难控制，我们不太过多地去讲。如长城上生长的树，树根对长城破坏有多大？在长城边上种草好，还是不种草好？有人主张在长城上种点草，草根把长城固定住了，下雨的时候造成的损害就少了；但有人说，草根烂了对长城损害得更快。这属于另外的学术争论。

现在来讲，各类长城破坏中上升为第一位的是旅游，第二位的是基本建设，第三位的是群众生活，第四位的才是我们难以控制的大自然的灾害。全国目前号称有长城的大概有19个省、市、自治区。我们有一个统计，现在已经在招商开发的有230多处，以河北和北京占的比重最大，大概两地有130处左右。河北省比较严重，搞了一条1754千米的长城旅游公路，把长城所有的关口都给串联起来了，从张家口、太行山直到秦皇岛、山海关。长城保存较好的地方都修上了公路，村里都写出标语"以发展长城旅游事业为龙头带动经济发展"。长城旅游景点有个人开发的、村里开发的、县里开发的，但很少有国家统一开发的。许多长城旅游景点只相距几千米。现在这种后果已经看出来了，不仅对长城保护不利，而且因为没有这么多的客源，因此并没有给老百姓带来经济实惠。唯一起到的作用是老百姓通过这条公路从深山里出来了，如果从这个角度来看，修这条公路是完全正确。北京市也有100多个涉及长城的旅游景点，老百姓守着，见人就收钱，见车就收费，还公开在网上招商。我们对网上的长城开发招商信息做了统计，60多条信息中，政府招商的占8%，各种公司的占21%，市、县旅游局的占33%，真正文化文物部门的只占10%。由此，科学、合法的修缮、开发就很难做到。这种无序的开发，不仅对长城造成了破坏，而且没有起到给老百姓带动经济发展的作用，反而使老百姓遭受了损失。所以，必须有一个合理布局，适度发展，才能真正带动经济发展。

再一个是长城的修复工作。成功的没有几家，目前认为最好的挑不出大毛病来的就是司马台、金山岭长城的修缮，基本上保持原状。其他的长城修缮工程都有比较大的变化，大家都去过山海关老龙头上的澄海楼。澄海楼原来的基础只有40平方米，复建后为140平方米，高度也比原来高出一倍，但入海长城，却少修了一丈。没有看过资料、图纸的人，都会认为修的可以，挺壮观的，但只要了解它情况的人，就都知道问题不少。司马台都认为修复的很成功，国家文物局也认为很成功，但它里面也用了钢筋和水泥。真正按照修旧如旧、保存现状的修复是很难做到。如山海关修过好几次，也塌陷过几次，是因为工程技术没有跟上，所以在修复过程中就很容易出问题。

现在政府部门管理的长城旅游景区并不多，相关景区多数是在各种公司名下经营。公司经营就有一个争取经济效益最大化的问题。按照国家的规定，门票收入应该用于文物的保护，但现在门票收入都归公司或个人所有。一些地方，长城破坏了，报告国家文物局：长城破坏了，你来修吧。修，他不管，保护他也不管，但收钱他管。我觉得这些问题的产生有一个很重要的原因，是对1997年发布的《国务院关于加强改善文物工作的通知》有所误解。一个误解是，通知中有"建立与社会主义市场经济体制相适应的文物保护体制"及"同时要制定相应的政策鼓励、引导并广泛吸收有关部门和企事业单位及个人参与文物保护事业"的表述，另一个是对当时推出的"谁投资、谁受益"融资政策的误解。当时，各地政府为把文物保护推向市场，这两条规定被广泛引作依据。所以，长城沿线就出现了谁投资、谁受益，所有权和经营权分离，把长城的旅游开发推向市场交由公司经营，甚至上市的现象。八达岭是上市公司，与同仁堂、北京烤鸭店、燕京啤酒捆绑一块上市，现在已准备退市。

其实这是对《通知》精神的误解，通知中还明确指出"遵循文物工作自身规律、国家保护为主并动员全社会参与的文物保护制度""要为公益性文物、博物馆事业创造有利于把社会效益放在首位的条件，在资金上给予必要保证，在文化经济政策上给予支持"。这里明确了一个问题，公益性文物要遵循文物自身的规律，以国家保护为主，并动员全社会力量参与的文物保护体制，是以国家保护为主，这是第一位的。第二要为公益性文物保护单位创造条件，把社会利益放在首位，在环境和条件、在资金和政策上给予必要的保障和支持。因为长城是国保单位，是世界文化遗产，属公益性文物，不能推向市场。去年国务院又发了《关于加强我国世界文化遗产保护管理工作的意见》，其中明确指出："世界文化遗产保护管理属于社会公益性事业"，并要求"不得违反国家有关规定，将世界文化遗产租赁、承包、转让给个人、社会团体或企事业单位经营。已经租赁、承包或转让的，省级人民政府要组织检查，对违规的要限期改正。对因失职、渎职行为造成世界文化遗产破坏的，要追究有关领导和责任人的责任"。但是，现在真正改正的很少，包括金山岭等还顶着不改。所以，这种经营破坏性大、破坏规模大（不像老百姓去扒两块砖），这是一种组织行为，所以这种破坏被放在了第一位。

去年推出来特许经营，不是不搞经营，但要有一个界限。什么界限呢？文物本身的经营管理，比如门票收入应该归文物。周围的宾馆、娱乐设施可以归公司经营，但是有条件的，不是谁都可以来经营，要经过批准。长城是名牌，有这个牌子，经营就会获得更大的经济效益，你利用了这个品牌，就有保护长城的义务和责任。所以说这是有承诺地经营，一种特许经营，我估计将来的法规上要写上这个。所以说，不是不搞经营，而是要带动周围文化经营的发展。所以，要改变那种门票经营收入归个人、公司，而修复由国家出资的现象。刚才所讲的这个问题，在我们的工作中不能不考虑。

这些年来经济建设发展很快，特别是基础建设对长城破坏得很严重。有的是不可避免的，不是说有了长城就不修铁路、公路了，就像过去那样，把长城内外又分割起来。现在，真正国家的工程大多数都能够事先报批，提出既搞好建设，又保护好长城的两利的方案。如宁夏有一条到上海的高速公路，第一次报批时，由于资料提供的不完全，没有通过，后来及时补充了相关资料，很快就批了。批准的同时，还要求他们承担保护周围长城的义务。山海关也是这样，过去老百姓进出城有困难，私自挖了一个口子。实际上，原来省里已经划了红线，准备开辟通道，已经准备上报。没等上报就私自挖了，最后的结果，是要用 6000 万补偿，把周围的环境整理好，再开通此路。现在陕北大多数油气管道是从地下穿过长城。前两年可不是这样，而是挖城墙过，这样既省钱又省事。

新建的一些工业园区对长城破坏很严重，特别是那些不是国家项目的工业园区。某区的股份有限公司，一次性破坏长城 4 千米，没有报国家批准。这是一般老百姓做不到的，是县、市政府批准的。这种现象比较普遍，有些乡镇为接上高速公路，也违法挖毁长城。

能否为关系国计民生的基础建设破坏一段长城，要从多种因素考虑。比如要考虑某一段长城的价值大不大，保存的条件好不好等多方面因素。如济荷高速公路，原方案要挖一段长城，我们坚决不同意，因为那一段是战国齐长城的起点，是现存不多的、典型的战国齐长城，并且已经做了考古工作，要把那段挖掉太可惜了，别看它那段残了，但价值很大，"长城"一词就是出现在那里。公元前404年，三晋打齐国入"长城"，就发生在那里。所以，它的意义非常大，那种地方就要死保。当前基本建设对长城的破坏存在许多问题，怎么解决？当前，国家都在考虑怎么解决，国家文物局也很着急。根据我们的调查，给长城专门立法是应该的。我补充说明的一点是，我们所有的长城自申请遗产那天起都是世界文化遗产。我们向联合国教科文组织申请的是遗址，而不是"古建筑"，因此只要称得上是长城，就是文化遗产。所以，齐长城不仅是国保单位，还是世界文化遗产。针对世界文化遗产的专门性的立法保护，世界上也有先例。每一个遗产都有其独特的特点，有它的特殊性。像长城这样大，上下两千年、纵横十万里，没有一个专门的保护法律是有问题的，因此专门立法是必要的。但是，目前的问题是有法不依，执法不严，这个问题必须解决。现在有的地方长城破坏的情况很严重，根据《中华人民共和国刑法》的第四节"妨害文物管理罪"的第三百二十四条"故意损毁国家保护的珍贵文物或者被确定为全国重点文物保护单位、省级文物保护单位的文物的，处三年以下有期徒刑或者拘役，并处或者单处罚金；情节严重的，处三年以上十年以下有期徒刑，并处罚金"，"故意损毁国家保护的名胜古迹，情节严重的，处五年以下有期徒刑或者拘役，并处或者单处罚金"，"过失损毁国家保护的珍贵文物或者被确定为全国重点文物保护单位、省级文物保护单位的文物，造成严重后果的，处三年以下有期徒刑或者拘役"；第四百一十九条"国家机关工作人员严重不负责任，造成珍贵文物损毁或者流失，后果严重的，处三年以下有期徒刑或者拘役"，是要判刑的，我们现在没有判一个人。对齐长城的保护不是没有法，《文物保护法》是有效的法律。这些问题不解决，定再多的法也没有用。依法行政，能不能执法，是考验我们执法能力的问题。我们起草国务院"中国长城保护管理条例"的时候，就建议把犯法处理写得更明确。我们对长城的利用，从法律上定位在公益事业上。所以，我觉得一定要立法。立法正在做，困难还很大，它牵扯的利益太多，部门太多，不仅牵扯省与市区县之间的利益，还有各部门之间的利益，比如淄博的齐长城在原山森林公园里面，受益是谁，保护责任是谁，要统一来协调。

总的来说，我认为长城的保护和利用应该是：抢救第一，保护为主，合理利用，加强管理，开发适度，遵章守法。当前"遵章守法"应放在特别重要的地位。我们不要再好心办坏事了，像青岛齐长城的烽火台，是位老先生怕开发区的建设毁了齐长城用石头包起来的，结果大家一看战国时期齐长城的烽火台怎么变成大理石的了，这确实是好心。我估计这种好心办错事的事还不少，因此希望大家严格地按照法律规程来办。修缮有修缮申办条例，修缮工程施工必须有资质，设计必须有资质，虽然长城修缮简单，但并不是随便在村里找个人像垒猪圈那样来修就行。我最近考察了一段样墙，也就是明代修长城时的样板墙，工程质量方面，它可以做样板，500多年了它没有被重新修过，还保存得很好。现在研究高楼大厦的多，研究长城这种建筑的目前还没有。要做好长城的修缮工作，修缮以后要有完整的修缮记录。现在做得比较好的是司马台长城那一段，虽然修缮工程里也用了钢筋和水泥，但在外表看不出来，且从《工程纪要》里面可以看到，它明确记载了，修的几号楼在什么位置，用的是几号钢筋，水泥标号是多少，用了多少公斤，都写得清楚。我们现在还没有与国际接轨，国际上要求新修的就要新模样，就要与原来有区别。我们现在是做旧，修得还要你看不出来，我们也感到这是一个问题。报纸上也在讨论这个问题。紫荆关修复的争论就反映出修缮原则的问题。这一问题应当提到议事日程上来了，不能不解决。

关于长城的研究工作，这几年基本上停了，1979年在内蒙古开了第一次长城保护工作会议以后，到1982年我们搞了一次长城普查，但从1984年邓小平同志题写了"爱我中华，修我长城"以后，主要精力放在修长城上了，长城的研究上基本上停了。原来成立了一些组织，山海关有"山海关长城研究会"，嘉峪关有"嘉峪关长城研究会"，陕北原来也有"长城研究会"，当时热情很高，既有专家参加，也有群众参加，但从那以后基本上停了，现在只有眼前的几个学术团体还在活动，仅仅是以号召宣传保护为主，而没有专门的研究机构。所以，我们在向国家文物局提交的报告里，建议成立国家级长城研究组织，归文物局管理，协调全国长城的研究，现在各地也在研究，但好多是重复劳动，要真正有计划地开展研究，像长城的断代、长城的结构等方面的研究，应该由国家来组织实施。

谢谢大家！

# 在"《河北省长城保护管理和执法情况调查研究报告》座谈会"上的发言

(根据录音整理)

看了河北的这个报告以后,我觉得是一个很好的报告,在很短的时间做了这么多工作,很不容易,而且很多内容有创新,提了许多很好的建议和措施,对落实《中华人民共和国文物保护法》《长城保护条例》具有可操作性,这是在长城保护上的一个很大提高。现在,我讲一些意见和建议:

报告中的有些例子还不够充实,列举的例子多数曾是媒体曝光的,新的案例不多。长城开发的景点到底有多少,我掌握的数据可能比你们的多,如野三坡新开发的一个景区将涞水县大龙门长城纳了进去了,祖山风景区的长城也没有列进来,实际开发的旅游点,比你们报告中列的要多。还有长城被破坏的案例,如沽源县小厂乡的椴木梁长城,林场将这一段早期长城完全建成公路了,我有建路前后这段长城的照片,这个事件媒体上没有曝光。因此希望报告将考察中新发现的例子再补充进去。

报告中应当突出目前长城保护中的几个难题,并充分展开,进行透彻分析,提出可操作方案。如保护和利用的关系,这是一个很大的难题。《长城保护条例》规定的是备案制度,先动手后备案,这在具体操作上留下了很多具体的困难。条例列的几个利用开发的标准,但不是事先考察、审批,而是事后备案,这会产生许多问题,现在有没有一个救急的办法。

再一个是利益分配问题，《文物保护法》规定，事业性收入全部用于文物保护。但实际上没有能做到，是应当修改文物保护法，还是我们想个办法来解决这个问题？地方政府一点利益没有，保护的积极性就没有了，群众利益受损失了，群众保护的积极性也没有了，没有一个补偿的办法不行。只有协调好各方面的利益，才能动员各方面都来保护长城。金山岭长城所在地政府将老百姓的土地征了，老百姓没有了生计，原由公司管理时，不许老百姓开家庭旅馆，由此之前老百姓保护长城的积极性也就没有了，甚至和管理机构发生矛盾和对立。我认为，一些不涉及长城保护范围、景区环境和景观的经营活动可以让给老百姓或地方政府，而且要给予指导、帮助；同时在管理上要加强，如卫生检查等。目前，金山岭长城管理处给村里修了一条水泥路，帮助村里办家庭旅馆，在保护范围之外的停车场附近建了售货亭。我们应当协调各方面利益，动员各方面保护长城，应当在这方面做一些有益的探索，拿出一些可操作性的意见。

我们目前出现的很多问题，包括修缮、断代都是因为基础研究跟不上造成的。长城的基础工作除了摸清家底，就是学术研究。比如我们对长城上的很多建筑并不了解，长城的垛口是干什么的，附属设施是什么，没有研究。在修复慕田峪长城时，当时长城上摆了很多石堆，不知道是做什么的，在修的过程中将石堆清理了，后来才知道是做武器用的石块，现在全没了。在修缮黄花城时，当时发现保护比较好的每个垛口都有一个粉白块，但不知道做什么用的。后来查阅历史文献才发现古代对此就叫"粉白块"，是为了写守城人姓名的，可是在修复过程中将它们清除了。有许多长城段是重复利用过的，但我们现在都是按明代修复的，把很多信息损失了，这也是因为我们前期没有研究造成的。如山海关，清代修了多次，如据文献记载，康熙七年（1668）曾重修山海关的边墙总计约2770米。我们现在修缮时按明代重修，许多信息就损失了。因为研究工作不够，可能造成很多失误。如果我们早期做一点研究，不至于出现这些问题。我们现在规划、设计与研究是脱节的。在做规划、做设计时没有请研究人员介入。长城研究工作跟不上，我们的保护工作就非常困难，缺少依据。科研工作是个难题，没有得到重视，我们现在做的工作大都是"救火队、消防队"，哪出问题了，被拆了，再去救火。

为什么文物考古专业人员中没有人专心认真研究长城？是因为我们很多政策、制度跟不上，因此应当在制度上给予保障。现在国内媒体上出现的包括我在内的长城专家，都是业余的。长城的科研是目前急需解决的问题，应当在报告中体现出来。

长城的保护太复杂，光靠专业队伍不行。我们现在讲到长城只是长城的城，如果把堡子、烽燧线包括进去，那么将是非常庞大的一个区域，因此对其保护要利用社会力量，如长城保护员。而且不要忽略了还有一批志愿者，他们不要钱，只希望能得到尊重，而且他们提出的意见希望能有渠道得到反馈和鼓励。现在团结在我周围的有200多人，仅河北就有近100人，壮大这支力量等于给长城保护增加了无数敏锐的"眼睛"和守责的"哨兵"，而且正是因为他们，所以我能得到这么多的信息。他们不仅能收集和通报信息，并进行宣传，而且也有水平很高的研究者，不仅有中国人，也有外国人，如美国人阿伦，是一个研究中国历史的学者，对长城研究得很深。这些志愿者不仅是保护力量，也是研究力量。除了人才，还有社会上的财力、物力。最近，联想集团找到我们，想为长城做点贡献，卖一部手机就捐给长城一元钱。今年7月，我将和威廉·林赛再走一次长城，从山海关到嘉峪关，途中宣传长城的保护，克莱斯勒（中国）汽车销售有限公司提供最新款的Jeep Commander汽车，免费用一年。动员社会力量参与长城保护工作，文物部门应当有一些具体措施和政策。比如捐钱捐到哪，如何管理等。甚至我们可以动员社会力量支付长城保护员的工资，如威廉就担负了几位长城保护员的工资。如果哪个公司或企业、个人愿意承担一个县的保护员的工资，我们应当支持。社会团体组织是保护长城的重要力量。据中华环保联合会发布的《中国环保民间组织发展状况蓝皮书》统计，截至2005年年底，我国环保民间组织有2768家，总共有22.4万人参加环境保护工作，而我们文物保护的民间社团，算上没有注册的也没有几个。没有社会力量的介入，只靠政府和少数专业人员想保护好长城是不可能的，这个问题不解决，长城的保护可能只能落实在纸上和嘴上。因此，发展壮大长城保护和研究的民间力量十分重要和必要，可谓迫在眉睫。

# 关于长城修缮工作的
# 历史回顾和思考

今天受邀参加这个有关长城保护问题的民间论坛，我非常高兴。我是一个老草根，本职工作是新华社摄影记者，因为工作需要，自1977年开始从事文物考古方面的新闻报道，1978年领导批准了我申报的《长城》选题。从此，我爱上了长城，与长城结下了不解之缘。退休之前，我一面完成本职工作，一面从事长城考察和研究；退休之后，全身心地投入了长城的研究和保护工作，从1978年算起至今已经整整30年。30年中出席了国家文物局主办的"第一次长城保护和研究工作会议"；参与了"山海关长城研究会""嘉峪关长城研究会""中国长城学会"和"山海关长城博物馆""嘉峪关长城博物馆""中国长城博物馆"的筹建、筹组，以及山海关长城、嘉峪关长城、金山岭长城、慕田峪长城、居庸关长城、敦煌汉代长城开发前的考察；走访了我国历代长城的典型地段；主持过国家文物局有关长城保护、研究现状的调研课题；被邀请参加《长城保护条例》的起草和修改，耳闻目睹了"文化大革命"结束后长城研究、保护、利用的曲折道路。

有关长城保护要讨论的问题很多，由于时间关系今天我就长城的修缮问题谈谈我个人的看法，供大家参考，水平有限，有不对的地方，请批评指正。

长城是有两千多年修筑史的古代建筑。任何一项人工建筑即使不考虑人为破坏因素，也都有它的自然寿命。在长城修筑技术最成熟、用料最讲究、资金最有保证的明朝，长城的保质期也只有3—10年，至清朝，长城维修的保质期只有 3 年，而且用法律的形式固定下来。据我国建设部 2000 年出台的关于建筑设计使用年限的一系列标准，我国桥梁设计使用年限是 100—120 年、重要和有纪念意义的建筑的设计使用年限是 100 年、一般建筑物的设计使用年限是 50 年。据 2000 年中华人民共和国建设部发布的《房屋建筑工程质量保修办法》第七条规定，在正常使用下，房屋建筑工程的最低保修期限，屋面防水工程和外墙面的防渗漏，仅为 5 年。

自清亡至今已有百年，按明朝最长的保质期 10 年算，已过 10 个保质期，按清朝长城维修的 3 年保质期计算，至今已度过 30 多个保质期。据可靠文献记载，现存可以认定遗迹的战国齐长城，已经过了近 800 多个 3 年保质期或 200 多个 10 年保质期。这期间它们还经受了难以计数的战争及自然灾害的破坏，我们还能感受到它的存在，不能不说这已经是奇迹。为了延长长城的寿命和实现把长城长久地留给子孙后的愿望，长城的日常维护和必要地修缮就成为必然。

自长城诞生以来，重复利用和维护、修缮工作就一直没有中断过。只不过自 1911 年到 1948 年，社会条件不允许按部就班进行维修；但新中国一成立，政府就开始注意到长城的保护和修缮。自 1950 年至今，长城维护和修缮，特别是修缮工作，经历了曲折道路。按照修缮的理念和修缮原则的发展和实践，我认为可以分为五个阶段：

第一阶段：1950—1979 年，长城被纳入国家文物保护范围，进行正常的保护性维修。

1950 年 7 月 6 日中央人民政府政务院发布了《中央人民政府政务院为保护古文物建筑的指示》。指示说："凡全国各地具有历史价值及有关革命史实的文物建筑，如：革命遗迹及古城廓、宫阙、关塞、堡垒、陵墓、楼台、书院、庙宇、园林、废墟、住宅、碑塔、石刻等以及上述各建筑物内之原有附属物，均应加意保护，严禁毁坏。"指示中还明确规定了保护的原则"应尽量保持旧观"。就在这一年对嘉峪关的关楼进行了抢救性维修。

1952 年秋，时任政务院副总理兼文教委员会主任的郭沫若先生，提出了要维修长城,并向国内外开放的建议。这一建议引起了中央人民政府的高度重视,文物事业管理局郑振铎局长安排罗哲文先行去搞勘察规划。经过实地勘察,罗哲文先生拿出了一份关于八达岭长城的维修规划,并向老师梁思成先生请教,请他审定。当时,梁思成对罗哲文着重谈了三点意见:

第一,古建筑维修要有古意,要"整旧如旧"。他特别强调了修长城要保存古意,不要全都换成新砖、新石,而且千万不要用洋灰。有些残断的地方,如果没有危险,不危及游人的安全就不必全修了,"故垒斜阳"更觉有味儿。

第二,他谈到长城上休息座位的布置,也要讲究艺术性。不能在古长城下搞"排排座,吃果果"的布置,要有野趣,讲究自然。

第三,谈到长城上种树的问题,梁思成提议千万不能种高大乔木,以免影响观看长城。另外,树木过于高大,离长城的距离过近,对长城的保护也是不利的。

虽然"整旧如旧"或"修旧如旧"不是法律用语,但数十年来一直被视为中国古建界修缮古建筑的业内"规则"。

罗哲文先生就是遵照梁思成先生提出的"整旧如旧"原则,主持了八达岭和山海关的修缮工程,而两处长城最终对外开放。

1958年国家拨款共15万元,对嘉峪关东西城楼、垛墙、女墙、井亭、游击府,以及城外的文昌宫、关帝庙等,首次进行了大规模维修。

北京市人民委员会专门于1959年3月4日,向昌平县、密云县、延庆县、怀柔县、平谷县人民委员会发出了《关于保护万里长城的通知》。《通知》中指出:"最近发现有的人民公社、企业、机关任意拆毁长城砖石修建仓库、猪圈、炼铁炉等等,密云县古北口和延庆县东三岔村两处长城城墙和城楼、城堡已遭到严重破坏","为了做好今后对长城的保护工作,防止继续发生破坏现象,各有关区、县应结合生产建设工作向群众宣传保护长城以及其他文物古迹的重大意义,重申国务院关于保护文物的法令,并责成当地人民公社对长城分段负责加以保护"。这是我国第一次发布的保护长城的地方性专项文件。

1960年11月17日国务院第105次全体会议通过了《文物保护管理暂行条例》，这是新中国的第一部综合性文物行政法规。《条例》第十一条明确规定古建维护和修缮的原则为："必须严格遵守恢复原状或者保存现状的原则。"

1961年，在国务院颁布的《关于进一步加强文物保护和管理工作的指示》的第二条中明确要求"文物保护工作必须坚持勤俭办事业的原则，对于革命纪念建筑和古建筑，主要是保护原状，防止破坏，除少数即将倒塌的需要加以保固修缮以外，一般以维持不塌不漏为原则，不要大兴土木。保护文物古迹工作的本身，也是一件文化艺术工作，必须注意尽可能保持文物古迹工作的原状，不应当大拆大改或者将附近环境大加改变，那样做既浪费了人力、物力，又改变了文物的历史原貌，甚至弄得面目全非，实际上是对文物古迹的破坏"。

在1963年8月27日中华人民共和国文化部发布的《革命纪念建筑、历史纪念建筑、古建筑、石窟寺修缮暂行管理办法》的第三条中重申了在保养、维护、抢救、加固以及修理修复工程中"都必须根据不同情况贯彻，保持现状或者恢复原状的原则"。文物保护和修缮的"保护现状或者恢复原状"的原则被以法律和规章的形式规定下来，成为保护文物的一个普遍原则。

第二阶段：1966—1977年，长城遭到十年浩劫。

第三阶段：1977—1997年，长城保护事业受到政府和社会的空前重视。

在"文化大革命"中，我国的古建筑和文物古迹经历了一场浩劫。有许多文物古迹被分割侵占，古建筑遭到严重的破坏，造成不可弥补的损失，长城也不例外。1977年8月，在中国共产党第十一次全国代表大会上，党中央正式宣布"文化大革命"结束，文物保护工作又提上议事日程。1976年，部分省市开始文物普查，长城是当时文物普查的重要内容之一，河北、内蒙古、陕西、甘肃、辽宁、宁夏及北京、天津、山西、吉林、黑龙江、山东、河南等省、市、自治区的文物考古工作部门都不同程度地开展了长城的调查研究工作，一些大专院校和科研单位纷纷展开了对长城的实地调查。仅仅几年的时间内就已经取得了十分可喜的成果。在此基础上，国家文物事业管理局于1979年7月在内蒙古召开了"全国第一次长城保护和研究工作座谈会"。这一次会议对长城保护和研究工作起到了广泛和深远的影响。

这次会议之后，全国掀起了长城保护和研究的热潮。陆续成立了山海关长城研究会、嘉峪关长城研究会、中国长城学会等群众学术团体，长城沿线还成立了群众性的长城保护组织；自1978—1986年，国家文物事业管理局组织有长城的省、市、自治区对长城进行了大规模普查，对群众性长城调查和研究活动也给予大力的支持；许多文物研究单位也把长城研究和调查作为自己的工作任务，组织人员进行研究和考察，或派员对群众学术团体的工作进行指导，考古、军事、经济、历史、地理、文化等各学科的学者也被吸引参加了这些工作。形成了在国家文物事业管理局的领导下，专业人员与群众社团相结合，吸引多学科、多层次人员参加的长城保护和研究的局面，长城研究的各个方面都取得了重大学术成果。

1980年5月15日，国务院批转了国家文物事业管理局、国家基本建设委员会的《关于加强古建筑和文物古迹的保护管理工作的请示报告》，其中再次重申"一切使用单位包括专设的研究所、博物馆（院）、文管所对于使用的古建筑只有保护安全的责任，没有拆除、改建的权力。在需要修缮的时候，必须严格遵守保持现状或恢复原状的原则"。1981年4月10日，国务院办公厅转发了文化部、国家文物局关于长城破坏情况的调查报告的通知。这是我国以政府名义发布的第一个保护长城的专项文件。

1982年11月19日公布的《中华人民共和国文物保护法》第十四条规定，核定为文物保护单位的革命遗址、纪念建筑物、古墓葬、古建筑、石窟寺、石刻等（包括建筑物的附属物），在进行修缮、保养、迁移的时候，必须遵守不改变文物原状的原则。这是沿用至今的古建保护和修缮原则的法律用语。

1984年9月1日，邓小平同志为北京修复的长城亲笔题词"爱我中华，修我长城"。中央领导同志号召长城沿线各省、市、自治区都要把长城保护起来，陆续修复。天津市委、市政府决定修复本市蓟县境内的古长城，1985年国庆节前夕，黄崖关古长城修复工程的第一期工程竣工，修复873米的墙体和7座敌楼，并开通4.7千米的登山公路。第二期工程于1985年10月开工，1986年9月底竣工，共建墙体2152米，楼台13座，以及正关城台和北极阁一座。

1984年，中国长城学会筹委会、国家旅游局、《北京日报》等单位与法国拯救威尼斯和修复长城委员会合作，在北京为外宾举行大型活动，并组织苏斯比拍卖行拍卖艺术品。此项活动所得的1000000法郎被用于慕田峪长城的修复。

1984年，国家文物事业管理局和国家旅游局拨款，在古建专家罗哲文、朱希元先生的指导下开始修缮金山岭长城。

1984年，在社会的赞助活动中，八达岭长城再次展开大规模修缮，7月27日，八达岭长城第一期修复工程举行了开工典礼。

1984年9月，由12家新闻单位提出号召，在辽宁全省百万群众中开展赞助活动，集资修复九门口长城。1986年以后，绥中县又对九门口水上长城进行了多次整修。投资600多万元的九江河上游截潜和一片石古战场修复工程，再现了"城在水上行，水在城下流"的景观。

1985年，由国家拨款与群众捐献，共计集资1000多万元，开始了嘉峪关的第二次大规模维修工程。1985年一年就完成了对城头敌楼、角楼（箭楼）和东西瓮城门楼的维修和加固工程。1986年又完成了关城至石关峡等处的长城补建，以及边城"万里长城第一烽"的恢复工程。至1988年，全部计划工程维修完竣。

山海关老龙头修复工程分四期完成，1985年5月25日正式破土动工，6月6日举行奠基典礼。1986年7月20日，修复滨海长城435米，复原了铁门关，发掘"圈城"城堡遗址，总投资953万元的一期工程完工，并于8月1日正式对游人开放。第二期工程于1986年9月1日开始前期准备工作，到1987年6月30日完工，共投资300万元，修复城墙180米，修复入海石城、靖虏一号敌台、敌楼、南海口关、"天开海岳"碑楼等，用工12万个劳动日。第三期修复工程由山海关区修复长城指挥部组织实施，于1987年12月20日开工，1989

年5月30日竣工。海神庙于1989年4月20日对游人开放。宁海城于1989年6月1日对游人开放。第四期修复工程于1991年12月20日破土动工，1992年6月10日竣工。

在这个阶段，对多处长城的主要关隘和段落进行了修缮甚至复建。但在这个过程中，社会舆论及文物、古建学界对"不改变原状"原则的理解和尺度把握产生了分歧。"不改变文物原状"和"修旧如旧"都是很模糊、很原则性的概念，但应旧到什么程度，"原状"是指何时的原状，是何种状态的原状，谁也无法说清楚。多年来，文物保护界对如何理解不改变文物原状这条原则，各持不同的见解。学院派从理论上认为应保持现状，经验派从实践中坚持应恢复原貌，这就是文物保护界长期以来关于"原状"与"现状""修旧如旧"的争论。

1986年7月12日，文化部发布了《纪念建筑、古建筑、石窟寺等修缮工程管理办法》，其中对原则进行了释义，其中第三条规定，纪念建筑、古建筑、石窟寺壁画、造像、古碑石刻等修缮工程，应严格遵守"不改变原状"的原则。"不改变原状"的原则，系指不改变始建或历代重修、重建的原状。修缮时应按照建筑物的法式特征、材料质地、风格手法及文献或碑刻、题铭的记载，鉴别现存建筑物的年代和始建或重修、重建时的历史遗构，拟定按照现存法式特征、构造特点进行修缮或采取保护性措施；或按照现存的历代遗存，复原到一定历史时期的法式特征、风格手法、构造特点和材料质地等，进行修缮。这是我国首次官方对古建修缮的"不改变原状"原则的释义。

1986年下半年开始了修复司马台长城的规划设计和论证，并于1987年5月1日正式动工，至1988年5月30日竣工。

1987年12月，故宫、长城、周口店北京人遗址、秦始皇兵马俑、敦煌莫高窟、泰山6地被联合国教科文组织作为文化遗产列入《世界遗产名录》，这是中国的首批世界遗产。

1992年，投资380万元人民币，修复了600多米虎山长城，初现了长城最东端的面貌。

1992年4月30日，国务院批准的《中华人民共和国文物保护法实施细则》第十四条规定："纪念建筑物、古建筑等文物已经全部毁坏的，不得重新修建；因特殊需要，必须在另地复建或者在原址重建的，应当根据文物保护单位的级别，报原核定公布机关批准。"针对这一时期文物古建修缮中复建（重建）过多的情况，第一次以规章的形式对已经全部毁坏古建筑等文物的重建有了禁止性的规定。

第四阶段：1997—2003 年，受经济大潮冲击，长城修缮失控，受到严重破坏。

1998 年 5 月 25 日，世界遗产证书、"中国世界遗产标牌"颁发仪式在北京人民大会堂隆重举行。

由于我国正处于计划经济向市场经济的转型时期，必然会出现一些新问题、新情况。为了适应新形势和解决新问题，法律和政策、制度也需要不断调整。在这个过程中，对政策的调整，对制度改革的理解与相关法律、政策之间的相互衔接出现了一些新问题，使《中华人民共和国文物保护法》的执行遇到种种新问题，特别是错误地将旅游业和文化产业市场化管理的模式引入长城保护、管理和利用的工作中来，是引起长城保护、管理和利用工作混乱的最重要原因之一。这里面既有理解问题，也有观念问题，还有法制不完善，相互衔接不够的问题。

1997 年 3 月 30 日，国务院发布了《国务院关于加强和改善文物工作的通知》，通知中有"建立与社会主义市场经济体制相适应的文物保护体制，要努力建立适应社会主义市场经济体制"和"要制定相应的政策鼓励、引导并广泛吸收有关部门和企事业单位及个人参与文物保护事业"的表述。对这两段表述，人们将其理解为，是要把市场经济体制与文物保护体制改革联系起来、把文物保护事业与"广泛吸收有关部门和企事业单位及个人参与文物保护事业"联系起来，认为长城保护体制也要"市场经济"化，且社会各种经济成分都可以进入这个"市场"。

比如在 1997 年 12 月河北省滦平县金山岭长城管理处与承德市光大农业发展有限责任公司签署的关于成立"承德金山岭长城有限责任公司"的合作协议书中，就将金山岭长城管理处的总资产作价入股，成立承德金山岭长城有限责任公司。2001年，在以《关于吸引社会资金用于文物保护工作的思考》为题的文章中引用《国务院关于加强和改善文物工作的通知》作为依据，论证吸引社会资金保护文物的必要性和可行性，并且提出"谁投资、谁受益"和"所有权、管理权"与"经营权、保护权"分离的政策。

1997年，八岭旅游发展有限公司成立，当时该公司属中外合资经营企业。后来，八达岭长城与北控集团捆绑上市，八达岭长城正式开始由上市公司管理。

中华人民共和国国务院经济体制改革办公室在《2002年要加强十个方面的经济体制改革工作》中也提出：按照"谁投资、谁决策、谁受益、谁承担风险"的原则，加快投融资体制改革。

在相当长的一段时间内，长城沿线各级政府和旅游主管单位，在长城旅游开发中，都以这些政策和精神制定"谁投资、谁受益"以及所有权和经营权、受益权分离的政策，鼓励"引入社会资金"，将一些长城段由公司经营。上至省、市、县政府，下至乡、镇、村委会、公司企业，甚至个人都在开发长城，成立各种名目的公司，一时间长城成为旅游业的支柱性产业。在经济利益的驱动和刺激下，在这些公司或企业家中，"开发"取代"保护"成为各地修复万里长城的"主题曲"。

许多长城段进行了大规模重新修建，甚至是在没有任何根据的情况下，创建、塑造出没有任何历史感的崭新的仿古建筑。更有甚者，为了省时、省钱便把长城推倒重建，进行豪华包装，造假古董，完全丧失了长城原有的文物价值，甚至造成了毁灭性破坏。

有的媒体称这是一场新的"造城"运动，长城的保护和管理处于失控状态。为此，长城付出了高昂的代价，给了我们一个非常沉痛的教训。

国际古迹遗址理事会中国国家委员会于2000年10月制定了《中国文物古迹保护准则》，《准则》是一种具体贯彻行为，是具体贯彻《文物保护法》和文物工作的方针。《准则》从特定的实际出发，出于现实需要，结合实际，对过去学术上争论比较多的问题作了明确规定和阐释，比如对什么叫文物的原状，文物的原状如何保持，有哪些应该保留原状，哪些不应该保留原状，都作了明确的规定。再如复建，《准则》中则规定了什么情况下不得复建，复建要注意哪些问题。虽然《中国文物古迹保护准则》并没有能制止对长城的开发性破坏，但《准则》的制定还是引起了中国的专家、百姓和中央政府的关注，开始检讨长城的保护工作，并逐步采取措施给予纠正和制止。

第五阶段：2002—2007，文物保护四项基础性工作得到加强。

《文物保护法》《文物保护法实施条例》和一系列部门规章、规范性文件的颁布，特别是《长城保护条例》的制定，为长城保护提供了坚实的法律保障，建立起文物法统领下的有中国特色的文化遗产法规体系，由此长城保护事业进入一个新的历史阶段。

2002年4月25日，文化部、国家文物局、国家计委、财政部、教育部、建设部、国土资源部、环保总局、国家林业局联合下发《关于改善和加强世界遗产保护管理工作的意见》，指出我国世界遗产保护面临的问题和困难，提出要树立"公约意识"，遵守国际规则，正确处理世界遗产保护与利用的关系，进一步加强对世界遗产的保护管理工作。

为了扭转经济大潮对文物保护事业的冲击，2002年10月28日公布了修订的《中华人民共和国文物保护法》，确立了"保护为主、抢救第一、合理利用、加强管理"的文物工作方针，同时明确规定"国有不可移动文物不得转让、抵押。建立博物馆、保管所或者辟为参观游览场所的国有文物保护单位，不得作为企业资产经营"。这是我国首次以法律的形式明确"国有不可移动文物不得转让、抵押。建立博物馆、保管所或者辟为参观游览场所的国有文物保护单位，不得作为企业资产经营"，意义重大。其中第二十一条还重申了"对不可移动文物进行修缮、保养、迁移，必须遵守不改变文物原状的原则"；在第二十二条中规定"不可移动文物已经全部毁坏的，应当实施遗址保护，不得在原址重建"。中国首次在法律上对文物的重建有了禁止性的规定和国有不可移动文物管理体制不可改变的原则。

国务院、建设部、国家文物局相继发文指出：国有不可移动文物不得转让、抵押。建立博物馆、保管所或者辟为参观游览场所的国有文物保护单位，不得作为企业资产经营。2003年4月，文化部、国家文物局、建设部等7部委联合发出《关于进一步加强长城保护管理工作的通知》，其中要求"进一步明确文物行政部门的主管职能，不得将长城交由企业管理或作为企业资产经营。已经交由企业管理或作为企业资产经营的，要限期整改"。北京市、陕西省、内蒙古自治区也制定了长城保护的专项地方法规；河北省、甘肃省、北京市等一些省市还在长城沿线聘请了长城保护员，定期对长城进行巡视，制止破坏长城的行为；许多社会团体、志愿者、国际友人也参加了长城的保护工作。各种媒体也对长城保护的情况进行监督，对破坏长城的事件公开揭露、批评。通过这些工作使更多的人认识到了文化遗产的价值，以及分享文化遗产带给人类的好处，从而能积极参与保护文化遗产的行动。

2003年8月1日，《北京市长城保护管理办法》正式颁布。这是我国第一个针对长城制定的地方性保护法规。

2004年，北京市政府对明十三陵、长城北京段、故宫、天坛、颐和园和周口店北京人遗址等6项世界文化遗产实施大规模修缮，各项工程计划于2008年前完工。

2004年2月，国务院办公厅转发文化部、建设部、文物局等部门的《关于加强我国世界文化遗产保护管理工作意见》的通知，指出一些世界文化遗产存在进行超负荷利用和破坏性开发的现象，存在商业化、人工化和城镇化倾向，并提出要确保世界文化遗产的真实性和完整性，建立国家文物保护规划，协调解决保护管理工作中的重大问题。

2005年10月，国际古迹遗产理事会第15届大会在西安举行，通过了全面保护文化遗产及其环境的《西安宣言》。

2005年6月，国务院下发了《关于加强文化遗产保护的通知》，国务院专门成立了由15个部委组成的全国文化遗产保护领导小组，包括世界遗产在内的中国遗产保护事业进入一个新的历史阶段。《通知》中明确指出"坚决禁止借保护文物之名行造假古董之实。要对文物复建进行严格限制"。

2006年10月11日，国务院公布了《长城保护条例》。这一《条例》的颁布不仅可以有针对性地解决长城保护、利用工作面临的突出问题，而且意味着我国在综合性文物保护法规之外有了针对单项文化遗产地的专项法规，这是文化遗产保护立法工作的重要突破。从此，长城的保护进入了法制时代。

2007年5月24至28日，在北京通过了关于东亚地区文物建筑保护与修复的北京文件。北京文件对我国文物古建的保护修缮中的真实性与完整性、干预与传承、价值认定、原状与现状，以及重建的理论与可操作性等问题进行了讨论。其中核心的核心，还是真实性与完整性的问题。会议再次确认了《世界遗产公约》及其《实施指南》，以及《威尼斯宪章》和《奈良真实性文件》所总结的普适性原则，也肯定了根据普适性原则和中国特点所形成的《中国文物古迹保护准则》。

到此时，长城保护的法制已经逐步完善，可以进入有法可依的时代，长城的维护和修缮原则也有了具有可操作性的规范性文件，保护理念开始走向成熟。

最后，对长城修缮工作提出几点建议：

1. 建立科学发展观，尊重科学；

2. 加强长城保护理论和技术的基础性研究，增加长城研究专项课题和资金投入，提高保护水平；

3. 加强长城研究基础条件的建设和专业技术人才培养，在我国还没有专职的长城专家，因此还需要加大长城研究和人才培养的投入，这是长城保护基础；

4. 充分发挥群众组织、学术团体的作用，调动各种社会力量的积极性。文物保护是公益事业，除了主要依靠国家的力量外，还要充分发挥群众组织、学术团体和各种社会力量的作用，增强社会参与性。长城及其周边环境的保护工作应被视为一个跨学科的工程，诸如建筑学、工程学、历史学、考古学、材料和结构的科学方法，以及传统知识等。在现在的情况下，要充分发挥社会学术团体和民间专家的作用。社会团体组织保护是保护长城的重要力量。据中华环保联合会发布的《中国环保民间组织发展状况蓝皮书》，截至2005年年底，我国民间环保组织有2768家，总人数22.4万人。文物主管部门多年来不重视群众性的文物保护工作。文物保护的民间社团，算上没有注册的也没有几个。没有社会力量的介入，只靠政府和少数专业人员想保护好长城是不可能的，这个问题不解决，长城的保护只能落实在纸上和嘴上。因此，发展壮大长城保护和研究的民间力量十分重要和必要，可谓迫在眉睫。

5. 加强执法力度，落实法律和规章是当前文物执法的主要任务，需要加大主管部门的监督执法力度、加强领导、落实责任、健全问责制。近年来，各地加大《文物保护法》的宣传力度，加强了文物行政执法工作，文物保护法律法规逐步得到贯彻和落实。但是，违反文物保护法律、法规的现象时有发生，使文物保护单位甚至世界文化遗产遭到严重损毁或破坏的事件时有发生。同时，有的文物行政管理部门没有履行《文物保护法》的规定，有法不依、执法不严、违法不究，甚至有些文物主管部门为违法行为开绿灯。现在问题的关键，不是无法可依，而是有法不依；不是立法问题，而是执法问题；不是没有规定，而是地方政府没有按照有关规定贯彻执行。

长城破坏的案件很多，尤其值得警惕的是，"法人违法"在文物违法案件中占的比例越来越高。法人知法犯法，导致文物行政执法难度越来越大。相对于个体犯罪来说，"法人犯法"尤其是政府法人犯法的破坏性极强，在行政指令和商业利益的左右下，文物往往会遭到毁灭性破坏，造成恶劣的社会影响。2008年9月下旬，呼和浩特市清水河县人民法院，对故意毁坏国家级重点文物保护单位明长城芦梁山段的5名被告人依法做出了一审判决。据了解，这是我国首例对破坏明长城的违法犯罪人员进行的法律惩处。但有些比这起案件的情节严重的多的案件中的违法人员并未受到法律规定的处理，特别是那些负有直接责任的政府官员、文物主管部门责任人也没有因造成重大后果被问责。

6. 对复建工程要严格控制，将复建权收回国家文物局，今后应对背离保护长城原状的原则，以新建为主的开发建设项目进行严格控制；禁止没有规划、没有经过充分论证的盲目开发；对原生态环境好，长城防御系统基本完整的长城段（点）的复建项目更要严格限制。

# "长城保护、管理和研究现状调查及对策研究"课题结项报告

长城是人类历史上最伟大的建筑之一，不仅是中华民族的珍贵文化财富，也是世界文化遗产。长城的研究和管理水平的高低、保护状况的好坏，不仅关系到长城本身，而且关系到我国政府在文物保护方面的国际形象。因此，长城的保护、管理和研究工作具有深远的历史意义和重大的现实意义。

目前长城的保护、研究和管理的现状引起国内外各界极大关注。社会舆论不断报道有关长城受到自然及人为破坏，以及被破坏性开发、修缮和利用的消息。公众和专家也强烈要求加强长城的保护和研究，对目前长城的管理现状极为不满。一些国际组织和外国人士对我国长城的保护、管理和研究现状进行了批评。

长城建筑体系之大、历史之悠久、问题之复杂，都是任何文物无法比拟的，由于目前对长城的保护、管理和研究的现状及存在的问题，还缺乏准确、全面、深入了解，这给文物主管部门的管理、保护工作的展开，以及法律和法规的制定造成极大的困难。

为此，2003年11月，国家文物局委托中国文物学会承担"长城保护、管理和研究现状调查及对策研究"课题，并将该课题列入2003年度国家文物局文物保护科学和技术研究的重点课题。

课题组经过近6个月的艰苦工作，先后对北京市、天津市、河北省、山西省、山东省、陕西省、甘肃省、河南省、辽宁省和宁夏回族自治区、内蒙古自治区的60多个市（地、县级）、县（自治

县）的战国、秦、汉、南北朝、明等朝代部分地段的长城，以及处于森林公园、地质公园、风景名胜区、旅游风景区内的长城进行了实地考察，自备车行程达 8000 多千米；考察中向各地文物部门的专业人员和领导进行了调查和请教，也对当地的农民、牧民等群众进行了调查和访问；沿途召开了 10 多次不同类型的座谈会，规模最大的有 40 多人参加；此外，还向有长城或怀疑有长城的 19 个省、市、自治区发出了书面调查函；在长城小站网上设立了调查专栏向公众调查。

课题组工作期间，得到了长城爱好者的支持。长城小站、长城文化网向我们提供了图片、文字资料，提出了各种意见和建议，还出人、出车、出设备协助我们工作，节约了课题组的大量经费和时间。

课题组还收集到历年有关长城的若干资料，包括：调查和发掘报告、研究论文、书籍、报刊；有关长城破坏、开发利用、与长城相关的考古新发现等新闻报道；相关的法律、法规、政策；各级政府和领导有关长城保护、管理、开发利用的讲话；专家、学者从不同角度对长城保护、管理和开发利用进行的讨论和争论等。我们还利用了课题组成员多年积累的长城调查和研究成果。这使课题组对长城保护、管理和研究的现状及存在问题有了总体的、接近实际、比较深入地把握。

课题组在调研工作期间，向国家文物局领导提供了一些调查数据、图片、录像光盘，为制定《长城保护工程规划》和《中国长城保护管理条例》提供了参考。并以此为根据，对《条例》做了研究和修改。

在此期间，课题组还分别向国家文物局文物保护处和秘书处提交了有关宁夏回族自治区和山东省长城正在遭受破坏的情况报告。

课题组对长城保护、管理和研究工作存在的问题和问题产生的原因进行了归纳、整理和分析，并提出了对策和建议供今后工作参考。

# 一 长城的保护现状和存在问题

## （一）新中国成立后的长城保护工作

新中国成立以后，党和政府注意到长城的保护工作。自20世纪50年代起，国家文物局（1974年前称中国文物事业管理局）先后批准对一些著名关隘和有代表性的长城段进行修缮，如八达岭长城、山海关、嘉峪关等；并先后将八达岭、山海关、嘉峪关、金山岭等20余处长城，公布为国家重点文物保护单位。有长城的一些省份的各级政府也对本省境内部分地段的长城进行了保护，并公布为省（市、自治区）级重点文物保护单位或县级保护单位。国务院、中央相关部委及各级地方政府，制定了一系列保护长城的法规、规定和通知等法规性文件，对长城的保护起到了很重要的作用。

## （二）长城保存现状

目前对长城的保存现状还没有清晰、精确的资料。根据历年的调查和专家根据古代文献的推测，我国的长城可能分布在北京、河北、天津、辽宁、吉林、黑龙江、内蒙古、山西、宁夏、陕西、甘肃、青海、新疆、河南、山东、湖南、湖北、贵州等18个省、市、自治区；推测其累计总长度50000千米左右。且在不同时期，用不同手段对长城进行测量，得出的数据差异很大。如1985年对北京地区长城进行的遥感调查，测出北京地区长城全长为629千米，比1980年人工测量得出的北京市长城全长183千米的结论，多出446千米；1990—1992年对宁夏回族自治区境内长城进行的遥感调查，测出宁夏境内可见长城墙体506千米，城台706座，与遥感工作者原先推测的宁夏境内有长城1507千米和宁夏文物工作者80年代初测量得出的宁夏境内有历代长城1500多千米的数据相差甚远。可能两种调查都有误差，原因则如遥感的误判、计算方法不同等。

1992年以后，没有对长城的保存状况进行过专项调查。对明朝以前长城保存状态，从没有做过专项调查，没有公布任何具有统计意义的数据。

虽然对长城保存状态没有统一的分级标准，且已公布的长城保存现状的局部数据不具有可比性，但根据以上数据和我们的实地调查，还是可以得出长城确实遭到了严重破坏的结论。

**（三）破坏长城的因素**

据我们此次调查，长城受到破坏的因素分为自然因素和人为因素两大类。人为破坏因素有旅游开发性破坏、建设性破坏、修缮性破坏、生活生产性破坏等；自然因素有地震、水患、风沙侵蚀、雷击、酸雨等。

在破坏长城的诸因素中，传统观点认为生活生产性破坏是第一位的。但我们的调查结果显示，现在旅游开发性破坏上升为第一位，以下依次为建设性破坏、修缮性破坏、自然因素破坏和生活生产性等破坏。

1. 旅游开发性破坏

目前长城已成为世界上最大的旅游热线和支柱性旅游资源。我们对有长城的18个省、市、自治区进行了摸底调查，发现有10个左右的省、市、自治区存在已开发或准备开发及被旅行社、各级政府列为旅游点的长城段，总数230余处，其中以河北省、北京市最多，两省、市约有景点（段、区）130余处。

已开放的长城旅游景区，为了吸引游客，在长城上或长城保护区和建设控制地带内大量修建旅游服务设施，如八达岭、角山、金山岭、司马台修建了索道，有的还建有滑道、射箭场等游乐场所以及商业网点、宾馆、别墅等。长城景区人工化、商业化、城市化的现象十分严重，破坏了长城存在环境的原真性。超载开发也使部分长城不堪重负，如八达岭长城日常每日游人为3万人左右，高峰期可达6万人。为了增加门票收入，在长城举办大型体育、文化活动更是常见之事，甚至将宴席和商业点开到长城上。自八达岭开发了夜长城旅游项目之后，嘉峪关、金山岭也都实施了"长城亮起来工程"。据八达岭特区负责同志反映，八达岭长城夜里经常只有10名左右游客，甚至只有 3、4 名游客，但每夜电费达 1000 多元。"亮起来工程"取得的经济效益甚微，但对长城造成的破坏是严重的。

2. 长城修缮和复建工程中存在的问题

自 20 世纪 50 年代以来，特别是近 20 年，为了长城的保护或开辟长城游览观赏区，许多著名或重要或保护较好的长城段及关隘进行了修缮、抢险加固，甚至复建。20 世纪 50 年代的八达岭，80 年代的嘉峪关关城、山海关城楼、金山岭、司马台的修缮基本上是成功的，取得了许多成功的经验，但同时也有许多失败的教训。

长城的修缮、复建工程，对长城的破坏突出表现为改变原状、原工艺、原材料，大量损害长城上原有的历史信息。如山海关老龙头上的澄海楼，原楼基址面积仅 40 平方米，复建时为了发展旅游的需要，被扩建为 140 平方米，高度约增加了一倍；山西省娘子关关城的东门城楼原为五开间硬山顶的砖瓦房，现改建为重檐大楼，砖筑台基则被改为包砌一层石料。娘子关现正在复建 600 米长城，部分石筑长城也改为砖砌；辽宁省丹东市虎山长城经考古调查，原为石建筑，复建时改为砖石建筑，并用水泥构件新建了过街楼和邦山台。长城修复、加固和复建工程中使用水泥和钢筋是普遍的现象，即使在现在普遍认为修缮较为成功的司马台长城的修缮工程中，也使用了混合砂浆。金山岭长城修复时，也存在文字砖没有按原时序砌筑并将原在城墙上的朱笔题刻破坏等等问题。

3. 建设性破坏

通过对河北省、北京市、山西省、陕西省、宁夏回族自治区、山东省和内蒙古自治区、辽宁省的调查发现，随着经济的发展，随着经济建设速度的加快，生产建设活动对长城的破坏日益严重。

①交通建设造成的破坏：交通建设在陕西、宁夏对长城的破坏十分严重。国家重点交通项目多数都经过审批，但省道、乡镇自建道路，特别是地方性的工业园区、私营企业自建道路对长城的破坏十分严重。

②其他建设对长城的破坏：电力、通讯、天然气管道的建设，林业部门和经济开发区、工业园区的农业灌溉、矿业开采等在长城上乱

建设施和挖断长城，在长城上种树绿化、开渠、采石开矿的事也经常发生，这些情况在河北北部、西北地区特别突出。

在长城上竖立电线杆，架设高压线和各种通讯设施及各种地质、水文标志的情况更是随处可见。

③修建水库对长城造成的破坏：新中国成立以后在许多长城隘口修筑了水库，长城被淹没，如河北省的潘家口水库、遵化县的上关水库、北京市的黄花城水库等。

4. 自然力的破坏

自然力是破坏长城的最大杀手之一。近年来这一问题并没有引起关注，也缺乏专题调查和科研报告。我们在调查中收集了明代有关文献，并进行了实地考察，认为历史上和现在自然力对长城的破坏十分严重，同时也是最难解决的问题。在诸自然力中，对长城破坏力最大的是水患、地震和风沙，其次是雷击、植物根系。

水患对长城的破坏："（正统六年）八月，宁夏久雨，水泛，坏屯堡墩台甚众"[①]，"（成化）十八年七月，昌平大水，决居庸关水门四十九，城垣、铺楼、墩台一百二"[②]。由于长期雨水冲刷，造成水土流失，使长城塌毁，这对土筑长城的破坏最为严重，特别在山西、陕西、宁夏、甘肃表现得特别突出。我们在山西、陕西北部都看到了水土流失对长城的破坏，那是令人惊心的景象。

酸雨，被称为"空中死神"，是目前人类遇到的全球性灾难之一。现在中国已是世界第三大酸雨区。近年许多人发现长城砖上的文字和碑刻上的文字变得模糊乃致消失，酸雨浸融是其中的重要原因。

地震对长城造成毁灭性的破坏：中国是个多地震国家，北方长城多修建在地震带上，长城多受其害，如："（成化）三年，四川地震……五月壬申，宣府、大同地震，有声。威远、朔州亦震，坏墩台墙垣，压伤人"[③]；"（成化）二十年正月庚寅，京师及永平、宣府、

---

① （清）张廷玉：《明史》卷二八《五行志一》，中华书局1974年版，第448页。
② （清）张廷玉：《明史》卷二八《五行志一》，中华书局1974年版，第450页。
③ （清）张廷玉：《明史》卷三十《五行志三》，中华书局1974年版，第495页。

辽东皆震。宣府地裂，涌沙出水。天寿山、密云、古北口、居庸关城垣墩堡多摧，人有压死者。五月甲寅，代州地七震"①；"（弘治）八年三月己亥，宁夏地震十二次，声如雷，倾倒边墙、墩台、房屋，压伤人"②；"（嘉靖）四十年二月戊戌，甘肃山丹卫地震，有声，坏城堡庐舍。六月壬申，太原、大同、榆林地震，宁夏、固原尤甚。城垣、墩台、府屋皆摧，地涌黑黄沙水，压死军民无算，坏广武、红寺等城"③；"（嘉靖四十一年）宁夏地震，圮边墙"④；"（万历）三十七年六月辛酉，甘肃地震，红崖、清水诸堡压死军民八百四十余人，圮边墩八百七十里，裂东关地"⑤；"（天启）七年，宁夏各卫营屯堡，自正月己巳至二月己亥，凡百余震……城垣、房屋、边墙、墩台悉圮"⑥。至今宁夏石嘴山市红果子沟口，还遗留由于地震引起的石筑长城错位的遗迹。1976年7月28日，唐山市发生7.8级地震。据河北省唐山市文物处反映，在此次地震中长城受到极大的破坏。2003年10月25日发生在甘肃山丹、民乐之间的地震，使山丹县境内明长城的3处墙体、2处烽燧发生倒塌，另有数十处城墙墙体出现裂缝和倾斜。

植物根系是否对长城形成破坏，在学术界尚有争议。在考察中我们发现一些砖筑长城上生长的乔木和灌木根系，确实会使长城砖缝隙加大，且腐朽的根系会使雨水灌入墙体。在土筑长城上，我们见到植物根系使墙体破碎、崩解的现象。

雷击对长城的破坏："（万历）二十五年七月庚寅朔，雷毁黄花镇台垣及火器"⑦；"（万历）三十二年五月癸酉，雷毁长陵楼，又毁蓟镇松棚路墩台"⑧。

---

① （清）张廷玉：《明史》卷三十《五行志三》，中华书局1974年版，第496页。
② （清）张廷玉：《明史》卷三十《五行志三》，中华书局1974年版，第497页。
③ （清）张廷玉：《明史》卷三十《五行志三》，中华书局1974年版，第500—501页。
④ （清）张廷玉：《明史》卷三十《五行志三》，中华书局1974年版，第501页。
⑤ （清）张廷玉：《明史》卷三十《五行志三》，中华书局1974年版，第503页。
⑥ （清）张廷玉：《明史》卷三十《五行志三》，中华书局1974年版，第504页。
⑦ （清）张廷玉：《明史》卷二八《五行志一》，中华书局1974年版，第436页。
⑧ （清）张廷玉：《明史》卷二八《五行志一》，中华书局1974年版，第436页。

流沙和风蚀对长城的影响和破坏：我们在陕西、宁夏考察看到，大段长城被流沙掩没和侵蚀。至于被沙掩埋的长城是受到了保护还是受到破坏，目前还没有进行过专门研究，难以定论。亲眼看见风蚀对长城确有很强大的破坏力。特别是风力与水浸结合在一起的时候，其破坏更加强大，那些处于雅丹地貌中的汉长城及其烽燧是最好的证物。

5. 生活生产性破坏

生活生产性破坏是长城破坏的传统形式，简言之就是生活在长城两侧居民为了生存和生活而破坏长城。在调查中，村民反映解放前历次战争中的难民，逃至长城沿线，在长城上挖窑洞或拆长城砖石等建筑材料建造房屋居住。

新中国成立后，长城沿线的群众生活仍较为贫困，拆长城砖建房、修院、盖牲畜圈和在土筑长城上挖窑洞、菜窖，还有取土、挖药材卖钱，此外做肥料、垫圈等生活生产活动也还在继续。

我们在此次调查中发现，当前这种传统破坏的现象已大大减少。群众普遍反映，随着一些年轻人进城工作和生活水平的提高，群众现在多兴建砖瓦房，一些旧房也已拆旧建新或废弃。一些住在在长城上挖的窑洞中的居民已经搬出了窑洞，住进了新建的砖瓦房，多数窑洞已废弃。现在生活生产对长城破坏严重的是农业耕作，许多长城穿过农民耕地，还有一些烽燧、城址处于耕地之中，因此存在农民在犁地时蚕食长城，在长城脚下开挖水渠，以及拆毁长城修建便于耕作的田间小路等现象。

## 二 长城管理现状的调查和存在的问题

### （一）长城处于无序管理状态，得不到有效保护和合理利用

长城保护、管理的"四有"工作，是长城管理的基础，但基本没有落实，长城处于无序管理的状态。

1. 绝大多数长城段，没有设立保护标志

我们在河北省北部、山西省与内蒙古交界处，以及在陕西北部神木

县、靖边县、定边县及宁夏盐池县考察时，基本没有见到长城保护标志。

2. 长城没有健全管理机构

长城分布在 18 个省、市、自治区，至今没有建立国家统一的管理机构，各省、市、自治区也没有管理长城的专设机构。已公布为保护单位的长城段，管理机构不统一，或没有管理机构。以公布为国家重点保护单位的 20 处长城段为例：金山岭长城由承德金山岭长城有限责任公司管理，山海关由山海关文物旅游局管理，嘉峪关由嘉峪关市文化局管理，八达岭由北京市延庆县八达岭特区管理。山东省战国齐长城和跨俄罗斯、外蒙古及多个省、自治区的金界壕至今没有专设管理机构。明朝以前的长城，多没有被划定为任何级别的保护单位，如山西、河北境内的南北朝等朝代的长城处在深山之中，当地文物管理部门长期以来不知道它们的存在。

3. 多数长城段没有划定保护范围和建设控制地带

虽然北京市政府发布了《关于划定长城临时保护区的通知》，但至今也只有八达岭长城划定了保护范围和建设控制地带。

4. 长城没有科学、完整的档案

长城是世界文化遗产，因此都应按照文物保护单位的"四有"工作的要求建立档案。国家至今没有为长城建立档案，我们调查的几个省也没有建立科学的、规范的长城档案。现在所能看到的资料，多为简单的调查报告，而且多是 20 年前的调查资料。如北京市现在长城的基础材料，主要还是 80 年代长城遥感的成果。这些资料，只记录了境内长城的长度、敌楼数量和残破程度。还有许多长城调查资料仍在个人手里，没有形成档案，这在长城沿线文物研究单位是普遍现象。如河北省、山西省 80 年代的长城普查资料仍保存在个人手里。

**（二）长城的管辖机构重叠、职能交叉，以及行政区界的划分都不利于长城保护**

1. 长城的管辖机构重叠、职能交叉

许多风景名胜区、森林公园、地质公园、自然风景区、自然保护区、旅游风景区内有长城，这些公园或景区、保护区分别归城乡建设部、国土资源部、国家环境保护总局、国家旅游局主管，因此对相关长城，这些部门都存在与文物部门交叉管辖的情况。

还有一些长城段，受多个主管单位管辖。如河北省涞源县白石山，既是风景名胜区、自然保护区，还是地质公园、旅游风景区；位于河北省涿鹿县、蔚县境内的小五台山是国家级自然保护区，其中还有森林公园、风景区；黄崖关长城是长城游览区、被旅游局评为国家4A级风景区，但又处于蓟县国家地质公园之中。

2. 许多行政区划的界线是长城

翻开我国的行政区划图就会发现，我国北方许多省、市、自治区和县，甚至乡镇之间以长城作为分界线，而且以长城的中心线为界，这给长城的保护和管理工作造成很大的困难。对一些有经济效益的长城段，都抢着管；而对一些目前没有效益的长城段，都推脱不管。长城保护范围和建设控制地带也难以划定，即使划了也难实施，文物保护单位的"四有"工作也难以进行。

## 三 长城研究现状和存在的问题

长城是人类历史上修筑时间最长、工程最大，对社会影响最深、最广泛，留存文化、历史信息最丰富的古代建筑工程，1987年，被列入世界文物遗产名录。但对它的研究工作，并没有引起中国政府和主管单位重视，至今没有专门的研究机构，没有专门的研究人才，没有专项研究经费。自2000年至今，国家文物局的有关长城研究的专项课题，包括本课题在内，立项的只有5项，其中1项还是包含项，总投入不过86.2万元。

全国建有6座长城专题博物馆，其中2座是私人或企业家所建。这些博物馆或以赚取门票为目的，或是旅游景点的附属设施，以提高景点的"文化氛围"，学术研究难以提上日程。

新中国成立后至1979年，长城研究没有提到国家文物主管部门的重要议事日程，只有少数省份对当地长城进行了较为简单的实地调查，如内蒙古自治区对战国燕赵长城、秦汉长城和金界壕的走向进行了调查；辽宁省对燕秦长城及其周边城址和遗址进行了调查；吉林省对燕长城的走向进行了调查等。只有甘肃省，不仅对秦汉长城遗址走向进行了调查，而且对古代"居延"地区的城障烽塞进行了较为全面的文物考古调查，并对个别遗址进行了发掘，取得了大量重要的成果。

中央政府或国家文物主管部门主办的全国性长城保护、研究工作会议，只有1979年在内蒙古召开的"全国第一次长城保护和研究工作座谈会"。这一次会议对长城保护和研究工作起到了广泛和深远的影响，但此后国家文物主管部门没有再召开过这样的会议。

这次会议之后，全国确实掀起了长城保护和研究的热潮，陆续成立了山海关长城研究会、嘉峪关长城研究会、中国长城学会等群众学术团体；自1978—1984年，国家文物局组织有长城的省、市、自治区对长城进行大规模普查，对群众性长城调查和研究活动也给予了大力的支持。由于国家文物局的重视，各级政府和文物主管、研究单位也都给长城的调查和研究活动以重视及经费方面的支持。许多文物研究单位也把长城研究和调查作为自己的工作任务，组织人员进行研究和考察，或派员对群众学术团体的工作进行指导，考古、军事、经济、历史、地理、文化等各学科的学者也被吸引参加了相关的研究和调查活动。形成了在国家文物局的领导下，专业人员与群众社团相结合，吸引多学科、多层次研究人员参加的长城研究局面，长城研究的各个方面都取得了重大学术成果，出版了《中国长城遗迹调查报告集》[1]《明辽东镇长城及防御考》[2]《辽宁古长城》[3]《疏勒河流域汉代长城考察报告》[4]《内蒙古长城史话》[5]《长城访古万里行》[6]《长城万

---

[1] 文物编辑委员会编：《中国长城遗迹报告集》，文物出版社1981年版。
[2] 刘谦：《明辽东镇长城及防御考》，文物出版社1989年版。
[3] 冯永谦、何溥滢编著：《辽宁古长城》，辽宁人民出版社1986年版。
[4] 岳邦湖、钟圣祖著，甘肃省文物局编：《疏勒河流域汉代长城考察报告》，文物出版社2001年版。
[5] 高旺：《内蒙古长城史话》，内蒙古人民出版社1991年版。
[6] 高旺：《长城访古万里行》，中国广播电视出版社1991年版。

里行》①《明长城考实》②《宁夏古长城》等专题和普及读物。但由于很多调查缺乏考古学的指导,没有经过考古发掘,因此研究成果存在一定的局限性。

这一时期,专题性的调查研究也取得了丰硕的成果。单纯以文献考证为主的研究方法基本上已经被淘汰,专题性的调查研究大都以文献和实地调查相结合的方式进行。对历代长城走向和建筑年代的研究取得了丰硕成果,发表了大量的论文,有一些朝代长城的走向已经得到了学界基本认同,如战国齐长城、燕长城、中山国长城、明长城等。

这个时期,开始利用多学科手段研究长城。1984年地质矿产部地质遥感中心对北京地区的长城进行了航空遥感调查,1990—1992年又对宁夏境内长城现状作了全面调查,后发表了调查报告《宁夏长城航空遥感调查研究》③和《北京地区长城航空遥感调查》④,对两地长城的现状有了较准确的资料,并取得了利用遥感技术对长城进行调查的初步经验。

这个时期,长城普及性读物有所增加。如罗哲文出版了《长城》⑤、成大林出版了《长城》⑥画册、北方六省电视台联合拍摄了大型文献纪录片《望长城》。

自1996年以后,国家对长城研究的重视程度大大降低,对各省的长城调查不再强调,拨款也逐渐减少,甚至停止。各级文物单位也不再把长城的调查和研究列为重要工作,大批热衷于长城研究的文物考古专家被派做其他工作。一些群众学术团体也逐渐停止学术活动。此后,虽然仍然有一批学者继续坚持从事长城的研究,但基本上都是

---

① 董耀会:《长城万里行》,河南科学技术出版社1988年版。
② 华夏子:《明长城考实》,档案出版社1988年版。
③ 黎风、顾巍、曹灿霞:《宁夏长城航空遥感调查研究》,载中国长城学会编《长城国际学术研讨会论文集》,吉林人民出版社1995年版,第300页。
④ 曾朝铭、顾巍:《北京地区长城航空遥感调查》,《文物》1987年第7期,第60页。
⑤ 罗哲文:《长城》,北京出版社1982年版。
⑥ 成大林:《中国长城》,北京体育大学出版社1994年版。

以个人研究为主,缺乏领导和组织。虽然发表了许多有价值的论文,但都较为零星分散。20 世纪 90 年代末至今,为了编绘国家文物地图集,各省在有关主管部门的领导下对长城进行了调查,但由于人才和原始资料的流失,这一工作进展缓慢。

## 四 对长城保护、管理、研究工作中存在问题原因的分析

长城保护、管理、研究工作中出现上述问题有着诸多原因,许多原因相互关联,甚至相互依存,但为了叙述的方便,我们将分类分别进行介绍。

### (一) 国家重视不够

长城分布在中国约 18 个省、市、自治区,与社会各个层面都发生着这样或那样、或多或少的关系,甚至存在利益矛盾或冲突。没有国家的高度重视和协调,任何一个省、市、自治区,以及任何一个部门、单位都不可能做好长城的保护和管理工作。在新中国成立后很长一段时间内,国家对长城的保护与对其他文物保护一样重视不够。特别是在政治运动和发展生产运动的高潮中,长城要么被当作"四旧"拆毁,要么被当作"废物"利用,要么被当作"摇钱树"无序开发。虽然国家能及时发现这里面的问题,采取一些措施,但总体上由于对保护长城的意义认识不足,这些措施力度不够,缺乏稳定性和延续性,具体措施也不配套,因此长城的破坏没有从根本上得到遏制。

### (二) 错误地将市场经济模式引入长城保护的公益事业,是造成长城保护、管理、利用混乱的最重要原因之一

由于我国正处于计划经济向市场经济的转型时期,必然会出现一些新问题、新情况。为了适应新的形势和解决新问题,法律和政策、制度也需要不断地调整。在这个过程中,对政策的调整,对制度改革的理解,以及与相关法律、政策之间的相互衔接出现了一些新问题,

使《中华人民共和国文物保护法》的执行遇到种种新问题，特别是错误地将旅游业和文化产业市场化管理的模式引入长城保护、管理和利用工作中，这是引起长城保护、管理和利用工作混乱的最重要原因之一。这里面既有理解问题，也有观念问题，还有法制不完善，相互衔接不够的问题。

1997年国务院发布了《国务院关于加强和改善文物工作的通知》，通知中有"建立与社会主义市场经济体制相适应的文物保护体制"和"要制定相应的政策鼓励、引导并广泛吸收有关部门和企事业单位及个人参与文物保护事业"的表述。对这两段表述，人们将其理解为，是要把市场经济体制与文物保护体制改革联系起来、把文物保护事业与"广泛吸收有关部门和企事业单位及个人参与文物保护事业"联系起来，认为长城保护体制也要"市场经济"化，社会的各种经济成分都可以进入这个"市场"。比如1997年12月，河北省滦平县金山岭长城管理处与承德市光大农业发展有限责任公司签署的关于成立"承德金山岭长城有限责任公司"的合作协议书中，将金山岭长城管理处的总资产，作价入股，成立承德金山岭长城有限责任公司。

2001年，河北省政府批准了省文物局关于承德市光大农业发展有限责任公司等投资1000万元，用于省级文物保护单位承德城隍庙的文物保护、开发、利用项目的意见，并以《关于吸引社会资金用于文物保护工作的思考》为题发表文章，文章中引用《国务院关于加强和改善文物工作的通知》作为依据，论证吸引社会资金保护文物的必要性和可行性，并且提出"谁投资、谁受益"以及"所有权、管理权"与"经营权、保护权"分离的政策。

前些年，一些省、市、县政府提出"谁投资、谁受益"的投、融资政策。中华人民共和国国务院经济体制改革办公室在《2002年要加强十个方面的经济体制改革工作》中也提出：按照"谁投资、谁决策、谁受益、谁承担风险"的原则，加快投融资体制改革。长城沿线各级政府和旅游主管单位，在长城旅游开发中，都以这些政策和精神制定"谁投资、谁受益"，以及所有权和经营权、受益权分离的政策，鼓励"引入社会资金",将一些长城段由公司经营。这些政策及后果,引起了各界严重关注和争论。

原国内贸易部于1997年颁布了《中国商业特许经营管理办法》(试行)。这个文件,原仅适用于从事商业(包括餐饮业、服务业)的特许经营活动。2001年12月20日,国务院办公厅转发国家计委的《关于"十五"期间加快发展服务业若干政策措施意见》中也提出:"凡鼓励和允许外资进入的领域,均鼓励和允许国内投资者以独资、合资、合作、联营、参股、特许经营等方式进入";2003年年底,由国家发改委起草,已上报国务院审批的《投资体制改革方案》中也提出:"各级政府要创造条件,利用特许经营、投资补助等多种方式,吸引社会资本参与有合理回报和一定投资回收能力的公益事业和公共基础设施项目建设。"

2002年12月13日贵州省发布了《中共贵州省委、贵州省人民政府关于加快旅游业发展的意见》,其中提出:"选择条件较成熟的部分旅游区,采取经营权转让、特许经营、合资合作、租赁等方式,进行直接融资。吸引国外和省外资金参与贵州省旅游资源开发、旅游环境综合治理和旅游基础设施建设。利用国外优惠贷款、政府间投资进行旅游基础设施项目和生态环保项目建设。积极探索以旅游项目收益权或收费权作为质押向银行贷款,通过建立旅游产业基金、开放式旅游基金和股权置换等方式进行市场融资。"

2003年2月建设部城建司司长李东序同志在2003年国家重点风景名胜区申报工作座谈会上的讲话中也说:今年要重点研究风景名胜区的特许经营制度和风景名胜区管理体制问题,这两个专题都已经组织力量进行专题研究,将会尽快拿出意见,指导新时期风景名胜区管理工作。最近,国家级风景名胜区中山陵实现了改制,创新引入了"特许经营",引起同行的关注,国家建设部还要组织全国风景名胜区负责人在南宁举行研讨会,学习研讨中山陵风景区经济体制改革的创新做法。

### （三）中央相关各部委对长城管辖权方面的法律界定不清

城乡建设部的风景名胜区、环境保护总局的各种保护区、国土资源部的森林公园和地质公园，以及国务院和各部委制定的规章，都按照职能将各部、局列为主管，国家旅游局对全国旅游业实行行业业务管理，也评了许多旅游风景区，而许多长城就分布在这些名胜、保护区和公园、旅游风景区内，如八达岭长城本身就是八达岭—十三陵风景名胜区的主体。由此带来的问题就是，到底谁是这些名胜区、保护区和公园、旅游风景区的主管单位？各部委、局为了强化和规范管理，都强化了自己的管理职能，如《风景名胜区管理暂行条例》中第二条："凡具有观赏、文化或科学价值，自然景物、人文景物比较集中，环境优美，具有一定规模和范围，可供人们游览、休息或进行科学、文化活动的地区，应当划为风景名胜区"；第四条"城乡建设环境保护部主管全国风景名胜区工作。地方各级人民政府城乡建设部门主管本地区的风景名胜区工作"。国务院同意的国家城建总局、国务院环境保护领导小组、国家文物局、旅游总局的《关于加强风景名胜保护管理工作的报告》中指出："建立健全风景名胜区的管理体制和管理机构，实行统一管理……涉及到环保、文物、旅游、农林、商业服务等方面的问题，应在省、市、自治区人民政府领导下，由城建部门牵头，商同各有关部门协调解决……统一安排园林、文物、环保、旅游服务各方面在风景名胜区的任务和工作。原设在风景名胜区的文物单位和旅游服务机构等，应遵守和执行风景名胜区的规章制度和管理机构统一规定，但现行管理体制不变，其内部业务仍归各主管部门直接领导。"建设部城建司司长李东序在 2003 年国家重点风景名胜区申报工作座谈会上的讲话中也说："按照国家要求和国务院《风景名胜区管理暂行条例》的规定，一定要理顺管理体制。管理体制首先必须是统一的，具有政府管理职能的管理机构，不能各自为政。"然而，经常有文件将文物管理单位挡在了大门之外。

《中华人民共和国环境保护法》总则第二条中规定"本法所称环境，是指影响人类生存和发展的各种天然的和经过人工改造的自然因素的总体，包括大气、水、海洋、土地、矿藏、森林、草原、野生生物、自然遗迹、人文遗迹、自然保护区、风景名胜区、城市和乡村等"；第七条规定"国务院环境保护行政主管部门，对全国环境保护工作实施统一监督管理。县级以上地方人民政府环境保护行政主管部门，对本辖区环境保护工作实施统一监督管理。国家海洋行政主管部门、港务监督、渔政渔港监督、军队环境保护部门和各级公安、交通、铁道、民航管理部门，依照有关法律的规定对环境污染防治实施监督管理。县级以上人民政府的土地、矿产、林业、农业、水利行政主管部门，依照有关法律的规定对资源的保护实施监督管理"。该法涉及的内容中包含有"人文遗迹"，当然也包括长城。该法罗列了各级政府和有关部门对环境保护、管理的权利和责任，但这些部门中并没有包括管理长城的"文物"部门。国家环境保护总局办公厅颁发的《国家级自然保护区总体规划大纲》的抄送部门中，也没有国家文物局；国家环境保护总局发布的《关于进一步加强自然保护区建设和管理工作的通知》的抄送单位中还是没有各级"文物"主管部门。这样，在长城环境保护问题上，就听不到各级文物部门的声音。而且，有些含有长城的自然保护区及自然风景区已对外正式开放，文物主管部门也失去了对这些长城的监管和保护能力。

国土资源部主管森林公园、地质公园。森林旅游业是林业建设和发展的"朝阳工业"。国家林业局决定在国家林业局场圃总站加挂"国家林业局森林公园管理办公室"牌子，还公布了《森林公园管理办法》。《管理办法》第三条规定"林业部主管全国森林公园工作。县级以上地方人民政府林业主管部门主管本行政区域内的森林公园工作"；第二条规定"森林公园经营管理机构对依法确定其管理的森林、林木、林地、野生动植物、水域、景点景物、各类设施等，享有经营管理权，其合法权益受法律保护，任何单位和个人不得侵犯"。显然《森林公园管理办法》内称的"人文景物"也包含长城。

**（四）有法不依，令不行、禁不止**

对于以上问题，已引起国务院及各主管部委的关注，并采取措施给予纠正和制止，但到目前为止，这些措施并未达到预期的效果。

1. 政府违法作为或不作为

据我们调查，各地长城的规模性破坏，大部分与当地政府的违法作为有关。如某省长城旅游大开发，就是在省政府直接规划和组织下实施的；某区某县长城小龙头的开发项目，也得到了自治区主要领导的支持；某省长城的旅游开发得到了省政府的支持。这些开发行为，要么没有经过文物主管部门审批，要么没有遵照文物修缮、复建工程的规定实施，使长城遭到严重破坏。

特别严重的是，这些违法作为，都是知法犯法。如某省政府重点建设公路工程项目——长城旅游公路2002年4月1日正式开工，2003年1月3日开始通车，但2002年11月某省政府就发出通知，要求各地进一步加强长城保护管理工作。再如2002年5月某省文化厅向国家文物局呈报了长城遗址保护方案，2003年国家文物局对保护工作立项报告作了同意的批复。2003年4月，文化部、国家文物局、公安部、国土资源部、建设部等七部委联合向长城沿线各省、自治区、直辖市人民政府发出了《关于进一步加强长城保护管理工作的通知》。2003年6月，某省文化厅、公安厅、国土资源厅等六厅局向长城沿线各市人民政府也发出了《关于进一步加强长城保护管理工作的通知》。不过，2004年4月17日，我们考察新修的长城时，该项破坏长城的工程还在进行中。

还有一些企业与政府挂在一起，在文物保护部门进行监督、制止破坏长城行为或进行处罚时，政府出面保护企业或公司。某省文物局副局长在解决某县将长城出卖给公司问题时，遭到县领导的拒绝，致使此事长期得不到解决。

2. 一些地方政府、公司和个人无视长城"国家所有"的法律确权

《中华人民共和国文物保护法》第五条规定："中华人民共和国境内地下、内水和领海中遗存的指定保护的纪念建筑物、古建筑、石刻、壁画、近代、现代代表性建筑等不可移动文物，除国家另有规定的以外，属于国家所有。"但一些地方曾发生过争夺有经济效益的长

城段权属的事件。还有一些地方认为，谁境内的长城就归谁所有，并行使处置权，将长城的管理权、经营权、收益权出卖、转让。

3. 风景名胜区经营权向社会公开整体或部分出让、转让给企业经营管理的做法没有得到遏制

2001年3月，建设部在给《关于四川省风景名胜区出让、转让经营权问题的复函》中指出，任何地区、部门都没有"将风景名胜区的经营权向社会公开整体或部分出让、转让给企业经营管理"的权力。国务院〔2002〕13号文件《国务院关于加强城乡规划监督管理的通知》指出"风景名胜资源是不可再生的国家资源，严禁以任何名义和方式出让或变相出让风景名胜区资源及土地，也不得在风景名胜区内设立各类开发区、度假区等"。新修订的《中华人民共和国文物保护法》第二十四条规定："国有不可移动文物不得转让、抵押。建立博物馆、保管所或者辟为参观游览场所的国有文物保护单位，不得作为企业资产经营。"2003年，国家文物局紧急通知，要求立即纠正擅自改变文保单位管理体制问题。但是，将开辟的长城旅游景点或景区管理权、经营权、受益权转让，以及将长城作为企业资产经营的行为还没有从根本上得到遏止和改正。

据我们在河北、北京、宁夏、山西、山东的调查，现在几乎90%以上的长城景点、景区仍由企业（公司）经营。还有不少长城段，被作为资产出售、上市。世界闻名的八达岭长城以门票收入的40%作为股份，作为北京控股公司的一部分捆绑在香港上市。现在虽然采取措施将门票收归特区管理，但在没有进行资产置换之前，门票收入仍不能退出市场。更有甚者将长城的经营权、管理权、收益权作价出售。如某省某县政府批准的旅游风景区建设项目，由旅游开发公司承办，该公司又向社会招商，其合作方式中竟有可以将"景区、景点买断"的条款。

长城修缮、修复工程以往都是由国家政府部门进行决策和投资的。近些年来长城的修缮、修复甚至复建工程许多是由个人实施，并进行经营。其中多数都经过当地政府或有关部门甚至是文物管理部门审批，有的修缮工程质量还可以，但相当多的工程严重违反文物保护

法，长城受到破坏，造成不可挽回的后果。也还有一些长城由村、乡（镇）集体出资进行修缮或复建。全国有6座长城主题博物馆（展览室），其中辽宁虎山长城博物馆和甘肃阳关博物馆由私人经营，其中阳关博物馆不仅被委托保管文物，而且其所在地的阳关遗址和寿昌古城遗址也归其管理，《中国文物报》曾刊登对这一改革给以肯定的署名文章。

**4. 有关长城开发、修缮审批条款没有落实**

《中华人民共和国文物保护法》第二十一条规定："对文物保护单位进行修缮，应当根据文物保护单位的级别报相应文物行政部门批准；对未核定为文物保护单位的不可移动文物进行修缮，应当报登记的县级人民政府文物行政部门批准。"经调查，河北、北京、山西、山东长城旅游景区、景点的修葺、开发、开放经过文物主管理部门审批的很少。某市经区、县审批的不足40%，经市文物局审批的更少；某省就更严重，绝大部分没有经过省文物主管部门的审批或征求意见。而处在风景名胜区、森林公园、地质公园、自然保护区、旅游风景区、自然风景区内的长城的开发利用情况更处于失控状态。

**5. 长城开放景区的事业性收入专门用于文物保护的规定，得不到执行**

《中华人民共和国文物保护法》第十条规定："国有博物馆、纪念馆、文物保护单位等的事业性收入，专门用于文物保护，任何单位或者个人不得侵占、挪用。"我们调查的单位百分之百没有执行《文物保护法》的这一规定。长城的事业（门票）收入，除个别景区（如居庸关、八达岭、山海关）按比例提取文物保护费用外，绝大部分收入都划归政府财政收入或公司、个人的利润。有些地方长城景区的收入已成为地方吃财政饭的支柱。

**6.《中华人民共和国文物保护法》等有关长城的保护法规、条例中规定的保护长城的责任和义务难以落实**

1997年国务院发布的《关于加强和改善文物工作的通知》要求各地各部门"将文物保护纳入经济和社会发展计划，纳入城乡建设规划，纳入财政预算，纳入体制改革，纳入各级领导责任制"；2003年国家文物局等7部委办局联合发出了《关于进一步做好文物保护"五纳入"的通知》。我们在北京、河北、山西、山东等地调查时发现，"五纳入"的落实还要做许多工作。河北、山西、陕西、宁夏长城沿线，多数县文物管理部门所得到的文物保护经费，实际上只是工作人员的工资，基本上都没有能用于保护文物的经费。有些文管所尚没有办公场所，甚至连一部电话都没有，更没有交通工具，工作环境十分简陋。已被公布为文物保护单位的长城段，应依据《中华人民共和国文物保护法》和《城市规划法》中的有关规定，划定保护范围和建设控制地带，然而现在绝大部分长城都没有划定保护范围和建设控制地带。

7. 文物部门执法不力

我国目前已形成了文物保护的法律的初步框架。近年，国家文物局又发布了《关于进一步加强文物行政执法工作的通知》，11个省、市、自治区的文物主管部门也设立了文物督察执法机构，长城受到破坏的一些事件也得到了处理和制止。这些执法行动受到媒体的关注，给以广泛的报道，对保护长城起到了很好地作用。

但我们在调查中发现文物部门不善于执法，不敢执法的现象普遍存在，特别是对一些重大案件。如某市某旅游度假区长城的复建，将使原长城受到毁灭性的破坏，由于主持者是前某市市长、现山某东省副省长，在中央电视台已经曝光、中央领导已有批示的情况下，省文物主管部门不仅对责任人没有追究任何责任，而且当我们提出要去现场考察时，省文化厅、文物处和某市文物主管部门，没有一位同志敢于陪同我们前往。再如某区某县某长城开发对长城造成严重的破坏，陪同我们考察的县文物单位负责同志，不仅没有表示要依法处理，而且当我们建议工程必须停工依法处理时，他们反而认为由于工程已经进行，就让它继续进行吧，替这种违法行为说情。还有，某省某县政府决定将长城卖给企业，县文化局主管文物的同志明知这样做违法，不但没有向县领导宣传有关法律规定，予以制止，而且连私下向上级文物主管部门报告的勇气都没有。到目前为止，还没有处分过那些破坏长城的政府和文物主管部门的官员，虽然《中华人民共和国文物保护法》和《中华人民共和国文物保护法实施条例》中都有明确的规定。造成某县长城受到严重破坏的某省某市的文物主管领导，只是平级调动，换换位置而已。某省使长城受到破坏的原某市市长还升为某省副省长。对长城造成破坏的某企业家，也只罚款10万元了事，抓起来的只有那些私人小矿主而已。

**（五）长城管理力量不足、体制不顺、赋权不明确**

1. 长城管理力量薄弱

管理是长城保护的重要保障。我国是一个文物大国，有40万处不可移动文物和1200万件馆藏文物。这么大的家业，只设一个编制70个人的国家文物局，领导全国文物系统7万余人进行管理，实在是力不从心，要它直接管理这么庞大的长城更是鞭长莫及。在这种情况下，只好把大多数文物保护任务交给地方政府去管理，而各级政府又将这些文物管理部门隶属于文化厅（局），省级的文物主管局（处）编制也多在8—10人左右，辽宁省、吉林省只有5人。

以辽宁省文化厅文物处为例，辽宁省共有14个市，100个县区，91个文博单位。文物处的法定职能为：贯彻执行国家有关文物保护方针、政策及法律法规和规章；拟定全省文物事业发展建设规划；指导、协调文物的管理、保护、抢救、发掘、研究、利用及出境管理等工作；对查处盗窃、破坏、走私文物的重大案件提出文物方面的专业性意见；申报省级文物保护单位，管理全省文物商店，对全省各级文物保护单位进行监督、指导和安全管理；管理全省古建筑维修工作。其负责行政审批项目有：在市级文物保护单位范围内进行建设工程或对市级文物保护单位因建设工程进行迁移、拆除；文物出口、出境许可；文物保护单位的修缮计划和设计施工方案；考古发掘单位将出土文物留作标本及银行为进行科学研究而留用拣选的历史货币；设立文物经营单位；文物出省展览；文物拍卖标的鉴定和许可；在旧货市场销售文物监管物品及经营者资格等10项工作。我们在辽宁省调查时目睹了文物处的5位同志，夜以继日加班紧张工作的情况。辽宁省境内有战国、秦、汉、明等多个朝代的长城，仅明代长城就有近1000千米，因此要求这5位同志对长城进行具体管理，肯定是不现实的。

在实际工作中，长城的具体管理又分解到各地、县文物管理机构。丹东市文物管理委员会隶属文化局，编制2人，一位是已58岁的老同志（实际已内退，现返聘），另一位是20多岁刚研究生毕业的女同志，由这一老一小管理面积14917平方千米，人口241万，辖3区2市1自治县的全部文物工作；且据调查和据文献记载，丹东市境内有战国、秦、汉、明四个时期的长城，因此如果要求这二位同志，既管好全市文物工作，又能完成境内长城调查、保护和管理工作，显然并不现实。

2. 长城管理部门体制不顺，层次低

北京、山西、陕西等少数省、市将文物主管部门列入政府职能厅（局），多数省、市、自治区政府将文物主管部门隶属于文化厅（局），对外称局级，实际上是处级。相当多的地级市、县级文物管理单位又划归"文物旅游局""文化局""文化体育事业局"。县级的"局"只是科级，文物管理部门只能算个"股级"，因此管理体制不顺、层次太低。

3. 对长城管理部门管理赋权不明确

北京市文物局、山西省文物局、陕西省文物局等长城沿线的文物局为政府职能局，法律地位明确，有明确的执法权。北京市政府文件明确规定：北京市文物局是主管本市文物、博物馆事业管理工作的市政府直属机关，还被明确赋予了执法权。但一些省、市、自治区的文物管理部门，被列为"事业"机构，法律地位和赋权不明确。如湖南省文化厅网页对湖南省文物局的介绍为："湖南省文物局是属省文化厅管理的副厅级事业单位，受省人民政府委托，主管全省文物、博物馆工作……核定事业编制21名。"明确指出，文物局的管理权是受政府"委托"的；它的职责为：拟定文物事业的发展方针、政策、法规和规划，制订有关的制度、办法并监督实施，这里明确它的权限只是"监督实施"；"研究处理文物保护的重大问题；对查处盗窃、盗掘、破坏、走私和非法经营文物的大案要案提出文物方面的专业性意见"，此处对文物局的授权就只有"提出文物方面的专业性意见"。

事业单位主体是服务领域的公共服务机构。中国在计划经济体制中，成立事业单位就是提供公共服务。从组织的法律定位来看，事业单位并不具有行政职能。我国现在的事业单位的情况非常复杂，从法律角度去看，可分成三个类型：执行政府职能的法定单位，提供公益性服务的公益单位，可以企业化运作的营利单位。因此，现在定为事业机构、事业单位的部分文物管理机构的法律地位并不很明确，其管理、执法能力都受到限制，执法行为必须得到授权。在现实中，各省、市许多文物主管部门并没有履行明确地授权程序，或者已经授权但权限不明确或授权太低。为了加强文物管理的力度，湖南、江苏、浙江等省政府建立了"文物管理委员会"，委员会由计委、建委、教委、民委、财政厅、公安厅、司法厅、旅游局、工商局、国土测绘局、宗教局、法制局、建设银行、供销社、海关、文物管理局（为各省文物管理委员会办公室）作为委员单位，并且由省政府制定《文物管理委员会委员单位职责》。

### （六）长城保护、管理、研究工作资金不落实

资金是长城保护、管理、研究工作的基本物质保证。缺乏经费是一个老问题，早在1981年10月，国家文物事业管理局在向国务院提交的"关于长城破坏情况的调查报告"中，已经提出"落实保护组织和经费"的问题。国务院也批转此报告，并请参照执行。近几年，关于文物保护做好"五纳入"的文件，已发了好几个。但时至今日，长城保护资金仍未落实。吉林省一位文物工作者介绍说，全省三分之二以上的基层文物管理所没有活动经费，连出门开会都没法报销，更不要提用于文物保护和研究的经费了。

据北京市文物局反映，北京地区对划定长城保护范围和建设控制地带进行的测绘工作，需要投入1000多万元。前几年，有关单位拟组织对秦汉长城进行全面考察，总预算达3000多万元。河南省文物局多次申请对长城学术界争议最多的楚方城进行专项考察和研究，但由于经费不能落实，因此工作至今不能进行。20世纪80年代，许多省份都在长城沿线设立了群众性长城保护组织，起到了重要作用，但由于没有经费保障，这些组织的活动也就逐渐停止了。最近，长城沿

线有些地方又自发地组织了长城保护组织或聘请长城保护员，但如果没有资金支持，仅靠热情难以保持其工作的持续性。我们所调查地区都共同反映长城保护资金严重不足，由此造成长城的保护和研究工作难以有序、规范、持续地开展。

**（七）长城研究工作中存在问题的原因**

1. 长城研究缺乏总体上的领导和规划

除1978—1984年国家文物局组织的长城普查和90年代末开始为编绘国家文物地图集展开的长城普查之外，无论是长城普查还是长城研究都缺乏总体上的领导和规划，出现重复研究、重复调查的情况，浪费了很多人力物力。如山西省，80年代初，在国家文物局组织下，进行了长城普查。而后为编文物地图集，1998年又在成大林同志的参与下组队对明朝以前长城进行了考察。2002年又由山西院校组队再次进行调查。虽然经过多次考察，时至今日结果仍不能令人满意。

2. 长城基础研究严重不足，长城的定义不明、底数不清

长城"纵横十万里"，只是一种推算并非实测。自1978—1984年前后，根据国家文物局的布置，各省对长城进行了一次普查。由于种种因素的限制，这次普查并没有查完所有的长城，事后也没有对普查资料进行汇总、统计。再加上当时的技术和设备水平，测量的准确性难以保证。因此，最终并没有得出可靠的实测数据。如原对北京地区长城的估算为300多千米，但据1985年《北京地区长城航空遥感综合调查成果报告》，北京地区的长城总长度达629千米。根据出版《中国文物地图集》的需要，一些省份对长城再一次调查。根据我们对山西、河北、内蒙古、北京、天津、辽宁调查情况的了解，这次调查仍是对前次调查的复核和补充，由于财力、物力和人力及时间的限制，对长城长度的测量和长城的定位并不很精确。中国长城修筑史上，多个朝代在同一地形上修筑长城，不同朝代的长城相互叠压、相互利用的现象十分常见，在计算长城长度时，是累计计算，还是按实际长度计算？目前也还没有统一的规定。

如果说长城的底数不清还只是学术问题的话，那么长城的定义不

清就影响到长城的保护工作。很多学者对长城下了不同的定义，虽然这些定义所涵盖的范围大致相同，但也存在明显的差异，而正是这些差异造成了很大的混乱，如云南省、吉林省、广西壮族自治区、陕西省及湖北省近年发现的石墙；山西省南部战国长平之战中修筑的军事工程；以及清朝为镇压农民和少数民族起义大规模增修的"长城""长墙""长堤"等都存在是否能定义为长城的争议。

近几年，与长城相关的研究项目被列入国家文物局科研课题的极少，真正利用考古手段进行的考古调查和发掘更少。以往的长城调查，大都由个人进行，由于缺乏科学的考古调查和发掘，产出的成果水平低。甚至不同学者对同一地段长城的调查，会得出完全不同的结论。如近年有的学者在没有经过考古发掘的情况下，将河南省发现的多段石墙和城寨认定为楚长城，结果引起激烈的争论。如果不加强长城的基础研究，那么就难以摆脱长城断代的盲目性和随意性。

由于没有组织长城修复技术的专项研究，没有制定统一的长城修缮技术标准，长城修复性的破坏日益严重，技术方面的学术争论也日益增多。

3. 长城管理的研究是长城保护工作中的新课题

面临长城管理的新形势，长城如何管理？成为一个重大研究课题。由于研究不够，已造成了严重的后果，参见"长城管理力量不足、体制不顺、赋权不明确"部分的介绍。

4. 文物系统的长城研究存在局限性

虽然近年来，对长城的综合性研究和多学科的研究逐渐增加，水平逐渐提高。但研究的领域大都是其他研究专业早已涉及、长期耕耘的领域，如民族史、边疆史、经济史等。文物系统的长城研究者的主要研究方向，仍集中在遗址调查、对长城走向的考察以及对长城的断代等基础研究方面，研究领域狭窄，水平不高。即使以后通过努力，研究水平提高之后，其成果也只是从长城主体文物的角度对这些领域进行的研究，形成不了自己独到的研究领域。一旦遗址调查、断代、结构、出土文物的基础研究基本完成后，文物系统的长城研究将面临无可研究的境地。由于存在这种种问题，目前提出"长城学"的概念可能为时尚早，还有很长的一段路要走。

5. 学术研究缺乏科学性和严肃性

近些年，在缺乏科学考古证据及学术论证之前，个别学者就将某些古代建筑、墙体冠之以"长城"之名，联合媒体以"惊天大发现"大加炒作，这在国内外引起了极大的反响和混乱，如云南的滇东长城，河南省南召县和湖北省、陕西省等地的"楚长城"，四川省的汶川长城等等。据湖北省、河南省、云南省、四川省文物考古单位对我们调查的答复称，湖北省的石墙是明、清时期地方割据势力的军事工程；云南文物研究所的专家称，所谓的"滇东汉长城"根本不存在；四川省文物研究所的答复中称，所谓的"汶川长城"只是古城，根本不是长城；河南省文物局的答复是"……由于涉及的面积较广、地理条件复杂，没能系统的调查，都没有确定是不是当时的长城。目前只有安阳林州一段被列为省级文物保护单位，其他有的被列为县级保护单位、大部分尚未被列为保护单位"。再有许多媒体报道，宁夏回族自治区是"长城博物馆"，存在战国、秦、汉、隋、明等各代长城，但在我们调查时，自治区文物局的一位专家告诉我们，到现在为止，在宁夏回族自治区境内除有战国秦和明代长城以外，还没有科学的考古证据证明有其他朝代的长城。

这类事件虽然仅局限于长城研究中，但从事长城研究的学者应该加强学术道德建设，对学术研究负责，对社会负责。

6. 长城研究人才面临断层

1979年的长城普查和持续多年全国性的长城热，培养了一批有造诣的长城研究工作者。但是随着长城热的降温和主管部门对长城重视程度的下降，原有的人才逐渐流失、转行，有些研究人员已经去世。同时又没有注意后备人才的培养，真正从事长城工作的专业人员已屈指可数，年龄已经偏大。如果再不重视人才培养的话，很快将面临人才断层。

7. 长城研究没有专业的学术期刊、网站和资料库

由于没有专业的长城学术期刊和学术网站，关于长城问题的研究和争论多零散发表在不同的杂志期刊和网站上，难以形成对某一问题

的争论，学者之间也没有专门的交流园地。再加上没有专业的资料库，已经取得的成果不能被所有研究者所利用，造成大量低水平的重复劳动，浪费人力和物力。

8. 长城的普及性读物缺乏

虽然近年来陆续有一些关于长城的普及性读物发表，但大都没有吸收现有的最新研究成果，且发行范围极小，写作水平不高；特别是基本上没有适合少年儿童阅读的读物，这也造成民间对长城的忽视和误解。还需要指出的是，自《望长城》之后，再没有拍摄过一部有水平的长城教育片。在长城旅游景点、书店、书摊上调查时，除了长城画册、明信片之外，几乎见不到有关长城的专业著作，普及读物也极少见。

## 五　对策和建议

综合对长城保护、管理、研究现状和存在的问题及产生问题的原因的分析，我们提出以下建议和对策：

### （一）加强思想建设，树立科学的发展观，狠抓"五纳入"的落实

加强思想建设，坚持辩证唯物主义和历史唯物主义的认识论，树立科学发展观是作好长城保护、管理和学术研究的理论和思想的保证。

科学发展观是以人为本，全面、协调、开放、可持续的发展观，只有坚持辩证唯物主义和历史唯物主义的认识论，在科学发展观的指导下，才能协调好长城保护与经济社会发展中各层面的关系，才能处理好全局与局部、短期与长远、物质建设与精神文明建设的关系，才能不断纠正现在长城保护、管理、研究工作中出现的诸多问题，才能发展、创新和开拓长城保护、管理、研究工作的新思路、新局面。

1997年国务院发布的《关于加强和改善文物工作的通知》要求各地各部门"将文物保护纳入经济和社会发展计划，纳入城乡建设规划，纳入财政预算，纳入体制改革，纳入各级领导责任制"，就是文

物保护工作贯彻科学发展观的具体实践。应根据2003国家文物局等7部委办局联合发出了《关于进一步做好文物保护"五纳入"的通知》的精神，真正把"五纳入"工作落实到实处，实现长城的长期保护、合理利用、科学管理和持续发展。

**（二）强化、落实长城保护的宣传工作**

为了做好长城的保护工作，各级政府，特别是国家文物局和各级地方文物主管及管理部门应加强对长城保护的宣传。

要向政府、人大、政协等领导机关及城建、土地、工商、林业、交通、矿业、旅游、环保等相关单位进行宣传，争取政府、人大、政协和相关机关单位对文物保护工作的理解和支持。针对目前法人犯法和领导机关违法、犯法时有出现的情况，向各级领导进行有关长城保护法规的宣传尤为重要。

加强与媒体沟通，掌握宣传主动权，正确引导舆论导向，使媒体能主动配合长城保护的中心工作，做到帮忙不添乱；也请媒体对长城保护、管理工作进行监督，提出意见和建议；最终做到媒体既是我们的喉舌，也是耳目、督察和参谋。

向媒体宣传《文物保护法》和长城保护的意义，以及相关的法律和法规；通过媒体对严重违反文物法规和破坏长城的事件进行批评和曝光。

近年来媒体对长城的保护做了许多有益的宣传工作，但是，由于多数采编人员不熟悉与长城保护、管理相关的法律、法规及长城学术研究的情况，因此把违规、违法的事例作正面宣传的新闻屡见不鲜，如长城索道的修建，未经审批长城段的开放、修复等。对一些争议很大、不成熟的学术研究成果进行炒作的现象也时有发生。这些宣传对长城的无序开发、修缮和复建、乱建起到了推波助澜的作用，在学术界也造了很大的混乱，在国内外造成了不良影响。

加强与公安、检察院、法院等司法机关的沟通，主动向他们宣传《中华人民共和国文物保护法》及有关长城保护的法律、法规，使他们能准确地理解和把握相关的法律、法规，对文物部门的执法工作给予支持。

加强长城保护法规的社会宣传，提高社会各界保护长城的积极性和主动性，动员社会各界共同参与长城保护。形式上可采取举办长城图片展览、长城保护法规知识竞赛，在媒体上做公益性广告、印发传单、书写墙壁固定宣传标语等，使宣传范围尽可能覆盖长城沿线各个角落。

宣传长城的知识和意义，广泛宣传文物是中华民族灿烂文化的载体和5000多年文明史的见证，是不可再生的宝贵历史文化遗产，因此有必要提高社会各界对长城文物重要性的认识。对此，可以在长城沿线建立爱国主义教育基地；各类长城博物馆免费对未成年人开放；举办各类长城展览；编写各类长城普及教材，在幼儿和中、小学教育中加入有关长城的基础知识。

### （三）完善和理顺长城的管理体制，做好长城的管理工作

1. 理顺管理体制，确立文物主管部门的主管地位

理顺管理体制，从法律、组织上确立文物行政主管部门对长城的主管地位。

2. 建立中华人民共和国长城管理委员会

在国务院领导下，组建由与长城保护、管理、研究相关的部委、局、办担任委员的"中华人民共和国长城管理委员会"，设立常设机构并制定有效的工作制度。

3. 将文物事业管理单位恢复为政府职能部门

在国家事业单位改革工作中，将原为事业单位或机构的文物管理单位，恢复为政府行政职能单位，继续完善各级执法队伍的建设，强化管理和执法能力。

4. 长城采取全面保护、分级管理、重点维修和重点开放的方针

由于长城的特殊情况和实际的管理能力，我们建议长城采取全面保护、分级管理、重点维修和重点开放的方针，实行国保和省保两级管理制度。在长城分布广、情况复杂的省、市、自治区也相应专设管理机构。对于危及长城安全的事项，如修缮、复建、旅游开放等的审批权要集中到国家的专门的长城管理机构。

5. 请民政部调整以长城为界的行政区划

现在民政部正在对行政区划进行调整,请在调整行政区划时,对以长城为界的省、市、自治区和县、乡、镇区划进行调整。在调整有困难的地方,民政部门协同文物部门根据各地不同的情况,与各级政府协商制定出既符合当地长城管理的历史状况,且符合当地的经济、民情、民俗等实际情况,又能协调好各方利益的保护、管理办法,并以书面、有法律效力的形式固定下来。

6. 制定长城保护总体规划

制定长城保护总体规划,既要有保护、修缮规划,也要有开发利用、研究规划。长城沿线各级政府也要根据总规划,根据各地的实际情况,制定出相应的具体规划。

7. 加强组织建设,提高管理干部队伍素质、稳定管理队伍、提高管理水平

① 做好"懂业务、会管理、懂法律的复合型"的人才的培养

各级文物主管部门要做好"懂业务、会管理、懂法律的复合型"人才的培养,以适应新的长城管理、保护和利用工作的要求。在一至两年内对主要管理人员全部培训一遍,提高管理干部的水平,并进行爱岗敬业的职业道德教育。

② 在长城沿线建立群众保护组织

各地要在长城沿线建立群众保护组织或聘请长城保护员,建立三级保护网,并落实报酬所需资金。

③ 实行长城保护责任制

长城沿线实行长城保护责任制,与境内有长城的乡、镇、村以及山林土地的承包人,签订长城保护协议。

④ 建立长城保护巡视制度

各级政府或文物管理机构,聘请专家和社会人士,定期和不定期对长城保护、管理和执法情况进行巡视。巡视中发现的问题应及时向政府或主管部门报告,并提出处理建议。

⑤ 健全奖惩制度

对保护、管理、研究工作做出突出贡献的人员,给予精神或物质

奖励。每一年或两年评选、奖励一次，形成制度，并将奖励经费列入预算中。对失职、渎职使长城受破坏的工作人员追究责任和惩罚。

**(四) 规范长城保护单位的管理、落实长城"四有"工作**

1. 落实长城的"四有"工作

① 长城全线竖立保护标志。

② 尽快划定长城保护范围和建设控制地带。各地都要根据长城保护级别和当地实际情况，逐步划出保护范围和建设控制地带。对原来划定的保护范围和建设控制地带不合理或不适应新形势的，要进行调整。暂时难以划出保护范围和建设控制地带的长城段，各地可以根据实际情况，划定临时监控或保护地带。

③长城的重点监管地段设立管理机构，落实保护经费，并要列入财政预算。

④健全长城保护单位的档案。虽然我们建议长城分国保和省保两级保护单位，但由于长城可能跨18个省、市、自治区，建立两级档案管理可能造成档案的不完整，给管理、保护和研究造成困难。因此，各省建立的省级长城保护单位的档案都要完整及时地复制给国家长城研究（或管理）机构，建立统一的档案。以长城为省、市、自治区行政区界的长城的档案，由长城两侧文物行政、管理、研究机构联合建立，成果共享。

2. 规范长城保护单位的分类

在第一、三、四、五批全国重点文物保护单位名单中，长城有的归入遗址类，如玉门关及长城烽燧遗址、魏长城遗址、固阳秦长城遗址；有的归入古建类，如八达岭、山海关、嘉峪关。今后应规范长城保护单位的分类。

3. 要规范长城保护单位范围的界定

目前，有的将某一朝代的长城全部公布为全国重点文物保护单位，如金界壕、齐长城、魏西长城；有的则将某个朝代的长城分段公布为全国重点文物保护单位，如明长城司马台段、乌龙沟段、雁门关段、清水河段等。金界壕跨黑龙江、内蒙古、河北两省和一个自治区，管理机构设在何处，保护范围如何划定？档案由谁建立和管理？在把金界壕公布为全国重点文物保护单位时，对这些问题并没有明确的说明，这给长城的保护工作带来很大的困难。

**（五）加快立法建设**

法制建设是长城保护的可靠保障。近些年来，以《中华人民共和国文物保护法》为核心，相关部门和各级地方政府也制定了有关长城保护的地方法规，发布了有关保护长城的通知，形成了保护长城、规范管理的法制框架。但是，长城保护和管理方面的法规仍需逐步完善，使之更明确、协调。

1. 完善和调整现行政策、法规使之与《文物保护法》相衔接

在国务院领导下，调整与长城保护、管理相关部门的法规和政策，使之与《中华人民共和国文物保护法》和有关长城保护的法规相衔接。尽快制定、颁布国家级长城保护、管理的专项法律和法规，如《中国长城保护管理条例》。长城沿线的政府、人大要根据当地长城的实际情况，制定与国家制定的有关长城保护的法律、法规相配套的地方法规。

2. 制定长城沿线文物管理所工作守则，强化管理

制定中国长城沿线文物管理所工作守则，强化对文物管理所和工作人员的管理。真正作到有法必依，执法必严，履行自己公务员的职责，能"执法到位"，及时制止对长城造成破坏的违法行为，引导整个社会依法保护、管理和利用长城，这是能否保护好长城的关键。

3. 制定有关长城"合理利用"的法规

为了规范对长城的"合理利用"，制定《中国长城开放审批和管理办法》。《办法》中必须明确规定审批程序、长城开放管理单位的资质；必须要求申请单位提交长城保护总体规划纲要、开放规划及管理条例，且还必须要求签订保护长城责任书。

4. 制定有关长城的技术管理法规

加强技术法规建设：长城是一个庞大的由主体城墙、关隘以及指

挥、警报、后勤支持等系统构成的复杂体系，因此对长城的保护和管理都必须适应这种特殊情况的规范性规定、条例。比如长城修筑的历史达2000多年，可能分布在18个省、市、自治区，建筑材料有砖、有石、有土，建筑结构也多种多样，还有的已成为遗址，如何进行保护、修缮、复建，从规划、论证、立项、设计等方面都应有科学、规范的程序、条例，才能保证长城在修缮中得到有效的保护。目前已有的法规，还不能与之相适应，为了保证长城保护施工工程的质量和长城的安全，要制定：

① 长城修缮、修复、复建论证，以及设计、施工、监理、验收等管理的有关办法。《办法》中要对承办单位或个人的资质有明确要求，并有追究责任的条款。修缮单位要提交详细的保护规划和修缮规划、施工设计、施工方案；参加论证的人员应有书面论证意见，并承担一定的后果责任。文物局综合专家意见，做出审批条款。修缮项目要以文物局的批件为准，行政官员和专家的个人意见不能作为依据。

② 制定《中国长城修缮、修复技术手册》，在全面掌握长城建筑类型和类型学的技术资料后，针对不同历史时期、不同材质、不同地域、不同结构的长城，制定不同的保护、修复工程技术规范。

**（五）制定有关长城学术研究、考察、测绘和发掘管理的办法，规范长城学术研究活动**

这些《办法》既要保证研究活动的正常进行，又要保证长城的安全。对不同性质的研究活动，制定不同的管理要求、审批程序和工作规范。

**（六）为了减少自然灾害对长城的破坏，参照《自然灾害防治法》制定自然破坏的报告制度和预案**

**（七）关于长城的学术研究**

1. 成立国家级的长城研究管理机构

组织各单位、学科、团体进行协作研究，成立长城研究领导小组和顾问小组，制定长城学术研究的相关制度。

2. 制定长城科学研究工作总体规划，启动长城保护工程

3. 国家文物局要围绕长城研究制定总体规划，并设立课题

4. 加强长城的基础研究

① 基础调查：国家组织有系统、有组织、有规划、有目的、有统一规范要求、有规模、有专业队伍参加的基础调查，避免低水平、低层次的重复劳动。

② 文物考古调查：在基础调查基础上，有计划地利用考古手段对长城进行考古调查。适当地有目的和有选择地进行考古发掘，以解决长城断代和结构研究等方面的问题。

③ 组织对文献的整理和研究工作：长城的专门论著甚少，相关记载多分散在奏疏、军事、民族、地理志、地方志、传记、野史、笔记、注释等文献之中。由于著者水平参差不齐，再加上辗转传抄，笔误、遗漏、误注甚多，甚至造成许多谬误流传。由于一些重要文献已成孤本、善本，难得一见，给研究工作带来许多困难。国家应组织力量，对这些文献进行整理、考证、研究并且出版，最好出版数字版，供网上查阅。

④ 组织多学科长城研究：以国家长城研究机构为中心，吸收历史、军事、经济、文化、地理、环境、国土资源以及民间学术研究团体等多学科的研究人员联合组队，从不同领域、不同视角、不同层次，且利用不同手段对长城进行研究。只有如此，才能对长城有全面、深刻地了解，揭示其文物和社会价值，也只有在此基础上，才能引起全社会的关注，长城才能得到有效保护。

⑤ 加强长城保护、管理的科学研究。

⑥ 培养长城专业的专门人才。

⑦ 加强长城保护技术的研究。在基础调查和研究的基础上，选择当前对长城保护影响最大的技术问题，如修缮、加固不同材质的长城等，组织力量进行"攻关"研究。

⑧ 建设和启动长城学术研究信息系统，建立专门的国家级长城学术刊物和学术网站。

⑨ 建立专门的长城研究基金。

**(八) 经费是以上各项工作的物质保障,建议设立长城保护研究基金**

1. 资金来源

国家投入,以及根据"五纳入"的规定,包括各级政府的投入、长城管理单位的事业收入等,再加上社会、企业捐助。

2. 建立长城基金会,负责基金的筹集、管理。

3. 对于社会捐助,制定相关奖励制度。

执笔人：成大林

成一农

2004年6月30日

# 附 录

# 成大林简历

成大林，1942年生，先后就学于北京育才小学、北京101中学。1958—1961年，在北京体育学院预科进行短跑和举重训练。1961年，升入北京体育学院理论系。1965年，毕业于北京体育学院医疗保健专业，同年分配到新华社新闻摄影编辑部工作。自1978年起从事文物、考古方面的新闻摄影报导和长城的考察、研究工作。1984年，受新华社社长通令嘉奖，同年被评为全国优秀新闻工作者。1995年，晋升为高级记者。2002年，退休之后仍从事长城的考察和研究工作。

## 一　著作和画册等

1.《长城》（画册），文物出版社1980年版。这是中国的第一本长城画册。

2.《山海关》（明信片），文物出版社1980年版。

3. 罗哲文文，成大林摄影：《万里长城》，文物出版社1981年版。

4. Cheng Dalin（成大林），*The Great Wall of China*，South China Morning Post Ltd.，1981。

5. 1981年9月1日发行的普21、22邮票《祖国风光》中的8分邮票《长城》，用成大林在八达岭拍摄的照片《长城初雪》印制。

6.《长城》（明信片），人民美术出版社1981年版。

7.《长城》（幻灯片），中国图片社1981年版。

8.《敦煌名胜古迹》（明信片），文物出版社1981年版。

9.《长城》（幻灯片），中国图片社1982年版。

10. 高凤山文，成大林摄影：《万里长城——嘉峪关》，文物出版社1982年版。

11. Cheng Dalin（成大林），*The Great Wall of China*（《长城》，英文版、日文版），（香港）南华早报出版社1984年版。

12. 成大林文、摄影：《金山岭长城》，《中国文物小丛书》，文物出版社1985年版。

13.《长城万里行》（中文版、英文版），香港商务印书馆1987年版。

14.《长城万里行》（中文版、英文版），（台湾）远流出版事业股份有限公司1987年版。

15. 成大林、严仲义、任国恩、刘世昭摄影，成大林文、绘图：《中国·长城》（长城艺术摄影集，英文版、日文版），朝华出版社1990年版。

16.《中国长城》（画册），北京体育大学出版社1994年版。

17.《长城，世界一大奇迹》，《行走中国》，上海文艺出版社2006年版。

18.《世界一大奇迹——长城》，龙图腾文化有限公司2011年版。

此外，作为副主编参编了《长城百科全书》（吉林人民出版社1994年版）。

## 二 报刊和期刊文章

1.《抗倭名将和金山岭长城》，《百科知识》1981年第2期。

2.《阳关之谜》，《文史知识》1981年第3期。

3. "金山岭长城专栏"，《人民画报》1981年第8期。

4.《玉门关在何处》，《旅行家》1982年第2期。

5.《万里长城摄影记》，《新闻摄影》1984年第16期（4月15日）。

6.《万里长城和长城学》,《瞭望周刊》(海外版)1986年第1期。

7.《长城采访札记》(包括《天下第一关》《长城与战争——发掘汉代烽燧》《长城与丝绸之路》),《中国摄影报》1995年连载。

8.《持久的长城摄影热》,《中国摄影报》1996年2月。

9.《古代长城遗迹新发现一千多公里》,《香港文汇报》1996年2月18日。

10.《陕西省神木县发现秦昭王长城》,《榆林报》1996年10月11日;《三秦都市报》1996年10月22日;《陕西日报》1996年10月17日。

11.《走近神秘的"千乘之国"》,《中国图片报》1997年9月5日。

12.《中山国长城遗存》,《澳门日报》1997年11月7日。

13.《谈居庸关和八达岭长城》,《中国文物报》1999年1月6日。

14.《谁为天下第一关》,《中国商报》1999年1月24日。

15.《山西省首次发现宋代长城》,《澳门日报》1999年2月14日。

16.《山西省发现战国时期古长城》,《澳门日报》1999年8月30日。

17.《山西发现清朝长城》,《澳门日报》1999年12月15日。

18.《居庸关杂考》,昌平区十三陵特区办事处编《首届明代帝王陵寝研讨会 首届居庸关长城文化研讨会论文集》,科学出版社2000年版。

19.《滇东古长城质疑》(与马自新合著),(云南)《生活新报》2002年11月30日。

20.《寻找历代长城》(与唐靖平、翟东风合著),《中国国家地理》2003年第8期。

21.《长城发现奇怪"串井"?》(与巩俊侠合著),《中国艺术报》2003年11月7日第A04版。

22.《长城的保护、管理和利用——成大林在"保护利用齐长城人文自然风景带研讨会"上的发言》,《万里长城暨中国长城学会优秀文集》,2005年。

23.《长城与抗日烽火》,《万里长城暨中国长城学会优秀文集》,2005年。

24.《脆弱的长城》,《中国文化遗产》2005年第5期。

25.《慎说金界壕不是长城》,《中国长城博物馆》2006年第4期（中国·齐齐哈尔金长城学术研讨会专刊）。

26.《长城保护任重道远》,《华夏地理》2007年第1期。

27.《并非"楚长城"陕鄂交界地——白河、竹山边墙考》（与艾文仲合著）,《中国长城博物馆》2009年第2期。

28.《山西岢岚县发现隋朝筑长城刻石》,《中国文物服》2009年9月18日。

29.《"楚长城"仍有许多未解之谜》,《中国社会科学报》2012年2月20日。

30.《大清王朝与边墙》,《万里长城》2012年第1期。

31.《"楚长城"仍有许多未解之谜》,《中国长城博物馆》2012年第4期。

## 三 研究课题

2003年国家文物局重点课题"长城保护、管理和研究现状的调查及对策研究",2004年通过评审结项。

## 四 获奖等

1. 1979年,《冬》入选庆祝中华人民共和国成立三十周年《北京摄影艺术展览》,并被评为优秀作品奖。

2. 1980年,《玉门关之晨》《戈壁秋色》《碱湖滩上的成片碱柴》入选《绿色宝库》摄影艺术展览。

3. 1980年，《冬》被评为华北摄影艺术展览三等奖。

4. 1981年，《北海瑞雪》参加在国外举办的《中国摄影艺术展览》。

5. 1982年，《古老的万里长城》参加送往尼日利亚、贝宁、加纳、多哥、智利的《中国摄影艺术展览》。

6. 1982年，《紫塞金城》《丝绸古道》入选《中国旅游摄影艺术展览》。

7. 1982年，《紫塞金城》入选《全国新闻摄影展览》，获鼓励奖。

8. 1987年，《不到长城非好汉》入选《中国新闻摄影五十年》展览，并被送往荷兰、比利时、联邦德国等国展出。

9. 1994年，《甘肃嘉峪关鸟瞰》获《长城颂》摄影大奖赛一等奖；《甘肃汉代大方盘遗址》获《长城颂》摄影大奖赛三等奖；《长城之晨》获《长城颂》摄影大奖赛三等奖；《河北赤城县长城》获《长城颂》摄影大奖赛优秀奖；《玉门关外戈壁滩上的汉代长城》获《长城颂》摄影大奖赛优秀奖；《战国齐长城》获《长城颂》摄影大奖赛优秀奖。

## 五　曾担任的主要社会职务

1. 中国长城学会筹委会委员
2. 中国长城学会首届常务理事、学术委员会副主任
3. 中国长城学会荣誉常务理事
4. 中国文物学会常务理事、中国文物学会专家委员会委员
5. 中国文物学会长城研究委员会会长
6. 中国东方文化研究会常务理事
7. 中国黄河文化经济发展研究会理事
8. 中国民族建筑研究会会员
9. 中国长城博物馆顾问
10. 山海关长城博物馆顾问

11. 嘉峪关长城博物馆顾问
12. 金山岭长城管理处顾问
13. 北京市昌平区十三陵特区办事处居庸关长城管理处顾问
14. 中国摄影家协会会员
15. 中国新闻摄影协会会员、中国新闻摄影协会荣誉理事

## 我的长城情结

中国的长城，跨越黄河南北，蜿蜒于千里大漠戈壁，盘旋在奇峰峻岭之巅，绵延于万里草原，气势宏伟，被视作中华民族不屈的精神和勤劳、勇敢、智慧的象征。它被列为世界文化遗产，是举世瞩目的全人类古代文明的代表。因此，大多数中国人心中都有一种浓郁的长城情结。

我的儿童时代是跟随母亲、外祖父和外祖母在八路军的医院里度过的。外祖父是饱读诗书的清朝末科秀才，每天教我识字还给我讲故事。我最爱听、记得最牢的就是《西游记》里的孙悟空，以及孟姜女千里寻夫哭倒长城的故事。医院里的八路军叔叔和阿姨在慰问伤病员时经常唱的歌就是"把我们的血肉，筑成我们新的长城"和"万里长城万里长，长城外面是故乡"。我经常能看到有的伤员叔叔在听这些歌时流泪了，有的还情不自禁地号啕大哭。当时，我还不能真正理解歌词的含义，也不懂那些叔叔为什么听到这些歌会哭。我觉得长城很神奇，有一种神奇的魔力，渴望着能去看一看这孟姜女哭倒的长城。

我第一次见到长城是十几年后的事了。1958年暑假，我和我当时最好的朋友黄少白原本打算到清河小镇购买生活用品。现在已想不起什么缘由，使我们向长城走去，六七个小时我们走完了80里路，登上了八达岭长城。

啊，这就是长城，高高的城楼，望不到头的城墙，灰色中透出一种深沉、威严。站在长城之巅，我感到自己的躯壳已融化在群山和长城所在的天地之间。坐在厚重的城砖上，想起了孙悟空，想起了孟姜女，更想念已经去世的外祖父。夕阳已挂在山顶之上，这是一个血染的黄昏，长城也被染成了红色。山风吹过长城，发出阵阵呼叫，我好像听到阿姨们在唱"把我们的血肉，筑成我们新的长城""万里长城万里长，长城外面是故乡"，浮现出那些为革命负伤的叔叔们眼眶中转动着的泪水。我长大，我懂了许多，也想了许多……我的朋友也站在城楼上，手抚着城砖，没有言语。

时间一晃快 40 年了。前年，我突然接到分别多年、在青岛工作的朋友黄少白的电话。他在电话中头一句就问我"你还记得我陪你第一次爬长城吗！"当然，这是我终生难忘的。他说的最后一句话就是"我们俩再爬一次吧！"我们约定，一年以后的夏天，再上长城。时过半年，噩耗传来，我的朋友黄少白去世了。事后我才知道，他给我打电话时，已知自己患了不治之症，再登一次长城是他最后的愿望，未了的长城情结。

1965 年，我被分配到新华社做摄影记者。说实在的，当时我是想做一名医生，接过母亲和外祖父的班。我的艺术细胞太少，写字、图画、唱歌是我上学时最讨厌的课，成绩最差，老师只是为了让我毕业，才勉强给我 3 分，做摄影记者真是让我勉为其难。

古语说得好"塞翁失马，焉知非福"。我没有艺术细胞，却有一副好身板，懂一点医古文。照片拍不好，苦差争着干，才有机会与长城结下情缘。1966 年，我奉命跟随"红卫兵进行大串连"，我从北京步行到革命圣地延安，照片拍得不好，稿子发的不多，但长城见得不少。关城和堡子进去转一转，烽火台上去看一看；土的、砖的、石头的城墙都见到了，大受感动，大开眼界。可惜由于当时单位给的胶卷太少，再加上我不喜欢照相，一路上竟然没有拍一张长城的照片，也没有在长城留一张纪念照。在平型关，为了完成报道任务，拍下了满怀激情的"革命小将"们在"副统帅"指挥平型关战役的指挥所遗址上挥舞着红旗的照片，但画面上不见长城和关隘。

1976 年，我又奉命到甘肃采访下乡的医疗队。这一次吸取了上次的教训，借故专门去了嘉峪关，矗立在茫茫戈壁中的嘉峪关城楼的雄伟和壮丽深深地感染了我，我拍下了有生第一张长城的彩色照片，发稿不行，但自己可以经常拿出来欣赏。

同一年，我又利用去采访秦皇岛商业的机会，游览了山海关，还特意去辽宁省绥中县凭吊了大海中的孟姜女坟，古老的关城，滔滔的大海，姜女的善良、悲壮使我终生难忘，这次我拍了许多照片。我盼望着有朝一日能从头到尾地看看长城，拍拍长城。

机会来了。1976年年底，"四人帮"倒了台。1978年年初，廖承志同志根据开发旅游事业的需要，建议新华社给予配合。新华社决定在摄影部成立风光摄影组，我立即报名要求调到风光摄影组。我的第一个选题是拍摄华山风光。在华山拍摄时，在山脚下我又看到了长城的残迹，这唤起了我拍摄长城的念头。回到北京后，我向组织上提出了拍摄长城的选题。从此，我就和长城结下了不解的情缘。

一年一年，一岁一岁，时光不会逆转。28个春秋过去，当年的年轻小伙，如今已年过花甲，我还走在长城上。

70年代末，长城是孤独的、恬静的，看不到战争的硝烟，听不到金戈铁马的嘶杀，也没有七彩服饰装点的游客，它无声无息地静卧在大自然中。经历过漫长沧桑岁月的长城，没有一处十分完整的城墙或烽火台，但它是真实的长城，它深深地触动或震撼着我的内心，沧桑也是美丽。

初春的长城，桃花、杏花开满山野，四周的野草和不知名的花朵，泛红绽绿，淡淡的香味于晨风中幽芳四溢。夏季的长城，群山织翠，林木茂密葱茏，长城掩身其中，时隐时现。秋季的长城，满目红叶如火，层林尽染，山披彩霞，簇拥着古老的长城，像一幅五彩斑斓的山水画。冬季的长城，飘飘扬扬的大雪洒在长城上，城墙在山岭上蜿蜒，显得沧桑与凄凉，有着"北国风光，千里冰封，万里雪飘"的壮美。

我背着背包孤独地走在长城上，起伏在崇山峻岭之巅，经戈壁，穿草原，跨沙漠。28年，纵横10万里，穿越2500年。领略过"苍茫云海间"的壮丽，"大漠孤烟直"的苍凉，"长河落日圆"的凄美，"西出阳关无故人"的惜别。

我孤独地卧在戈壁沙漠中、草原上；夏日里任日晒风吹，冬日里风卷沙石，铺天盖地击打着长城也击打着我的身体。我与长城同甘苦，共患难，这是一种享受。由此，心中生出许多豪情，也引出许多思念。

我记得，1979年7、8月间，国家文物事业管理局在内蒙古自治区呼和浩特市召开了我国第一次长城保护研究工作座谈会。参加会议的专家学者有40多位，他们都是专家，长期默默无闻的潜心于长城研究和保护。他们都是我的老师，他们教我怎样做人，怎样做学问。20多年过去，郭述祖、苗济田、朱希元、高凤山、吴礽骧、李逸友等先生相继仙去，他们都有未了的长城情结。

虽然我知道每个人的长城情最终都是"未了情"，但是，明天还要继续，我仍将背上行囊，走上长城，去写我长城情结的续集。

# 关于我拍摄长城的情况

1978年年初，我社根据当时的形势和廖承志同志的建议，要求摄影部组建风光组，组织上决定调我去风光组工作。当时我认为，万里长城，是中国的象征，显示了中国人民的智慧和力量，搞好长城的报道，可以鼓舞人民的志气，树立民族自豪感，也可以使人们增长知识和配合旅游事业的发展，因此报道好长城是一件极有意义的事，也是一个新闻工作者的历史责任。

当年我即提出了长城报道的选题，得到了总社各级领导的赞同和支持。1978年年底，我开始对长城进行实地考察和采访，风餐露宿，跋山涉水，一年多的时间，拍摄了河北、河南、山西、山东、甘肃、宁夏、内蒙古等省、市、自治区的长城。

在1980年，由文物出版社出版了由我摄影的《长城》画册，这是我国第一本比较系统地介绍长城的专题画册。这本画册的出版受到了各方面的重视。我社发了新闻，《人民日报》发了书评，中央广播电台发了消息。《大众摄影》杂志以《成大林与长城画册》为题发了文章，许多地方报刊、香港报纸也进行了报道。

此后，有多家出版社和有关单位出版了我的长城摄影稿件：

1. 1980年，文物出版社出版了《山海关》明信片。

2. 1981年9月1日，发行的普21、22邮票《祖国风光》中的长城邮票是用我在八达岭拍摄的照片《长城初雪》印制的。

3. 1981年，人民美术出版社出版了《长城》明信片。

4. 1981年，中国图片社发行了《长城》幻灯片。

5. 1981年，文物出版社出版了《敦煌名胜古迹》明信片（已两次印刷）和《敦煌县博物馆》简介。

6. 1981年，国家文物局与美国出版商合作，在境外出版了以我的摄影稿件为主的《万里长城》一书（英文、日文版）。

7. 1982年，文物出版社出版了高凤山同志著文、我摄影的《万里长城——嘉峪关》小册子。

8. 1982年，中国图片社发行了第二套《长城》幻灯片。

此外，《玉门关之晨》《戈壁秋色》《碱湖上的碱柴》被选入《绿色宝库摄影艺术展览》；1981年《长城初雪》在摄影部被评为三等奖；1982年《紫塞金城》在《全国摄影艺术展览》中获鼓励奖，被评为1977—1980年全国优秀摄影作品，并收入1983年出版的《全国优秀摄影作品选》和1984年出版的《中国摄影艺术作品选》。摄影部与香港读者文摘合作出版的《中国名胜古迹》一书中采用了13幅我拍摄的长城及长城沿线的名胜古迹照片。1982年在陕北采访时，我发现当地有大量的优质煤，经多方考察后，本人撰写了《陕北发现大煤田》的内参，刊登后引起中央的重视，促进了当今神府东胜大煤田的开发。

除完成日常新闻展览图片稿件的采访和从事《中国年鉴》的文物、档案、博物馆、军事、卫生部分的编辑工作外，我仍挤时间利用各种机会（如参加长城学术会议、科学考察或长城旅游点的开发以及长城附近的其他采访任务等）到长城采访、考察以及案头文献研究。

1984年，我部接受了总社交给的与香港南华早报合作出版《长城》一书的任务。我用3个多月的时间完成了15万字中文文稿的撰写和370多幅照片的编选工作，还绘制了6幅有关长城的历史地图。书中以大量的历史文献资料、新近的研究成果（包括我个人的学术研究成果）和图片，较详细地介绍了长城修建的历史、长城对中国历史和中华民族的发展产生的影响及它的现状，且纠正了许多过去文献记载的不确之处。此书至今仍是与长城有关的出版物中资料最新、最丰富的著作。

1985年，文物出版社出版了我撰文并摄影的中国文物小丛书之一

《金山岭长城》。

1987年9月，由香港商务印书馆出版了我著的《长城万里行》中文版、英文版。同年，我著的《长城万里行》，作为在台湾首批出版的大陆丛书一百种之一，由台湾远流出版事业股份有限公司出版，包括了中文版和英文版。

在这个时期的工作中，我不断得到我社各级领导的鼓励，也受到社会各方面的鼓励。1983年，我被评为摄影部先进工作者；1984年，受社长通令表彰，同年被评为全国优秀新闻工作者；1986年，晋升为主任记者。1986年，《万里长城采访随笔》获摄影部"一人一文"优秀论文奖。我社的《摄影技术参考资料》《新闻业务》《前进报》及社外的《大众摄影》《中国日报》《青年报》《青年时代》《桥》《北京晚报》《上海青年报》和香港《大公报》等报刊，以及中华人民共和国国际广播电台、中国特稿社等发了消息或通讯，对我的工作情况予以报道。

1988年7月至1995年3月，由于工作需要，摄影部领导调我去做经营管理工作，组建经理室后任摄影部经理室经理。1988年，社党组向统战部推荐我为我社无党派人士的代表。在此期间，我除了拍一些经营性的人像、广告等照片之外，依然利用工余时间对长城做系统的学术研究，经常以学者的身份利用休假，或在受邀参加有关长城研究的会议期间，对长城进行实地考察，并拍摄一些长城的照片。在此期间拍摄的《长城之晨》，被选入为纪念摄影部成立五十周年而编辑的《光辉的历程》画册。1990年，朝华出版社出版了我和严仲义、任国恩、刘世昭四位中青年摄影家的长城艺术摄影集《中国·长城》英文版，该集由我撰写了约3万字的文稿，并绘制地图，但其中仅收录我拍摄的4幅照片。

1994年上半年，我离开了经理岗位，在研究室工作。1994年5月23日，我开始骑自行车采访长城，中途由于家父病危，部里派人把我接回北京。8月中旬，料理完家父的后事以后，我又骑自行车进行长城采访，经北京密云县，河北省的滦平、丰宁、沽源、赤城、张北等县，于11月中旬返回北京，行程1500多千米，新发现了唐代长城和南北朝时期的北魏长城及两座古城址。

1995年，上半年我全力进行《长城与抗日烽火》配合稿的采访工作，先后前往山海关、喜峰口、张家口、娘子关、平型关采访，同时收集整理了约5万字的有关长城抗日的资料，并提供给有关编辑，顺利地完成了报道任务。该稿被评为好稿，发稿20多次，被多家报纸辟栏采用，被《中国图片报》和香港《文汇报》整版图文并茂刊用。在此期间，我还拍摄了一批有关抗日战争、解放战争时期的遗址等资料片。

我拍摄的《长城夕照》编入朱德和中国人民银行画册；《长城大雪》《嘉峪关鸟瞰》和《金山岭长城》分别入选摄影部主办的1995年赴新加坡摄影展及与壳牌公司合办的摄影展。

为了继续进行长城采访，我向社会发出了征集赞助的请求，我部的《摄影世界》及《体育大市场报》刊登了我的呼吁，广州五羊自行车公司向我提供了赞助。

8月初，我骑自行车沿长城经北京房山，河北涞水、涿鹿、蔚县，山西广灵、浑源、应县进行采访，12月20日返回北京，行程约1000千米。采访中我发现并考证了历经战国、两汉、北魏至隋唐等九个王朝修筑的长城，这一发现填补了中国长城发展史上的一段空白，受到各有关部门的重视。沿途各县协助我采访的文物部门或宣传部的同志，分别就各县的这一发现写了新闻稿，《光明日报》《山西日报》《大同日报》《大同晚报》《张家口日报》分别发了消息，中央电视台和山西电视台播发了在山西省广灵县发现了古长城的电视新闻。回京后我立即编发了《长城考古新发现》《蔚县——长城脚下的边塞古州》。

1996年3月，我被聘任为高级记者，当时我还在摄影部研究室工作，为部里办的摄影技术培训班讲课。

1997年后，我的长城采访多以长城专家（中国长城学会常务理事·学术委员会副主任）、文物专家（中国文物学会常务理事·长城研究会会长）的身份进行。应国家文物局和陕西省榆林市的邀请，为河北省文物局讲课，对陕西省榆林地区长城上的镇北台的修复工程进行可行性论证。我利用此机会对陕西北部和河北保定地区的长城做了考察，对陕北的战国秦长城和河北省战国时期的中山国长城进行了考证并对外做了报道。利用会议提供的条件，我拍摄了正在修建的陕北至北京的输气工程、神府煤田大柳塔矿区、长城第一墩、长城第一楼、曲阳石雕、输气工程、山西开通豪华大巴、平遥双林寺、白求恩大夫去世时的故居等照片。

1998年，受国家文物局影视中心的邀请，我作为顾问对北京、陕西、山西的部分长城进行考察，考察过程拍成电视片在欧洲播放。还应内蒙古长城研究会的邀请考察了内蒙古秦始皇长城、北魏长城。在此过程中，我首次在山西发现了宋朝修筑的长城，中央电视台发了消息，我部发了照片新闻。同年我还完成了唐朝长城的考证工作，编发了我国首次发现唐朝长城、山海关发现明代以前的长城，及辽宁省绥中县发掘秦汉宫殿遗址等新闻照片稿。

1999年4至6月，我应国家文物局邀请，与山西省文物工作者共同对山西省境内的古长城进行考察，用时70余天，经行22个县市，行程3000多千米，在山西境内发现了战国、清朝及南北朝时期的长城。还在长城沿线发现了大型古栈道、古冰洞和崖葬群，我对这些发现及时作了报道，对外发稿都配有1000字左右的文稿。

2000年，应中国文物学会的邀请，我与中国东方文化研究会共同主持了在山东省召开的战国齐长城文化研讨会。当年还与有关组织共同组织了多次保护长城的公益活动和研讨会，我部及在京各媒体都发了图片新闻稿和文字稿。

以上是我采访长城的大致情况。我现在担任中国文物学会常务理事以及长城研究委员会会长，中国长城学会常务理事及学术委员会副主任，中国东方文化研究会常务理事，中国民族建筑学会理事，中国黄河文化经济发展研究会理事。

# 我的退休生活

2002年退休后，我从一名从新闻视角专注长城研究和保护工作的新闻工作者，转换成为一名专注于长城的业余研究者和保护工作的宣传员，任务则是从文物研究的视角，专业研究的层次，围绕着文物主管部门对长城研究和保护工作的需要开展工作。10多年来主要做了以下几项工作：

第一，应文物主管部门的邀请参加长城保护的立法工作。

2000年前后，长城的保护、研究和管理现状引起了国内外各界极大的关注。社会舆论不断报道有关长城受到自然及人为破坏，以及对长城存在破坏性开发、修缮和利用的消息。公众和专家也强烈要求加强长城的保护和研究，对长城的管理现状极为不满。一些国际组织和外国人士对我国长城的保护、管理和研究现状进行了批评。

长城建筑体系之大、历史之悠久、问题之复杂，是其他任何文物都无法比拟的。由于当时对长城的保护、管理和研究现状及存在的问题，还缺乏准确、全面、深入了解，这给文物主管部门的管理和保护工作，以及法律、法规的制定造成极大的困难。为此，2003年11月，国家文物局委托中国文物学会承担"长城保护、管理和研究现状调查及对策研究"课题，将该课题列入2003年度国家文物局文物保护科学和技术研究的重点课题。国家文物局和中国文物学会委托我作为课题的主持人。

由于课题立项已是11月，一些长城段已是大雪封山，再加上课题组6位成员中60岁以上的有4位，野外考察已是十分困难，而且中间还有元旦和春节两个假日。为此，我请求用一年的时间完成课题，但由于立法任务紧迫，国家文物局要求必须半年内完成课题。为此，我只好安排年老体弱的同志到气候条件和地理环境较好的长城段考察，我则组织一些长城爱好者参加工作，他们不仅出车、出设备，放弃了休假，而且还不要任何报酬。经过近6个月的艰苦工作，课题组先后对北京市、天津市、河北省、山西省、山东省、陕西省、甘肃省、河南省、辽宁省和宁夏回族自治区、内蒙古自治区的60多个市（地、县级）、县（自治县）的战国、秦、汉、南北朝、明等朝代部分地段的长城和处于森林公园、地质公园、风景名胜区、旅游风景区内的长城进行了实地考察，行程达8000多千米，按时完成了课题。

我执笔撰写了近3万字的主报告，提供了56个附件，共近22万字和100多幅图片和录像，同时我还提交了关于某省和某自治区长城破坏情况的专题报告。课题经费计划为30万元，实际支出仅15万元。

课题顺利通过评审验收，专家组给予了很高的评价，评审报告称"课题组提交的研究报告观点鲜明、论据可靠、资料丰富，揭示了保护管理、研究中存在的主要问题，包括热点问题和难点问题；调查方法科学合理，宏观和微观相结合，典型调查和综合分析相结合，实际调查和文献收集相结合，取得了较好的成果，达到了课题立项的要求和目的，课题经费使用合理"。

课题成果为国家文物局编制《长城保护条例》和《"长城保护工程"总体工作方案》提供了科学的依据和翔实的资料，对今后安排相关工作具有参考价值。

此后，我参与了《长城保护条例》的起草工作，并参与国家文物局主持的《长城资源调查》前期准备的咨询工作。

第二，组织和指导长城爱好者、志愿者开展长城保护宣传和研究工作，制止了许多对长城破坏的事件，媒体多次给予报道。

2000年前后，高速公路、铁路、天然气输送等许多建设项目对长城造成了严重甚至毁灭性破坏。为此，国家文物局要求对涉及长城安全的建设工程进行审核。应国家文物局的邀请，我参与了30多项建设工程的审核，如 2005 年 5 月国家文物局收到某省关于修建高速公路要拆除辖区内一段战国长城的报告后，派出专家组进行审核，我作为专家组成员参加了工作。到达现场时发现推土机已在长城两侧，只要专家组同意，几分钟内这段长城将被完全拆除。在现场讨论会上，我表示不同意拆除这段长城，应架桥通过。当时施工方和当地文物部门拿出政府的文件向我们施压。回京后我向国家文物局提交了评审报告，报告中称："在楚长城没有被认定之前，齐长城是中国现存最早的长城遗址。该方案要拆毁的长城是齐长城中修筑最早的一段……据文献记载中国'长城'一词最早是出现在这一段长城上……它所承载的历史信息，非常丰富……这段长城不能毁，对长城采取挖掘整理的方案不可取。采用高架方案保护长城，是可行的。"最后，国家文物局采纳了我的方案，高速公路架桥通过这段长城。2006 年 9 月公布的《长城保护条例》中也写入了"进行工程建设应当绕过长城。无法绕过的……应当采取架设桥梁的方式通过长城。任何单位或者个人进行工程建设，不得拆除、穿越、迁移长城"的条文。

  2000 年前后，长城的旅游开发出现高潮。但是当时既没有建立国家级的长城管理机构，各省、市、自治区也没有管理长城的专设机构，只有极少数国保、省保级的长城段归文物部门设立的管理机构管理，多数具有开发利用价值的长城段被划归旅游、文化、城建部门设立的经营性机构管理，同时没有开发价值的长城段多没有管理机构，管理体制极为混乱；而且管理的政策也不明确、不统一。

  许多省政府提出为了发展经济，旅游业要有一个大发展、大突破。一时间，有长城的省份，长城就成了旅游开发的重点对象。在没有依法经过审批程序，又没有制定相应配套规划和规范的管理措施和技术指导的情况下，很多政府、集体、旅游部门、个人一起上开发长城旅游。大部分长城段由公司甚至个人经营，世界闻名的八达岭长城也作为北京控股公司的一部分捆绑在香港上市。为了追求最大的经济利益，许多经营者在长城上乱上项目，胡修长城，居庸关和娘子关城楼的复建完全改变了原来的形制，造成了对长城的开发性破坏，甚至是毁灭性的破坏。这一情况，受到国际组织和人士的强烈批评，也引起文物主管部门和媒体及社会各界的关注，围绕着文化遗产开发的管理权和经营权的归属展开了激烈的争论。

从1998年到2002年，依据有关法规，河北省、承德市、某县文物部门多次与旅游公司就某长城的管理体制问题和旅游公司的违法行为进行执法督察，但公司要么阳奉阴违，搪塞敷衍，要么避而不见，能拖则拖，使文物部门的多次无功而返。

2002年新修订的《中华人民共和国文物保护法》第二十四条明确规定"国有不可移动文物不得转让、抵押。建立博物馆、保管所或者辟为参观游览场所的国有文物保护单位，不得作为企业资产经营"。文化部、国家文物局、公安部等七部委发出《关于进一步加强长城保护管理工作的通知》明确要求"不得将长城交由企业管理或作为企业资产经营。已经交由企业管理或作为企业资产经营的，要限期整改"。

但是，这些措施在很长时间并未达到预期效果。各地长城规模性的破坏和开发，大部分和当地政府的违法作为有关。如某省长城旅游大开发，就是在省政府直接规划和组织下实施的。还有一些企业与政府勾连在一起，当文物保护部门进行监督、制止破坏长城行为或进行处罚时，政府则出面保护企业或公司。某省文物局副局长在解决某县将长城出卖给公司的问题时，遭到县领导的拒绝。我作为顾问，也多次找到公司的负责人，希望他们遵守国家法规，做好长城保护，妥善处理好管理体制问题，但都没有得到回应。

2005年7月5日，由国家文物局副局长童明康带队的行政执法专项督察组对某长城进行了专项执法检查，督察组要求理顺长城管理体制，恢复金山岭长城管理处。督察组走后不久，长城旅游公司以8万元的价钱将长城出租给北京的"锐舞派对"组织者。7月23日，1360名来自中外的青年男女登上金山岭长城，举行了彻夜的锐舞（疯狂）派对狂欢，在长城狂歌劲舞，大量饮酒、抽烟，还有人吸食大麻，在长城上方便，疯狂男女散去时，长城上留下了大量酒瓶垃圾、呕吐物和排泄物。这次活动在国内的新闻媒体迅速曝光，一时间国人哗然。

中央电视台经济半小时、法制、科教等4个频道和《北京青年报》《城乡建设报》等 10 多家媒体对我进行了采访，我向媒体介绍了某长期转让给公司经营后的情况，呼吁尽快理顺长城管理体制，收回长城的管理权，新华网等网站也转发了对我的采访。媒体的报道使长城的管理体制问题成为人们关注的焦点，某省委书记看了央视对我采访的报道后，立即要求某市委从讲政治的高度认真对待"锐舞派对"事件和管理体制问题。这时，市、县政府和公司真正地感到了压力，某市政府终于做出决定，长城旅游发展有限公司要将长城的管理权、经营权移交县文物部门，注销原某长城旅游发展有限责任公司。至此，久拖不决的管理体制问题才彻底解决。

2006 年 1 月 20 日《中国文物报》发表某省文物局的文章称，这是某"长城保卫战"，并说在某长城管理问题的解决过程中，"社会媒体和广大人民群众发挥了巨大作用，他们对社会上出现的不法行为起到了强有力的监督作用，任何侵吞国家财产、损害国家利益的行为终将为国家法律、社会和广大的人民群众所不容"。

第三，继续从事长城的考察和研究工作。

退休之后，我的研究对象是学界争议最多的，我关注了 30 多年来的春秋战国时期的楚长城。楚长城争议有二，一是有没有楚长城；二是楚长城是不是长城之父？

长期以来，绝大多数著作和专家几乎众口一词地说：中国最早修筑的长城是楚长城，并详细地绘制有长城经过的路线图。1979 年，我按这些图，在这一地区跑了三个多月，行经六个县，行程 1000 多里，毫无长城的踪迹，楚方城神秘地消失了，那么是否它根本不存在呢？

文献中对于楚长城的原始记载只是《左传》中有楚使屈完对齐桓公说的一句话，楚国"方城以为城，汉水以为池"[①]。对于方城，后人作注，众说纷纭，有的说是山、有的说是塞、有的说是城，只有在

---

① （春秋）左丘明著，蒋冀骋点校：《左传》卷五《僖公四年》，岳麓书社 2006 年版，第 46 页。

《汉书·地理志》南阳郡下："叶，楚叶公邑，有长城，号曰'方城'。"① 而著名的史学家童书业先生在其遗著《春秋左传研究》一书中，对屈完言语的真实性提出了疑问。

以后20多年我又多次到河南调查楚长城，也无新的发现，在我的文章中曾明确指出楚国没有修过长城。

2000年6月19日，《人民日报》以"河南发现楚国古长城"为题报道了在南阳发现了楚长城的消息，《新华社》《光明日报》《河南日报》等媒体和网站相继对此进行了报道；2000年10月23日，《大河报》以"惊世大发现"为题报道了中国长城学会秘书长、长城学专家董耀会公布"南阳古石城就是楚长城"的消息；2000年10月26日，《人民日报·海外版》报导专家认为南阳古石城可能是楚长城；2001年3月12日，《人民日报》以肯定的语气报道长城专家董耀会公布"惊世大发现"，南阳楚长城是最早的长城。此后，中国长城学会的专家以中国长城学会的名义，向国家文物局、河南省委、省政府和南阳市委、市政府发出公函，公布了长城学会的这一初步认定，并建议对楚长城遗址进行研究和保护。此后，2002年还在河南南召县开了"楚长城研讨会"，北京去的许多著名专家认同河南南召县的周家寨是楚长城。

我看到这些报道后立即赶往河南南召县进行考察，据南阳市文物部门介绍，在南召县发现百余座古山寨，据专家认定这些山寨为春秋战国的楚长城。我到其中最大且被专家认定是楚长城的代表作的周家寨进行考察，在现场看到由三座山寨构成的面积近40平方千米的大型石筑山寨群，门上的木框尚未腐朽，是典型的明清时期的建筑。我采访了当地群众，据当地群众回忆，他们的家谱中曾记载这些城寨修筑于明朝末年或清朝前期（这些家谱在"文化大革命"中被销毁）。由于当时这里远离交通要道和大城市，又处深山之中，是起义军与官军周旋的地方，也是百姓躲避战乱之所，又是土匪出没之处，由此各种力量都在这里修筑避难或防御性的堡、寨，于是形成了今日奇

---

① （汉）班固：《汉书》卷二八上《地理志上》，中华书局1964年版，第1564页。

观——古城堡群。回京后，我以《河南南召县发现古城寨群》为题进行了图文报道，但没有引起媒体和人们的注意，只有《光明日报》在2000年12月16日和《人民日报·海外版》采用了这一消息。

自此以后我按照我的习惯，在下一次采访之前开始做功课。我所谓的功课就是收集和梳理与楚长城研究相关的包括地方志在内的古代文献（包括金文、甲骨文和简帛文献），近现代人对楚长城的研究论文和考察著作，以及考古报告和媒体的报道。4年多的时间，查阅了50多部地方志、梳理了10000多条资料；对《国语》《左传》等10多部先秦，以及《史记》《汉书》和《水经注》等史地文献进行了专题研究，做了数百万字的专题检索（包括二十五史和《四库全书》），撰写了近3万字的研究提纲。经过几年的努力，对楚长城研究有了比较清楚的思路。第一，不存在山寨式的楚长城；第二，楚长城的存在还只是一种可能，如果存在的话，其最大的可能是位于南阳盆地东北角的缺口处。

自从2000年前后，以"山寨"为楚长城核心建筑形式的论点出现以后，在湖北、河南、陕西南部"楚长城"已遍地开花。据我统计，至2007年正式宣布有楚长城存在的省份有湖北、陕西、河南三省，包括22个县市，在国内外造成舆论和学术方面极大的混乱。一些有影响的教材和论著也对一些"山寨式""楚长城"进行传播和传授；一些省、市、县将这些"楚长城"绘制在当地正式出版的地图上；许多地方政府将这些"楚长城"宣扬成当地的地方文化名片，列为旅游景点，招商引资开发的项目。湖北省将大量的山寨式的"楚长城"列入国家投资的"长城资源调查"的项目，干扰了长城资源调查的正常进行，浪费了大量的人力、财力资源，这不能不使人忧虑。

鉴于这种情况，我认为有必要对楚长城再进行实地考察。从2007年4月开始，历经三年，我分别对河南省南部、湖北北部、陕西省南部的10多个县进行了考察。我先到地处南阳盆地东北角缺口处的叶县考察，与往常陪人考察这一带的长城一样，当地文物部门的专家和志愿者带领我去考察一处山寨。当车停在山口处时，我发现车正停在一条土垅上,顺着土垅远远望去,望不到尽头,我心中一惊!自问,这难道就是我寻找了几十年的长城么?第二天我即请他们带我去考察土垅。土垅是叶县和方城县的分界线,它时而沿着河边,时而爬上丘陵,我们沿着土垅走了50多里,其间土垅没有间断。它的经行路径与魏郦道元所撰《水经注》所引用的"盛弘之云,叶东界有故城,始犨县东,至瀙水,达比阳界,南北联联数百里,号为方城,一谓之长城云"①完全吻合。这条土垅的形态、保存现状,与我考察过的我国早期的齐长城、燕长城和中山国长城很相似。其实,当地的长城爱好者早已关注到这条土垅,但没有确认这是楚长城。他们告诉我,当地群众称其为"土龙",其传说流传甚广。考察途中,一位方城的村民告诉我,这是楚王修的边墙。考察快结束时,我将我的新推断告诉了与我一起考察的同志"这条土垅很可能是我寻找多年的楚长城"。而后,许多媒体报道了我这一推断。在2011年5月,由河南省文物考古学会和方城县人民政府联合举办了方城县楚长城专家研讨会,河南省文物局、南阳市文物、方城县的领导和河南省长城资源调查队、北京和河北等地长城专家参加了研讨,与会专家一致认可了我起草的研讨会纪要,肯定了楚长城的存在,"土龙"是楚长城现存的一种形式并且是我国最早的长城之一,否定了"山寨式"的楚长城。

  对楚长城修筑时间,根据发掘出土的文物推断,可能是在春秋晚期至战国早期,与齐长城的修筑时间约在同一个时期,难分伯仲,在《纪要》中用"是中国最早的长城之一"作为结论。河南省文物局副局长总结发言时说:"我们今天得到的结论一定是为社会公认的结论……今天的结论我们将汇总成意见,上报国家文物局,最后要由国家文物局认可,作为中国长城的一部分。"2012年,国家文物局在《关于河南省长城认定的批复》中认可了这一结果。此外,国家文物局没有认可湖北省和陕西省有楚长城。

---

① (北魏)郦道元原注,陈桥驿注释:《水经注》卷三一《潕水》,浙江古籍出版社2001年版,第495页。

2012年，我国出版了《清华大学藏战国竹简（贰）》。从其中的《系年》得知，齐长城始修的具体时间应该是在公元前441年。楚长城修筑的时间的下限在公元前420年至423年间，楚长城与齐长城修筑的早晚还是难分伯仲。

一年一年，一岁一岁，时光不会逆转。35个春秋过去，当年的年轻小伙，如今已年过古稀，我还走在长城上。

虽然我知道每个人的长城情最终都是"未了情"，但是，明天还要继续，我仍将背上行囊，走上长城，去写我长城情结的续集。

我的退休生活很单纯，主要精力和时间都放在长城研究和为保护长城做点事情，很忙、很累，但也快乐。

# 我与成大林老师

郭峰（网名：积雪庐）

认识老师是在1997年夏天，那年我在一家文化公司工作。文化公司成立之初想搞一个大型长城文化巡回展，弘扬民族文化。虽说古老的长城名扬四海，妇孺皆知，但真正能懂得长城的人恐怕为数不多，要举办这样一个有学术价值的展览，必须有专家的指导和参与。于是经过国家文物局的罗哲文老先生的介绍，我们请来了长城专家成大林老师，我也从此结下了与成老师的长城之缘。

第一次见到老师，只见是一个个头不高、不修边幅、胖胖的小老头，与我想象中的专家有很大差异。开讨论会时，老师的发言深深地打动了我，他对长城的释义很独特，渊博的知识使老师的形象高大起来。

老师淳朴的语言、随便的穿着以及黝黑的皮肤就是长城的象征，历经沧桑、不需粉饰，这正是古老长城的魅力之所在。毛泽东有句名言："不到长城非好汉"，有些人到了一次长城，也只对长城瞄了一眼，就自拍胸脯说自己是好汉，如果和老师50多年与长城摸爬滚打的经历相比，老师岂不是好汉中的好汉？

第一次与老师出行是到金山岭拍一张"宽银幕"效果的照片，为的是展览中的一幅大型半景图。从那时起，使我有机会更多地接触和了解老师，老师的言传身教，使我对长城的文化、历史、作用等等有了更深的了解，所谓"近朱者赤，近墨者黑"吧。

首先从我对长城的认识说起吧，万里长城有多长？一般人只能回答："从山海关到嘉峪关大约有两万里吧"，老师说过一句话："我沿着长城走了十万里"。中国的长城英语译为"The Gret Wall"，长城拥有了这个专用词汇，正说明了长城的非凡与骄傲，长城作为世界文化遗产越来越多地受到人们的爱戴，但有谁能真正地了解和认识它呢？

在我以前的认识中，长城就是一条很长很长的城墙，古代人打仗时做防御用的。老师告诉我，长城是一个规模宏大、非常复杂的古代军事防御体系，并不是一条简单的城墙。长城的历史要上溯到春秋战国时期，从春秋战国有了"楚方城"的传说开始，到齐长城、燕长城、赵长城，后来到秦始皇统一中国后，将以前各个小国的长城连接成一条西起甘肃临洮，东到辽东的最早的万里长城，后来又延续到汉、南北朝、隋、唐、宋、元、明、清。要把各个朝代的长城都叙说一下，可以称得上一部中国历史。历代修筑长城的起点不一样，规模大小不同，形式也各异。如宋、元、清代修筑长城的规模就小，秦、汉、明代的则规模大些。形式有早期的汉代烽燧线，秦代的石筑长城、夯土长城等，直到明代由于从冷兵器时代发展到了火器，战争的武器越来越先进，防御工事也随之复杂和完善，修筑长城的地理位置也显得越来越重要。就拿明长城来说，改变了过去的毛石干垒，而采用条石、青砖，用白灰砌筑，重要位置和山头有空心敌楼，敌楼上建有箭窗和瞭望窗，而早期的长城只是实心墩台。此时长城上重要的山沟通道都设有关口和水门，还有屯兵用的堡城，甚至有如小城市的大型关城，如山海关、居庸关、嘉峪关等。有的根据地形地势和防守的需要还出现了复线、支线长城；还有的地方设头道关、二道关、三道关，层层设防。北京昌平的居庸关所在的山沟，从最北部的岔道城、八达岭关、上关到居庸关城，再到南口关，共设有以居庸关城为中心的五道防线。视线开阔的山头上还设有烽火台，遇有敌情便点烟火或放炮。如果把这些支线、复线、关口设施的城墙都加在一起，是不是要有十万里？

基于老师的教诲，我肚子里便多了一些长城的知识。有朋友或同事约我登长城，我便滔滔不绝地与之神侃一番，因为我有长城老师做后台，可在老师面前我就是小学生了。

老师在对保护和修复长城上有他独特的见解，他曾参与了山海关、八达岭、嘉峪关、黄崖关等几个长城博物馆的修建，在金山岭长城的修复和开发过程中，老师是这里的高级顾问，我与老师的长城情缘也就是从这里开始的。

## 第一次和老师登上金山岭长城

1997年8月18日，我跟随成老师第一次来到了金山岭长城，登上长城展眼望去，蜿蜒起伏的长城像一条巨龙，自东而西横亘于绿色的山峦之上，用手抚摩长城上的旧城砖，依旧有着岁月的痕迹。老师告诉我，这里是经过修复后的长城，所使用的城砖绝大部分是旧砖，新砖只被用在不显眼的位置，而对一些坍塌的敌楼只做了简单的修复，尽量保持原样。我看着整旧如旧的长城，的确与八达岭长城有着很大的不同。不仅如此，老师还要求为保持长城古朴的风貌，周围不能有现代化的高层建筑和设施，房子的式样和颜色要与长城协调一致，并反对在长城边修建索道，因为修建索道，不仅破坏了长城的景观和环境，而且对绿化也有破坏作用。五十多年来，老师历尽千辛万苦，跋山涉水在长城拍摄的大量照片资料，很多已经成为今天修复长城的重要依据。

金山岭长城的修复和开发折射出了老师的人品。"文化大革命"以前，这里叫花楼沟，没有公路、没有电，村民们种点山坡地，指望老天爷给个好收成，更谈不上什么读书看报了。老师给我讲了那时的一件事。当年的人们已熟悉了平凡单调的生活，一年中最大的事，莫过于过春节选模范了。公社下了通知，给一个模范指标，村民们思来想去的琢磨模范的形象，在大家的眼里最有见识的莫过于村支书了，于是经过酝酿，理所当然地推荐了村支书去公社开会，"模范"在公社里开会中午管饭，大白馒头加俩炒菜，兴许还有些肉什么的，这顿饭的水平可能已超过了过节，下午"模范"胸戴红花，手拿奖状回到村里。以后每年的年底公社都要村里选模范，"模范"就成了顺理成章的事，每次开会就非他莫属了。"文化大革命"期间，公社又来了新的精神，说是要抓阶级斗争新动向，穷乡僻壤的没地主、没富农，选一个"走资派"吧。这个小山村的人，没有跟上"文化大革命"的形势，缺乏"阶级斗争"的观念，不知道"走资派"是怎么回事，想这也是公社的通知，也许和选模范是一样的吧，于是照方抓药，让"模范"到公社参加"走资派"会。人回到村里，大家问"走资派"和"模范"是不是一码事，这老实巴交的庄稼汉说："模范上台是坐着，戴红花，发奖状，中午还有饭吃，走资派是被两个人押着上台坐土飞机，脖子上挂着个牌子；往年台下的人拍巴掌，今年台下的人举着红本在喊着什么口号，中午还饿肚子。当走资派没有当模范好，下次你们选别人吧。"这真是个令人啼笑皆非的故事，老师说完这件事，对我说："没有公路、没有电，使这里贫穷、落后，小村子成了与世隔绝的闭塞之地，才会闹出这样的笑话。要使这些厚道的村民过上好日子摆脱贫困，就要开发这里的长城资源。"我和老师在金山岭的这些天也感觉到了老师对这里的贡献，村子里无论大人还是小孩见了老师都热情地打招呼，或者干脆拉着老师到家里去吃饭，老师也与这里的村民有着说不完的话，村里有个家长里短闹矛盾的还把老师请了去评理，对与错都凭老师一句话。厚道的村民把老师当作了他们的知心人，是老师的人品赢得了村民的信任。

1979年，老师第一次来这里考察，就住在村支书老林家，与老林一家同吃同住，这一住就是十多天。白天老师在山上拍照片，有时为了等待光线不能下山吃饭，林家就让孩子往山上送饭，孩子挑个担子，一边是一罐子粥，另一边是棒子面贴饼子和老腌咸菜。成老师经常跟我说起老林，老林的名字叫林占山，为保护金山岭长城做出了很大的贡献，他经常在山上巡视，看到有人破坏长城就及时的制止，而每年得到的奖励只是县里发给他的一双解放胶鞋。我没有缘分见到老师所推崇的这个人，这次随老师来到金山岭时，老林已经病故。在金山岭小住期间，老师领我去了老林的家，一个非常普通的农家小院，三间陈旧的瓦房，这就是老林曾经居住的地方。老林是个极普通的人，所做的事也很琐碎，没有什么惊天动地的壮举，但就是因为有了这些平凡的人，才使得长城的风采依旧。他是长城上的一块砖，永远镶嵌在这宏伟的工程中，他是金色长龙上的一片鳞，永远闪耀着光芒。那天在老林家，老师的心情很沉重，对我说："我们不能忘记这些人，等我退休写书时，一定把老林写进去，让所有关心长城的人都永远记得老林。"

在这个小山村里还有一个值得一提的年轻人，那就是周万萍。一个普通农民的后代，腿有残疾，初中毕业后，他也和父辈一样靠种地为生，采些中草药换些零花钱。在老师及一些摄影界人士的影响下，他在1985年开始学习摄影，后来靠着天时地利和自己的努力，取得了巨大的成绩。1994年8月，周万萍的摄影作品获得第十七届全国摄影艺术展览石松杯金奖，并多次在国际国内的摄影大赛中获奖，为国人争得了荣誉，由一个普通农民成长为一名职业摄影师。

为开发金山岭的旅游资源，老师付出了很多的心血，有着不可磨灭的功绩。1987年的年底，村里要通电，大年三十的下午线路接通了，灯泡亮了，老师欣慰地笑了，这才下山回北京过年。后来金山岭聘请老师做这里的特约顾问，金山岭的老百姓已离不开老师，老师也离不开金山岭了。

在村东头的大路西侧，有个小院子，里面有两间小瓦房，院子四周种满了向日葵，景色别致、幽雅，这是老师每次来住的地方，村民称这里为"成公馆"。1999年12月当我和老师再次来到金山岭时，"成公馆"被一座青砖门楼所取代，门口的牌子上赫然写着"北京晨报记者培训中心"。老师无不惋惜地说，我照了那么多的长城，居然没有给自己留下这里的照片。但所庆幸的是，我曾为老师画过一幅画，所描绘的就是"成公馆"，虽有七分的神似，但毕竟还有三分的真实，我在画上提款："长城脚下第一家，成大林老师之公寓也"，也算为老师留下个当年"成公馆"的影子吧。这幅画装裱成轴，至今在老师家收藏着。

读万卷书走万里长城，是老师的真实写照。十几年来，我因喜好老北京，收集了有关老北京的书籍、照片、画册等资料，也算得初见成效、小有规模了。可是看到老师家的藏书，我那不过是九牛一毛了。老师家的客厅里，四面墙三面是书柜，从上到下装满了书，为了取高处的书，还预备了一个小人字梯。老师的工作室也摆放了不少书，甚至阳台都被老师精心策划成了书库，老师的书大部分是古籍、史书、地方志、地图册等，第一次走进老师家，就像进了中国书店。老师的生活非常简朴，精打细算，在吃穿上从不讲究，很随意，但在买书上从不刻意计较钱的多少，只要对自己所研究的课题有用，不惜重金。记得有一次，我在中国书店发现一套《汉西域图考》，价格两千元，实在太贵了，我给老师打了一个电话，把情况向老师一说，老师立即骑车直奔书店，毫不犹豫地把书买了下来。事后老师对我说："贵是贵了点儿，但这套书对我很有用，物有所值。"从此以后我在书店或者书摊上看到类似的书籍，都会立即与老师联系，及时收集这些有价值的东西。潘家园、报国寺的地摊是我和老师经常光顾的地方，用我们的话说是："淘金。"

书籍是最好的老师，也是做学问必不可少的工具，老师为研究长城翻阅了大量的书籍资料。首先是搜集文献上的记载，然后老师要实地去考察，再访问当地的老百姓。在这些浩如烟海的历史古籍中，要寻找有关长城方面的记载也不是件容易的事，有的书中只一两句话捎带提一下，而且由于各个朝代修筑长城位置的名称也有变化，还有的记载，地名与地理位置不符。这些困难对于老师来说不算什么，老师有他归集整理的方法，只要在书籍中有与长城有关的记载，哪怕是只有一句话，也要把它摘录下来，录入电脑。在老师的资料库中，各个朝代的资料按时间排序，查找非常方便。在研究古籍上要耗费很多的时间和精力，虽说汉字已被中华民族使用了几千年，但由于历史的变迁和社会的发展，使得现在的文字与过去有很大的差别，有些语句生涩，别字、偏字很多，是一般字典里查不到的，老师在这方面也有较高的造诣，良好的古文基础为老师研究古老的长城文化的内涵提供了有力的保障。

记得有一次我和老师在金山岭拍长城月色，夜宿在长城上，当时正是农历的七月十五，暑气未消，可长城上却多少有些凉意，我钻进睡袋里躺了一会，觉得热乎乎的，就把拉锁拉开透透气，睡着睡着忽然被下身的瘙痒惊醒，身手一摸，好大的黑蚂蚁！虽然是苦些，但这苦中的趣乐也是一般人体会不到的。山野中的清新空气就像天然的大氧吧，任你贪婪地享受，宁静的夜空，使你心旷神怡，久居闹市便觉得这宁静更令人陶醉。欣赏月光下的长城，更像一首动人的交响诗，嫦娥的月宫挂在深邃的天空，蜿蜒的长城披上了银色的铠甲，壮哉美哉！清晨，山峦醒了。钻出睡袋趴在长城的垛口上向下瞭望，一群群野鸽子在山谷里盘旋，山间不时地传来鸟的鸣叫，还掺杂着野鸡的叫声，身边的秋虫也吱吱呀呀地凑热闹，好一场"山林音乐会"。

要说考察长城真是一件苦差事，但老师已经把苦当作家常便饭了。记得那次去密云白土沟村，镇里负责接待我们的同志安排我们住条件较好的宾馆，并可以派车接送。老师考虑到宾馆离我们要走访的地方很远，即便是接送也要耽误不少时间，还要给镇上添麻烦，于是提出不如住在村里。负责接待的同志告诉我们："村里条件太差，怕你们受不了。"老师答到："只要有间房子、有床，能吃饭就可以了。"说罢，我们来到村里，村支书老高把我们请进了大队部，让我们在那里住宿。我进屋一看，这条件确实够简陋的，里面只有光秃秃的两张床，一张床是三条腿，用绳子捆了根木棍勉强地支着，而另一张床只有两条腿，码了一摞砖支撑着没腿的这头，我和老师便歇在这里。天一黑，山里的蚊子也极为"热情"，跑到这里来串门，由于我们的态度很不友好，于是蚊子们便成群结队地来"轰炸"。

老师不仅是研究长城的专家，而且还有另一番功夫呢。老师早在上大学之前便是一位短跑运动员，身体素质很好。有一次我和老师在潮河关的山上寻找北齐长城的遗迹，那天天气格外炎热，拍完片子后，我们浑身上下黏糊糊的，一路走着，来到了潮河岸边，看着那清澈的河水，我极度兴奋，喊了一声："老师，回归自然喽！"说罢我和老师甩掉了身上被汗水浸透了的衣服，奋不顾身地冲入水中。河水好凉呀，暑气顿时消失，可不到十分钟的时间我就受不了了，急忙从河里窜了出来，可老师却如鱼得水，嬉戏如孩童一般，任凭我怎么喊，就是不上来，非要凉快够了才肯罢休。还是老师功夫深，我服了！

## 京北长城考察记

2001 年的五一节长假，我同成大林老师和成一农三人一起到河北省北部地区考察长城。5 月 2 日早晨出发，驾驶着我们合伙刚买不久的二手红色小面包，我们亲切地称它为"小红毛驴"，开始了第一次长途长城考察。出北京城往北走八达岭高速公路，过居庸关，跟在拥挤的旅游车队的后面，经过延庆县城后取道白河堡方向，到了这里，路上的车渐渐地变得稀少了，"小红毛驴"可以赶得快些了，车速 80 千米/小时。行至这里，公路的方向变成了东北向，并逐渐有上坡的感觉。过旧镇后开始盘山，车速又慢了下来，转过几个大弯，又爬了几个大坡，"小红毛驴"到了最高处的一个山口，老师叫停车。我们下了车，四下瞭望，群山叠嶂，两面的山头上还能看到残存的烽火台，老师说，这里是"佛爷顶"，南面的山峰最高，海拔 1235 米，这里是八达岭北面的又一道重要防线。

过"佛爷顶"后，开始了一路弯弯曲曲的下坡。"小红毛驴"在盘山道上往返着，路上急转弯很多，车速不敢太快。上午 10 点左右我们到达了北京市延庆县与河北省赤城县境的交界处——白河堡。白河堡现在是延庆县的一个乡，位于县城东北部，属深山区，乡政府设在三道沟村，西南距县城 24 千米，该地古为交通要道，外长城由赤城入境，南北纵贯乡域中部，是主要的设防地区，明代在此驻扎军队屯垦，逐渐形成村落，清代属延庆州。

过白河堡水库大坝又往西北上坡走了 1 千多米，来到了一个岔路口，路标指示着直行是赤城，右拐是滦平，我们为了看一段唐代的古长城，便向右拐，往东行大约 2 千米，路边停车，爬上了东边的山梁，便看到了只有一米多高的唐代长城，还有一座残存的烽火台，有三米多高，全部由碎石头砌筑。水库大坝下游的北岸有一座小城堡，城堡东侧的小山沟里有一个小村落，老百姓称之为"东边村"。后来我查看了 1993 年出版的《延庆县地名志》，其中记载此村属白河堡乡管辖，有 28 户人家，95 口人，均为汉人，清代已成村落，因位于古长城的东边,故名东边。村南古长城上早年设有关口,俗称"消水口",近村长城段上修有敌楼八座,现仅存遗址。

在东边村的地头上,我们碰到了一位年约五十岁的村民,问其边墙是什么人修建的,只见他瞪着两眼,非常自信地说道:"是孔老二修的",他的回答很出乎我们的意料,听后不觉心中暗笑,也没再问下去。这时我心中就在想,孔老夫子不在山东教弟子,却大老远地跑到这里修长城。老师研究了三十多年的长城,今天都是头一回听说孔夫子修长城。

看完这段古长城后,已接近中午 11 点,我们又返回了去赤城的路口,继续往北行进。大路沿着白河的东岸弯弯曲曲,"小红毛驴"顺大道蛇爬似地前进,不远的山头上散落着残存的烽火台。跑了大约有七、八十千米的样子,一座漂亮的山呈现在眼前,此山南北长约 1 千米,高约百十米,山体直上直下,山石一层一层横向叠压,形状奇特,老师说这是"骆驼山",《大明一统志》《畿辅通志》等古籍文献都有记载。山北面不远处有个小村子,叫"常胜庄",我们从这里往西奔后城镇的方向,眨眼间过了 7、8 千米的样子,又一座奇异的山出现在我们的眼前,此山名为"滴水崖"。《隆庆旧志》记载其一名曰"洒水岩"。明代汪道亨的《填星记》中描述此山:"崖状瑰异,直上一百八十丈。其麓俨一大圆盘盛之,围而度之,记十九里,有朝阳观、香炉峰、碧落洞、西方景诸胜迹,其右崖石穴有泉滴沥,隆冬不冻,故名。"①山下的庙宇保留至今,此山已辟为旅游区,我们为了赶路,只远远地欣赏了其秀丽的姿色。

过滴水崖继续西行,过河西村、孙庄子,便进入了红河川。至雕鄂堡村时已中午 12 点多,老师说要赶到我们要去看的那个古城址下边才吃饭,于是到村里买了几个馒头,便继续我们的行程。走了 3、4 千米,来到了打尖的第一站,我将"小红毛驴"停在了大树下,取出了我们从家里带来的小菜、咸鸭蛋、饮料、北京二锅头,地当餐桌,

---

① (清)李鸿章纂,黄彭年等修:(光绪)《畿辅通志》卷七七《河渠略·水道九》,清光绪十二年(1886)。

开吃开喝，吃完午饭我们徒步上到了路边的小山坡，坡上是一片平地，上面有一座小古城遗址，长宽百米左右，残存的城墙有一米多高。这片平地面对红河，北靠大山，山上有唐代和明代的长城，在老师的指点下，我看出两者的区分点很明显，西面沿河川的是明代长城，东面由山上蜿蜒而下的是唐代碎石长城，接点极为显著，但变化很突然。在古城中曾发现过石斧，因而这里应曾是古人类活动的场所。在《唐书·地理志》及严耕望的《唐代交通图考》中都记载有这座古城，大致可以断定其修建于唐代。我们在古城址中查看、拍照的过程中，当地的一位村民认出了老师，他说："看您手中的铁拐棍很眼熟，两年前您就来过这里吧。"可见老师当时在此地考察时给村民留下了很深刻的印象。

下午三点左右我赶着"小红毛驴"继续西行。大路右边紧临着明代的夯土长城，左边就是红河。河边的柳树发出绿芽，在山坡上和河边形成一条条绿色的飘带，在远处山峦的衬映下，呈现出一派春天的气息。继续西行十多千米，来到了龙关镇，也就是刚才说的龙门县。这个镇在汉代称女祁县，从唐代开始称龙门县，一直延续到元代改为望云县，属云州，明洪武初废望云县，宣德六年（1431）置龙门卫，属万全都指挥使司。

自龙关镇又西行十多千米，来到了一个制高点，这个地方是赤城县与宣化县的分界线，北侧山峰叫娘子山，也就是红河的源头所在，南侧山叫黄草梁，再往南为怀来县境。一条古长城自北而南顺着山梁穿公路而过。老师说，这条长城应该是唐代的，当时这个地方称"锁阳关"，明代也曾在此设过关，西侧山下有一个村子，称关底村，是明代屯兵的一个堡子。我们站在山上往下望去，犹如窥井，深不见底，而山的这一侧（龙门县）倒也山势平缓，确是个易守难攻的关口。（民国）《龙关县新志》中有这样的记载"城西南二十里，山上有关，额曰'控御'，碑曰'龙关天险'。二门之间南北面筑石为墙，上有戍楼，其北山岭有将台，相传唐女将樊梨花曾镇守此关"①。

这时已是下午 5 点，山上的风很大。在夕阳的映照下，古长城像一条金色的苍龙，自北而南沿山梁奔怀来县境而去，古老的烽火台也仿佛诉说着昔日的战火硝烟。岁月的侵蚀，把原来的城墙变成了只有一米多高的土垱，烽火台也成了碎石堆，夕阳西下，古老的城墙越发显得苍劲，我们抓住这大好时机，记录下这精彩并且难得的瞬间。做完笔记拍完照片，我们原路返回龙关，然后又继续往北翻山行进，下午六点左右，"小红毛驴"开进了赤城县。当天晚上，我们住在了这里。

赤城县的名字很古老，《水经注》里就有赤城山的记载。在汉代这里属于上谷郡地，北魏时属御夷镇地，唐属妫州，辽时称望云县，元时属云州地，明代置赤城堡，属开平卫，清康熙三十三年（1694）置赤城县。白河（即沽河）从县城东赤城山下自北而南流过，《畿辅通志》记载有："赤城山在县东二里，山石多赤，城在山阜之上，山高三十余丈，长一里许。"②

第二天我们继续北上，大约走了 20 千米，来到了云州堡。这里在辽代是望云县，元置云州，明初改置云州驿，宣德五年（1430）于河西大路筑城置戍，隆庆二年（1568）展筑堡城，周三里有奇。堡当南北通衢，堡北五里曰龙门口，歧路西直马营堡，东北直独石、镇安，为冲要之处③。景泰五年（1454）增设千户所，后又设上北路参将，清代改设守备④。现在这里是很大的一个村镇。我们没有在此停留，穿村而过继续北上。

这时柏油马路没有了，路面开始变成了碎石路，车速很慢，只有

---

① （民国）《龙关县新志》卷一《山川》，载《中国地方志集成·河北府县志辑 12》，上海书店出版社 2006 年版，第 284 页。
② （清）李鸿章纂，黄彭年等修：（光绪）《畿辅通志》卷六五《舆地略·山川九》，清光绪十二年（1886 年）刻本。
③ （清）顾祖禹纂，贺次君、施和金点校：《读史方舆纪要》卷十八《北直九》，中华书局 2005 年版，第 816 页。
④ （清）李鸿章纂，黄彭年等修：（光绪）《畿辅通志》卷六九《舆地略·关隘三》，清光绪十二年（1886）刻本。

大约 20 千米/小时。爬上一座不高的小山，有一条岔路左拐奔马营，右拐奔大坝，老师指挥着"小红毛驴"上了大坝。车停在大坝的东头，我们下到了峡谷，这里就是刚才说到的龙门口。古时候这里是一条非常险峻的峡谷，两边的石崖直上直下，足有二三百米高。东边石崖上有许多石刻，如"三路咽喉""龙门崖"等大字，还有明代杨宏的石刻，内容大都是镇守这里修筑军事工事的内容。崖壁上还刻有一个大大的"寿"字，与这里的其他石刻相比感觉很不协调，走近仔细一看，是一个叫王权的人写的字被刻在这里。崖壁上还有一尊舍身大士的佛像，刻工并不复杂，只是单线条的勾勒刻画。可是现在的舍身大士佛像上的线条凹处却都被染上了红红绿绿的颜色，还在崖壁上修建了一个防雨罩似的仿古屋檐，罩在佛像上。老师说他前几年来这里时还没有这些乱七八糟、华而不实的东西，朴素的单线条表现出的佛像非常古朴大方，而现在这样一来反而破坏了原有的景观，包括那个"寿"字，与这里原有的特色格格不入。这里河谷宽度为一百米左右，白河（古时称沽河）从峡谷中穿过。《水经注》曾记载此地："（沽河）又南出峡，夹岸有二城，世谓之独固门，以其藉险凭固，易为依据，崖壁升耸，疏通若门，故得是名也。"[①] 据此判定，峡谷两边山上北魏时期还有城堡，只是现在已无迹可寻。《畿辅通志》中也有记载："龙门峡（《雍正志》作龙门山），在云州东北五里，距县城三十五里，高六十余丈，长一里许，南山下为通独石路（县图说），沽水南出峡岸，有二城世谓之独固门（《水经注》），石壁对峙，高数百尺，望之若门，侥外诸河及沙漠潦水皆于此趋海，实塞北控扼之要冲（《辽史·地理志》）。"元代诗人陈孚曾写诗歌颂这里："天险龙门峡，悬崖兀老苍，千蹄天马跃，一寸地椒香。夜雪青毡帐，秋烟白土房，路人遥指点，十里是温汤。"[②] 原计划在这里做几张拓片，但因有的字太高够不着且当时风很大，无法上纸，只好放弃了，当地老百姓称

---

[①] （北魏）郦道元原注，陈桥驿注释：《水经注》卷十四《沽河》，浙江古籍出版社 2000 年版，第 220 页。

[②] （清）李鸿章纂，黄彭年等修：（光绪）《畿辅通志》卷六五《舆地略·山川九》，清光绪十二年（1886）刻本。

这里为"黑风口",果然名不虚传。

上午10点,我们看完了龙门崖继续北行,"小红毛驴"仍然在碎石路上迈着四方步,以20千米/小时的速度行进了一个多小时,我们来到了猫峪村。下大道西侧穿过村子,看到一座很大的古城遗址,老师两年前曾来过这里,看到这里的现状他忧心忡忡,对我们说:"这里因没有采取保护文物古迹的措施,当地人们也没有文物保护意识,地面遗址一年不如一年,再过几年恐怕就什么也看不到了。"古城址南北有两千米长,东西一千米宽,城西侧紧靠白河,四面的城墙已快辨认不出来了,个别地方也只有一米多高的土埂,地上的碎砖烂瓦随处可见,古城中间偏北有一个大土包,大概是这座古城中的重要建筑物遗址。现在这座古城已成了猫峪村的耕地。村子里有个叫安进财的村民,他的地就在这座古城中,我们来时他正在地里干活,听说我们是来看古城的,非常热心地为我们介绍情况,"这里有两座城,北面的叫上古城,南面的叫下古城",还带我们捡了一些瓦片和瓷片。这时已近中午时分,老安热情地邀请我们到他家吃午饭,简单的饭菜使我们感到家的温暖。

这个古城址在《水经注》沽河篇有记载,当时叫御夷镇,是魏太和时为防北狄而设,据老安讲,1965年以前古城中的东西还很多,城墙也比较完整,后来由于"农业学大寨""以粮为纲",把古城变成了耕地,年复一年地就把古城耕成了这副模样。现在此地叫猫峪,明代时这里是猫峪堡,现在村中的堡城还保存十分完好,城垣的长宽各有一里左右,东南角朝东的一个城门洞还保存完好。《畿辅通志》卷六十九"关隘篇"记有此堡城,"猫儿峪堡在云州堡北二十里,明嘉靖间修筑,今废(《大清一统志》),南距县五十里,北距伴壁店二十里(《县图册》),堡周一里有奇,东北控大川当清泉口之冲……"[1]《赤城县志》中也有记载:"猫儿峪堡建于嘉靖三十七年"[2],新中国

---

[1] (清)李鸿章纂,黄彭年等修:(光绪)《畿辅通志》卷六九《舆地略·关隘三》,清光绪十二年(1886)刻本。

[2] (清)林牟贻等纂修:(同治)《赤城县续志》卷二《建置志·城堡》,清光绪七年(1881)刻本。

成立初期1953年曾设乡，1958年划归云州公社，1961年从云州公社划出成立猫峪公社，1984年改设乡，我们去时这里已撤乡改村。

　　吃完午饭下午1点多，告别老安一家，上大道继续北上，这时刮起了大风，极细的黄沙土刮得满天飞舞，"小红毛驴"在碎石路和风沙中艰难地跋涉着。又走了将近一个小时的路程，我们来到独石口。只见一块巨大的黑色石头孤独地卧在路西侧沽河河滩里，这石头太奇特了，它的颜色与周围的山石形成很大的反差，黑黑的，像被烟熏火燎过一般，莫不是陨石落在此地，留下"独石"美名？《水经注》里曾描述过这块石头："石孤生，不因阿而自峙。"① 这块巨石没有山做依托，高傲地卧于平地上之，石头的西侧上刻有"突兀孤秀，一石飞来"两组大字。独石上原建有一座小庙，现已塌毁，还有几棵粗大的树，树型奇特。原打算将石头上的字拓下来，我和成一农到西边的河里去取水，没想到走到河心只看到由北往南弯弯曲曲的一溜湿沙子，河水已断流，没办法只好往北走了大约一里多地找到一户人家要了一壶水，回到独石后，因风太大，石面不平，又一次放弃了。老师说："前几年我骑车来到过这里，到处绿树成荫，沽河的水面很大，水也非常清澈。回想当年看看现在，唉！"看着满天的黄沙，断流的河，老师一脸的无奈。看完独石往北约1华里就进入独石口城，据《宣化府志》记载，此城建于明宣德五年（1430），②《畿辅通志》中也有记载："宣镇三面皆边，汛守特重，而独石尤为全阵咽喉，其地挺出山后，孤悬绝塞，京师之肩背在宣镇，宣镇之肩背在独石。"③ 可见此城军事地位的重要性，从车里往外看，当年的城墙依然保存完好，由于时间紧，我们没有在城中停留，顺着大道穿城而过继续北上，出城后开始上坡，但坡度较缓，傍着沽河的东侧，不时能看到相隔不远的

---

① （北魏）郦道元原注，陈桥驿注释：《水经注》卷十四《沽河》，浙江古籍出版社2000年版，第220页。
② （乾隆）《宣化府志》卷之八《城堡·独石城》，《中国地方志集成·河北府县志辑11》，上海书店出版社2006年版，第165页。
③ （清）李鸿章纂，黄彭年等修：（光绪）《畿辅通志》卷六九《舆地略·关隘三》，清光绪十二年（1886）刻本。

一个个烽火台和屯兵的城堡。

下午3点多天气越来越坏,风越刮越大,最后变成了沙尘暴。由于这里干旱缺水,植被稀少,再加上这里植物的生长期短,所以一刮风就会扬起满天的沙土,这可比在北京见到的沙尘暴厉害多了。只见狂风打着旋,卷起沙土直冲上天空,黄沙蔽日,天昏地暗,几十米开外不见任何踪迹,我们的"小红毛驴"转眼间就变成了"小灰毛驴"。我小心地驾着车,因大路与风沙混成了一个颜色,分不清哪是路哪是河川,我俩眼紧盯着路面,在风沙中爬行着。老天有眼,也该着我们命好,碎石路不见了,变成了柏油路,车子稳当多了。这时又开始上坡盘山,绕了几道弯后来到了一个制高点,这地方叫"椴木梁",也叫梁头,是南北河流的分水岭。这里是河北省沽源县境内,沽源地处蒙古高原南部边缘,俗称"坝上",坝上、坝下的分界线就在我们的脚下,这里地势平坦,平均海拔在1400—1800米之间。

顺山梁南北走向有一条北魏时期的长城。《魏书·太宗明元帝》载:"(泰常)八年正月丙辰……蠕蠕(柔然)犯塞。二月戊辰,筑长城于长川之南,起自赤城,西至五原,延袤二千余里,备置戍卫。"[①] 此长城起自今河北省的赤城,向西至内蒙古自治区五原县境,限制了柔然的南进,也切断了柔然同中原地区的经济往来。

我和成一农顶着狂风爬上北侧的山梁,见到一座三米多高的碎石堆成的烽火台,沿烽火台下来是一条壕沟,两边堆土,很像一条大沟渠,顺山势向远处延伸出去,每座能互相望见的山头上都设有烽火台。

过了山梁后,大路又向北折,上了"坝"后,大道变得平展起来,"小红毛驴"顶着呼啸的狂风以80千米/小时的速度飞奔起来。由于海拔较高,气温一下子降低了很多,公路两旁的杨树还没有发芽,但此时北京的树可都枝叶繁茂了,看来这里要比北京晚两个节气,是夏天避暑的好地方。下午5点多,一路狂风和黄沙伴随着我们,将我们卷到了沽源县城,当晚留宿在这里。

---

① (北齐)魏收:《魏书》卷三《太宗本纪》,中华书局1974年版,第63页。

5月4日早晨起床，感觉好像回到了冬天，也许是昨天一天大风的缘故，浑身的不自在。没办法，我只好穿上成一农的一条秋裤，"坝上"的清凉世界让我着实爽了一把。早在辽金时，这里就被称为"凉界""凉陉"，今天算是有了亲身的体验。7点多，我们出沽源县城往东去，没想到刚出县城又是碎石路，而且路况更差，只能以10千米/小时的速度蜗行。走了大约7、8千米，路北有座建筑物，据说是萧太后的梳妆楼，楼顶浑圆，有两层楼高，有点伊斯兰建筑的风格。这座建筑在史书《口北三厅志》卷三中记载有："西凉亭，独石口北上都河店南十余里，俗呼为'萧后梳妆楼'，其制内外皆方，以砖为之，高二丈余，顶如平台，半圮，门东南向，左右两旁各有石窗，其外四面各广三丈，其内下方，中为八角，上圆起花如覆盂，然外有缭垣，基址尚存，蒙古又谓之察汗格尔。"① 往东行一千米到了闪电河水库大坝，再走不远就是丰宁县界，那里是闪电河的上游和支流。

　　从闪电河再往回走，大约四五千米拐弯朝北，碎石路变成了沙土路，一路打听一路走，走了约莫五千米，来到了囫囵淖北边的一个叫"大宏城子"的小村子。村边的牛马好像很少见到汽车，"小红毛驴"一声嘶鸣，吓得它们一路狂奔回到村里。这个村子因古城而得名。

　　大宏城子长宽大约一百米，现残存的夯土城墙有三米多高，西北侧外墙已被黄沙掩埋。

　　从大宏城子往东北方向走3千米左右，我们又看到了一座小宏城子，夯土城墙，没有大宏城子保护得好，但四周的城墙还能辨认，北面的城墙有两米多高，城中间靠北侧三个大土包，一溜排开，中间的高大一些，这也许是以前建筑物的遗址。当地的老百姓称这三个土包是金銮殿，传说萧太后就在这里坐殿，而南边的梳妆楼则是她梳妆场所。城里现虽已成了耕地，但仍随处可见破碎的砖瓦片，西城墙边被村民挖了许多五六米深的地窖，口小肚大，大概是存放蔬菜什么的。

---

① （清）黄可润纂修：《口北三厅志》卷三《古迹》，载《中国方志丛书·塞北地方》第36号，据乾隆二十三年刊本影印，成文出版社1968年版，第53页。

小宏城子的长宽要有三四百米左右，令人不解的是小宏城子比大宏城子要大许多，不知为什么面积大城的叫小宏城子，而面积小的城倒叫大宏城子。

这里过去应该是个风景优美的地方，到处是草地和水潭，遍地牛羊。盛夏来临，正是北京热得受不了的时候，这里是避暑纳凉的绝好地方。而这里现在沙化相当严重，自然环境遭到严重的破坏，也许是人口增加，乱开荒地的缘故，把肥美的草原变成了不毛之地。

大小宏城子的位置在《中国历史地图集》上标的是御夷镇故城，不过老师说现在对这两座古城的断代，学术界还存在着很大的争论，到底是北魏时期的御夷镇故城，还是晚期才形成的城现在还很难断定。

看过大小宏城子已中午时分，返回沽源县城吃午饭，稍事休息后，又奔西北出县城上了去内蒙古太仆寺旗的大道，路面还是碎石路，车子还是不能开快了，一路上见不到人和车，好像这条大道就是给我们的"小红毛驴"开的。于是我把车交给了成一农驾驶，这也是他练车的好机会。"小红毛驴"缓慢地爬着，过高山堡后我们就进入了内蒙古境内，这时前面的地形发生了变化，一个个浑圆的山包参差错落，大路也随之上坡下坡，但没有很陡的坡，都是较长的缓坡。

行进了约莫 35 千米，来到了一个叫边墙村的小村子，在村民的指引下，我们找到了东西走向的金界壕（也就是现在河北地图上标的成吉思汗墙），经过七八百年的风雨侵蚀，现在也只能看到一条大土埂了。

金，为女真族建立的统治中国北方的政权，远古时称肃慎，南北朝时称勿吉，隋唐时称靺鞨，五代时分布于松花江、黑龙江下游一带，以渔猎为主。公元 925 年辽灭渤海国之后，"女真"之称始见于世。北宋政和四年（1114），女真完颜部首领阿骨打率部举兵抗辽，次年正式建国称帝，国号金。金太宗天会三年（1125）灭辽，次年灭北宋，日益强大。蒙古兴起后，金为了防御蒙古南下，开始大筑长城，也就是现在所看到的金界壕。我们现在所看到的金界壕是从多伦经太仆寺旗南、河北省康保南再向西到内蒙古的化德县南往西的一段，现保存较好的地方还能看到一个个凸出墙外的马面，但也必须仔细辨认才能看出来。

现在正值"坝上"地区的春耕时节，村里的农民正在翻耕土地，往地里送粪。走着走着就能看到这家与那家的地头记号，地上放上一块石头或插一根树枝。我看着一座被翻耕过的马面，联想已变成耕地的御夷镇古城址，还有眼看就要被风沙所埋没的大小宏城子，为什么不采取种植树木、繁养草地的办法发展畜牧业，却反而偏要在春天干旱多风的时候把土地翻耕起来？不仅把地上仅有的一点草皮翻到底下，而且又把墒情不好的沙土再加抖落，大风一吹，满天扬起黄沙，加速了这个地区的沙漠化。这样一来既破坏了环境及生态平衡，又破坏了文物古迹。种下的玉米种子被风一刮全都露在沙土上，这里没有充足的水源，即便有水，这高高低低的丘陵地也根本不能变成水浇地，雨水又少，只能靠老天吃饭了，这样地方产的粮食能把自己喂饱就不错了。

看完即将消失的金界壕，顺大道继续朝西北方向前进，下午6点到达内蒙古的太仆寺旗（宝昌镇），进县城后老师说找个大些的宾馆，好好的休整一下。于是围着县城中心转了一圈，最后看到了一个"太平洋宾馆"，好大的口气呀，地球上最大的海洋了，咱们就住这儿吧。谁知进了院子一看，却是一个非常简陋的旅馆，院子倒很大，北面一排平房是客房，三人一间才45元，这时天也快黑了，凑合一夜吧。好在"太平洋"的老板非常热情，听说老师是北京的大记者，连忙问是不是到这里来采访关于沙尘暴的事，看来大家都关心这事。当听说我们明天要去张北时，他告诉我们明天千万别走九连城那条路，那里现正在修路，并告诉我们走康保再往南去张北。这里就是我们此行的折返点，为了不走原来走过的路，也为了多考察一些地方，我们选择了从张北回京的路线。

5月5日早6点，我们离开沽源县城往西一路直奔康保，走了大约10千米，柏油路又变成了碎石路，但路面算平整，换成一农练手，我当副驾驶。又西行了30千米，柏油路重新回到轮子下，车速可以提高一些了。这时"小红毛驴"左前轮的声音有点异常，于是我接过方向盘小心前行。到了康保县城正好看到一个汽车修理部，修车师傅给换了一套轴承，"小红毛驴"又可以放心大胆地上路了。

出康保县城往南一直到张北的路平平展展，再没有碎石路面。我们南下走了25千米，在一个叫丹青河的路口附近又看到了一段金界壕，比昨天看到的那一段破坏还严重，有些地方几乎看不出来了，甚至变成了大车道。

再往南行20多千米，沿着大道我们来到了元中都。这是一座非常大的古城，长宽大约有两千米，城中心的宫殿遗址已被国家文物部门发掘考察过了，留下一个个方方正正的深坑。回京后，让老师帮我查找资料，才知道经过考古队98、99两年的发掘，在地下沉寂了七百多年的元朝都城之一"元中都"又重现天日，考古队在发掘的1430平方米的遗址中，发现了中心宫殿台基、高等级宫城的门道、角台结构以及珍贵的建筑构件30多件，如各种神禽异兽雕刻，其中最引人注目的是一个汉白玉角部螭首和九个台沿螭首，雕刻细腻，造型完美，显示了成熟、高超的雕刻技巧，是元代不可多得的艺术珍品，另外还有一件以游龙戏珠为主、牡丹花叶为底纹、雕刻极佳的浮雕残块。

有关专家考证后认为，这些文物融合了汉族文化和蒙古族文化两种不同风格，是这次考古发掘中的一大突破。元中都始建于1307年，历时四年竣工，分为外城、中城、内城，以及城墙和角楼，是元朝四大都城中保存较完整的一座。此次发掘在外城、中城、内城中均发现建筑遗迹，遗迹上可见排列整齐的柱础石以及琉璃瓦当、滴水、花砖等遗物，已经发掘出的内城南门门道保存较为完整，通过比较三城的选址、平面布局、城垣间距等方面的异同，可为研究蒙元汉化程度及其都城的设计思想提供科学的参考依据。元中都是当时元大都（即北京城）的一座重要陪都，元朝时这里也曾是供皇帝出行的离宫。从大都北上前往上都（即今内蒙古多伦附近），都要从这里通过，现张北至康保的公路从这里经过。

看完元中都，我们顺大路继续南下，过公会、馒头营，中午我们来到张北县，在路边选了一个饭馆吃午饭。张北县属于蒙古高原张北台地的南缘，俗称"坝上"，南部为高原的前沿。我们驱车过油篓沟后，感觉有一个大缓坡，越走越高，大约走了5千米便来到了"坝头"。两边山岭上的古长城自东向西将南北大路封住，烽火台互望，过岭口是一个大下坡，坡上与坡下的高度至少要相差七八百米，站在坝头往南一看，崇山峻岭高高低低一片片地连接到天边；一条条银白色飘带弯弯曲曲地镶嵌在山间，那是一条条的河流；山沟里错落有序的村庄隐约可见；再往远处眺望，那一大片建筑群大概就是张家口市了。回头望"坝上"是一片起伏的平原，树木刚刚发芽，而"坝下"则已绿树成荫了，由于地势海拔不同，显示出了季节的差异，这一山两季也不是很常见的。这里自古就是一处非常重要的军事要冲。《畿辅通志》关隘篇描述此地："膳房堡，在县北二十里（指万全），东至张家口堡三十三里……明成化十五年筑堡，嘉靖十二年展筑，周二里有奇……堡北野狐、虞台二岭为辽金元往来大道，离边四十里即兴和旧城……沿边关口为明永乐北征之路，弘治九年，敌由此入。"①《口北三厅志》对此地亦有详细记载："野狐岭，《宣镇图说》膳房堡口北五里；《辽史·本纪》重熙六年猎于野狐岭……《元史·本纪》太祖六年，自将南伐，败金将定薛于野狐岭，泰定二年发兵修野狐岭道；又《木华黎传》从太祖攻云中九原诸郡，进围抚州，金兵号四十万阵野狐岭北，华黎曰：'彼众我寡，弗致死力战，未易破也，策马横戈，大呼陷阵，帝麾诸军并进，大败金兵。追至会河，殭尸百里。'"②

今天"小红毛驴"也由此入，顺坡而下，几个大盘旋，便来到膳房堡。过膳房堡继续顺坡南下，直奔万全县。万全旧城，汉时为上谷郡宁县，唐时为文德县，金代称宣平县，元代同上，明代为万全右卫，初置德胜堡，永乐二年移卫来治，宣德中属万全都指挥使司。

一路南下，我们先到了县城的北门。北门洞和瓮城的东门洞还保

---

① （清）李鸿章纂，黄彭年等修：（光绪）《畿辅通志》卷六九《舆地略·关隘三》，清光绪十二年（1886）刻本。

② （清）黄可润纂修：《口北三厅志》卷二《山川》，载《中国方志丛书·塞北地方》第36号，据乾隆二十三年刊本影印，成文出版社1968年版，第28页。

存完好，但门楼早已不存在了。我们开进北门，将"小红毛驴"停在城中心街的路边，一路步行，在城中考察了一番。十字街的鼓楼没有了，城中的庙宇、县衙、行署也不见了，倒是有一些老房子及四合院还保留着，但也没有看到特别出色或有一定规模的。南门也只剩下一个门洞和东边的一个瓮城门洞。古城四周城墙依然保存完好，青砖砌筑，现保存有六七米高，但垛口都已坍毁，东西两侧没有城门，倒有一个四周没门的死瓮城，这倒是第一次见到，还没有搞清楚它究竟起什么作用。

张家口古属冀州，战国时为燕国北境，秦汉、三国时为上谷郡地，五代时，后晋石敬瑭割燕云十六州给契丹，此地遂为辽金迭占，明朝时此地属宣府镇前卫所辖。

我们穿市区南下。市区的交通秩序很不好，马路中间及其两旁统统为汽车、自行车、行人的混合车道，大家随便走，十字路口倒是有交警，却不指挥车辆，站在路边与熟人闲扯。"小红毛驴"在混乱的马路上慢慢地穿出市区。出市区后是宽阔的国道，方向偏东南，行约40千米来到了宣化城。这座城池很大，长宽足有3、4千米，断断续续的还能看到保存下来的古城墙，大部分都只剩夯土芯。

宣化在秦汉时为上谷郡地，三国时属魏，为上谷、代郡二地，南北朝时属燕州，北齐属北燕州，后周属燕州，隋属涿郡，唐代称武州，辽为归化州，金代称宣德州，元代称顺宁府，到明代成为九镇之一的宣府镇，属万全都指挥司。《读史方舆纪要》中论宣府镇的地理形势时说："南屏京师，后控沙漠，左挹居庸之险，右拥云中之固"[①]，诚边陲要地。这里历来为兵家必争之地，战略地位十分重要，特别是在明朝建都北京后，宣府镇为九大重镇之一，更是保卫京师、防御蒙古族南下的咽喉之地。老师曾给我一份关于明代九镇的资料，里面有宣化城的介绍，"宣化城周长约二十四里，城门七座，南为昌平门、宣德门、永安门，北为广灵门、高远门，东为定安门，西为泰

---

① （清）顾祖禹纂，贺次君、施和金点校：《读史方舆纪要》卷十八《北直九》，中华书局2005年版，第793页。

新门。后将宣德、永安、高远三座城门堵塞,余下四座城门,并建了四座城楼和四座角楼"①。

我们从城的西关进城,往东行约两千米,来到了位于城中心十字街的鼓楼,这座鼓楼非常漂亮,远看酷似北京故宫的角楼,只是没有故宫角楼的富丽堂皇。角楼门洞里的青石路面上有大约十公分深的车辙印,说明这座楼的年代已很久远。鼓楼的门洞是四个,东西南北方向四通,深深的车辙印也在门洞里形成了一个双线的大十字,看来这里也曾经是车流如织的交通古道。现在这座古楼已被列为全国重点文物保护单位。从鼓楼往南五百米左右就是钟楼,钟楼的大小形式和北京的鼓楼有些相似,只是稍小一些。我们来到楼的南侧,城楼上的大横匾额上威严地写着"镇朔楼"三个楷书大字,可是匾额底下却有一长条红布,上面写有"预祝《阳光、生命——俄罗斯人体艺术摄影展》举办成功"字样,与这座威严古朴的城楼极不协调,大概是宣化城里没有文化艺术场所,才把"俄罗斯人体艺术摄影展"搬到了钟楼上,这倒也不错,"古为今用,洋为中用",这话用在这里很合适。城楼的门洞成了"晋红茶座",办茶座还算说得过去,总比古代城楼大办人体艺术展要强多了。

看完钟楼我们准备开车绕道南门去拍照,因为这里是步行街。就在上车的时候,老师一拉车门,由于用力过猛,将车门拉出了槽,没办法只好再找地方修车,修完车门天已黑了下来,还下起了小雨,拍照的计划只能延时了。于是我们找个地方安顿下来,老师说今晚要善待自己,也讲究讲究。成一农介绍说,市中心有一个朝阳楼饭庄,是清真餐厅,历史悠久,风味独特,当年八国联军攻打北京城,慈禧太后挈光绪皇帝仓皇逃往西安时在路过宣化时,到朝阳楼搓了一顿,这里得到了"老佛爷"的好评。这事也不知成一农打哪听说的。于是我们按图索骥直奔朝阳楼,来到这里,服务员又介绍说,这里的涮羊肉极好,肉质新鲜,配料考究,味道独特。老师一听便连连称好,我们

---

① 陈继曾、陈时隽修,郭维城纂:《宣化县新志》卷二《建置志·城堡》,载《中国方志丛书·塞北地方》第20号,据民国十一年铅印本影印,成文出版社1968年版,第25页。

就涮一锅吧。这里的厨师及服务员绝大多数是回民,态度热情,服务周到,感觉很温馨。再一尝这羊肉,确实与北京城里的不同,薄薄的鲜肉片往锅里那么一涮,加上精制的调料,放在嘴里咀嚼,真是越嚼越香。北京的阳坊涮肉就因为从内蒙古进羊,以肉鲜味美而闻名,但跟这里比起来就显得逊色了。至今那朝阳楼的涮羊肉还令我回味无穷,有机会的话还要重返此地,再品美味。

5月6日早晨,天下起了小雨,我们为了不耽误行程,冒雨出发,出宣化往东南方向过辛庄子、下花园,南绕鸡鸣山,直奔鸡鸣驿。鸡鸣山在京北是非常有名的山,《畿辅通志》中有较为详细的记载:"鸡鸣山在县东五十里(指宣化县),古名鸡鸣山(县《旧志》),在鸡鸣驿北五里,崚嶒高耸,有鸟道盘屈而上,上有永宁寺,西有洋河。魏和平元年(460)葬昭太后于广宁鸡鸣山……明宣德中,金幼孜从帝巡边,度鸡鸣山,即此。"① 《辽史·地理志》记有:"可汗州有鸡鸣山。"② 《金史·地理志》记载:"德兴县有鸡鸣山。"③ 《水经注》亦谓鸡鸣山即磨笄④。《史记》载"赵襄子元年代王,遂兴兵平代地。其姊闻之,泣而呼天,摩笄自杀。代人怜之,所死地名为摩笄之山"⑤。

我们过鸡鸣山时天正下着小雨,这时远看鸡鸣山就像一座神秘的金字塔,在蒙蒙的细雨和云雾中时隐时现。此山海拔1128米,号称京西北小泰山,当地老百姓说山上还有财神庙、关帝庙、火神庙、城隍庙等等大大小小十几座庙宇,现今都已颓败了。登上鸡鸣山揽月观星,那里的星斗之灿烂令久居都市的人惊叹不已。由于天气不好,又加上时间紧迫,未能爬上鸡鸣山一饱眼福,只有等待机会了。我今后

---

① (清)李鸿章纂,黄彭年等修:(光绪)《畿辅通志》卷六五《舆地略·山川九》,清光绪十二年(1886)刻本。

② (元)脱脱:《辽史》卷四一《地理志五·西京道》,中华书局1974年版,第511页。

③ (元)脱脱:《金史》卷二四《地理志上》,中华书局1975年版,第567页。

④ (北魏)郦道元原注,陈桥驿注释:《水经注》卷十三《漯水》,浙江古籍出版社2000年版,第214页。

⑤ (汉)司马迁:《史记》卷四三《赵世家》,中华书局1963年版,第1793—1794页。

一定要爬上鸡鸣山去领略那无限的风光，因为我是属鸡的，我相信它能给我带来好运气。

过鸡鸣山又东行了两千米，便看到了在大路南侧的鸡鸣驿城。城的长宽大约有两百米，现存城墙高度有七八米。城的南侧东西各有一座城门，城里现还保存着许多非常漂亮的明清时期的老宅、四合院、庙宇、当铺及商号。

鸡鸣驿是北京通往张家口的交通要道和军事要塞，地理位置十分重要，也是一处守护京畿北大门户的战略要地。明代"土木之变"之前，明英宗贸然出击瓦剌军，曾屯兵于此，1900年八国联军攻陷北京城，慈禧太后带领光皇帝仓皇出逃，也在鸡鸣驿一座普通的小院里度过了难熬的一夜。

鸡鸣驿城建于明初，距今已有五百多年的历史，据《畿辅通志》卷六十九《关隘三》篇记载："鸡鸣驿堡，在县东南六十里（指宣化县），明永乐十八年建驿，成化十七年筑堡，嘉靖四十二年为敌攻毁，隆庆四年增修，周六百九十九尺，高三丈五尺，东西门二。本朝乾隆三年重修，并筑护城石坝一道。堡为入京要路，正北达龙门堡，西北达赵川堡，实当两路之冲。堡傍皆流沙积石，近山可耕之田不过五十余顷，北五里即鸡鸣山，堡因山名。"①

看完鸡鸣驿城，我们继续上路东行。这时小雨已停，但天还是阴沉沉的。过新保安、怀来县城，又东行十多千米，我们看到了大路南侧的土木堡。这里现在是一个很大的村落，停下车，由村东头进去，残存的城墙现今只剩夯土墙，有五六米高，南面的城墙还保存着，也只有夯土墙，堡城南北长约五百米，东西长有一千米左右，是个条状的城池。

土木堡是我们此行的最后一个古建筑遗址。从这里出来已近中午，这时天也晴了，顺大道继续东行，过狼山镇至北辛堡吃午饭，这里靠近官厅水库，于是我们靠山吃山，靠水吃鱼，尝了一条官厅水库

---

① （清）李鸿章纂，黄彭年等修：（光绪）《畿辅通志》卷六九《舆地略·关隘三》，清光绪十二年（1886）刻本。

的鲜鲤鱼，味道还真不错。

还有一百千米左右就到京城了。吃完午饭以后，我与老师一起来到了市场，为家里买了几条活鱼，其他也没啥可带的，就让家里的人和我们一起尝尝鲜吧。要回家了，"小红毛驴"飞也似的直奔延庆进德胜口，过十三陵西侧到昌平，沿八达岭高速公路南下，路过学院路把成一农送到北大，下午四点多顺利到家，完成了这次京北之行。

这次京北之行历时5天，途经八个县市，最远到达内蒙古太仆寺旗（宝昌镇），行程1020千米。京北之行使我增长了许多知识，有历史的，也有地理的，还有沿途的风土人情，特别是"坝上"的经历令我难忘。驾车跑这么老远的路对我来说是头一回，而且一路艰辛，但我认为值得。我得感谢成大林老师给予我的信任和鼓励，老师渊博的知识以及不畏各种艰苦条件到各地考察的敬业精神，深深感动着我，我以有老师这样的朋友为荣、为骄傲！我还要特别感谢成一农小伙伴——北大的博士生，年轻有为，好学上进，是国家的栋梁之材。一路上有他的欢歌笑语，给我们的路程增添了不少乐趣。同时也给成一农道歉：我和老师的呼噜声打扰了你的好梦，非我所愿，下次再一起出行，请你戴上耳塞。呵呵！

## 京西古长城考察

2002年3月8日，再次从老师家出发，"小红毛驴"一路西奔，开始了京西古长城的又一次考察活动。上午9点多我们到达门头沟区与河北省交界的东灵山脚下。景区大门检票处得知我们是考察长城的，未加任何阻拦。走了两千米左右，到了一个叫"洪水口"的小村子，一条南北向的山沟弯弯曲曲地傍在村子东侧，一条小河顺着山沟向南流去，山沟东侧山头上有两座敌楼，一座保存完好，另一座则顶部坍塌，没有城墙与敌楼相连，但却发现山沟东侧贴着山坡砌有挡马墙，青砖砌筑，上面筑有垛口和排水孔。我和老师爬上西侧的山头，这座山北侧是悬崖，直上直下，南坡较缓，可以攀登。山头上一座残破的敌楼，只剩下花岗岩石的基座，砖砌部分完全倒塌，与敌楼连接在一起的一条石砌城墙向西边山上延伸到崖下，有一百余米，顶部马道保存完好，宽约3.5米，墙内侧高1.5米，墙外侧最高处近4米，外墙有两处坍毁，每处约有四至五米长，垛口全部倒塌，据明万历初年史籍《四镇三关志》记载："由沿河口、石港口……天津关口、天桥关口……洪水口……上十一口俱景泰二年建"①，由此可得知，此关口为明代所建。

中午我们来到了东灵山北侧，爬上一座山头瞭望，只发现东边很远的山头上有6、7座敌楼，查看地图后得知应该是黄草梁那段长城，西侧是东灵山主峰，四周再也没有其他长城遗迹。

下午，我们吃点饼干，喝点水，稍作休整，由北麓下山。走河北省怀来县的马家洼、董家庄，再往东北方向，路过一个叫西坡底的村子，下柏油大路进入碎石山路，方向东南，极为难行。翻过一座大梁，下山后问路，此村为麻黄峪。由此村下行六十华里，顺山沟能到沿河口，山沟越来越窄，后来就在"一线天"往前走，大约走了十千米，眼前突然出现一座敌楼，这是一座非常完整漂亮的敌楼。"小红毛驴"颠簸了两个多小时的碎石山路，终于胜利到达沿河口。我后来跟老师玩笑说："有机会把这条路介绍给吉普车的发烧友们，他们一定很感兴趣。"

到达沿河口后已经是下午5点多了，出沿河口村往东行约3千米是沿河城村，我们想在此落脚，进村一打听，只有住宿的没有吃饭的，没办法，只好麻烦"小红毛驴"再跑15千米来到斋堂，找了一家小旅店，每人十元的住宿费。

第二天一大早出发，又返回了沿河城。我和老师绕城一周进行查看，城墙为石砌，基本保存完好，城有四门，东西两门为主要出入口，东门已被拆毁，只存遗址，西门保存完好，门洞上有一块汉白玉门匾，上有"永胜门"三个字；南北两门只是很小的门洞，我们只找到了北门洞，南门洞据当地老百姓说很早以前就堵死了。有一段北墙

---

① （明）刘效祖撰，彭勇、崔继来校：《四镇三关志校注》卷之二《形胜考》，中州古籍出版社2018年版，第84页。

还保存有垛口，为河卵石与白灰砌筑，我还是第一次看见这样的城垛口。城里主要街道为东西向的一条大街，有一座老门楼保存得比较完好，往西还有一座戏台，残破不堪，摇摇欲毁。在一家院墙上发现石雷一颗，已经被当作石料砌在墙里。西城门里还有一间碾坊，保持着原来的旧貌。

看完沿河城，一路向西，又来到沿河口，沟口里的敌楼上有一汉白玉门额，上面刻有"沿字叁号台"五个大字，为双勾刻法，周围刻有一圈草花纹。敌楼保存完好，沟东侧沿山势建有一座小城，城上还有铺面房遗址，沿河口村往西去的山口两边山头上各有一座敌楼，北侧为"沿字肆号台"，南侧为"沿字伍号台"，两座敌楼都保存的较好，楼子里墙上写着"沿河口大队仓库"字样，也许正是当年敌楼被当作仓库才得以保存下来。沿河口在《畿辅通志》记载有："外通怀柔县一百三十里，内接王平口九十里。其东里许有沿河城，旧设守御千户所。"① 四号楼顶上保存着1968年"文化大革命"时期的诗三首，虽然水平不高，但今天看来也别有情趣，很有时代感。

之一：古楼一座立树中，无限风光在顶峰；登上楼也观风景，美好景色在村中。

之二：主席语录墙上贴，人人都把语录学；主席思想来武装，要把家乡变模样。

之三：修之楼也储存粮，用之备战又备荒；永远跟着共产党，永远跟着毛泽东。

从沿河口出来，赶着"小红毛驴"一路直奔斋堂路口，再沿大道来到军响吃午饭，老师知道我爱喝汤、吃素菜，特意点了一道白菜炖豆腐，外加一道鱼头泡饼。吃完午饭已是下午3点多了。填饱肚皮接着赶路，然后直奔下马岭路口，向北走芹峪、到大村，目标是镇边城。

计划赶不上变化。下午4点多，我们来到大村北侧的山梁上，老

---

① （清）李鸿章等纂，黄彭年等修：（光绪）《畿辅通志》卷六七《舆地略·关隘一》，清光绪十二年（1886）刻本。

师突然喊:"停车"!不知道老师发现了什么,我把车停了下来,站在位于山梁上的公路边可以看到非常远的地方,只见西北方向的山梁上有一带状建筑物随山势而起伏,用望远镜瞭望,是用碎石堆砌的城墙。老师非常肯定地说:"这是一条早期的长城,历史文献有记载,是在(光绪)《昌平州志》上。"老师一提醒,我也想起这本书里的一句话:"在州城西长城岭一带,雉堞甚古,疑北齐天保六年所筑"①,这句话我一直印象很深,再看这里的地理位置正是昌平县西。老师高兴地说:"有了新发现,镇边城就不去了。"我们进村向几位村民打听了一下上山的路,并准备明天一早赶回这里再仔细考察这条长城。过大村一里地有一个岔路口,向西是镇边城,向北是马跑泉、禾子涧,向东是高崖口,因为今晚有约,要住在高崖口薛师傅他们的"养蝎基地"。

一进往东的路口,"小红毛驴"开始爬坡,这道梁子非常高,当我们翻到梁头的时候,老师又喊:"停车",我停车抬头一看,长城就在眼前,真是"踏破铁鞋无觅处,得来全不费工夫",太好了,明天也用不着回大村爬山了。

我和老师登上了北侧的山头,古长城只剩下了一条碎石堆,弯弯曲曲地依附在蜿蜒起伏的山端,伸向远处更高的山脊。这时山上的风很大,呼呼做响,我和老师说话都须大声喊叫对方才能听到,此时已是下午5点多,太阳快要落山了,趁着柔和的光线,我们抓紧时间拍下了南北两侧山上的长城。

古长城顶部残存1.6米宽,高仅1.8米左右。有几段已被人工挖成好几个大坑,往山坡上一看,原来是搞绿化植树,用长城上的石头去围树坑。绿化荒山是好事,但破坏古长城却又是件坏事。老师当即表示回去后马上发稿,及时制止这种破坏文物的现象。

后经查找资料,在《长安客话》一书中有这样一段记载:"镇边

---

① (清)吴履福等修,(清)缪荃孙等纂:(光绪)《昌平州志》卷三《土地记第三上·古长城》,《中国方志丛书·华北地方》第137号,据民国二十八年铅印本影印,成文出版社1968年版,第103页。

城东南十八盘西五里许有岭焉,曰长城。其巅瓦砾纵横,微有雉堞,剥落沉莽,是为秦皇之址。"① 此书撰于明万历年间,足以证明此段长城为明以前的古长城。据《北齐书·文宣帝本纪》载:"(天保六年)发夫一百八十万人筑长城,自幽州北夏口(下口即现在昌平南口)至恒州九百里。"② 我们看到的这段长城应当是此时修筑的,距今已有1400多年的历史了。

看完古长城,迎着晚霞,盘旋下山,"小红毛驴"一路下坡向东,下午6点多到达了高崖口村。薛师傅、老罗出门迎接,说:"已经等急了,打手机也没有信号。"老师参观了养蝎子基地,晚上又和大家一起开怀畅饮薛师傅自制的中药酒,吃的是罗大嫂做的菠菜炖粉条,还有自己下的鸡蛋(自己养的鸡下的,呵呵)。酒足饭饱,一夜无话,天一大亮已在返京的路上了。

## 崇礼赤城早期长城考察

2012年10月17日,我和成老师一大早又一次出发了,沿着西三环走八达岭高速,一路直奔崇礼。很多年没有和老师一起出去了,老师已经是年近70岁的老人了,恐怕以后一起出去爬山看长城的机会也会越来越少了。这次老师的主要目的是想看一看那里的早期长城遗迹,顺便再去一趟赤城看一看我们多年的老朋友明晓东。

这次出发前,老师在地图上做了大量的功课,并提前与崇礼县文化局取得了联系。我们一路高速很顺利,从崇礼南出口出来,打电话联系了崇礼县的负责同志,见面后,先到了他们的文化局,县里目前还没有文物局,文物归文化口管,只有一个文物管理所,长城资料他们一无所有,我们要去看的地方他们更是一无所知。

中午吃饭时,张家口市长城保护管理处的王刚也从市里赶过来,与成老师见面并进行了交流。吃完午饭,由文化局的耿小林和郭秀峰

---

① (明)蒋一葵:《长安客话》卷七《镇边城》,北京古籍出版社1982年版,第145页。
② (唐)李百药:《北齐书》卷四《文宣帝本纪》,中华书局1972年版,第61页。

两位年轻同志陪同着我们，一起来到了县城南的炭窑沟村，通过资料得知，此村的西南山上有早期长城遗址。进村后我们先找老人打听，问山上有没有石头棱子或是土埂子一类的东西，都说没有看见过。看来我们只能自己上山找了，先沿着半山腰向西南方向走了一段，看到有一条小道直通山顶，我们就沿着小道上到了山梁上。山梁上有一道不太明显的土棱子，上面布满了块石。要不是当时草枯了柴禾变稀，很难看出来，成老师看了说，这就是那道长城遗址，看来我们这次没有白来，找到了。

继续沿着山梁向东南方向走，长城遗迹很明显，但柴禾密集，不好拍照。山坡上的积雪挺厚，不一会小耿和小郭的鞋都灌满了雪，袜子也湿透了，因为他俩穿的是皮鞋。又上到一个山梁，两位年轻人都脚丫子和泥了，老师的年岁大，体力也不行了。考虑到要抓紧时间，我只背了老师和我的相机，轻装继续再往上走一段。沿着山梁向上，方向变成了西南，不一会我看到一道非常明显的石头墙，石墙有一米多厚，一米多高，山石干垒而成，我迅速地拍好了照片。山梁变成正南走向，我向着一座烽火台走去，由于柴禾密集，到了烽火台跟前根本无法拍照，只好撤退下山。回到炭窑沟村我们停车的地方时，天已经黑透了。开车回到县城，吃完晚饭，文化局的两位同志又给我们找好了住处，今天的考察才算结束。

18日早上起来，我和老师到街上吃了早饭，开车先到县城南边看了一座汉代的古城遗址，由于修高速公路，城的西侧被挖下去很多，露出了很明显的文化层，绳纹瓦、陶罐的残片密密麻麻的堆积在土层面里。看完古城后，我们一路向北，今天的计划是看清三营一带的长城，并准备住宿在清三营乡，当地文化局的同志说，那里吃住很不方便，还给我们提前联系了薛乡长，帮助找一下吃住的地方。后来我们在路上看到有一个叫狮子沟的地方有旅店和饭馆，于是，我们临时改变了计划，决定改在狮子沟住宿。

我们开车一路东北方向，过阳坡村奔东进到一条山沟，一路上坡，来到一个叫沙岭子村的地方。在村委会门口把车停好，村委会的大门紧锁着，村子里一片寂静，隐隐约约在村子北面传来打场的机器声。站在这里，能看到村子东面的山上有锥形的烽火台，山不高，缓坡。山村的美景衬托着山上的烽火台，景色很别致，我画了一幅速写后，和老师一起往山上溜达，不一会来到一座烽火台前，在烽火台的南侧，我看到一个深不见底的、呈垂直状的一个洞，大概是有人把这个烽火台当作古墓了，在这里挖了一个盗洞。从这里开始能看到墩台与墩台之间的长城遗迹，两条沟中间夹着一条土石夹杂的土埂。我和老师继续往南上山，又上到一座更高的山上，山头上的烽火台围着一个方形的土围子，老师说这是明代的东西。从这里往北望去，远山一片沟壑纵横，一眼能望到六座烽火台，深秋的景色也很迷人，莜麦都扎好了捆，在地里戳着。我拿出画笔，把眼前的景色画了下来。

下山后，我们开车回到狮子沟乡吃中午饭，饭店里还有住宿，虽条件差一些，但便宜，20元一位，中午饭还能吃到酱狗肉。吃好午饭定好房子，一路开车直奔东南方向的野鸡山，听饭馆老板说，我们的车一路可以开到长城脚下，但我没有看到路标，一路过野鸡山隧洞跑到了赤城县的境内，过隧洞路边有一个停车场，把车停下后，看山不高，我和老师便走了上去，这里长城的样子和沙岭子村的相同，烽火台之间都是双沟夹着一条碎石土埂，只是人为破坏比沙岭子村的严重一些。

傍晚时我们又回到狮子沟，吃吃喝喝后住宿在了饭店里，屋里有点冷，老板在现烧暖气，弄得过道里烟熏火燎的。吃完晚饭后，我问老板明天能否给我们做早点熬点粥喝，老板说8点以后可以，我一听，那还是算了吧，8点我们都应该在山上了，时间可耽误不起。半夜我起夜，见过道前后都锁门了，出不去。过道里放了个塑料筒，一看是往这里尿。早晨5点半，我睡不着了，起床准备去上厕所，无奈过道两边都上了锁出不去，只有一个门可以通到后院，由于内急只好跑到后院去找地方解决了。

19号早晨6点多，我们喊醒了店老板，打开大门，开车往北，过阳坡继续往北，不一会来到清三营乡，说是乡，其实就是一个稍微大一点的村子，幸亏我们昨天没有在这里住宿，不然吃住都没有地方。村子东面不远就是边墙，老师决定在这里看一下，车子往东开上一条水泥路，一直开到边墙跟前，我们停好车，沿着长城遗迹向北面的山坡上走去。长城还是两条沟夹一条土埂，山顶上的烽火台有一个土围墙，长城蜿蜒着向北，远处的烽火台呈锥状，非常高大。

太阳升起一竿子高，远处的山腰传来了一阵吆喝声，一群山羊沿着山坡涌了上来，放羊的羊倌看到我们过来很紧张，羊倌姓任，紧张的原因是这里禁止放牧，他以为我们是乡里来的检查员呢。告别了羊倌老任，我们继续北进，柏油路越来越窄，变成了水泥路，一路上坡，水泥路又变成了沙石土路。不一会我们便来到了梁头，长城在这里分成了两支，一路往东奔沽源方向，另一路往西北奔张北方向。北面和西面的山上都是风电的大风扇，成片地立在山顶上，我们开车沿着一条风电路向西来到了一座山顶上，从这里可以很清楚地看到两条长城的走向。

从梁头处我们开始一路下山，不一会又有了水泥路，路况还算好走，一路弯弯曲曲向东，过了几座说不出名的村子后，上了一条南北走向的柏油路。上了大路继续往北，没走多远看到几个戴红袖标的老村民，拉着一根绳子，在路上检查过路的车辆，在这偏僻的山沟里也有了检查点。检查登记后继续北上，一路上坡，中午时分我们来到沽源县的莲花滩乡，在路边一家饭馆简单的吃了午饭。这里是我们这次考察路线的折返点，从这里我们要开始往回返了。

吃完午饭，我们驱车来到头座窑村，在水泥路边停好车。南面的山不高，山顶上就是老边墙，山上的风电塔连成了片，这里一片寂静，连个人影都看不见。我和老师沿着缓坡往山上走，来到山顶，首先看到的是满山的简易公路，把山体上的草皮破坏的像癞痢一样，风电塔要说像树林子一样也不算夸张，山上的长城被挖的七零八落，有的被拦腰斩断，有的地方被推平了当作了路。更为触目惊心的是，为了立一个风电塔，竟然有一座烽火台被推土机推平了一半！只剩下了一个半残的烽火台趴在那高大的风电塔下面。风电塔的顶上有"东汽"的字样，不知道这东汽是哪家的风电公司。

离开头座窑村，沿着403县道往回走，路边有个大石门村，这里也有一座烽火台需要考察，车开到这里停下，我们准备一起上山，下车后我回头一看，里侧后轮胎没气了，可能是刚才走一段石渣子路时被扎了。只能让老师一个人去看那座烽火台了，好在那里也不高，山也不陡。我在路边换轮胎。等老师看完那座烽火台，我这里也换好了轮胎，时间一点也没有耽搁。继续开车上路，不一会就来到沽源与赤城的交界处，明长城主线由东向西从这里经过，公路西边有个村子叫马连口，过去应该是长城上的一个关口。

进入赤城界后，往下不远就是君子堡，城堡的墙非常高大，村子里破败不堪，已经没有几家住户了，留守的都是七老八十的老人。再往下走，过马营堡，这里的情况和君子堡一样，只是比君子堡村大一些。继续一路往南，过云州堡，在赤城县北把刚才扎了的轮胎补好，顺便给明晓东打了电话，说好在县城等候一起吃晚饭。一晃已经和小明五六年没有见面了，时间过得真快，如今小明已经是雕鹗镇的镇长了。要是在赤城县走长城，很多人会很自豪的对你说："我们这里有一个走长城的叫明晓东，你知道吗？"现在小明也算是赤城县的长城名人了。当晚在温泉一起吃饭，小明说明天带我们一起去看一段丰源店那边的长城。

20号早晨，我们一起和小明的两位长城摄影朋友小韩和曙光一起，两辆车一起出发，从丰源店往东南方向，又拐向西南，沿着一条临时的风电路上山，我们看到这里的长城只有一米多高，山石干垒，顶部浑圆状，看起来只能起到一个挡马的作用，小明认为这是早期的长城，成老师问我，我看了看，觉得和冰山梁上的那石墙差不多，应该不是啥早期的长城。又看了看那里的烽火台，也都有一圈围墙，这更说明是明代的东西了。这里现在也是风电塔林立，长城也被破坏得很严重，整段的长城都被拦腰斩断或是推平了。

中午回到县城，在小明的朋友曙光的饭店吃的大锅鱼，吃完午饭，告别了小明的朋友，又来到雕鹗镇，参观了一下明镇长的办公室，下午两点多，从雕鹗返回了北京，完成了这次三天的考察任务。

我和老师相识这几十年，从老师身上学到了不少的东西，不仅使我学到了长城文化知识，更主要的是使我更懂得怎样做人，做一个脚踏实地、不畏艰辛、任劳任怨的人。五十几年来，老师在风风雨雨中考察长城，吃过的苦、受过的累都是我难以想象的。1994年和1995年，老师骑着自行车两次考察长城，分别去了京北地区和山西。他独自一人驮着必备的物品骑行在考察长城的路上，饿了就啃块从家里带的干粮，骑累了就在道边上睡上一觉。就这样，老师用自己的辛苦换来了今天大半辈子的成果，他用无可辩驳的理论，把众所周知的万里长城起点——山海关，延续到了辽宁省丹东市鸭绿江边的虎山，这结论得到了长城界的公认。关于战国时期赵国的长城，几乎所有书上都说在河南漳河的北岸，老师跑遍了北岸六个县，未找到遗址，走访当地村民也未有此传说，老师查阅了地方志等均没有这方面的记载，于是老师把注意力转移到了漳河的南岸，功夫不负苦心人，老师终于在林县和卫辉县找到了"秦赵分界堤"，即赵国南长城。这一重大发现惊动了长城界，也使新版《河南省文物地图集》把这段长城的标注改在了漳河南岸。我与老师的相处这么多年，老师对我的影响非常大，不仅是老师的知识令我折服，更重要的是老师的为人。